全国高等院校"十一五"规划教材

微观经济学

何忠伟 郑春慧 主编

Microeconomics

中国农业科学技术出版社

图书在版编目（CIP）数据

微观经济学/何忠伟，郑春慧编. —北京：中国农业科学技术出版社，2008.3
ISBN 978－7－80233－515－8

Ⅰ. 微… Ⅱ. ①何…②郑… Ⅲ. 微观经济学 Ⅳ. F016

中国版本图书馆 CIP 数据核字（2008）第 030366 号

责任编辑	李　华
责任校对	贾晓红　康苗苗
出版者	中国农业科学技术出版社
	北京市中关村南大街 12 号　邮编：100081
电　话	(010) 68919704（发行部）(010) 62150979（编辑室）
	(010) 68919703（读者服务部）
传　真	(010) 62189012
网　址	http://www.castp.cn
经销者	新华书店北京发行所
印刷者	北京富泰印刷有限公司
开　本	787mm×1 092mm　1/32
印　张	20.75
字　数	400 千字
版　次	2008 年 3 月第 1 版　2009 年 1 月第 2 次印刷
定　价	35.00 元

◀━━ 版权所有・翻印必究 ━━▶

《微观经济学》

编写人员

主　编：何忠伟　郑春慧

副主编：夏　龙　吕晓英

前言

自改革开放以来，中国经济得到了长足的发展，与此相应，经济学教育也日益显得重要。在经济学教科书已经汗牛充栋的今天，编者仍感觉有必要编写一本书，参与进来。这是因为，编者觉得任何一本教科书，既要全面系统地介绍微观经济学的基本理论和方法，还要能为不同层次的学生所接受，同时能够适应教学改革的需求。由于本书是按照一个学期的教学计划安排的，一方面尽量把庞杂的微观经济理论写得精炼一些，详尽阐述传统的已经成熟的理论。为了适应教学的要求，还弱化了一般均衡理论，对于经济学的前沿理论也只作些简单介绍。另一方面，为了能够写得深入浅出、通俗易懂，书中使用了大量的案例和例题。案例有利于培养学生的学习兴趣，例题有助于学生迅速掌握基本原理和方法，这也是本书最大的特色。不过，本书并不顾忌对数学的使用。在教学中，编者注意到，有时使用文字和图形能使学生更容易接受，有时运用数学讲解，学生更容易接受。因此，编者对数学的处理采用了学生导向的方式。当然，编者也安排了大量的课后习题，供有能力的学生课后练习。

编写本书的成员都是一直从事微观经济学教学工作的教师，积累了一定的教学经验。具体的写作分工如下：何忠伟（第七章），郑春慧（第二章、第六章），吕晓英（第三章、第四章）、夏龙（第一章、第五章），全书最后由何忠伟和郑春慧统稿。

在编写过程中，不少同仁提出了宝贵的修改意见，编者也参考了许多书籍、报刊和网上的资料，在此向他们表示衷心感谢！同时，非常感谢中国农业科学技术出版社把此书选为全国高等院校"十一五"规划教材。

限于编者水平，疏漏和谬误在所难免，欢迎使用本书的读者来函指正，以使修订时臻于完善。

编　者

2008 年 3 月 1 日

目　　录

第一章　导论 ·· (1)
　　第一节　经济学的基本概念 ·· (1)
　　第二节　经济学的基本假设和研究方法 ······························ (8)
　　第三节　微观经济学引论 ·· (19)

第二章　供给、需求和市场机制 ······································ (22)
　　第一节　供给与需求的市场力量 ······································ (22)
　　第二节　弹性及其应用 ·· (44)
　　第三节　供求规律与政府政策 ··· (58)

第三章　消费者行为与市场需求 ····································· (76)
　　第一节　消费者行为 ·· (76)
　　第二节　从个人需求到市场需求 ······································ (98)
　　第三节　不确定状况下的消费选择 ··································· (108)

第四章　生产、成本和企业决策 ····································· (117)
　　第一节　企业组织 ··· (117)
　　第二节　生产和生产函数 ·· (120)
　　第三节　成本、收益与利润 ··· (141)

第五章　市场结构与竞争策略 ·· (163)
　　第一节　完全竞争 ··· (163)
　　第二节　完全垄断 ··· (177)
　　第三节　垄断竞争 ··· (189)
　　第四节　寡头垄断 ··· (195)
　　第五节　博弈论和竞争策略 ··· (207)

第六章　生产要素定价与收入分配 ……………………………………（224）
- 第一节　收入的决定 …………………………………………………（224）
- 第二节　工资的决定 …………………………………………………（236）
- 第三节　租金、利息和利润 …………………………………………（248）
- 第四节　收入分配 ……………………………………………………（262）
- 第五节　一般均衡和福利经济学 ……………………………………（270）

第七章　市场失灵及其校正 ……………………………………………（277）
- 第一节　垄断 …………………………………………………………（277）
- 第二节　外部性 ………………………………………………………（283）
- 第三节　公共物品 ……………………………………………………（290）
- 第四节　不对称信息 …………………………………………………（302）

附录 ………………………………………………………………………（319）

参考文献 …………………………………………………………………（323）

第一章 导　　论

人类社会的发展离不开经济生活，尤其是改革开放的今天，经济生活已经成为社会生活中最重要的一部分。经济学也相应地成为社会科学中最令人瞩目、最受人尊敬的学科之一。经济学有自己与众不同的特点，在本章中，编者将从经济学的基本概念开始，介绍经济学的一些预备知识和基本方法，第一节讨论经济学的基本概念，第二节探讨经济学的基本假设和研究方法，最后介绍本书的主体——微观经济学。

第一节　经济学的基本概念

一、稀缺性、选择与经济学

什么是经济学？简单地讲，就是研究在资源稀缺条件下人们选择行为的理论。更明确地说，经济学是研究个人、企业、政府以及其他组织如何在社会内进行选择，以及这些选择如何决定社会稀缺资源使用的科学。

乍一听，很多学生会辩解道，在现代社会，这一学科已经与我们生活的环境没有太大关系，因为物质稀缺已经是我们父辈记忆中五六十年代的事情了。显然，这种对资源稀缺的狭义理解不完全正确。

1975年，比尔·盖茨从哈佛大学退学，创立了微软，如今，比尔·盖茨已经成为世界首富，他的个人财产在2004年已经高达500亿美元，相当于像秘鲁这样中等收入国家全年的国内生产总值。因此，有一个笑话讲的是，如果在大街上行走的比尔·盖茨看到地面上有一张百元大钞，他是否应该弯腰去捡？答案是不应该。并不是说百元大钞对比尔·盖茨不重要，而是比尔·盖茨的时间更宝贵，弯腰的那一刹那，他所能创造的财富远高于一百美元。希腊船王亚里士多德·欧纳西斯去世时，他的身价高达几十亿美元，几乎可以购买世界上一切美轮美奂的东西。但他所面临的资源稀缺问题比我们这些普通人还要多，因为欧纳西斯患有重症肌无力这种普通人一般不容易得的神经性疾病。对他而言，最稀缺的是时间、精力以及身体技能。

这两则故事告诉我们，即使在物质资源极其丰富的时候，其他的一些重要资源依然不足。事实上，在经济学看来，我们所得到的任何资源都是稀缺的，因为人类具有无穷的欲望。

　　人类的欲望是经济学的源头，它是人们的需要，是心理现象，是一种缺乏与不满足的感觉以及求得满足的愿望。朋友之间喜欢开玩笑："你一年想赚多少钱？"。如果你的朋友告诉你，"十万！"，那可能就是没说真话，因为"想"和"能"是两个不同的概念（在经济学中要注意区分）。既然是"想"那当然就是"越多越好"了，这说明人的欲望是无穷的。幼儿园的阿姨问小朋友说："什么最好吃？"小朋友回答："糖果最好吃。"阿姨拿了很多糖果，小朋友们吃够了，阿姨再接着问："什么最好吃？糖果吗？"小朋友们的回答会是"糖果不好吃了！"，这说明人的欲望是多层次的，当一种欲望得到满足后（甚至还没有完全得到满足时），新的欲望就会产生。

　　心理学家马斯洛认为，人的欲望就像金字塔，可以分为五个层次。从塔底到塔尖依次是，第一，生理需要，即吃喝拉撒，这是最低层次的需要。第二，安全需要，即人身要安全、生活要稳定、身体要健康。第三，社交需要，即渴望友情、追求爱情的需要。第四，尊重需要，即我对他人的尊重和他人对我的尊重。第五，自我实现的需要，这是个人潜力的实现，也是每个人对理想社会的追求。

　　人类的欲望就这样一层一层的叠加起来，无穷无尽、无边无际，需要不停，永不满足，从而导致所有资源看起来都是"稀缺"的。刚才已经讲了时间和精力的稀缺，现在回头去看，物质资源稀缺吗？有人讲，按照现在的开采速度，世界已探明的石油储备将在40年内耗尽。那么石油稀缺吗？从绝对量来讲，并不稀缺，但是相对于既定的开采技术和人类的使用量来讲，是比较稀缺的。所以，所谓的稀缺，并不是绝对数量的多寡，而是指相对于人们无限多样、不断上升的需要来说，用以满足这些需要的手段，即有用的资源总是相对不足。

　　除了石油之外，土地、矿藏、森林、水、空气这样的自然资源已是相对稀缺的。比如，现在房屋价格上涨速度比较快，一方面是由于买房人太多（这是后面介绍的需求），另一方面则是由于土地的相对稀缺（后面介绍的供给）引起的。土地是不能移动的，人们都希望自己居住在市中心，但处于市中心可用于开发的土地是有限的，其房屋价格自然就高，而处于市郊的土地由于距离城区较远，即使供给充足，人们的购买动力就相对不足，价格就相对较低。那么边远山区的土地呢？显然土地再便宜也没有人买。可见，土地的稀缺也是相对于人们的需要而言的。那么，空气呢？新鲜空气曾经被视为自由取用的物品，但随着污染的加剧，在有些国家，新鲜空气都开始有偿销售了。

　　时间和资源的稀缺并不是惟一重要的稀缺资源，当我们和朋友一起吃饭，看到满桌的美味佳肴时，最稀缺不是时间，可能就是胃里的容量了。所以有句老话叫"能吃就是福"。如果有人问你，"21世纪最宝贵的是什么？"，你肯定会说"人才！"人才是最稀缺的，在经济学中，人不仅是一种资源，而且是一种资本，人才就是那些拥有别人所不具备的技能的人。这种动手能力，最终体现为大脑结构的不同，而这是长期教育和学习的结果。还有一种比较稀缺的资源是货币，"金钱不是万能的，但没有金钱是万万不能的"，处于学生时代的人对此体会总是异乎寻常的深刻。

稀缺性是一切经济学分析的基础和前提条件，它导致每个人必须做出决策或者选择。由于空间是稀缺的，看到满桌的佳肴时，我们不得不考虑如何有效地分配胃的空间，吃哪种自己喜爱的食物，每种吃多少。由于货币是稀缺的，面对日益高涨的房价，我们必须考虑如何安排自己有限的收入，是先买房还是先买车？如果先买房，在哪里买房？买什么样的房子？贷多少年的款？由于时间是稀缺的，当收到大学录取通知书时，还需要考虑"上"还是"不上"。我们知道，比尔·盖茨曾缀学创业成功，篮球巨星科比高中毕业后就进入NBA联盟。由于自然资源是稀缺的，当发现新的油田时，我们面临的问题是开采还是不开采？在什么时候开采？

每个人都这样，无时无刻不在各种稀缺的资源中进行选择，或者说要做出决策，进行权衡取舍，以决定将稀缺的资源配置到哪一方面，满足人们哪些欲望。

具体地，经济学认为任何一个社会的选择包括以下三个基本问题。

（1）生产什么。生产什么就是指如何把既定的资源用来生产哪些产品，并最大限度地满足人们的需要，也就是资源的配置问题。正如前面看到的，稀缺的资源总是具有多用途性。比如，土地可以用来耕种，也可以用来放牧，还可以用来修建房屋。在土地数量相对有限的情况下，一种用途占用的土地数量增加了，就必然会挤占其他用途的使用数量。

更广义地讲，每个人做出选择的本身就可以理解为一个人用某种资源自我"生产"过程，为了满足我们的某种需要，通常不得不放弃其他东西。吃了太多的熊掌，就不能吃太多的鱼；为了上大学，创业计划就得推迟；要买房，得省吃俭用，更别说买车了；现在开采石油，就使得下一代的可用资源减少。所以说，"天下没有免费的午餐"。

（2）如何生产。当确定了要生产什么，就涉及使用什么样的方法进行生产的问题了。如何生产包括两个方面的问题，一种从技术角度考虑，另一种从经济角度考虑。确定要在北京和上海之间修建一条高速铁路，第一个层面就是技术上是否可行，每小时2 000公里的高速铁路以现在的技术能力肯定是无法实现的。第二个层面是经济上的，除了磁悬浮能达到400公里的时速外，高速轮轨也能达到这个时速,选择什么样的方案可能就可能取决于谁经济有效了。

生产方法是多种多样的,严格地讲,一种生产方法是有效的,是指不可能增加一种商品的生产而不从另一种商品的生产中抽取资源,从而减少另一种商品的产量。这是经济学中断定有效的原则,一个经济体中商品生产可以有许多种有效的组合。

（3）为谁生产。为谁生产在一定程度上是一个收入分配的问题。如果说如何生产是效率—蛋糕的大小问题,那么为谁生产则是公平—蛋糕的分割问题。这在不同的时代、不同的社会有着不同的理解。中国人讲的"不患寡而患不均","个人利益服从集体利益"本身就是一种利益分配方案。当然,这与每个社会的道德规范和文化背景有着密切的联系,在一定程度上超出了经济学的研究范畴。

人类无穷的欲望、资源的相对稀缺和由此产生的选择,引出了一个重要的经济学概念——机会成本——为了得到而放弃!

收到录取通知书时,你实际上面临两个选择,一是上大学,其成本是4年的学费、生活费,其利益是能够学习一些知识技能,为将来大学毕业谋取更好的职业。另一个是放弃上大学,直接去工作,其好处是立竿见影,获得收入。一般人的都会选择上大学,即为了得到上大学的利益而放弃不上大学利益。也许有些同学会比较好奇,觉得自己考大学时并没有这么复杂的想法,实际上,父母在鼓励同学们考大学时,已经替同学们做出了考大学的选择。篮球巨星科比当年在面临上学和工作（NBA）时,选择了后者。

再比如,一个同学在某个晚上有两个选择,要么去做家教,要么和同学一起去看电影。如果他选择了去看电影而放弃了家教,那么,家教工作的报酬就构成了观看这场电影的"机会成本"。

机会成本就是反映"有所得必有所失"的概念,并且准确地反映了欲望、稀缺和选择这三个概念。严格地讲,机会成本是指为了得到某种利益而不得不放弃的将该资源用在其他用途上所能而获得的最大利益。在这里要强调"最大"的含义,因为资源都不可能只有两种用途,对于具有三种或三种以上其他用途的资源,机会成本就是指其中最有价值的用途所创造的收益。比方说,一块被用于建造房屋的土地,还可以用于种粮、植树和放牧。假定在这些其他用途中,种粮所获得的收益最高,那么土地用于修建房屋的机会成本则指的是如果用于种粮食所带来的收益。

现在将个人的选择扩大到国家的选择,而且将使用后面涉及的生产可能性曲线。在一个特定的历史时期,任何一个国家,无论它是发达国家还是发展中国家,技术水平都是一定的,无论它的土地是广袤无垠还是贫瘠不毛,资源总量是不变的,所假定的是只有劳动力和资本两种资源。假定这个国家只生产两种产品——黄油和大炮，而且这两种产品都需要劳动力和资本，现在的问题是，这个国家到底该使用这些资源来生产什么产品呢？

图1-1用横坐标表示大炮的产量，用纵坐标表示黄油的产量，曲线 ABCDE 被称为生产可能性边界，A 点代表将所有的资本和劳动力都投入黄油生产中所得到的最大产量，E 点表示将所有的资本和劳动力都投入大炮生产中所得到的最大产量，这条曲线上的其他点都表示将所有的生产要素用来生产最大数量的大炮和黄油的组合。显然，在这条曲线以外的地方，比如说 F 点，是以目前的技术水平，生产所不能达到的点，因为资源不够。在这条曲线以内的地方，比如说 H

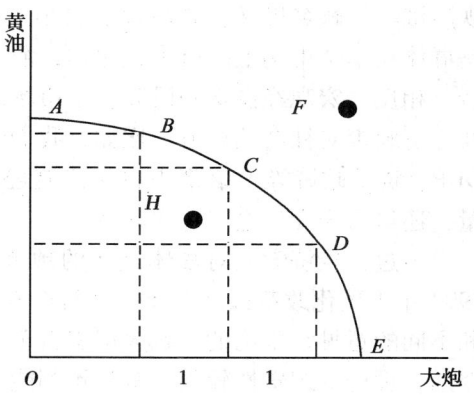

图1-1 生产可能性曲线与机会成本

点，这是以目前的技术水平，生产所能达到的点，但大炮和黄油的产量并没有达到最大，还有提高的空间。生产可能性曲线一般是凹向原点的，表示从一种产品生产转向另一种产品生产的机会成本是递增的。从图中可以看到，经 A 点沿 BCD 点向 E 点运动的过程中，是放弃黄油生产而增加大炮生产的过程，用我们的标准术语来说是黄油是大炮的机会成本。在移动过程中每增加一个单位的大炮的生产，所需要放弃的黄油的产量越来越多，也就是说大炮的机会成本随着大炮产量的增加而增加。至于为什么会出现机会成本递增的现象？一种可能是黄油和大炮的要素投入比例不一，可以假定某生产单位的大炮中资本投入量要多点，劳动力的投入量少点，而某生产单位的黄油则恰恰相反，那么从黄油转向大炮生产的过程也成为不停地将生产黄油的生产要素释放出来投入到大炮生产的生产过程，随着大炮产量的增加，让黄油产业释放出资本也越来越难，最终导致凹的生产可能性曲线。

总之，机会成本和生产可能性曲线是经济学中十分重要和有用的概念，这在后面的章节中还要提起。

二、微观经济学与宏观经济学

1776年，亚当·斯密出版了《国富论》，这是一部划时代的著作，成为现代经济学的起源。经过了200多年的发展，体系庞杂、被誉为"打满补丁的麻袋布"的经济学已经成为社会科学上的王冠了，瑞典中央银行还专门设立了诺贝尔经济学奖，不仅如此，经济学还有经济学帝国主义之称，大有吞并其他小的社会科学的趋势。

经济学有很多大的分支，按照研究对象范围的大小，可以分为微观经济学和宏观经济学。顾名思义，微观就是"小"的，其研究层面是个人在市场上的选择或是群体在单个市场上的行为，比如，消费者和生产者，某个市场上所有的买者和卖者。相反，宏观经济学则研究多个市场的总量行为，即一个社会的整体经济活动以及经济政策对社会的影响。比如，我们经常在报纸上见到的就业率、通货膨胀率、GDP、货币政策等术语都来自于宏观经济学，当然，宏观经济学不仅解释这些变量，还努力为变量之间建立联系。

不过，经济学家对整体经济的预测和解释相对较差一些。改革开放，尤其是1992年市场化改革以后，我们经常会在不同的报纸和电视上看到各种相左的言论和不同的意见，争论的主题大多来自于宏观经济领域。相对而言，微观经济学更加严谨，理论的逻辑性较强，解释预测能力也比较准确。

当然，随着经济学的发展和融合，微观和宏观的区别已经越来越模糊。尤其是现代宏观经济学日益重视微观基础，人们越来越认识到一只蝴蝶在南美振动翅膀，都有可能会引发北美的飓风。这样一来，宏观经济就不应该是微观变量的简单加总，因此，微观经济学的重要性远远超过了它的名称，它提供了认识各种层次的经济运行的基础知识和基本研究方法。因为所有的经济决策都是由个体经济单位做出的：消费者决定购买哪些商品，消费多少；投资者决定购买什么股票，投资多少；工人决定就职于哪一类工作；厂商则决定雇用多少工人，创造多少产量。而微观经济学就包含了对影响这些决策的各种因素的研究，以及基本的经济学思想。更进一步，微观经济学也包括考察一个社会的全部经济活动的内容，如我们将要学到的福利经济学，它就是以一个社会的福利为研究对象；再如一般均衡理论所分析的就是各种市场之间的相互作用和关系。可以说，微观经济学是众多经济学课程中最为基本和极为重要的一门课程。

那么微观济学到底体现出什么样与众不同的特点了？说到底，微观经济学只涉及价格问题，从本质上就是价格理论。这包括产品的价格和生产要素的价格，而生产要素的价格按照惯例，分别被称之为工资、利息、利润和地租。价格是个指挥棒，它贯穿整个微观经济学的全部。考察一个市场的时候，一般都假定需求力量和供给力量相互作用，需求方希望压低价格，供给方希望抬高价格，在一系列讨价还价货比三家后形成一个可观察的价格，在这个价格的引导下，供给等于需求，既不会有存货，也不存在供应不足。

三、市场经济和看不见的手

微观经济学是市场经济的理论基础，市场是商品交易的场所，如果政府没有在人们的选择中起到明显的作用，经济的运行靠的是市场的自发作用，这也就是通常所说的市场经济。

市场经济是通过价格机制使得供需达到平衡的。例如，如果心理学家稀缺的话，那么他们在劳动力市场上的价格，即他们的工资就会提高，这样，他们就会配置到生产率最高的岗位。再比如，近些年很多类似于足球的体育竞技项目都进行了市场化改革，其结果似乎是竞技体育的水平没有提升，但球员的工资却大幅度增加，以至于很多媒体都呼吁对球员工资进行限制，这个政策建议到底对不对呢？如果单纯从市场经济的角度上看，这是不对的，现有球员的高工资反映了高水平球员的缺乏，同时高工资会吸引更多的年青人参与这个项目，其结果是，工资会渐渐的降下来。促使厂商做出正确决策的主要力量是盈利或亏损。利润是"胡萝卜"，亏损是"大棒"，"胡萝卜加大棒"就促使优胜劣汰，增加更有效率和更有活力厂商的产生。

价格机制在市场经济中配置资源的作用也被称之为"看不见的手"原理，它依然来自于亚当·斯密的《国富论》。在他看来，每一个人都只关心自己的福利，按照自身利益最大化进行交换活动，市场力量自身如同一只看不见的手引导经济活动达到某种最优状态。这也意味个人的最优最终达到社会最优。当然，看不见的手需要一定的前提条件，比如，商品的供需对价格的反映足够的敏感，回到前面讲的球员工资的例子，高工资会吸引更多的年青人进入这个项目，球员供给会增加，但增长速度比较慢。因为培养年轻人需要很长的时间，供给对价格的反映不够敏感，这意味着高工资不能在短期内解决高水平球员紧缺问题。但是换个角度，如果允许外援的自由进入，那么球员的高工资水平可能在短期内就能吸引一大批高水平外援，最终导致球员工资水平的下降。亚当·斯密"看不见的手"调节经济的实质就是：个人在追求他们各自最大经济利益的驱动下在市场表达供求意向，市场价格对此做出充分反应和调整，使每个市场达到供求均衡。

这一信念的政策含义是十分清楚的，那就是政府在市场经济中的作用是十分有限的，政府不应该通过它的经济政策来影响经济运作。政府征税，扭曲了商品的价格，也因此扭曲了家庭和企业的决策。如果政府希望进一步控制价格，则可能对经济造成更大的伤害。所以说，在"看不见的手"的理念里，政府充其量也就是个"守门人"和"看家狗"。

然而，事实已经证明，政府有时还会改善市场结果，因为市场机制并不是万能的。首先，国家的安全和每个人人身财产的安全需要保障，如果一个农民预见他的庄稼会被偷而且无人管的话，他肯定不会种庄稼；其次，并不是社会中的每一个领域都可市场化的，例如，像毒品，社会对其消费就有限制。最后，有些商品，市场机制是无法提供或是供给不足，比如说像路灯这种公共物品，如果政府不使用纳税人的钱修建的话，那人们永远都走在漆黑的夜里。也就是说，纯粹的市场经济是不现实的，政府在很多场合有必要进行干预，只是干预的程度问题。

微观经济学就是高度抽象化、简单化的市场经济，在现实中很难找到。在学完微观经济学，大家会对"市场"这个抽象的概念有一个全面的认识，因为几乎每个微观经济学问题都是在讨论市场是如何运作的，理解这样一种经济的行为对我们理解认识现实经济的行为是必不可少的。

第二节 经济学的基本假设和研究方法

一、基本假设

在进行经济分析时，经济学所涉及的一些基本假设是：

（一）经济人假设

经济学假定人是自利的，即任何主体所追求的惟一目标就是自身经济利益的最大化，这也被称之为经济人假设。在自利的假设下，消费者被假定为追求自身满足的最大化；生产者被假定为只追求自身利润的最大化；生产要素所有者被假定为最大限度地追求自身报酬。由于经济主体的所有行为在自利的假设下都是有意识的和理性的，不存在经验型的或随机型的决策，因此经济人也被称为理性的人假设。

民主就是少数人服从多数人。在美国，每隔几年就要进行一次总统选举，1970年代以后，美国民众在总统选举中投票的人数越来越少。在2000年，18~29岁这个年龄段参加总统选举的人数不足1 600万人，仅占该年龄段人数的40%，由于"911"恐怖事件，2004年参加投票的年轻人回升到2 000万人，约占该年龄段总人数的50%。即使是这样，小布什2004年当选总统时仅获得了5 900万张，而2006年美国电视选秀节目《美国偶像》的年度总冠军泰勒·希克斯在总决赛中获得选票6 300万张。那么，人们为什么不愿意参与总统选举呢？显然，一个人决定去投票站投票时会花费很多的成本，需要请假还要走很长的路到投票站，但他的收益呢？即使他相信一个政党给他带来的利益大于另一个政党，但是除非他的选票能推翻选举结果，否则他的选票就微不足道。由于投票成本是正的，而收益几乎为零，那么一个利己主义者肯定是不会去投票的。难道参加投票的那5 900万人都是非理性的吗？显然不是，自利在经济学中是非常宽泛的概念，它不仅包括斤斤计较乐于算计的利己主义标准，也包括了诸如使他人高兴、让别人快乐的利他主义动机，既包括物质上的享受，也包括精神上的满足。比如，经济学假设消费者都追求自身心理满足程度的最大化，一个人见义勇为、舍己救人、伸张正义并不与理性人的假设矛盾。

当然，人们的行为往往也受其他因素的支配，但自利行为的假定仍然是经济学判断人类行为动机的一个基本的、难以替代的标准。

（二）产权明确

产权是一个比较抽象的概念，其大意是个人或企业对财产的权力。在英文中，产权总是以复数出现，因为它是一组权力，包括所有权、使用权、收益权、决策权、让渡权。

产权不是无限的，也不是完整的。比如，购买一套期房，所有权已经归购买者，但使用权还没有转移；在很多小区，房屋的外装修是不允许的或是被要求与整个社区的环境保持和谐，这意味着房屋主人对房屋的所有权不完整；现在的经济适用房政策一般要求房屋在5年内不得出售，即房屋的主人对房子有所有权但没有让渡权；即便是商品房，房屋的主人可能具有所有权、使用权，也不一定会有完整的决策权，比如房屋不能随意的改造，改变形状得有关部门批准等等。

产权是经济学中的一个热门话题，因为任何产权的重新界定都会导致资源的重新分配，从而导致不同的配置效率。比如，如果允许小区里房屋的主人进行外装修的话，那么小区可能就花花绿绿不再和谐了。在本科学习阶段的经济学中，在理想化的市场经济中，一切市场行为都必须以明确的产权为前提。我们假定一切生产要素都归个人所有，个人可拥有劳动、知识和技能，也可以拥有机器、建筑和土地等自然资源。不同的人对要素的拥有量会有很大的不同，在一开始一个人所拥有的各种要素，被称为禀赋，之后，人们通过投资或交换等各种行为来增加或减少要素的拥有量。

（三）完全信息

经济学假定经济活动的所有当事人拥有充分的和相同的信息，而且获得信息不需要支付任何成本。在这种情况下，所有当事人都能清楚地了解经济活动的条件和可能产生的后果，因而经济活动不存在任何不确定性。

完全信息是现实中不可能达到目标。即使在一个农贸市场里，一个消费者也难知道哪家的价格最低，因为货比三家是需要时间和精力的，而时间和精力本身就是成本，这也决定了在整个农贸市场上价格不可能是单一的。

既然上述三个假设往往不切实际，为什么经济学又要从这些假设出发研究呢？

现实社会是复杂的，一个经济现象往往是多种因素共同作用的结果，经济学在处理任何问题时都是从简单到复杂、从理想状态到非理想状态。

举个例子，考察一定时期的房屋需求时，可以总结出来的影响因素很多，房屋的价格、消费者的收入、房屋的地理位置、消费者所偏好的类型、房贷政策等等，为了将这些因素都说清楚，经济学主要分析其中一种或几个因素，比如价格的影响，而假定其他条件不变。通过这种简化关系得到一个基本结论，再像物理学那样，把这个基本结论作为一个参照系，逐步的放松假设，用更加接近现实的状态来取代理想状态，并分析其对研究对象的影响。再举个例子，在每个市场里面都有大量的交易者，琳琅满目的商品和各种各样的生产要素，其决策规则和交易行为也必然是相当复杂的，为了简化起见，经济学总是假设两个消费者、两种商品和两种生产要素等等。经过简化后的结论适用于 n 个消费者、n 种商品、n 种要素的一般情况，同时，也不会妨碍我们对现实经济生活的认识和分析。

二、经济学的分析框架

经济学之所以有别于其他科学，就是因为它有一套独立的与众不同的研究经济行为和现象的分析框架。经济学既然是研究在稀缺条件下人们选择行为的理论，而人们都是追求自身经济利益最大化的，那么，也就可以说，稀缺条件构成约束，人们在约束下权衡各种选择结果，而选取最大者。

从形式上讲，经济学不过是数学上的一个最优化问题。企业是追求利润最大化，利润是收益与成本之差，收益与成本又来自于各种生产要素的投入量以及产品和要素的市场价格，假定市场价格是既定的，利润由要素投入量所决定，这就转化为数学上的一个函数关系，即自变量（要素投入）与因变量（利润）间的函数关系。消费者追求自身利益最大化，经济学使用效用这个词来代表满足程度的最大化，由于人的欲望是无穷无尽的，消费的商品自然越多越好，不过，对于每个消费者而言，收入是一定的，在后面我们会看到，消费者的问题最终转化为受收入约束条件下的商品消费量（自变量）和满足程度（因变量）之间的关系。这些问题只需要一点高等数学知识就能解决。

从内容上讲，经济学是博大精深的，同时也是简洁明了的。通过以上一些假设所推导出来的结论将成为探讨现实社会的一个参照系，从而为解决问题提出有见解的和有深度的建议来。牛顿的经典力学提供的是一个无摩擦力的定律，这就是物理学上的一个很好的参照系，尽管现实生活中是有摩擦力的。那么它对现实有什么帮助？东风汽车最早生产出来的卡车在试验中的最高速度总是达不到图纸上通过经典力学所计算出的速度,最后设计人员发现,原来是车头的设计导致空气摩擦力过大,经过风洞试验进行改良后,最终达到设计要求。经济学上的一些结论就好比是一份图纸,当我们发现现实中达不到图纸要求时,就应该尽可能的找到解决问题的方法。

三、经济学的分析方法

(一) 经济模型

现代经济的显著特点在于经济系统的错综复杂性。成千上万个企业生产加工上百万种产品,而一个企业的产出又常是其他企业的投入。成千上万个人一方面供应各自拥有的劳动、知识、资本或土地,另一方面又购买从肥皂、牙膏到冰箱、电视机等五花八门的商品。为了研究一个经济系统,总得以某种方式将所有这些活动联系沟通起来。显然,具体而微地描绘如此复杂的经济系统是不可能的。经济学对错综复杂的现实问题进行高度概括,去粗取精,去伪存真,把握经济关系的实质,构造出抽象而简化的所谓经济模型,并借助模型去深入研究、发现、揭示经济规律。

模型并不是经济学独有的,在物理学中,经典力学定律、爱因斯坦的相对论都是模型。模型必须是简洁的,它要抓住问题的实质,比如,要建立一个有关太阳系的模型,可以用空间每一个点来代表每一颗行星,并且假定它们均按照一定的数学方程各自改变着自己的位置,根据模型可以预测日食发生的时间。至于行星实际上是不是一个点就无关紧要了。我们在日常生活中常用的模型是地图,现在还有车载GPS,它为人们指引方向,但却没有必要标出每幢房屋、每棵树木。

尽管模型在各种学科里普遍接受,但这并不意味着所有的模型都是好的或有用的,模型不能过于简化、歪曲事实。"地心说"就是一个"坏"的天体模型。事实上,科学研究的目的就是剔除"坏"的模型,然后用好的模型来得出令人满意的预测结果。

模型的形式有很多种,文字、图形、数学都可以用来描述模型。比如说,"每个人的消费量取决于他的收入量"就是一个文字模型;该模型还可以用数学来表示:$C = \alpha + \beta Y$,其中 C 和 Y 分别代表消费和收入,α,β 为系数,且 $0 < \alpha$,$0 < \beta < 1$,从经济学意义上讲,α 代表着当收入为 0 都不得不消费的量,可以将它称为自主性消费,$0 < \beta < 1$ 意味着收入每增加 1 元时会有 β 单位的量用来消费,这个消费的增量水平是小于收入的增量水平的;如果使用图形来表示该模型,见图 1-2。

一旦这个模型建立以后,我们就要讨论这个模型是"好"还是"坏"了,比如:该模型的假定是否合理和具有现实性?该模型对于理解和研究现实问题是否具有可操作性?模型所暗含的结论能否用经验数据来进行检验?该模型能否用来

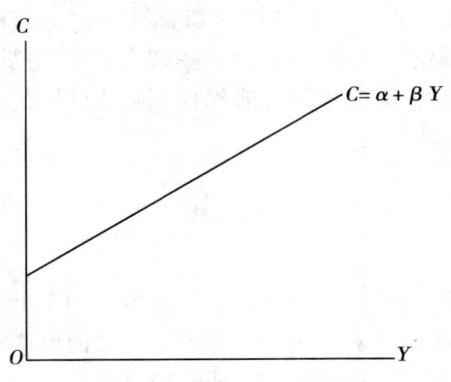

图1-2 个人消费与收入的关系

预测?

在经济学中,一般有两种检验模型的途径:一种是直接检验法,即检验理论模型的基本假设和描述是否有合理的现实依据;另一种是间接检验法,检验理论所揭示的规律和论断是否与实际经验相符。

比如,经济学总是假设厂商追求利润最大化,如何对这个理论模型进行检验了?直接检验可以对市场里的经理作问卷调查。在有些调查中,多数经理承认追求利润是厂商适当的目标,但也有不少人提到除了利润之外的其他目标。总之,对利润最大化的直接检验并没有确定的结论。不过,有些经济学家对直接检验不以为然,他们举例子说,一个游泳运动员在泳池中必然要遵循着经典力学定律,尤其是水平高的运动员对其运用之妙定然存乎一心,但若要问他们是否懂得这些物理原理,大多数会承认不懂。所以说,理论的价值在于其解释和预测能力,经济理论正确与否最终在于理论是否能与观察到的经济现象相接近,这就是间接检验的方法。

即使使用间接检验法,评价一个模型的好坏仍然是一件非常困难的事情。任何一个模型都有其使用范围。相对论和量子力学是经典力学的发展,但它并不排斥经典力学,只不过是适用范围并不一样,当物体运动速度接近光速时就使用相对论,当物体质量很小时使用量子力学,当物体运动速度低的时候,相对论便退化为经典力学。当运动物体的质量较大时,量子力学也变成经典力学,反过来不成立。经济学也一样,它会根据使用范围确定相应的模型形式,一般化的模型预测精确程度差一点,具体化的模型预测精度好一点。比如,特意去研究某一个人的饮食习惯,就有可能建立起一个很好地预测被研究者早餐食物选择的模型,但如果希望预测经济生活中每一个消费者就难多了。

正因为这些原因,经济理论发展到目前阶段仍然不能满意地概括和抽象复杂的经济现实。我们看到很多相左的经济理论多半是来自于不同前提的假设,即便是观察到的现实与理论推断不相符合也未必能推翻该理论。理论的倡导者可强调假设以外的因素来为其进行辩护;反过来,实践经验与理论推测相一致也未必能证明理论有多正确,理论的反对者可以强调被模型所忽略的因素而对理论的前提提出质疑。而且,经济现象常常不能在实验室里重复,社会的发展不能重新来过,这使得经济学的很多模型常常令人难以信服。

不过，检验的困难并不妨碍经济学的发展，就像天体物理学一样，虽然没办法在实验室检验"大爆炸"理论正确与否，但由于这个结果的确是从假设条件下的逻辑推导而来，所以仍不失为一个好的模型。

（二）实证分析与规范分析

吃饭应该使用什么样的筷子？不同时代的人有着不同的回答。改革开放后由于干净卫生的需要，越来越多的餐馆食堂开始使用一次性筷子。而现在，使用一次性筷子就像过街老鼠一样人人喊打。禁止使用一次性筷子主要是从环保方面考虑。有人计算过，中国每年消耗450亿双一次性筷子，耗费木材166万立方米，需要砍伐大约2 500万棵大树，减少森林面积200万平方米。然而，与这一消耗相对应的却是我们有限的森林资源。国家林业局公布的数字显示，我国的森林覆盖率只有16.55%，仅相当于世界森林覆盖率27%的61.3%；全国人均森林面积相当于世界人均水平的1/5。相比而言，一次性筷子的发明国——日本，森林覆盖率高达65%，但他们却不砍伐自己国土上的树木来做一次性筷子，全靠进口。持相反观点的人认为，不要把环保的责任全部交给消费者，他们也算了笔账，树和竹子是一种可再生资源，没有理由把它们和其他再生资源区别对待。一次性筷子多使用桦木、杨树和毛竹这类速成丰产林，原木的口径多为14～22厘米，原因是这种大小的原木不适合加工成家具等用途，其资源消耗量仅为总消耗量的0.5%～1%。更重要的优势是，原木若用于做筷子就可增值二三百元，但每双筷子的成本仅三分钱，使用完的筷子还可以回收做成纸浆，这比把森林直接做成纸浆利用率高多了，可谓供需双赢。这样一来，使用一次性筷子既保障林业转型时期10万林业职工的生活，又能促进出口创汇，据统计，中国一次性筷子每年创汇约1.6亿美元。所以，关键问题不是禁止使用一次性筷子，而是使一次性筷子更加干净的问题。

这是一个很有意思的争论，一次性筷子使用的支持方和对立方立场鲜明、观点对立，而且都有自己的"经济账"，不过是使用的数据不一样。这里还有一个更有意思的例子，双方使用相同的数据却得到不同的结果。

1994年，美国密歇根州希望将销售税从4%提高到6%。在政治宣传中，赞成者认为销售税只增加了2个百分点，或每个美元增加了2美分。反对者则称销售税提高了50%〔（6%～4%）/4%〕，严重增加了市民的税负。

这两个例子的共同点是有数据、有观点。数据是真实的，观点是相左的。为什么相同的数据都有不同的结论？这里就涉及经济学的另一个问题，实证分析和规范分析。

实证分析给出与经济行为有关的假定，但它并不对这些假定是否正确进行探讨，而是在此基础上预测经济行为的后果，它所研究的是"是什么？"。规范分析则是从一定的价值判断出发,提出经济行为的标准,并研究如何做才能符合这些标准,它所研究的是"应该是什么"。比如,实证分析研究一个国家的教育经费的来源及其分配使用,并估算教育对国民经济发展的贡献。但是,如果一个经济学家主张或是倡导应不应该增加教育投入时,他使用的是规范分析。再比如,要不要征税是规范问题,征税后对生活的影响以及影响有多大是实证问题。

现代经济学都比较强调实证分析,在本书中,绝大部分都是实证性的。但是,需要强调的是,实证问题与规范问题其实无法分割的。比如刚才我们举的两个例子。销售税提高了2%或是50%都是实证分析,而且都是对的,但对征税的判断却是规范问题,认为征得不多的引用2%,认为征税多的引用50%。第一个例子的支持与反对就是规范分析,但他们引用了的数据却是实证的;取缔一次性筷子支持方主要引用了消耗的绝对量,从环保方考虑与其他国家的比较,反对者则主要引用的消耗的相对量,进一步探讨了一次性筷子产业的私人成本与收益和社会成本与收益。总之,不同的人可能强调不同的侧面,而对同一政策有不同的主张。但他们的结论一般都是运用普遍接受的实证经济方法,通过对不同的经济效益来分析比较而得出。这种仁者见仁、智者见智的观点差异,往往来自每个人的价值判断,无论是经济学家还是普通人,都是社会成员之一,对问题看法不可避免地受到其个人的经济地位、价值观念的影响,很难不偏不倚,超然于社会之外,能像研究自然科学一样研究社会科学。

(三) 边际分析与均衡分析

有这么一个令人困惑的事情,谁都知道水对人生命的重要性远远超出了钻石,可是通过远途输送的水的价格远不如在路边随手捡到的一块钻石的价格高。单纯地从劳动力的投入量来算,运输水所投入的劳动力超出捡一块钻石的劳动力,这被称为"钻石—水悖论"。同样,对城市里的平民而言,水的重要性远远低于沙漠里的探险队。

通过这两个例子我们可以得到两条结论,一是"物以稀为贵";二是"饱汉不知饿汉饥"。前者回到稀缺性,后者指的是主观评价,经济学以稀缺性为前提,用主观评价来确定商品的价格。

那么一般化的决策规则是什么?经济学所研究的许多选择可以以下列问题的形式给出,"我会去做 X 活动吗?"。简单地讲,当一个人所做选择的收益大于成本的时候,做这个选择就有利可图。比如,在日常生活中,你常常会有"懒得动"的感觉。坐在椅子上欣赏音乐时,突然意识到音乐专辑的后面两首歌是你所不喜欢的,因此,你必须站起来把声音放小一点。这个行为所带来的收益是可以不听自己不喜欢听的歌曲,但它的成本是你必须站起来,这可能并不方便,或者的确很累。

当你认为成本大于收益时，你宁可忍受本不愿意听的歌曲，都"懒得动"。

不过，严格地讲，对成本与收益真正起作用的是边际发生量。边际就是"最后一个"的意思，边际分析就是关注额外一个单位活动的成本和收益，是一个"增量"水平，可以理解为"压在骆驼身上的最后一根稻草"的意思。

这里举几个例子，现在去银行办业务得排很长时间的队，人们对此总是怨声载道，希望银行能多增加几个窗口，那么银行为什么不按"顾客就是上帝"的原则办事呢？显然，银行追求的是利润最大化，它所需要考虑的是，增加一个窗口所增加的收益——边际收益是否能够超过它所带来的成本——边际成本。每增设一个窗口需要雇佣更多的职员、增加营业厅面积、增加管理费用等成本，增加的收益来自增设一个窗口后所新增存款的存贷利差，当边际收益大于边际成本时，增设一个窗口是有利可图，反之，还不如维持现状或缩减规模。我们还知道"人往高处走，水往低处流"，跨国公司也是希望把自己的资本投入利润率更高的地方，那么为什么跨国公司喜欢把资金投向东部而不愿意投向贫困的西部呢？显然，跨国公司也有它自己的考虑，假定投资是无成本的，那么只有当增加一块钱西部投资所带来的收益大于这一块钱投向东部所带来的收益时，它才愿意去西部投资；否则的话，它宁可将最后一块钱投资于东部。换句话说，跨国公司的投资原则是哪个地区的边际收益高就投资哪个地区。

那么，是不是意味着跨国公司永远投资于东部而不投资于西部了？不是。其原因是，在经济学中很多边际量分别具有递减、递增和不变的性质。比如，一个饿汉到自助餐厅里去吃汉堡包，支付一个固定费用后，想吃多少汉堡包就吃多少汉堡包。因此，多吃一份汉堡包的边际成本为0，即边际成本具有不变的性质，但是边际收益呢？特别饿的时候，吃第一份汉堡包的满足程度特别的高，吃第二份汉堡包的时候所增加的满足感就相对小一些，就这样一份一份吃下去，最终，吃饱了以后就不愿再吃了，即再吃一份的满足程度为0。这说明吃汉堡包的边际收益（边际效用）随着消费量的增加而递减，具有递减的性质。一个边际成本不变，一个边际收益递减，饿汉的消费数量为边际收益等于边际成本时的量。这个原理可以用图1-3来表示。

在图1-3中，横轴代表汉堡包的消费量，同时也代表着汉堡包的边际成本，斜向下的曲线表示汉堡包的边际收益随着汉堡包的消费量的增加而递减，饿汉的边际收益曲线和边际成本的交点决定了最优的消费量。

上例体现了边际分析的基本原理，即当边际收益等于边际成本时消费者不再调整自己的消费额，即达到了均衡状态。均衡就是"静止状态"，它最早来自于物理学，指的是物体由于所受各方向外力正好相互抵消而处于静止状态，就好像两个实

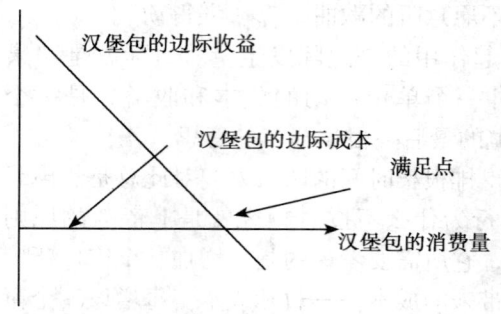

图1-3 吃汉堡包的边际效益分析

力相当的拔河队伍拔河一样,在一定时期内,中心线不发生任何移动。在经济分析中,均衡指的是这样一种状态:在外界条件不变时,由于各个主体所做出的决策正好相容,从而每个人都不愿意调整自己的决策,不再改变自己的经济行为。进入自助餐厅的饿汉就是这样,刚开始的时候,由于边际收益大于边际成本,饿汉持续进行消费,直到最终边际收益等于边际成本时停止消费。

当一个市场中的每个人,都像饿汉那样进行决策的时候,就会形成两股市场的力量——由消费者集团所形成的需求方和由生产者集团所形成的供给方。需求力量和供给力量经过一段时间的角逐、讨价还价之后,市场可能会达到均衡状态,价格和数量静止下来。比如,像打火机这样的小商品,价格常年不变,需求量和供给量也是相对稳定的。

不幸的是,更多商品的价格在不停地波动,可以观察到彩电的价格在不停地下降,问题是是什么导致彩电的价格在波动呢?是"外界条件"发生了变化,比如就需求而言,彩电销售具有季节性,逢年过节的时候,更换电视的家庭就相对较多,在彩电价格不变时,需求量会增加;另一方面,彩电是一个技术进步速度比较快的行业,随着技术进步,在价格不变时,彩电的供给量增加。

还有一种"外界条件"发生的变化是需要注意的,那就是其他商品发生了变化。这就涉及彩电市场与其他商品市场之间的联系。比如,彩电的生产要使用到显像管,当显像管价格上涨时,彩电价格也自然要上涨,反之则相反。那么彩电市场的均衡与显像管市场的均衡有关。在经济学中,涉及两个商品市场以上的均衡称为一般均衡。

可以想象,涉及多个市场的均衡是相当复杂的一件事。所以,经济学经常是从局部均衡——仅涉及一个市场的均衡开始的。即便是这样,均衡也依然难以达到,比如观察股票市场,每支股票的价格可谓瞬息万变,很难达到静止不变的状态,可以说,在现实中,外界条件不断地在发生变化,均衡可能是转瞬即逝的一刻,也可能得经年累月才可能达到,也可能只是海市蜃楼永远也达不到。

这样,经济学就只能再对现实进行充分的抽象和简化了,它总是假定外界因素是已知或固定不变的,然后再研究因变量达到均衡时所应具备的条件,这就是所谓的均衡分析方法。

（四）静态分析与动态分析

均衡是静止不动的状态，但均衡分析却可以分为静态分析和动态分析。举个例子，"树叶挂在树梢"，这是静态均衡，它不考虑时间因素，不考虑均衡达到和变动的过程，只是在一定的前提下分析均衡达到和变动的条件。"秋天来了，树叶落到地上"，这是比较静态，仍属于静态的一种，但它有两个静态均衡，第一个是"树叶在树梢"，第二个是"树叶在地上"。比较静态，就是考察当外界因素发生（秋天来了）变化后，两个不同的静态均衡之间的比较。比较静态不涉及过程，至于树叶是怎么落到了地上？花了多长时间？这都不是比较静态的研究范围。"秋天来了，树叶一片一片晃晃悠悠地慢慢飘落下来"，这就属于动态分析，它不仅考虑两个均衡点的比较，而且还考虑均衡达到和变动的过程（一片一片晃晃悠悠），并且引入了时间因素（慢慢飘落）。如果说，比较静态可以理解为用照相把初始点——在树梢和终止点——在地上拍了两张照片放在一起进行比较研究的话，那么动态分析则是用一个摄像机把整个过程都拍摄下来进行研究了。经济学中的动态分析往往涉及两个问题，一个是均衡的存在性，另一个是均衡的稳定性。如果地球没有引力，树叶离开树梢后就可能"飘"出去，永远"落"不下来，也就是说第二个均衡可能不存在。如果地面有足够的弹性，能把落地的树叶弹飞，那么第二个均衡是存在的，但不稳定。

在本书中，我们主要用到静态分析和比较静态分析方法，不过在个别章节会用到动态分析。

四、为什么要学习西方经济学

经济学的研究方法是经济学的森林，所有经济学所共同的东西，当我们开始微观经济之旅以后，就开始置身于林中，学习经济学的树木了。学习经济学的目的，就是这些树木，把经济学的研究方法植根于每一名经济管理类学生的脑海之中，形成看问题的视角并且终生受益，这也是大学专业教育的要求，不过，这是一个长期潜移默化的结果。

北宋的佛印和苏东坡相对打坐，苏东坡问佛印，"大师，你现在看到了什么？"佛印说："我看到了佛"，而后反问道，"你看到了什么？"，苏东坡开玩笑说："我用我的天眼看到大师是一团牛粪。"回家后苏东坡得意洋洋的告诉他妹妹他占了大便宜，苏小妹说："哥哥，你实际上输了，禅师的心中有佛，所以才看你如佛；你心中有粪，所以才视禅师为粪。"

这是一个唯心主义的笑话，但也可以理解为一个人对世界的认识往往来自于自己长期以来一直受教育的结果。走在校园的林荫路上，其他专业的学生只能看到两旁绿树成荫，但学植物科学的学生能看得更深，是什么树？属于哪个科？需要怎么去种植？这也是具有专业知识和不具有专业知识的学生之间的差距。

经济学提供一种认识世界的工具。有一个笑话说的是一个人失业了，学习经济学不一定能帮助他找到工作，但肯定能够让失业者认识到自己为什么失业。经济学能让人们对世界有更深入的认识。比如，学过经济学的人能够把利率、汇率、价格水平这些看似不相关的东西联系起来，正确理解经济的运行。进一步地讲，经济学能够帮助我们进行更好的决策，比如，有了实际利率的概念以后，就可以根据实际利率而不是名义利率对个人的资金进行正确的配置。最后，学习经济学有助于理解经济政策，预测经济政策进一步变动的方向，比如，当政府提高存款准备金率以后，会对人们的行为有什么样的影响？是否还会进一步提高？经济学会提供一些有用指标。

经济学是经济类管理类学生的基础专业课，也是其他专业课程的基础。大学中的绝大多数课程都是建立在经济学基础之上的。国际经济学是经济学的"开放经济"版本；发展经济学是经济学的"贫困"版本；金融学主要来自经济学中的货币理论；投资学需要较好的微观理论才能理解；统计学和计量经济学是经济学的实践处理环节，需要经济学做支撑；甚至会计中的财务管理其绝大多数模型都来自于经济学模型，区别是经济学强调模型的推导和理解，财务管理强调应用，人力资源管理有一半来自于微观经济学。

经济学能够帮助消费者作更好的选择，微观经济学中消费与储蓄的时际选择理论，金融学中的资产组合理论都能够帮助消费者理财，把自己的资金更好的分配到股票、基金、保险当中去。

经济学能帮助经理更好地管理自己的企业。在国外，所有的 MBA 学员都必须先修经济学课程，因为它能帮助学员使用成本与收益分析、厂商定价理论指导其投资决策与生产、销售决定。对企业经理人员而言，微观经济学中的机会成本分析比会计成本分析更具有指导意义。

当然，经济学毕竟来自于西方，在学习的时候，需要取其精华，去其糟粕。而且，经济学理论往往是较抽象较形式化的，需要一定的逻辑思维能力和数理基础。有些同学可能要问，何必辛苦的研究模型，为什么不直接的告诉结论？原因其实很简单，首先研究各种模型，掌握大概的原理，当转入实际环境后，理论的应用就相对简单。就好像在网球正式比赛中没有人正手连续击球 50 次，但在平时的训练中这却是很正常的一个课目。

第三节　微观经济学引论

一、微观经济鸟瞰

微观研究个人在市场上的选择或是群体在单个市场上的行为，具体地讲，它试图回答以下问题：是什么决定了不同商品的价格？是什么决定了一个工人生产的产量？是什么决定了消费者把他的收入分配到不同商品上的方式？是什么决定了一种特定的商品会被生产多少？是什么决定了行业中企业的数目和规模？

为方便理解，微观经济学的理论体系可以用以下框架来表示（图1-4）。

微观经济学首先把社会上的个人抽象为消费者和生产者，分别列在该图的左右两侧。同时，把市场分为商品市场和要素市场，分列在图的上下方，消费者和生产者的经济活动就是通过商品市场和要素市场的相互作用而联系起来。

在这里，消费者具有双重身份。在商品市场上，消费者是商品的购买者，即需求方。在要素市场上，消费者是要

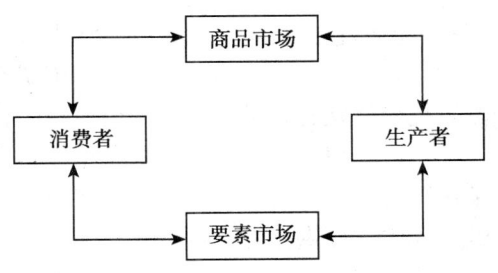

图1-4　微观经济活动循环流

素的销售者，即供给方。消费者为了追求自身经济利益的最大化，首先在商品市场上提供生产要素，如出售劳动力、出租土地、投入资本金等，以取得一定的收入，然后，消费者使用这些收入在商品市场上购买所需的商品，如粮食、电器等。同样，生产者也具有双重身份，在商品市场上，生产者是商品的供给方，在要素市场上，生产商是要素的需求方。经济学假定，生产者追求利润最大化，生产者首先在要素市场上购买劳动力、租用土地等生产要素，然后，将这些生产要素再投入生产过程，生产出市场所需要的商品，如粮食和电器等，放在商品市场上出售，以期获得最大化利润。

正因为消费者和生产者的共同作用，才会在商品市场和要素市场上形成供需两种力量，最终形成各自的均衡价格和均衡数量。不过，商品市场和要素市场的情况要复杂一些，经济学按照生产者和消费者的多寡、信息的完全性、产品的差别程度以及生产者对价格的控制力等条件把商品市场分为完全竞争市场、完全垄断市场、垄断竞争市场和寡头垄断市场四种形式，这又导致在要素市场中生产者在上下游产

业面临不同的市场结构，增加了分析的难度。

以最简单的商品市场完全竞争为例，考虑到生产商调整各种生产要素所需要的时间是不一致的，经济学按照企业能否完全调整生产要素投入分为短期和长期，并且证明在长期，生产者的经济利润为0，商品市场的均衡价格降到生产商长期平均成本的最低水平，生产商所获得的收入刚好能够于支付在要素市场中所购买的各种生产要素的价格，劳动力获得工资、资本家获得利息、地主获得地租和企业家获得企业家才能的报酬，进而推论出在完全竞争市场消费者才能获得最大的利益。

经济学还将单个市场的这一结论引向所有市场的均衡问题，问题如下，当某一个完全竞争市场达到均衡以后，其他市场是否也能够达到均衡？如果达到均衡了，在这种结构下，消费者的福利状况是什么样的？经济学使用一般均衡的方法得出了明确的结论，即在完全竞争假设下，所有单个市场达到均衡的条件是可以实现的，消费者能够达到最大化满足，生产者能够达到最大化利润，要素提供者能够按照自己的贡献获得相应的报酬。最终，资源在完全竞争假定下达到最优配置，这被称为帕累托最优状态，微观经济学所论证的核心思想就在于此。

不过，现实当中，完全竞争市场是难以达到的，在某些条件下，在分散化的决策规则之下，市场可能会提供过多或过少的商品，甚至无法提供商品。比如，没有哪个人愿意提供路灯，因为无法对路灯的使用者收费，经济学将其称之为市场失灵，这就需要执行一定的微观经济政策来矫正，以克服市场失灵，使得现实的经济达到或接近帕累托最优状态。

二、本书的安排

本书就是按照这一框架来组织"生产"的，第二章首先介绍两个基本概念：需求和供给，事实上这属于局部均衡的范畴，这样安排的好处是直接利用了同学们"先入为主"的思想，不过，等学完第三、第四、第五章后，同学们应该会对需求曲线和供给曲线有一个全新的认识。第三章，介绍消费者行为理论，这一部分将探讨消费者一般化决策模式并集中研究需求曲线。第四章探讨市场的另一个参与者——生产者，一共考虑三个维度，一是产量、二是成本、三是利润。然后将消费者与生产者放在一起引出第五章——市场结构，这里主要是讨论单一的商品市场，研究在不同的市场结构下，生产者和消费者的行为。第六章开始探讨要素市场，在这里，任何一个生产者都将面临上下游不同的市场结构，在这章，我们还将建立一般均衡模型，这是微观经济学的核心。第七章，研究市场失灵的情况。

关键术语

稀缺性　机会成本　实证分析　规范分析　边际分析　均衡分析　静态分析

动态分析　生产可能性曲线

复习题

（1）如何理解经济学中的稀缺性？

（2）中国南部省份发生大雪以后，运输业受到了重创，分析这一事件对煤炭业、电力行业的影响。

第二章 供给、需求和市场机制

为什么"情人节"时鲜花加价销售？为什么票贩子屡禁不止？为什么近年来"年夜饭"日益走俏？为什么汽车厂商不断举起降价、优惠等法宝？这些问题的背后都有一个共同的因素，那就是商品的供求矛盾。

需求和供给是经济学家最常用的两个词汇。这是因为它们是市场经济里起支配作用的两股互相作用互为矛盾的力量。供求的矛盾最终决定市场经济中商品的数量与价格。而商品的需求与供给模型，则是经济学家分析不同市场的最基本的模型与框架。经济学家通过这些模型分析商品经济的实质与运行规律，然后为政府部门提供经济决策与建议。

本章介绍需求法则、供给法则及市场机制的基本理论与应用。

第一节 供给与需求的市场力量

一、需求法则与供给法则

（一）需求法则

1. 需求

我们对经济学原理的探讨，一般都是首先站在消费者的角度，对消费者的需求行为进行考察，来着手研究微观经济学的一条基本法则——需求法则，是如何在市场经济中发挥作用。

首先，我们需要明确什么是需求。也许，有人认为需求就是需要。也有人把他从市场上买回来的商品就看作是需求。这些都是错误的。为了深刻反映经济规律，经济学家给需求下了一个比较准确的定义：需求是指消费者在某一特定时期内，在各种可能的价格水平愿意而且能够购买的商品数量。

在理解需求这个概念时，应该注意的是，需求必须具备两个不可缺少的条件：一是购买欲望；二是购买能力。它是二者的统一，缺少任何一个条件都不能成为需求。消费者面对某种商品如果只有购买意愿而没有购买能力，或者虽有购买能力却并无购买愿望，那么这种需求在经济学上均是无效的。需求必须是指既有购买欲望又有购买能力的有效需求。

2. 需求法则

显然，有很多因素决定了商品的需求数量，而价格就是其中一个起决定作用的因素。从我们日常生活经验看，这是很容易理解的。譬如，1 公斤鸡蛋 6 元钱，你会买 1 公斤。如果，鸡蛋价格上涨 1 倍，你就可能只买 0.5 公斤。相反，如果鸡蛋的价格便宜了一半，你可能就会买 2 公斤。也就是说，当商品的价格上升，商品的需求数量就会减少；而当价格下降，商品的需求数量就增加。换句话说，商品的需求数量与价格成反方向移动。这种商品需求数量与价格的关系对市场经济中大多数商品都是普遍适用的，以至于被经济学家总结为一个基本法则，那就是需求法则：

假设其他条件不变，某商品的需求量与价格之间成反方向变动，即需求量随着商品本身价格的上升而减少，随商品本身价格的下降而增加。

需求法则反映的是一般商品的需求量与价格变动关系的规律，但这一规律也有例外。需求法则的例外有三种情况：第一，炫耀性商品。其价格与需求量呈同方向变动，如首饰、豪华型轿车、知名品牌等。这些商品只有高价才能显示其社会身份，低价时，大众化后，高档消费群对该类产品的需求量反而下降。第二，低档生活必需品（吉芬商品）。其需求量与价格之间的关系，被西方经济学家称为"吉芬之谜"，即在特定条件下，价格上升，需求反而增加；价格下降，需求反而减少。如在 1845 年爱尔兰大灾荒时，曾出现了对马铃薯的需求量随马铃薯的价格上升反而增加的现象。第三，投机性商品（股票、债券、黄金、邮票等），其价格大幅度升降时，由于人们采取观望态度，会使需求曲线呈现不规则的变化，有时出现"买涨不买落"现象。

3. 需求函数

表 2 – 1　需求表

	价格（元/公斤）	需求量（公斤）
a	3.6	150
b	3.8	125
c	4.0	100
d	4.2	85
e	4.4	75

一般说来，我们可以用类似统计学家惯用的做法，利用数字表格的形式说明某种商品价格和需求的数量之间的关系，这个表被称为需求表。例如，表 2 – 1 给出了某年某地的蔬菜市场的鸡蛋价格与需求量的统计表。另一方面，我们也把这个表里的数字量用直角坐标系画出来，如横轴代表需求量，纵轴代表价格，就做出了如下图 2 – 1 所显示的一条倾斜下降的曲线 D。这条曲线一般被称为需求曲线。

从数学角度看，我们在这里实际上分别采用代数方法（需求表）和几何方法（需求曲线）来反映商品的价格与它的需求数量之间的联系。为了反映经济规律本质，我们需要抛开经济中很多细节，建立一个

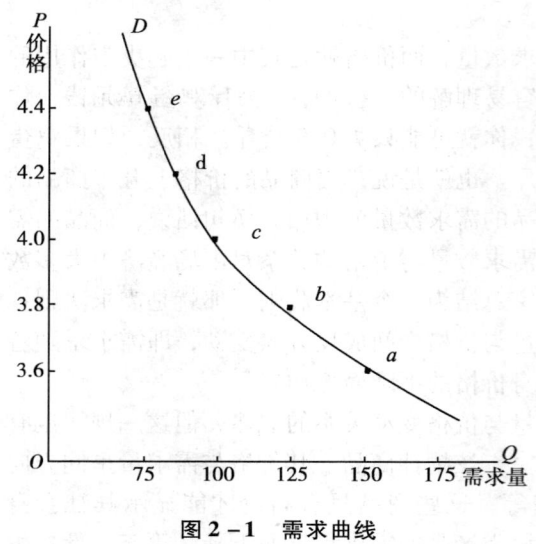

图 2-1 需求曲线

抽象的经济模型,来深刻揭露经济运行规律,那么,利用数学函数来说明商品价格与它的需求量的联系就非常有必要了。这种函数就是需求函数,需求函数表示的是一种商品的需求量和价格之间的函数关系。它的一般形式是:

$$D = f(P)$$

由于某商品的需求量与其价格反方向移动,如果这个关系为一维线性的话,就可以表示为:

$$D = a - bP$$

这里 P 为商品的价格,D 为商品的需求量,a、b 为正的参数。如果采用需求曲线表示的话,就是一条倾斜向下的直线,这条直线的斜率是 $\partial D/\partial P = -b$,始终为负数,反映价格与需求量反向运动的性质。当然,这个函数关系也可以是非线性的,一般可以表示为:

$$D = cP^{-d}$$

这里,c、d 为正的常数。同样,价格与需求的反向运动的性质,决定这个函数的导数总是小于零,即 $\partial D/\partial P < 0$。

4. 需求的变动

在我们表述需求法则时,我们总是假设影响需求的其他因素保持不变,来阐明需求与价格的联系。这些因素主要包括相关产品的价格、收入、预期的未来价格、人口,以及消费者的偏好等等。我们下面简单分析这些因素对需求的影响。

一种商品的需求不仅取决于它的本身价格,还取决于它相关商品的价格。这里的相关商品主要分为替代品和互补品两个方面。替代品是可以用来代替另一种商品的商品。例如,公共交通是私人交通的替代品。像北京这样的大城市,着力发展地铁等公共交通,就是为了减少对私家车的需求,缓解城市交通的压力和出行难的社会问题。如果某种商品的替代品价格上升,人们就要购买这种商品,这种商品的需求量就会增加。相反,某种商品的替代品价格下降,人们就会减少这种商品的购买。北京地铁票一张 2 元的票价,就是活生生的例子。互补品是与另一种商品结合起来使用的商品。例如,汽油与汽车就是互补品。如果一种商品的互补品的价格上涨,人们也会减少对这种商品的购买。例如,油价上涨,显然就会打消某些家庭购买轿车的欲望。相反，某一种商品的互补品的价格下降，也自然增加人们对这种商品的需求。因此，一种商品的相关商品的价格变动，也会影响这种的商品整个需求表，并使需求曲线移动。

第二种影响消费者需求的因素是收入。在其他因素不变的情形下，如果消费者的收入上升，消费者对大多数商品的需求也随之增加；如果收入下降，消费者显然则适当减少对大多数商品的购买。这种因消费者收入下降而降低购买的商品一般称为正常商品。但也有些商品反而是在消费者收入下降时增加购买的商品，则被称为低档商品。这些实际都是人们日常生活中的常识。

第三种影响消费者需求的因素是消费者对商品未来价格的预期。如果人们预期某种商品未来的价格会上升，就会在现在增加对这种商品的购买，而在未来价格上升后减少购买。同样，如果人们预期某种商品未来的价格会下降，就会在现在减少购买，而在将来价格下降后增加对商品的购买。最典型的例子是当前国内还没有充分发展成熟的汽车市场，在2007年欧美市场萎缩或停滞不前的时候，中国汽车市场继续保持20%的增长速度，不仅促使了合资和自主汽车品牌不断向市场投放新的车型，而且也促使人们继续保持对车价有较大下降空间的预期。

第四种影响消费者需求的因素是人口。需求还取决于人口的规模。在其他条件不变的情况下，人口越多，对所有商品和劳务的需求越多；反之，人口越少，对所有商品和劳务的需求也较少。如俄罗斯国土广大，资源丰富，人口素质很高，科技实力雄厚，但是，西方国家还是更看好中国和印度，就是因为这两个国家人口非常多，消费市场的潜力无穷。

第五种影响消费者需求的因素是消费偏好。经济学家认为偏好是由于历史，文化，风俗习惯以及社会风尚等经济领域以外的原因造成对商品的喜好或厌恶程度。偏好是很难从经济数据直接观察到，但是，经济学家还是要考察偏好对需求的影响，这里面就包括广告是如何影响和改变消费者的偏好。

总的来说，需求曲线显示了在包括以上这些因素保持不变的前提下，商品的价格如何变动，从而直接影响到消费者需求量的变动。而当以上的因素发生了变化时，需求曲线也随即发生了移动。

在利用需求法则对经济现象进行分析时，我们通常采用需求曲线这样的工具。但是，要更好地利用它，就要注意区分需求量的变动与需求的变动。

首先，通常所说的需求量是指在特定的价格水平上的消费者计划购买的商品的数量，它反映在需求曲线上就是一个特定的点。例如，我们前面举的例子中，当鸡蛋价格为每公斤4元时，消费者计划购买100公斤，这个100公斤就是需求量。然而，通常所说的需求则是指在不同的价格水平上对应的不同需求量的总称，这时它需要整个需求曲线来反映消费者的需求。例如，在前面的例子里，我们讲那个蔬菜市场在那个特定时间的需求时，需要将整个需求表都一一列举：鸡蛋价格每公斤3.6元时需求量为150公斤，3.8元时为125公斤……直到4.4元时为75公斤。

另一方面，在实际生活中，影响消费者需求的因素经常发生变化，直观的反映则是消费者对商品的需求数量也在不断变化。这时利用需求曲线来进行合理地分析，就要区别需求量的变动与需求的变动。当商品除了自身价格以外的影响因素都没有发生变化时，价格变动仅仅影响需求量在需求曲线上移动，我们称之为需求量的变动。但是，如果商品价格保持不变，影响商品需求的其他外部条件发生了变化，需求量还是发生了改变，这表现为整个需求曲线在平面上向左或向右移动，这我们称为需求的变动。例如，鸡蛋价格下降了，居民计划购买的鸡蛋数量多了，这就是需求量增加了，但是如果是居民的收入增加了，居民计划购买的鸡蛋数量多了，这就是需求增加了。

这就是说，需求量的变动是指其他条件不变的前提下，商品本身的价格变动引起的需求量的变动。需求量的变动表现为同一条需求曲线上的移动，可用图 2-2 说明。在图 2-2 中，当价格由 P_0 上升为 P_1 时，需求量从 Q_0 减小到 Q_1，在需求曲线上 D 上则是从 b 点向上移动到 a 点。当价格由 P_0 下降到 P_2 时，需求量从 Q_0 增加到 Q_2，在需求曲线上 D 上则是从 b 点向下方移动到 c 点。可见，在同一条需求曲线上，向上方移动是需求量减少，向下方移动是需求量增加。

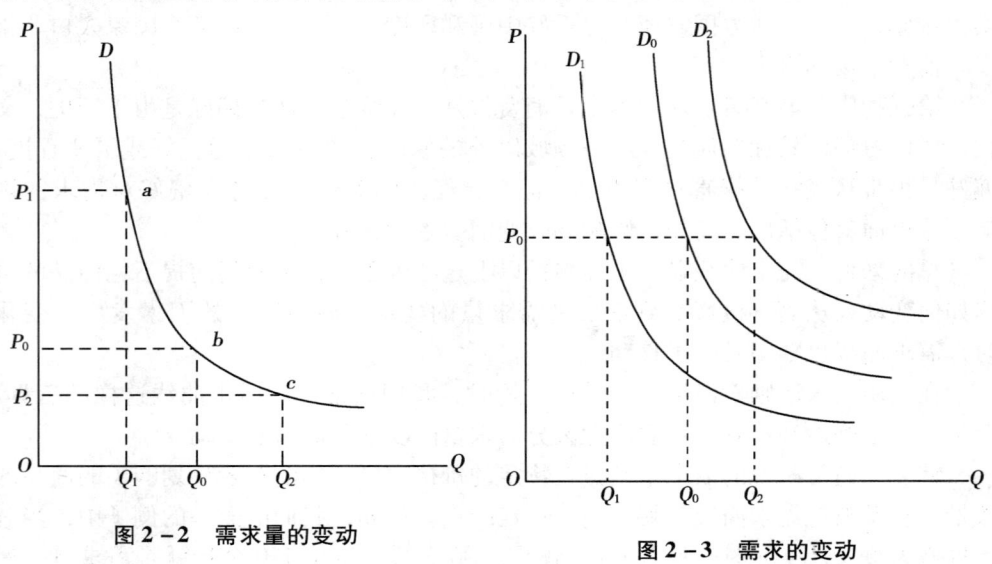

图 2-2　需求量的变动　　　　图 2-3　需求的变动

需求的变动是指商品本身价格不变的前提下，其他因素变动所引起的需求的变动。需求的变动表现为整个需求曲线的平行移动,可以用图2-3来说明这一点。

在图2-3中,价格是P_0。由于其他因素的变动(例如收入变动)而引起的需求曲线的移动是需求的变动。例如,收入减少了,在同样价格水平上,需求从Q_0减小到Q_1,则是需求曲线由D_0移动到D_1。收入增加了,在同样的价格水平上,需求从Q_0增加到Q_2,则是需求曲线由D_0移动到D_2。可见,需求曲线向左方移动是需求减少,需求曲线向右方移动是需求增加。

我们应该注意需求量变动和需求变动的区别,这样才能对复杂的经济问题进行分析时不会得出错误的结论。

(二)供给法则

1. 供给

我们已经讨论了消费者的需求情况,现在转换角度,从商品的生产者角度来分析商品供给的情况。

一种商品的供给是指生产者在某一特定时期内,在各种可能的价格水平愿意而且能够提供的商品数量。

从这个定义出发,我们可以知道,如果生产者有生产某种商品的意愿,却不能够生产,就不能算作有效供给,也就不能算作供给。

2. 供给法则

与消费者需求一样,有很多因素影响供给量的多少,而其中最关键的还是商品的价格。从常识看,当市场上某一商品的价格较高时,生产者觉得有利可图,他一定会想方设法扩大生产规模;而当这一商品的价格下降很多,使他觉得亏本时,这一生产者一定会缩小生产规模,甚至暂停生产,或者完全退出市场。所以,类比需求法则衡量商品价格与消费者需求的联系,有一条基本法则也左右着商品的价格与生产者的有效供给,那就是供给法则,它的内容是:

假设其他条件不变,某商品的供给量与价格之间成同方向变动,即供给量随着商品本身价格的上升而增加,随商品本身价格的下降而减少。

供给法则也可以用供给表和供给曲线来表示。供给表是在所有影响生产者供给的其他因素不变的情况下,某种商品在每一种价格下的供给量的表格。而供给曲线是在所有影响生产者供给的其他因素不变的前提下,商品的供给量随价格变化的一条曲线。我们仍然以前面某地蔬菜市场的鸡蛋为例,说明鸡蛋的价格与供给的关系(表2-2、图2-4)。

表2-2清楚地反映了鸡蛋的价格和供给量之间的函数关系。例如,当价格为每公斤3.6元,鸡蛋的供给量是75公斤;当价格为3.8元,鸡蛋的供给量增加为85公斤;而当鸡蛋价格为4元时,鸡蛋的供给量为100公斤。依据此表格,我们

表 2-2 供给表

价格（元/公斤）	供给量（公斤）
a	3.6	75
b	3.8	85
c	4.0	100
d	4.2	125
e	4.4	150

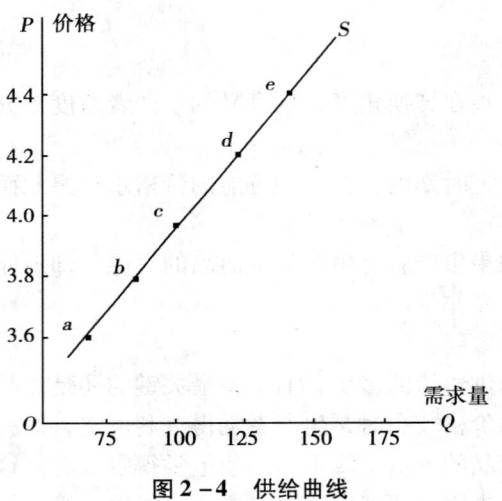

图 2-4 供给曲线

如果以横轴代表供给量，纵轴代表价格，我们就可以画出一条倾斜向上的曲线 S，这就是这个市场上当时鸡蛋的供给曲线，如图 2-4 所示。

供给法则反映的是一般的商品的供给量与价格变动关系的规律，但这一规律也有例外。供给法则的例外主要有两种情况：第一，有些商品由于受各种条件的限制，其供给量随着价格上升而保持不变，即不论价格怎样变化，其供给量总是一个固定的常数。例如，土地的供给就属于这种情况。第二，在劳动市场中，当工资（劳动力的价格）增加时，劳动力的供给量开始也会随着工资的增长而增加。但当工资增加到一定程度时，如果工资继续增加，劳动力的供给量不仅不会增加，反而会减少。这种情况在分配理论中还要详细说明。

3. 供给函数

如果用函数关系来表示某种商品供给量与价格之间的关系，这种函数就是供给函数。当所有影响供给量的因素不变时，某种商品供给量与其价格之间的关系可以用一元函数来表示，其一般公式为：

$$S = f(P)$$

这个函数一般常用简单的线性或非线性函数近似为以下公式：

$$S = -c + dP \text{ 或 } S = \lambda P^{\beta}$$

这里，P 为商品价格，S 为商品供给量，c、d、λ、β 为其他影响供给的因素所决定的参数量。由于某种商品的价格与商品的供给量的同向变动的性质，供给函数的一阶导数大于零。这就是说，供给法则可以表述为 $\partial S/\partial P > 0$。

4. 供给的变动

在供给法则的论述中，我们总是假设除了商品价格以外的其他因素保持不变，商品的供给随价格变动的规律。下面，我们谈谈对供给产生影响的主要几个因素，它们是：生产要素价格，相关商品的价格，预期未来的价格，供给者的数量，以及生产技术等等。

生产要素价格。生产要素价格对商品的供给有着重要的影响。例如，目前现代化猪肉的生产和供给对生猪饲料的价格很敏感，生猪饲料价格上升会使生猪的生产成本上升，从而使生猪的供给减少。

相关商品的价格。一种商品的供给还要受相关商品价格的影响。例如，如果汽车装配线既可以生产轿车又可以生产跑车，那么，轿车的供给就要取决于跑车的价格。在生产中，这两种车是相互替代的，即互为替代品。一种替代品价格上升，另一种替代品供给就会减少。两种商品如果是互补的，即这两种商品必须同时生产，那么，一种商品的价格上升，另一种的供给也会增加。例如，目前房地产的供给的房屋结构很难令人满意，而且，有些称之为"毛坯房"，这促使装修业和建材行业有很大的需求。近年，房价持续走高，也使装修业和建材业的供给增加非常快。

预期的商品未来价格。如果一种商品的预期未来价格上升，那么，现在减少销售而在未来价格上升时再销售是非常有利可图的。同样，如果一种商品的预期未来价格会下降，就应该现在多销售，而在未来价格下降时减少销售。因此，在其他条件不变时，预期未来价格上升会减少这种商品现在的供给，反之，则会增加现在的供给。

供给者的数量。在其他条件不变时，生产同一商品的厂商越多，该商品的供给就越多；反之，亦反之。

生产技术。可以使生产者使用更少生产要素生产出同样数量某种商品的新技术会减少生产成本，从而增加供给。在长期中，影响供给的最重要因素是技术。我国的粮食生产就是一个典型的例子，而未来主要靠的就是科学技术。

分析商品的供给与分析商品的需求类似，我们也要注意区分供给量的变动与供给的变动。

从概念上讲，经济学上所说的供给量是指在特定的价格水平上厂商愿意或计划供给某商品的数量，它反映在供给曲线上就是一个特定的点。例如，当鸡蛋价格为每公斤4元时，厂商计划供给100公斤，这个100公斤就是供给量。然而，通常所说的供给则是指在不同的价格水平上对应的不同供给量的总称，这时它需要整个供给曲线来反映厂商的供给。例如，在前面的例子里，我们讲那个蔬菜市场在那个特定时间对鸡蛋的供给时，需要将整个供给表都一一列举：鸡蛋价格每公斤3.6元时需求量为75公斤，3.8元时为85公斤……直到4.4元时为150公斤。

同样，在实际现实生活中，影响厂商供给的因素经常发生变化，直观的反映则是厂商对商品的供给数量也在不断变化。这时利用供给曲线来进行合理地分析，就要区别供给量的变动与供给的变动。如果某种商品仅是价格发生变动而其他影响供给的因素保持不变,那么,就会引起供给量沿着供给曲线发生变动。这种变动被称为供给量的变动。例如,在前面的图中,当鸡蛋的价格从4元的价格下降为3.6元,就引起了鸡蛋的供给量沿着供给曲线的变动。然而,如果某种商品本身价格没有变化,但影响生产的其他因素发生了变化,那么,这种变动就会引起整个供给曲线的移动。这种变动被称为供给的变动。我们用供给曲线的移动来表示供给的变动。例如,半导体工艺技术的持续进步,大规模降低手机专用芯片及内存芯片的生产成本,从而降低了整个手机的成本,必然使整个手机的生产持续地增加,在某个时期某款手机本身价格不变时,商家告诉你货源充足,这就是供给的变动。

因此,供给量的变动专指在其他条件不变时,商品的价格变动所引起的供给量的变动。这个供给量的变动表现为同一条供给曲线上的移动。这可以用图2-5来说明。

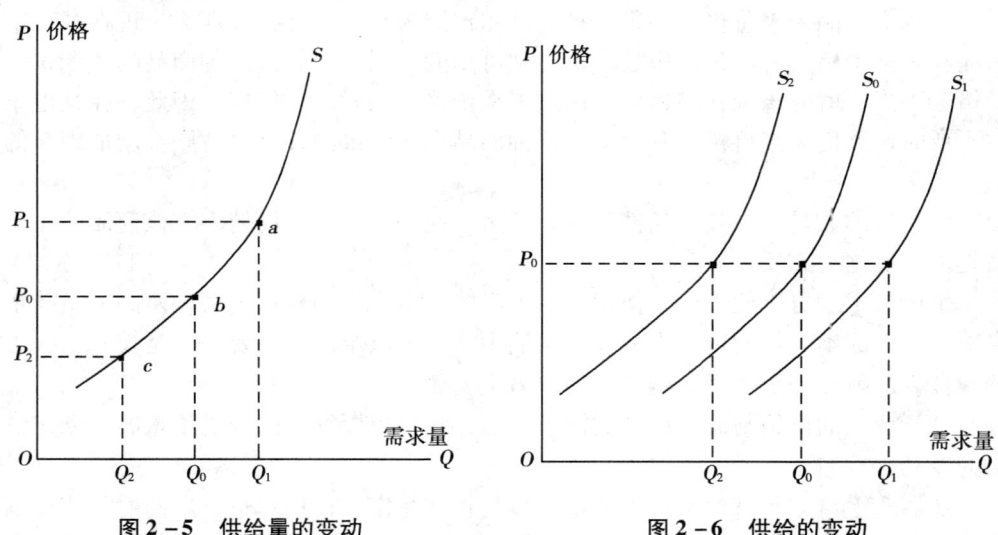

图2-5 供给量的变动　　　　图2-6 供给的变动

在图2-5中,当价格由P_0上升为P_1时,供给量从Q_0增加到Q_1,在供给曲线上则是从点b向上方移动到点a。当价格由P_0下降为P_2时,供给量从Q_0减少为Q_2,在供给曲线上则是从点b向下方移动到点c。可见,在同一条供给曲线上,向上方移动是供给量增加;向下方移动是供给量减少。

供给的变动是指商品本身价格不变的前提下,其他因素变动所引起的供给的变动。供给的变动表现为整个供给曲线的平行移动,可以用图2-6来说明这一点。

在图2-6中,价格是P_0。由于其他因素的变动(例如生产成本变动)而引起的供给曲线的移动是供给的变动。例如,生产成本上升了,在同样价格水平上,供

给从 Q_0 减小到 Q_2，则是供给曲线由 S_0 移动到 S_2。生产成本下降了，在同样的价格水平上，供给从 Q_0 增加到 Q_1，则是供给曲线由 S_0 移动到 S_1。可见，供给曲线向左方移动是供给减少，供给曲线向右方移动是供给增加。

二、供给与需求的结合

在分别完成对需求与供给的分析后，我们将需求曲线和供给曲线相结合，来说明在市场经济中，需求和供给这两种力量是如何决定商品的价格和数量（表2－3）。

表 2－3　需求与供给表

需求量（公斤）	价格（元/公斤）	供给量（公斤）
150	3.6	75
125	3.8	85
100	4.0	100
85	4.2	125
75	4.4	150

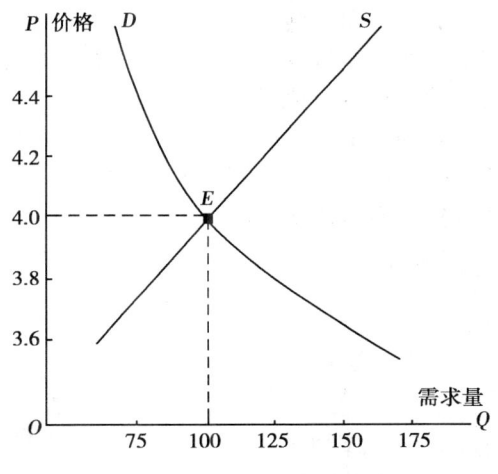

图 2－7　均衡价格的决定

（一）供求结合决定市场均衡

如果在下图2－7中，我们将前面需求曲线 D 和供给曲线 S 画在同一个坐标系内，这时纵轴代表当时那个蔬菜市场鸡蛋的价格，而横轴则代表鸡蛋的需求量或供给量。我们注意到曲线 D 与 S 相交于 E 点，这个点在经济学上被称为市场均衡（Market equilibrium），而这个点对应的价格称为均衡价格，这个点对应的数量称为均衡数量。在这里，鸡蛋的均衡价格为每公斤4元，而均衡数量为100公斤。

在英文里，equilibrium 代表一种不同作用力量达到平衡的动态均衡的状态。在这里就是说，在市场经济中，对某种商品的需求和供给的这两种力量达到一个相对平衡点，这时，商品的价格不再变动，就是均衡价格。在均衡价格上，消费者愿意购买而且能够购买的需求量就等于生产者能够提供并且愿意出售的供给量。均衡价格有时也被称为市场出清价格，因为在这个价格上，消费者买到了他们想要买的商品，而生产者也卖掉了他们愿意卖的商品，大家都获得了满足。

在完全竞争的市场经济中，均衡价格是在供求双方的竞争过程中自发地形成的。为什么呢？我们设想一下如果市场价格不等于均衡价格会发生什么，就自然明白了。

以鸡蛋为例，假如鸡蛋的价格为每公斤4.2元，高于均衡价格。这时，鸡蛋的供给量超过了需求量。结果，商家没法卖掉所有的鸡蛋，这就产生了过剩（经济学上称为供给过剩）。当市场上发生了过剩，商家看到柜台上堆积了很多卖不掉的鸡蛋，为了收回成本，只好降价。鸡蛋价格下降了，消费者的需求增加了，供应商的供给也下降了，最终，市场回到了平衡，价格自然也降到均衡价格。

另一方面，假如现在鸡蛋的价格为每公斤3.8元，低于均衡价格。这时，鸡蛋需求大于供给量，鸡蛋发生了短缺（经济上成为需求过剩），消费者买不到他们想要买的。在这个情况下，消费者总是愿意排长队等待供应商将鸡蛋摆到货架上的机会。看到这个情形，商家自然可以提高鸡蛋的售价，而不怕鸡蛋卖不出去。鸡蛋的价格自然回升，消费者的需求下降了，供应商也愿意增加供给。最后，市场总会到达平衡状态，价格也回归到均衡价格的水平上。如图2-8所示。

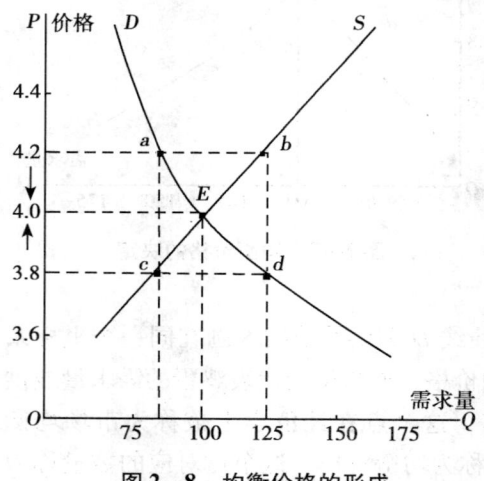

图2-8 均衡价格的形成

用经济模型来表示，均衡价格决定的条件为：

$$D = f(p) \quad (1)$$
$$S = f(p) \quad (2)$$
$$D = S \quad (3)$$

（1）式是需求函数，（2）式是供给函数，（3）式表示供求均衡，也就是均衡价格决定的公式，即当 $D = S$，我们求出的 p 值为均衡价格。

如果把（1），（2）式写为线性公式如下：

$$D = a - b * p \quad (4)$$
$$S = -c + d * p \quad (5)$$

那么，一旦给出常数 a，b，c，d 的数值，就可以计算出 p 的值，也就是均衡价格。

例题 2-1

已知：$D = 800 - 100P$

$S = -400 + 200P$

求：市场达到均衡时的均衡价格和均衡数量。

解：将供求函数代入均衡价格决定公式得：

$$800 - 100P = -400 + 200P$$

解得：$P = 4$

将 $P = 4$ 代入需求函数得：

$$D = 800 - 100 \times 4 = 400$$

或将 $P = 4$ 代入供给函数得：

$$S = -400 + 200 \times 4 = 400$$

因此市场达到均衡时的均衡价格为 4，均衡数量为 400。

（二）需求与供给变动对均衡价格的影响

均衡价格是由需求与供给决定的市场均衡状态下形成的，市场均衡是相对的，暂时的，动态的平衡，所以，需求或供给任何一方的变动都会引起均衡价格的变动。

1. 需求变动对均衡价格的影响

如前所述，需求变动是价格不变的情况下，影响需求的其他因素变动所引起的变动，这种变动在图形上表现为需求曲线的平行移动。我们可以用图来说明需求变动对均衡价格及均衡数量的影响。

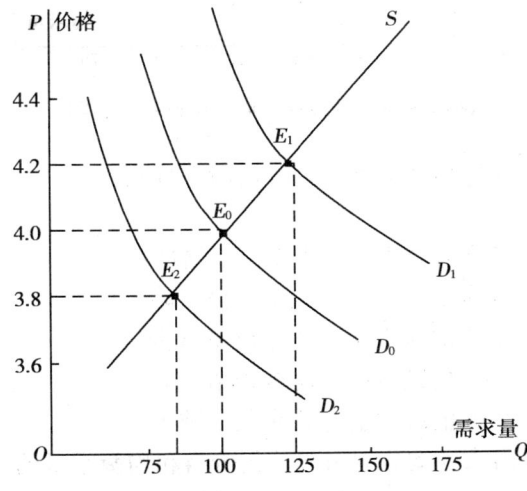

图 2-9 需求变动对均衡价格的影响

在图 2-9 中，D_0 是需求曲线，D_0 与供给曲线 S 相交于 E_0，决定了均衡价格为每公斤 4 元，均衡数量为 100 公斤。

需求增加，需求曲线向右方移动，即由 D_0 移动到 D_1。D_1 与 S 相交于 E_1，决定了均衡价格为 4.2 元，均衡数量为 125 公斤。这表明由于需求的增加，均衡价格上升了，均衡数量增加了。

需求减少，需求曲线向左方移动，即由 D_0 移动到 D_2。D_2 与 S 相交于 E_2，决定了均衡价格为 3.8 元，均衡数量为 85 公斤。这表明由于需求的减少，均衡价格下降了，均衡数量减少了。

总之，在供给不变的情况下，需求增加会使需求曲线向右平行移动，从而使得均衡价格和均衡数量都增加；需求减少会使需求曲线向左平行移动，从而使得均衡价格和均衡数量都减少。

2. 供给变动对均衡价格的影响

供给变动是价格不变的情况下,影响供给的其他因素变动所引起的变动,这种变动在图形上表现为供给曲线的平行移动。我们可以用图来说明供给变动对均衡价格及均衡数量的影响。

在图2-10中,S_0是供给曲线,S_0与需求曲线D相交于E_0,决定了均衡价格为4元,均衡数量为100公斤。

供给增加,供给曲线向右下方移动,即由S_0移动到S_1。S_1与D相交于E_1,决定了均衡价格为3.8元,均衡数量为125公斤。这表明由于供给的增加,均衡价格下降了,均衡数量增加了。

供给减少,供给曲线向左上方移动,即由S_0移动到S_2。S_2与D相交于E_2,决定了均衡价格为4.2元,均衡数量为85公斤。这表明由于供给的减少,均衡价格上升了,均衡数量减少了。

总之,在需求不变的情况下,供给增加会使供给曲线向右平行移动,从而使得均衡价格下降,均衡数量增加;供给减少会使供给曲线向左平行移动,从而使得均衡价格上升,均衡数量减少。

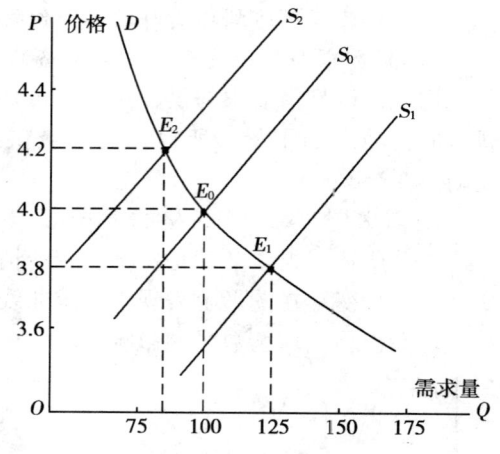

图2-10 供给变动对均衡价格的影响

3. 供求定理

从以上关于需求与供给变动对均衡的影响的分析可以得出以下结论:

(1)需求的增加引起均衡价格上升,需求的减少引起均衡价格下降。

(2)需求的增加引起均衡数量增加,需求的减少引起均衡数量减少。

(3)供给的增加引起均衡价格下降,供给的减少引起均衡价格上升。

(4)供给的增加引起均衡数量上升,供给的减少引起均衡数量减少。

或者说,在其他条件不变的情况下,需求变动分别引起均衡价格和均衡数量的同方向变动;供给变动分别引起均衡价格的反方向变动和均衡数量的同方向变动。

这就是微观经济学中的供求定理。

三、市场机制

在市场经济中,经济的运行是由价格这只"看不见的手"所调节的,也就是资源的配置是由价格决定的。那么，价格是如何起这种作用呢？

（一）市场经济与价格机制

市场经济就是一种由价格机制来决定资源配置的经济体制。一般而言，市场经济应该具备这样三个特点：

第一，企业是独立的经济单位。这就是说，企业完全可以凭价格导向决定自己的资源生产什么，以及用什么方法生产，同时要承担这种生产决策的风险，获得生产得到的收益。这也称为"生产者自由"。在西方国家里，企业的这种独立性是以私有制为基础的。私有财产神圣不可侵犯的法律为企业的独立性提供了保障。企业向以利润最大化方向进行生产与经营，这样，经济中的决策是分散。

第二，生产要素可以自由流动。各种生产要素归其所有者拥有（尤其是劳动力归劳动者所有，劳动者是自由的人，不存在各种形式的人身依附），生产要素可以在市场上自由流动，不受任何限制。

第三，价格调节经济。从市场经济的含义可以看出，这是市场经济的基本特征。实际上前两个特征是这一特征实现的条件，没有企业的独立决策，没有生产要素的自由流动，价格的调节作用就无法实现。只有企业独立，企业才能自由地根据价格信号来做出决策；只有生产要素自由流动，资源才能由价格进行配置。价格调节就是市场经济本质所在。价格调节就是指价格是经济运行的中心调节者，由市场竞争所决定的价格就是资源配置的中心手段。

当然，我们这里所讲的是自由竞争市场经济的基本特征。现代市场经济都是有国家宏观调控的市场经济，即"混合经济"。国家宏观调控也应该是现代市场经济的基本特征，这些主要在宏观经济学里做深入的探讨，这里就不讨论了。

市场经济中价格对经济的调节就是我们一般所说的价格机制。因此，要了解价格如何调节经济，就要首先了解价格机制这个概念。

什么是价格机制呢？我们先来了解机制这个词。机制是由机器与制动这两个科技术语中各取一字构成的。原意是指机器构造及其制动原理和运行规则。后来，生物学和医学借用来指生物体的结构和功能，即它们内在运行，调节的方式和规律。20世纪40年代末美国科学家维纳提出控制论后，人们把社会作为一个有机的整体，机制这个词就被用来说明社会本身的运行，调节的方式和规律。价格机制又成为市场机制，是指价格调节社会经济生活的方式和规律。价格机制包括价格调节经济的条件，价格在调节经济中的作用，以及价格调节经济的方式。所以，价格机制概述了市场经济中价格调节经济的方式及其内在规律。

（二）价格如何调节经济

1. 价格调节经济的条件

价格调节经济也就是价格机制在发生作用。价格机制要能起到调节经济的作用是以市场经济的存在为基本前提的。具体来说这种条件就是：

第一，各经济单位作为独立的经济实体存在。经济中的基本单位是居民户和厂商。居民户又称消费者或买方，是能做出独立消费决策的经济单位。厂商又称生产者或买方，是能做出独立生产决策的经济单位。它们作为独立的经济单位有权拥有并使用自己的资源或收入。它们根据最大化的原则（消费者的惟一目的是满足程度最大化，生产者的惟一目的是利润最大化）而做出自己的消费或生产决策。

第二，存在市场。市场是各经济单位发生关系进行交易的制度框架。它可以是具体场所，例如，某农贸市场或商场。也可以不是一个具体的场所，例如，世界石油市场就不是在某个地方的石油交易场所，而是指把石油生产者、加工者、批发商、零售商、使用者联系在一起的一种制度安排，包括他们之间的电讯联系、交易程序、结算与交割方式等。各经济单位都是独立经营的，他们之间的联系只有通过市场来实现。价格只有在市场交易过程中才能形成。这里所说的市场是一个市场体系，从种类说，包括劳动力市场、商品市场和金融市场。而且，就一国范围来说，这种市场应该是统一的国内市场，而不是分割的地区性市场。

第三，市场竞争的完全性与公平性。这就是说，市场上的竞争不应受到任何限制或干扰，特别是价格只由市场上的供求关系所决定，而不受其他因素的影响。同时，各个经济单位在竞争中是平等的，任何单位没有超经济的特权。换句话说，也就是没有垄断或国家干预市场活动，特别是干预价格的形成或作用。在存在垄断或国家干预的情况下，价格机制的正常作用就会受到某种限制。

2. 价格在经济中的作用

美国经济学家 M. 弗里德曼把价格在经济中的作用归纳为三种："第一，传递情报；第二，提供一种刺激，促使人们采用最节省成本的生产方法，把可得到的资源用于最有价值的目的；第三，决定谁可以得到多少产品——即收入的分配。这三种作用是密切关联的。"

这三种作用实际上就是说解决了资源配置所包括的三个问题：生产什么，如何生产和为谁生产。从价格调节经济，即决定"生产什么"的角度看，价格的作用可以具体为：

（1）作为晴雨表反映市场的供求状况。市场的供求受各种因素的影响，每时每刻都在变化。这种变化是难以直接观察到的，但是它反映在价格的变动上，人们可以通过价格的变动来确切了解供求的变动。这正如锅炉中水的温度是无法知道的，只能反映在温度计上，人们通过温度计来了解锅炉中水的温度一样。价格受供求的影响而迅速变动。某种商品的价格上升，就表示这种商品的需求大于供给；反之，这种商品的价格下降，就表示这种商品的需求小于供给。价格这种作为供求关系晴雨表的作用是其他任何东西都不能代替的。

（2）价格的变动可以调节需求。消费者为了实现效用最大化，一定要按照价格的变动来进行购买和消费。当某种商品的价格下降时，人们会增加对它的购买；当这种商品的价格上升时，人们会减少对它的购买。在市场经济中，消费者享有完全的消费自由，他们的购买行为只受价格的支配。因此，提价可以减少需求，降价可以增加需求。价格的这种作用也是其他东西所不能替代的。

（3）价格的变动可以调节供给。厂商为了实现利润最大化，一定按照价格的变动来进行生产与销售。当某种商品的价格下降时，厂商会减少产量；当这种商品的价格上升时，厂商又会增加产量。在市场经济中，厂商享有完全的生产自由，他们的生产行为只受价格的支配。因此，提价可以增加供给，降价可以减少供给。价格的这种作用也是其他东西所不能替代的。

（4）价格可以使资源配置达到最优状态。通过价格对需求与供给的调节，最终会使需求与供给相等。当需求等于供给时，消费者的欲望得到了满足，生产者的资源得到了充分的利用。社会资源通过价格分配于各种用途上，这种分配使消费者的效用最大化和生产者的利润最大化得以实现，从而这种配置是最优状态。

那么，价格如何调节经济的运行呢？当市场上某种商品的供给大于需求时，这种商品会出现过剩，供给过剩说明资源配置不合理。供大于需的情况会使商品的价格下降。这样，一方面刺激了消费，增加了对该商品的需求，另一方面又抑制了生产，减少了该商品的供给。价格的这种下降，最终必将使该商品的供求相等，从而资源得到合理配置。同理，当市场上某种商品的供给小于需求时，这种商品会出现短缺，也会通过价格的上升而将使该商品的供求相等。价格的这一调节过程，是在市场经济中每时每刻都在进行的。价格把每个独立的消费者与生产者的活动联系在一起，并协调他们的活动，从而使整个经济和谐而正常地进行。

应该指出的是，价格机制是自发地调节经济的。自发性也是价格机制发挥作用的基本特点。没有自发性，就没有价格机制的作用。在市场经济中，没有任何一种外力的干预，价格可以调节经济。如果消除这种自发性，人为地利用价格机制，那么，价格也就无法发挥作用了。

还应该指出的是，自发性也有不可避免的缺点。价格机制自发地调节经济使资源配置合理，但是为此社会可能也要付出一定的代价。譬如，化工厂的大量建设，而没有有效地监管，可能给环境带来很大的污染，使社会付出很大的环保代价。所以，市场经济中的价格机制并不是十全十美的。这就需要用经济政策去纠正这些缺点。

案例1：
逆潮流的白圭

战国时代，有位商人名叫白圭。白圭的经营方法与众不同，总是逆潮流而行。有一次，别的商人都在一窝蜂地抛售棉花，拼命地大减价。白圭却拼命地买进棉花，甚至花钱租地方存放棉花。卖完棉花，别的商人都抢着购进皮毛，白圭却打开仓库，把库存的皮毛一下子卖得精光。没有几天，有消息说今年棉花严重歉收，商人们心急火燎地到处寻找棉花。白圭高价卖出全部库存棉花，发了一笔大财。又过了一段时间，由于某种原因，满街的皮毛突然卖不出去了，价格降得越来越低，其他商人后悔不迭、血本无归。司马迁在《史记》中记载了白圭的事迹，赞扬了白圭"人弃我取，人取我予"的经营手段。

案例思考：
（1）白圭如何根据棉花的供求变化来获利？
（2）白圭又是如何根据皮毛的供求变化来获利？
（3）试讨论现代企业是否应学习白圭在经济决策中合理利用价格机制原理？

案例2：
恶性价格战的根本解决之道

在现今的中国市场上，还有什么产品是供不应求的？恐怕这样的产品已经很少能见到了。不过也有，如岳麓千年茶院开发的普洱茶，有着很高的文化附加值和较大的收藏升值空间，而且是限量供应，在北京等地成为人们四处搜寻而不可多得的投资收藏佳品，开拓了一片供不应求的新市场。供大于求是谁造成的呢？毫无疑问，是厂家和经销商共同谋划的结果；价格战是如何形成的呢？也没有悬念，是厂家与厂家之间，商家与商家之间竞争的结果，当然，这是符合市场经济的自然竞争法则和价值规律的。问题是，恶性价格战的罪魁祸首又是谁呢？厂家和商家都有份，这是逃不掉的。那么，中国是否就不能摆脱恶性价格战的困扰呢？不是不可能，而是国内众多的企业家和经销商的经营观念存在问题。有个笑话，同样在一条街上开店，美国人喜欢求新、求变，追求差异化、互补性经营；而中国人却喜欢跟风、模仿，看你做什么赚钱，我就跟着来干，既省心又省力，可就是没有想到大家都一模一样，是不是有些人注定是多余的呢？对于众多快销品企业来说，大手笔的广告投入是营运开支的大头，也是众多企业销量大升，利润却大幅下滑的原因之一，更是恶性价格战的催化剂。古人言，过犹不及，对于众多行业和企业来说，大规模的广告战往往适得其反，为什么？广告可能在一时促进销量大幅提升，但销量的增长未必就是新增消费量，更有可能是从同业那里抢来的，同业必然会跟进提高广告费用，博弈开始，最终结果必然是都不赚钱。例如雅鹿集团与波司登可谓羽绒服市场上的两大冤家，广告大战、促销大战一直不断，简直就是血拼；其实，它们没有想明白一个问题，两家非但不是对手，还是相依为命的亲友，谁也不能离开谁，因为只有有效的竞争才能将整个市场规模做大。还有一个鲜为人知的事件，在美国，烟草广告已经被禁绝，按说烟草公司应该是遭受损失最大的了，可事实恰恰相反，烟草公司都在没事偷着乐呢。因为像烟草这样成熟的行业，即使大家都停止广告，销售总量并不会受到多大的影响，但是巨额的广告费用却都省下了，营运费用大幅降低，利润随之飙升。当然，对于许多新兴行业和新生产品，为了提高品牌知名度，适量的广告投入还是必须的。那么，恶性价格战应该如何控制呢？非常简单，从病根上解决就可以了。这就要求中国的企业家们从同质化思维中尽早清醒过来，学会差异化思维，在模仿中学会创新，发现新的蓝海，哪怕是竞争还不太激烈的领域。那么，是不是中国市场这样的市场空白太少了呢？肯定不是，否则，大批量的国外公司进入国内也就没有多少生存空间了，更不会像现在这样滋润。这样的空白市场和机会不是太少，而是还有太多，圆圈内的有限，昭示了圆圈外的无限；不是不想做，而是根本还没有空去想，很多企业家已经被恶性价格战搞得精疲力竭了，哪还有心思呢？这类企业太多了，在惯性思维的驱使下，许多企业家还走在痛苦的老路上，而康庄大道就在眼前，却是熟视无睹。中国的许多企业可以做得更好，中国的许多企业家可以活得更潇洒，但是，就因为思维模式不能及时转换，观念不能与时俱进，空错过无数跨越式发展的机会。小企业也可以做成巨龙，浙江"香飘飘"原来就是从做些小果冻杯开始的，现在却成了食品行业万众瞩目的焦点。还是那句话，不是不可能，化不可能为可能方显英雄本色。

案例思考：

（1）从需求法则出发，差异化或互补性经营观念如何改变商品需求的变动而获得市场的成功？

（2）如何利用需求法则来解释新兴行业或商品为什么需要广告来获得成功？

（3）如何利用供求定理来理解"恶性价格战"对目前中国企业的危害？

案例 3：

2008 年初雪灾推动蔬菜价格上扬

北京新发地农产品批发市场副总经理刘僧会接受记者采访时说，新发地农产品批发市场蔬菜的交易量日均达到 1 100 万公斤，占北京市总需求量的近 70%，是北京市最大的"菜篮子"。这里的蔬菜批发价格足以代表北京的蔬菜价格。他说，由于南方等地普降大雪，从海南运菜的车卡在了路上，造成进京蔬菜大幅度减少，蔬菜价格上扬。刘僧会还告诉记者，一箱柿子椒的批发价由下雪前的 58 元，28 日上涨到 120 元，南方娃娃菜一大包由 80 元上涨到 180 元，西芹每箱由 46 元涨到 90 元。

厦门：雪灾导致蔬菜价格大幅上涨。1 月 30 日，从闽南果蔬批发市场了解到，近期该市场蔬菜批发价已涨了 50%～80%，平时市场可以供应 60 多种蔬菜，目前能维持供应的只有大约 30 多种。30 日上午，闽南果蔬批发市场蔬菜批发价格比平日高出许多，如半个月前还卖 0.5 元/公斤的大白菜，最高的卖到了 1.2 元/公斤；黄瓜由每公斤 2 元左右涨到了 3 元左右；白萝卜也由每公斤 0.8 元左右飙升到了 1.4 元。闽南果蔬批发市场邵金炼经理表示，涨价的主要原因是中部地区的大雪导致交通不便，很多外地蔬菜运不进来；整个市场的吞吐量也由正常情况下的 3 000～5 000 吨锐减至 2 000 多吨。据邵金炼介绍，运不进来的菜主要以北方窖藏的马铃薯、洋葱、大白菜等为主。为了应对这种不利局面，闽南果蔬批发市场已经派出很多经纪人到全国各地联系菜源，他们北上河南、河北、山东，西往广东、广西、云南、海南等地。夏商农产品集团陈总表示，中国中部地区的雪灾对该集团的蔬菜供应影响不大，但他们担心省外货商来省内的蔬菜基地"抢菜"。据介绍，夏商农产品集团的蔬菜基地除了本地的同安、翔安外，外地主要以省内的三明、龙岩、漳浦、永春等地为主，所以蔬菜运输基本没有受到中国中部地区大雪天气的影响。但为了保证厦门春节期间的蔬菜供应，夏商农产品集团还积极从省外调入大白菜、大葱、包心芥菜、萝卜等蔬菜（中华名优土特产网，2008-02-02）。

案例思考：

试分析雪灾如何影响蔬菜的供给和价格？

案例 4：

英国百代唱片公司的重组

近日，早就在业内有数个传闻版本的英国百代唱片公司（EMI）重组一事终于公布了明确的方案。3 个月前以 24 亿英镑（包括债务在内为 32 亿英镑）

的价格收购了百代公司的私人投资集团 Terra Firma 计划在百代集团内裁减最多达 2 000 名员工,这个数字占公司总雇员人数的 1/3。裁员主要针对百代的唱片业务部门,重组后的百代将把更多的注意力放在歌手上,并努力提升互联网销售。百代唱片的现状让人想起了去年主动选择跟它分道扬镳的电台司令(Radiohead)乐队。曾经跟百代有 10 年协议合作关系的大牌乐队电台司令突然像个愣头青一样拒绝了百代的续约,他们自己掏钱制作了第七张专辑,并且在委托一个小唱片商发行 CD 前两个月就把整张专辑放到了互联网上供人下载,乐迷可以不付钱,也可以自愿付一些费用。总之,爱听不听,爱给不给。电台司令的这一举动恰恰是一种基于商业考虑的新尝试。尽管调查数据显示 60% 左右的"理性"下载者都没有付费,但剩下的 40% 的"非理性"下载者支付了平均大约 6 美元的费用,也就是说所有的下载者平均为专辑支付了 2.4 美元。这个价格虽然大大低于一张唱片十几到几十美元或者 iTunes 上一张专辑 9.99 美元的售价,但电台司令却能将这 2.4 美元尽收囊中。而在传统的唱片体制下,扣除各种费用后,乐手从每一张唱片的销售中也只能拿到一两个美元,在 iTunes 的网络付费下载模式里,乐手一般分得 1.4 美元,比卖唱片还挣得少。考虑到网络下载方式对于销售量的刺激,我们可以猜测 Radiohead 从上可能赚得比以前还要多。腐烂衰败的传统唱片经营模式在消费者一端的流失早就开始了。全球唱片工业在 2000 年达到了顶点,2001 年开始全球唱片销量下降了 2.5%,2002 年下降了 6.8%,而且这个跌势还呈现出加速的趋势,2006 年和 2007 年的下降幅度都达到了 15%。尽管数字音乐下载市场在高速增长,但远远不能弥补唱片销量下降带来的收入损失。任何数据都比不上一件小事让唱片公司更加意识到末日临头,有一次百代邀请了很多十几岁的孩子来公司总部交流听音乐的习惯,在会谈结束后为了表示谢意,百代表示这些孩子可以随意挑选他们喜欢的 CD 拿回家,尽管是免费的 CD,但这些孩子却没有人去拿。这一刻百代的工作人员真正明白了唱片业的困境:你如何才能把商品卖给一群即使免费也毫无兴趣的消费者?有一种说法虽然极端,却让人深思:历史上从来就没有过一张好听的唱片,如果说有的话,那也是因为有一支精彩的曲目从头到尾占据了整张专辑。唱片往往就意味着少数几首精彩之作跟一大堆平庸之作捆绑在一起销售,如果我们用看待一般行业的眼光来看唱片业,就会发现这是一个很不"讲理"的行业:你经常需要为买一首歌而买下整张专辑,或者因为购买不同的专辑而反复购买同一首歌。唱片公司很大一部分收入都源自于那些层出不穷的 Bonus Track、B–Sides 以及精选集,每次只需要添加一道新甜点，又可以将残羹做成一道盛宴。因此，互联网给唱片业带来的挑战绝不仅仅是各种收费和免费的替代品，它还消解了唱片不可拆分的出售方式，降低了音乐发行、营销的成本，改变了消费者过滤、选择乐手的方式，每一种变化都让唱片公司丧失了一分存在的理由，整个唱片业恐怕都将面临着被其他行业垂直整合的命运。不过热爱音乐的人们也不必为此而伤心，无论是黑胶唱片还是CD，唱片其实只是音乐的肉身而已，我们乐于见到唱片之死，因为音乐商业一定会转世投胎。

案例思考：

从需求定理出发分析唱片业衰落的原因？

案例5：

苹果手机缘何难进中国？

近日，中国移动香港发言人雷雨向媒体透露，中国移动集团与苹果公司关于引入炙手可热的智能手机 iphone 的商谈已经终止。业内人士预计，两大巨头谈崩的原因是中国移动无法接受苹果提出的高达 20%～30% 的分成比例。经历了 ipod 时代的苹果是不可一世的，他与并不讨人喜欢的 AT&T 签立了长达 5 年的独家销售协议，并认定人们会为了使用 iphone 而容忍其他任何不便之处。苹果赌对了。iphone 推出后，AT&T 在 2007 年第三季度的新增用户数比前一年增加近五成。为感提携之恩，AT&T 将通信服务费中的相当一部分返回给苹果。苹果从每个 iphone 账户可获取每月 3～18 美元的提成。由于用户必须与 AT&T 签两年以上的合同，苹果公司从提成中的收益就将超过其手机销售的利润。不可一世的苹果终于碰到了不可一世的中国移动。中国移动拥有比美国人口还多的用户群以及傲人的市值和增长率，自然不会轻易对苹果妥协，换言之，是这种强强对峙的格局增加了谈判的难度。从博弈的角度看，分成实际上是在合作双方之间的一种转移支付。转移支付的存在需要两个最起码的条件：第一，支付方从合作中得到的额外收益超过转移支付的数额；第二，接收方在收到转移支付后的总收益大于其不合作时的收益。这两个条件在苹果和 AT&T 的合作中完全成立。美国的移动通信市场一向是以运营商为主导的，用户在选定的运营商处购买手机并签订长达两年的服务合同。如果用户中途变卦，不仅要交纳高昂的违约金，手机也随之报废，所以运营商能争取到的任何一份新合同都相当珍贵。苹果的独家授权为 AT&T 赢得了众多新用户。AT&T 的 iphone 用户中 40% 以上都是从别的网络转过来的，而这些人如果有其他选择，大多不会选择 AT&T。这是独家授权带来的好处，AT&T 自然心知肚明。另外，从苹果的角度看，如果不与AT&T合作而实行开放授权，iphone的销售量自然可以增加，但是这里存在着两个问题。在成本方面，目前iphone只能用于GSM网络，而美国上规模的GSM运营商只有AT&T和占市场份额11%的T-mobile，所以为了扩大销售，苹果必须另开发针对CDMA的手机。在收益方面，苹果在每个手机的销售上估计可以赚取100美元的利润，而AT&T愿意支付的分成就有二三百，相当于开放授权下三四倍的销售量。两者相比，苹果也乐得与AT&T合作。其实即使在独家授权的情况下，苹果也没有完全杜绝AT&T网络外的销售。虽然这半年来苹果推出了越来越严格的锁定软件，甚至不惜通过软件升级将用户偷偷解锁的iphone变成"昂贵的镇书石"，用户还是可以从苹果店里买到不入网的iphone。从某种程度上说，我们也可以把这看成一种价格歧视。对于绝大多数敏感度不高的用户，苹果通过AT&T多收了他们一点，而对于那些极少数坚决抵制AT&T的苹果迷，苹果还是实现了销售。解锁越难，对这两个市场的分割就越严格。从某种程度上看，转移支付正是来自价格歧视战略下产生的额外的垄断利润。再回过来看中国的移动市场。这是一个以用户为主导的市场：追求时尚的手机用户在商店挑选自己心仪的手机，然后带机入网。在一个强调选择和灵活性的市场，锁定用户的做法不仅不受欢迎，而且也做不到（一个广为传播的数据是一个iphone在美国的解锁成本是200美元，在中国是200元人民币）。所以上面所说的市场分割很难在中国实现。如果用户的转移成本很低，不管中移动是否与苹果签独家协议，最后的结果都是一样的：只要苹果在中国卖手机，iphone在手的用户会挑选他们最中意的运营商入网，无论他们是从哪家店买的。如果中国移动原来的市场份额是70%，那它很有可能还是得到70%的iphone用户，除非iphone的用户群有任何显著不同。因此，除非iphone能实现有效锁定，没有一个运营商愿意作转移支付，这与运营商大小无关。条件一不成立。那么假设苹果可以在中国实现有效锁定呢？在此情况下运营商倒是愿意支付一部分分成，原本市场份额越小的愿意支付的比例越高。但是由于中国用户对长期合同的戒心，任何锁定都会显著影响iphone的销售量，而销售量的缩小必须要更高的转移支付来补偿，条件二就会成问题。也许，苹果得因为中国而改变点什么（21世纪经济报道，2008-01-17）。

案例思考：

试用供求理论分析上述新闻背后的经济学解释？

第二节 弹性及其应用

价格的变动会引起需求量与供给量的变动。但是,既定的价格变动会引起需求量与供给量变动多少呢?这个问题对人们进行选择和作出决策关系很大。

我们可以用三个例子来说明这一点。

例1 电影《集结号》引起了很大反响,据说导演预计票房收入会超过2.5亿。我们去影院看电影预告时,会注意到下午13:00之前,票价为35元一张,而13:00之后,票价为70元一张。午夜专场有3部影片,总的票价为100元一张。

例2 由于珠江三角地区劳动密集型行业对世界出口的贡献,中国获得了世界工厂的赞誉,这得益于大量中西部地区农民工进城的流动性结果。但,近年来,随着产品结构不断向高端发展,劳动力价格的上涨,民工荒的问题不断进入人们的视野。而2002年,国家领导人就以深圳年薪10万元找不到数控机床的高级技师为例,要求劳动保障部3年内培养50万个高级技术工人。

例3 世界石油价格历来牵动人们的神经。近期油价破百美元的消息与评论又见诸于世界各大媒体与报纸。专门机构以及金融家和工业家一致认为廉价石油的时代已过去,世界已进入高价能源时代。媒体所给出油价上涨的主要原因是:地缘政治形势不稳定,北半球冬季寒冷,需求大于供给(新兴国家需求上涨,而欧佩克的产能已到极限),墨西哥石油码头因风暴而关闭。而美国的次贷危机和美元贬值也是原因之一。还有少数经济学家认为,2007年油价飙升与其说是与供求基本面有关,倒不如说是与原油生产商过高估计政治混乱的风险和市场投机活动猖獗有关。

弹性理论正是要说明价格变动与需求量或供给量之间的这种量的关系。它是价格理论的重要组成部分。弹性分为需求弹性和供给弹性。需求量的变动不仅取决于价格,还取决于消费者的收入和相关商品的价格,所以,需求弹性又分为需求的价格弹性,需求的收入弹性与需求的交叉弹性。在这一节,我们介绍各种弹性的概念,计算,及其在经济分析中的运用,重点是需求的价格弹性。

一、需求弹性

(一)需求价格弹性

1. 需求价格弹性的含义

弹性是一个物理学名词,指一个物体对外部力量的反应程度,一般用弹性系数衡量其大小。在经济学中,弹性指在经济变量之间存在函数关系时,因变量对自变量变化的反应程度,其大小可以用两个变化的百分比的比例来衡量。

需求的价格弹性又称需求弹性,指价格变动的比率所引起的需求量变动的比率,即需求量的变动对价格变动的反应程度。

各种商品的需求弹性是不同的,一般用需求弹性的弹性系数来表示弹性的大小。弹性系数是需求量变动的比率与价格变动的比率的比值。如果以 E_d 代表需求弹性的弹性系数,以 $\Delta Q/Q$ 代表需求量变动的比率,以 $\Delta P/P$ 代表价格变动的比率,则需求弹性的弹性系数的一般公式就是:

$$E_d = \frac{\Delta Q/Q}{\Delta P/P} = \frac{\Delta Q}{\Delta P} \cdot \frac{P}{Q}。$$

例如,某种商品的价格变动为10%,需求量变动20%,则这件商品需求弹性的弹性系数为2。

例题 2-2

已知某种商品原来的价格为100元时,需求量为150件;后降价降到80元时,需求量上升为180件,试计算该商品的需求弹性系数。

解：$\Delta Q = 180 - 150 = 30$（件），$Q_1 = 150$（件）；

$\Delta P = 80 - 100 = -20$（元），$P_1 = 100$（元）；

$$E_d = \left| \frac{\Delta Q/Q_1}{\Delta P/P_1} \right| = \left| \frac{30/150}{-20/100} \right| = 1 \text{ 因此该商品的需求弹性系数为1}。$$

在理解需求弹性的含义时要注意以下几点:

（1）在需求量与价格这两个经济变量中,价格是自变量,需求量是因变量。所以,需求弹性就是指价格变动所引起的需求量变动的程度,也就是需求量的变动对价格变动的反应程度。

（2）需求弹性系数是价格变动的比率与需求量变动的比率的比值,而不是价格变动的绝对量与需求量变动的绝对量的比值,是两个量之间的比率,才能比较其大小。弹性系数的数值可以是正值,也可以是负值。如果两个变量为同方向变化,则为正值;反之,如果它们为反方向变化,则为负值。价格与需求量成反方向变动时,当价格增加,即价格的变动为正值,需求量减少,即需求量的变动为负值;同理,当价格的变动为负值时,需求量的变动为正值,因而,其需求弹性的弹性系数应为负值。但在实际运用中,一般为方便计算,都取其绝对值。

（3）一条需求曲线上不同点的弹性系数大小并不相同,这一点可以从以下关于弹性系数的计算来说明。

2. 需求价格弹性的计算:点弹性与弧弹性

在计算需求弹性时要区分点弹性与弧弹性。点弹性是需求曲线某一点的弹性，也就是价格变动无限小时所引起的需求量变动的反应程度。弧弹性是曲线两点之间弧的弹性。

（1）点弹性的计算

根据上面弹性系数的定义公式，当价格变动无限小时。即 $\Delta P \to 0$ 时，点弹性的计算公式就可以写作：

$$E_d = \lim_{\Delta P \to 0} \frac{\Delta Q}{\Delta P} \cdot \frac{P}{Q} = \frac{\partial Q}{\partial P} \cdot \frac{P}{Q}$$

由于价格与需求量反方向变动，所以，$\frac{\partial Q}{\partial P}$ 为负数，上式可写为：

$$E_d = -\frac{\partial Q}{\partial P} \cdot \frac{P}{Q}$$

设某种商品的需求函数为：

$Q = f(P) = a - bP$，a、b 均为常数，Q 为需求量，假设 $a = 20$，$b = 2$，则有：$Q = 20 - 2P$。

这时，

$$E_d = -\frac{\partial Q}{\partial P} \cdot \frac{P}{Q} = -(-2)\frac{P}{Q} = 2\frac{P}{Q}$$

当 $P = 2$ 时，$Q = 20 - 2 \times 2 = 16$。

因此，当价格为2，即 $Q = f(2)$，这一点的点弹性为：

$$E_d = 2\frac{P}{Q} = \frac{2 \times 2}{16} = 0.25$$

同理，当 $P = 6$ 时，$Q = 20 - 2 \times 6 = 8$。

因此，当价格为6时，即 $Q = f(6)$ 时，这一点的弹性为：

$$E_d = 2\frac{P}{Q} = \frac{2 \times 6}{8} = 1.5$$

由此可以看出，一般来说，在同一条需求曲线的不同点上，需求弹性的大小是不同的。

（2）弧弹性的计算

弧弹性的计算公式可以写为：

$$E_d = \frac{\Delta Q/Q}{\Delta P/P} = \frac{Q_2 - Q_1}{P_2 - P_1} \cdot \frac{P_1}{Q_1}$$

在上式中，P_1，Q_1 为原来的价格与需求量，P_2，Q_2 为变动后的价格与需求量。

为了消除价格上升与下降时计算的弹性系数数值的差异,价格和需求量都取变动前后的平均值,所以计算弧弹性的公式一般写为:

$$E_d = \frac{\Delta Q/Q}{\Delta P/P} = \frac{Q_2 - Q_1}{P_2 - P_1} \cdot \frac{(P_1 + P_2)/2}{(Q_1 + Q_2)/2}$$

假设:$P_1 = 4$,$P_2 = 2$,$Q_1 = 10$,$Q_2 = 40$,则可以求出弧弹性的弹性系数为:

$$E_d = \frac{40 - 10}{2 - 4} \cdot \frac{(4 + 2)/2}{(10 + 40)/2} = 1.8$$

在实际中弧弹性运用广泛,一般所说的弹性系数都是指弧弹性的弹性系数。特别注意的是,需求曲线的斜率并不等于弹性系数,在需求曲线的不同点之间,弹性系数的大小并不一样。

3. 需求价格弹性的分类

各种商品的需求价格弹性不同,根据需求弹性的弹性系数的大小,可以把需求的价格弹性分为5类:

(1)需求完全无弹性,即$E_d = 0$。在这种情况下,无论价格如何变动,需求量都不会变动。例如,糖尿病人对胰岛素这种药品的需求就是如此。胰岛素是糖尿病人维持生命所必需的,无论价格如何变动,需求量也不变。胰岛素的需求弹性为零。这时的需求曲线是一条与横轴垂直的线。如图2-11中的D_1。

(2)需求有无限弹性,即$E_d \to \infty$。在这种情况下,当价格为既定时,需求量是无限的。例如,银行以一固定价格收购黄金,无论有多少黄金都可以按这一价格收购,银行对黄金的需求是无限的。这时,黄金的需求弹性为无限大。这时的需求曲线是一条与横轴平行的线。如图2-11中的D_2。

(3)单位需求弹性,即$E_d = 1$。在这种情况下,需求量变动的比率与价格变动的比率相等。这时的需求曲线是一条正双曲线,如图2-11中的D_3。

以上3种情况都是需求弹性的特例,在现实生活中是很少见的。现实中常见的是以下两种。

(4)需求缺乏弹性,即$1 > E_d > 0$。在这种情况下,需求量变动的比率小于价格变动的比率。生活必需品,如粮食、蔬菜等属于这种情况。这时的需求曲线是一条比较陡峭的线,如图2-11中的D_4。

(5)需求富有弹性,即$E_d > 1$。在这种情况下,需求量变动的比率大于价格变动的比率。奢侈品,如私人飞机、游艇、国外旅游等属于这种情况。这时的需求曲线是一条比较平坦的线,如图2-11中的D_5。

4. 影响需求价格弹性的因素

为什么各种商品的需求弹性不同呢?一般来说,有这样几种因素影响需求价格弹性的大小：

第一，消费者对某种商品的需求程度，即该商品是生活必需品，还是奢侈品。一般来说，消费者对生活必需品的需求强度大而稳定，所以生活必需品的需求弹性小，而且，越是生活必需品，其弹性越小。例如，粮食、蔬菜等生活必需品都属于需求缺乏弹性的商品。相反，消费者对奢侈品的需求强度小而且不稳定，所以奢侈品的需求弹性大。例如，到国外旅行这类消费的需求弹性一般都大，属于富有需求弹性的商品。根据一些美国经济学家在 20 世纪 70 年代

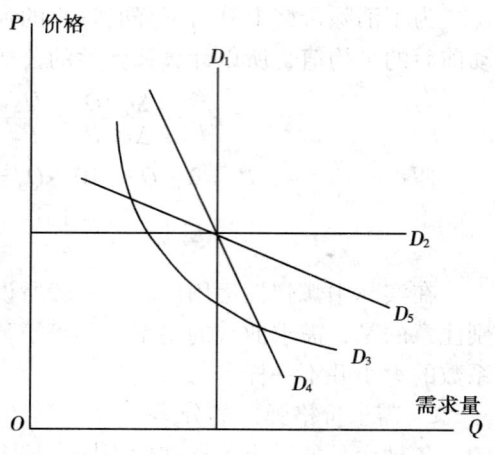

图 2—11　需求价格弹性的分类

的测算，在美国，土豆的弹性系数为 0.31，咖啡的弹性系数为 0.25，而国外旅行的弹性系数为 4。

第二，商品的可替代程度。如果一种商品有许多替代品，那么，该商品的需求就富有弹性。因为价格上升时，消费者会购买其他替代品，价格下降时，消费者会购买这种商品来取代其他替代品。例如，据估算，美国消费者航空旅行的需求弹性为 2.4，主要就是因为航空旅行可以被汽车旅行、火车旅行等所替代。相反，如果一种商品的替代品很少，该商品的需求缺乏弹性。例如，法律服务几乎是不可替代的服务，所以，需求弹性只有 0.5。

第三，商品本身用途的广泛性。一种商品的用途越广泛，其需求弹性也越大，而一种商品的用途越少，那么其需求弹性也越小。例如，在美国，电力的需求弹性是 1.2，这就与它的用途广泛有关，而小麦的需求弹性仅为 0.08，就与其用途少有关。

第四，商品使用时间的长短。一般来说，使用时间长的耐用消费品需求弹性大，而使用时间短的非耐用消费品需求弹性小。例如，在美国，电冰箱、汽车这类耐用消费品的需求弹性在 1.2～1.6 之间，而报纸杂志这类看完就扔的印刷品需求弹性仅为 0.1。

第五，商品在家庭支出中所占的比例。在家庭支出中所占比例小的商品，价格变动对需求的影响小，所以需求弹性也小。在家庭支出中占比重较大的商品，价格变动对需求影响大，所以其弹性也大。例如，在美国，香烟占家庭支出的比例很小，其需求弹性为 0.3～0.4，而汽车在家庭支出中的比例较大，所以其需求弹性

就在 1.2 ~ 1.5 之间。

在以上 5 种影响需求弹性的因素中，最重要的是需求程度，替代程度和在家庭支出中所占的比例。某种商品的需求弹性到底有多大，是由上述这些因素综合决定的，不能只考虑其中的一种因素，而且商品的需求弹性还会因时间，消费者收入水平和地区差异而不同。例如，在国外，第二次世界大战以前，航空旅行是奢侈品，需求弹性非常大，所以，航空公司通过小幅度降价就可以吸引许多乘客。第二次世界大战后，飞机成为日常交通工具，航空旅行不再是奢侈品，其需求弹性就小很多，航空公司无法利用降价来吸引乘客，只能用提高服务质量来吸引乘客。同样，在我国，彩电、音响等商品刚出现时，需求弹性也很大，但随着人民收入水平的提高和这些商品的普及，其需求弹性已经相当小了。

（二）需求收入弹性

1. 需求收入弹性的含义与公式

需求收入弹性也简称收入弹性，指收入变动的比率所引起的需求量变动的比率，即需求量变动对收入变动的反应程度。一般用收入弹性的弹性系数来表示弹性的大小。这一弹性系数是需求量变动的百分比与收入变动的百分比之间的比率。以 E_m 表示收入弹性的弹性系数，$\Delta Q/Q$ 代表需求量变动的百分比，$\Delta Y/Y$ 代表收入变动的百分比，那么收入弹性系数的计算公式就是：

$$E_m = \frac{\Delta Q}{Q} / \frac{\Delta Y}{Y} = \frac{\Delta Q}{\Delta Y} \cdot \frac{Y}{Q}$$

例如，假设收入变动为 10%，某种商品的需求量变动为 20%，则收入弹性系数为 2。

这里要注意两点：第一，在计算收入弹性时，假设价格与其他影响需求的因素都是不变的；第二，因为收入与需求量同方向变动，收入弹性系数一般总为正值。

2. 需求收入弹性的分类

在其他条件不变时，消费者收入增加后对不同商品的需求量增加多少是不同的，因而，对不同商品需求的收入弹性的大小也不同，一般可以分为 5 类：

（1）收入无弹性，即 $E_m = 0$。在这种情况下，无论收入如何变动，需求量都不会变化，这时收入—需求曲线是一条垂线。如图 2 – 12 中的 A。

（2）收入富有弹性，即 $E_m > 1$。在这种情况下，需求量变动的百分比大于收入变动的百分比，这时收入—需求曲线是一条向右上方倾斜而比较平坦的线，如图 2 – 12 中的 B。

（3）收入缺乏弹性，即 $E_m < 1$。在这种情况下，需求量变动的百分比小于收入变动的百分比，这时收入—需求曲线是一条向右上方倾斜而陡峭的线，如图 2 – 12

中的 C。

（4）收入单位弹性，即 $E_m=1$。在这种情况下，需求量变动与收入变动的百分比相同，这时收入—需求曲线是一条向右上方倾斜并与横轴成 45°的线，即图 2-12 中的 D。

（5）收入负弹性，即 $E_m<0$。在这种情况下，需求量的变动与收入成反方向变动，这时收入—需求曲线是一条向右下方倾斜的线，如图 2-12 中的 E。

此外，还可以根据收入弹性的大小来划分商品的类型。一般认为，收入弹性为正值，即随着收入增加需求量增加的商品是正常商品；收入弹性为负值，即随着收入增加需求量减少的商品为劣等商品。收入弹性大于 1 的商品为奢侈品，收入弹性小于 1 的商品为必需品。

（1）正常品，需求收入弹性系数为正值。说明这种商品的需求量将随着收入的增加（减少）而增加（减少），经济学中称这种商品为正常品。其中需求收入弹性系数介于 0 和 1 之间的商品，

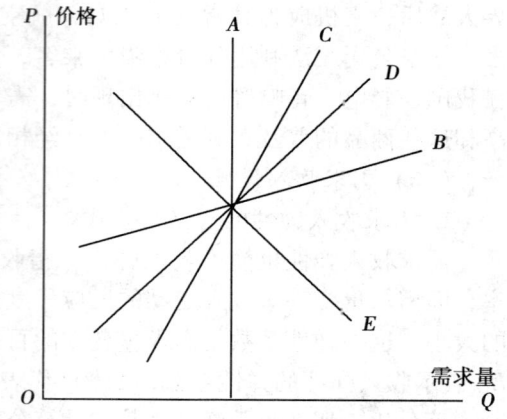

图 2-12 需求收入弹性的分类

需求量变动的幅度小于收入变动的幅度，称为生活必需品，如粮食、服装等；需求收入弹性系数大于 1 的商品，需求量变动的幅度大于收入变动的幅度，称为奢侈品，如珠宝等。

（2）劣等品，需求收入弹性系数为负值。说明这类商品的需求量将随着收入的增加（减少）而减少（增加），称为劣等品，如土豆、玉米面、高粱米等。

3. 需求收入弹性与恩格尔定理

经济学家根据长期统计资料分析得出：生活必需品的收入弹性小，而奢侈品和耐用品的收入弹性大。恩格尔定理正是这个结论的证明。19 世纪德国统计学家恩格尔根据统计资料，对消费结构的变化得出一个规律：一个家庭收入越少，家庭收入中（或日常生活消费中）用来购买食物的支出所占的比例就越大，随着家庭收入的增加，家庭收入中（或日常生活消费中）用来购买食物的支出则会下降。推而广之，一个国家越穷，每个国民的平均收入中（或平均支出中）用于购买食物的支出所占比例就越大，随着国家的富裕，这个比例呈下降趋势，这就是恩格尔定理。恩格尔系数是指食物支出与全部支出之比，是根据恩格尔定理得出的比例数，是反映一国或一个家庭富裕程度与生活水平的重要指标。其计算公式如下：恩格尔

系数＝食物支出金额/家庭或个人消费支出总金额。恩格尔系数与家庭或一个地区居民的收入水平、生活水平、生活质量成反比，恩格尔系数越低，标志其收入水平、生活水平、生活质量越高；反之，标志其收入水平、生活水平、生活质量越低。除食物支出外，衣着、住房、日用必需品等的支出，也同样在不断增长的家庭收入或总支出中，所占比重上升一段时期后，呈递减趋势。恩格尔定理说明了生活必需品的收入弹性小。

（三）需求交叉弹性

需求交叉弹性也称交叉弹性，指相关的两种商品中一种商品的价格变动比率所引起的另一种商品的需求量变动比率，即一种商品的需求量变动对另一种商品价格变动的反应程度。需求交叉弹性的大小也可以用交叉弹性的弹性系数来衡量的。这种弹性系数为某种商品需求量变动的百分比与另一种商品价格变动的百分比的比值来定义的，即假设 E_{CX} 表示 X 商品对 Y 商品的交叉弹性系数，$\Delta Q_X/Q_X$ 表示 X 商品需求量的变动百分比，$\Delta P_Y/P_Y$ 为 Y 商品价格变动的百分比，则 E_{CX} 的计算公式为：

$$E_{CX} = \frac{\Delta Q_X}{Q_X} / \frac{\Delta P_Y}{P_Y} = \frac{\Delta Q_X}{\Delta P_Y} \cdot \frac{P_Y}{Q_X}$$

对于不同的商品关系而言，交叉弹性的弹性系数是不同的。互补商品之间的价格与需求量成方向运动，其弹性系数为负值，弹性系数的绝对值越大，互补性越强。替代商品之间价格与需求量成同方向变动，其弹性系数为正值，弹性越大，替代性越强。由这一点出发，可以根据交叉弹性系数来判断两种商品之间的关系。如果交叉弹性为负值，则这两种商品为互补关系，其弹性系数绝对值越大，互补性越强；如果交叉弹性为正值，则这两种关系为替代关系，其弹性的值越大，替代关系越强；如果交叉弹性为零，这两种商品之间就没有关系。

二、供给弹性

供给弹性可以分为供给价格弹性，供给收入弹性与供给交叉弹性，这里只对供给价格弹性进行一下分析。

（一）供给价格弹性的含义与计算

供给价格弹性也称供给弹性，指价格变动的比率与供给量变动比率之比，即供给量变动对价格变动的反应程度，其大小也是用供给弹性的弹性系数来衡量的。供给弹性的弹性系数是供给量变动的百分比与价格变动百分比的比值。以 E_S 代表供给弹性系数，$\Delta Q/Q$ 为供给量变动的百分比，$\Delta P/P$ 为价格变动的百分比，那么供给弹性系数的计算公式就是：

$$E_S = \frac{\Delta Q}{Q} / \frac{\Delta P}{P} = \frac{\Delta Q}{\Delta P} \cdot \frac{P}{Q}$$

例如，某种商品价格变动为10%，供给量变动为20%，则这种商品供给弹性系数为2。因为供给量与价格同方向变动，所以供给弹性系数一般为正值。

（二）供给价格弹性的分类

各种商品的供给弹性大小并不相同，一般可以把供给弹性分为以下几类：

第一，供给无弹性，即 $E_s = 0$。这种情况下，无论价格如何变动，供给量都不变，例如，土地、文物、某些艺术品的供给。这时的供给曲线是一条与横轴垂直的直线，见图2-13中的 A。

第二，供给有无限弹性，即 $E_s \to \infty$。在这种情况下，价格给定后，供给量是无限的。这时的供给曲线是一条与横轴平行的线。见图2-13中的直线 E。

第三，单位供给弹性，即 $E_s = 1$。在这种情况下，价格变动的百分比与供给量变动的百分比相同。这时供给曲线是一条与横轴成45°并向右上方倾斜的直线，见图2-13中 C。

第四，供给富有弹性，即 $E_s > 1$。在这种情况下，供给量变动的百分比大于价格变动的百分比。这时供给曲线是一条向右方倾斜且较为平坦的线，见图2-13中 D。

第五，供给缺乏弹性，即 $E_s < 1$。在这种情况下，供给量变动的百分比小于价格变动的百分比。这时供给曲线是一条向右方倾斜且较为陡峭的线，见图2-13中 B。

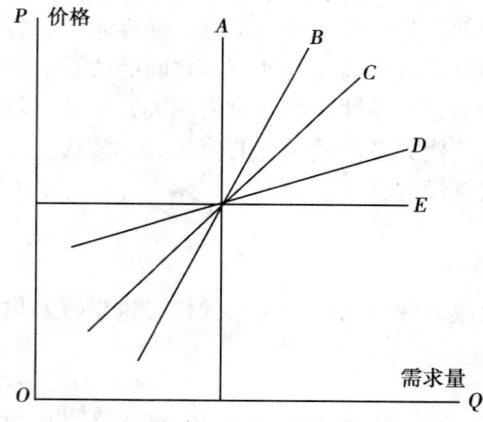

图2-13 供给价格弹性的分类

（三）影响供给价格弹性的因素

供给取决于生产。影响供给的价格弹性的因素比影响需求的价格弹性的因素要复杂得多，主要有下面一些因素：

第一，生产时间的长短。在短期内，生产设备，劳动等生产要素无法大幅度增加，供给因而无法大量增加，供给弹性较小。尤其在很短的时间内，供给只能由存货来调节，供给弹性几乎为零。在长期内，生产能力可以提高，供给弹性就很大。这是影响供给弹性大小的最重要的因素。

第二，生产的难易程度。一般来讲，易生产且生产周期短的产品对价格变动的反应快，其供给弹性大。反之，生产复杂，而且生产周期长的产品对价格变动的反应慢，其供给弹性就较小。

第三，生产要素的供给弹性。供给取决于生产要素的供给。因此，生产要素的供给弹性大，产品供给弹性也大；反之，生产要素的供给弹性小，产品供给弹性就小。

第四，生产所采用的技术类型。有些产品采用资本密集型技术，这些产品的生产规模一旦固定，变动就很困难，因而供给弹性就小；有些产品采用劳动密集型技术，这些产品的生产规模变动很容易，从而供给弹性相对就很大。

在分析某种产品的供给弹性时要综合考虑以上这些因素。一般而论，重工业产品一般采用资本密集型技术，生产较为困难，并且生产周期长，所以供给弹性较小。轻工业产品，尤其是食品、服装这类产品，一般采用劳动密集型技术，生产较容易，并且生产周期短，所以供给弹性就大。农产品的生产尽管也采用劳动密集型技术，但由于生产周期长，因此也是供给缺乏弹性的。

三、弹性、收益与企业决策

（一）总收益的概念

总收益也可以称为总收入，指厂商出售一定商品所得到全部收入，也就是销售量与价格的乘积。如果以 TR 代表总收益，Q 为销售量，P 为价格。就有公式：$TR = PQ$。

特别要注意的是，总收益并不是出售商品赚到的钱，即不是利润，而是销售总的所得。总收益包括了成本与利润。只有扣除成本之后的净收益才是利润。我们这里所要分析的是需求弹性对包括成本和利润在内的总的收益的影响，而不是对扣除成本之后净收益的影响。由于成本变动的关系，总收益的增加并不一定是净收益的增加，总收益的减少，也并不一定代表净收益的减少。

然而，虽然从厂商角度看，总收益是出售一定量商品的总收入，但从消费者角度看，这等于为购买一定量商品而付出的总支出。所以，分析需求弹性对厂商的总收益的影响，也就是对消费者总支出的影响。

（二）需求弹性对总收益的影响

某种商品的价格变动时，它的需求弹性的大小与出售该商品所得的总收益密切相关的，因为总收益等于价格与销售量的乘积。为了简单起便，假设需求量等于销售量，那么，价格的变动引起需求量的变动。也就引起了销售量的变动，从而，具有不同需求弹性的商品的价格变动，引起的销售量变动就不相同。下面将对富有需求弹性的商品与缺乏需求弹性的商品的需求弹性与总收益的关系进行分析。

1. 需求富有弹性的商品需求与总收益之间的关系

假设某电视机的需求是富有弹性的，$E_d = 2$。当价格为 P_1 为 2 000 元时，销售量 Q_1 为 100 台，总收益 TR_1 为：

$$TR_1 = P_1 Q_1 = 2\,000 \times 100 = 200\,000 \text{ 元}$$

现在假定电视机的价格下降 10% 时，即 $P_2 = 1\,800$ 元，因为 $E_d = 2$，销售量将增加 20%，即 $Q_2 = 120$，这时总收益 TR_2 应为：

$$TR_2 = P_1 Q_2 = 1\,800 \times 120 = 216\,000 \text{ 元}$$

$$TR_2 - TR_1 = 216\,000 - 200\,000 = 16\,000 \text{ 元}$$

这表明如果某种商品的需求是富有弹性的，那么，当该商品价格下降时，需求量（或销售量）增加的幅度大于价格下降的幅度，所以，总收益将增加。这也就是我们一般所说的"薄利多销"的原因所在。"薄利"就是降价，降价能"多销"，"多销"则会增加总收益，所以，能做到薄利多销的商品就是需求富有弹性的商品（图 2 - 14）。

反过来说，当需求富有弹性的商品价格上升时，由于需求量（或销售量）减少的幅度大于价格上升的幅度，所以总收益将会减少。

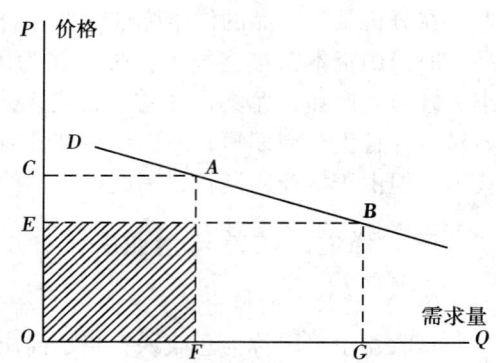

图 2 - 14　需求富有弹性的商品
需求弹性与总收益的关系

我们就拿前面的例子来说，现在假定电视机的价格上升了 10%，即 $P_2 = 2\,200$，因为 $E_d = 2$，销售量将减少 20%，即 $Q_2 = 80$，这时总收益为：

$$TR_2 = P_1 Q_2 = 2\,200 \times 80 = 176\,000 \text{ 元}$$

$$TR_2 - TR_1 = 176\,000 - 200\,000 = -24\,000 \text{ 元}$$

这确实说明，价格上升反而造成总收益减少了。

例题 2 - 3

已知某种化妆品的需求弹性系数为 2，当价格为 200 元时，需求量为 2 000 瓶；当价格降到 150 元时，需求量是多少？总收益是增加了还是减少了？为多少元？若价格上升到 240 元时，情况又如何？

解：（1）$E_d = \left| \dfrac{\Delta Q / Q_1}{\Delta P / P_1} \right| = 2$，价格下降，需求量增加，$\Delta Q > 0$

$$\Delta Q = \left| Ed \cdot \frac{\Delta P}{P_1} \cdot Q_1 \right| = \left| 2 \times \frac{150 - 200}{200} \times 2\,000 \right| = 1\,000 \text{（瓶）}$$

$$P_1 > P_2 \quad Q_1 < Q_2 \quad Q_2 = Q_1 + \Delta Q = 3\,000 \text{（瓶）}$$

$$\Delta TR = P_2 Q_2 - P_1 Q_1 = 150 \times 3\,000 - 200 \times 2\,000 = 50\,000 \text{（元）}$$

（2）价格上升，需求量减少，$\Delta Q < 0$

$$\Delta Q = -\left| Ed \cdot \frac{\Delta P}{P_1} \cdot Q_1 \right| = \left| 2 \times \frac{240-200}{200} \times 2\,000 \right| = -800(瓶)$$

$$P_1 < P_2 \quad Q_1 > Q_2 \quad Q_2 = Q_1 + \Delta Q = 1\,200(瓶)$$

$$\Delta TR = P_2 Q_2 - P_1 Q_1 = 150 \times 1\,200 - 200 \times 2\,000 = -112\,000(元)$$

因此当价格下降时，总收益增加了50 000元，需求量为3 000瓶；当价格上升时，总收益减少了112 000元，需求量为1 200瓶。

根据上面的分析，我们可以得出这样的结论：如果某种商品的价格是富有弹性的，则价格与总收益成反方向变动，即价格上升，总收益减少；价格下降，总收益增加。

2. 需求缺乏弹性的商品需求与总收益之间的关系

我们知道粮食是需求缺乏弹性的商品，就以面粉为例，假设$E_d = 0.2$。当面粉的价格$P_1 = 4$元，销售量为$Q_1 = 100$公斤，总收益为：

$$TR_1 = P_1 Q_1 = 4 \times 100 = 400（元）$$

现在假定面粉的价格下降10%，即$P_2 = 3.60$元，因为$E_d = 0.2$，所以销售量增加5%，即$Q_2 = 105$公斤，这时总收益为：

$$TR_2 = P_2 Q_2 = 3.60 \times 105 = 378（元）$$

这表明，由于面粉价格下降，总收益减少了。所以，如果某种商品的需求是缺乏弹性的，那么，当该商品的价格下降时，需求量（或销售量）增加的幅度小于价格下降的幅度，总收益将会减少。中国有句古话叫"谷贱伤农"，意思是丰收了，由于粮价下跌了，农民收入减少了。其原因就是因为粮食是生活必需品，需求缺乏弹性。由于丰收而造成粮价下跌，并不会使需求量同比例增加，从而使总收益减少，农民遭受损失。此外，在西方国家经济危机时期出现过把农产品毁掉的做法，究其原因也在于这些农产品的需求缺乏弹性，降价不会引起需求量的大幅度增加，只会减少总收益，所以将这些农产品毁掉反而减少损失（图2-15）。

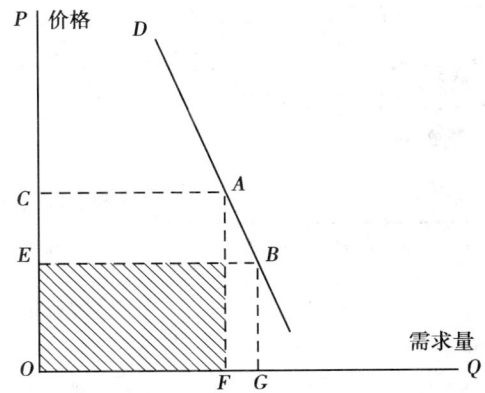

图2-15 需求缺乏弹性的商品需求弹性与总收益的关系

现在我们假设面粉的价格上升了10%，即$P_2 = 4.40$元/公斤，因为$E_d = 0.2$，销售量将减少5%，即$Q_2 = 95$公斤，这时总收益为：

$TR_2 = P_2 Q_2 = 4.40 \times 95 = 418$（元）

这表明，由于面粉价格上升，总收益增加了。所以，如果某种商品的需求是缺乏弹性的，那么，当该商品的价格上升时，需求量（或销售量）减少的幅度小于价格上升的幅度，总收益将会增加。生产者总收益增加，也就是生产者的总支出增加，由此可以看出，粮油、蔬菜、副食、日用品这类生活必需品的涨价一定要谨慎，因为这类商品的需求弹性很小，涨价后人们的购买不会减少很多，这样会增加人们日常支出，造成实际收入的下降，影响社会和谐与安定。

根据上面的分析，我们可以得出这样的结论：如果某种商品的价格是缺乏弹性的，则价格与总收益成同方向变动，即价格上升，总收益增加；价格下降，总收益减少。

需求弹性与总收益之间的关系对我们理解许多经济现象和做出经济决策具有指导意义。例如，在商业竞争中，降价是一种重要的竞争手段。但是，从需求弹性与总收益的关系中可以看出，降价竞争只适用于需求弹性大的商品，对于需求弹性小的商品，降价竞争是无利的。对需求弹性与总收益的分析结论同样适用于供给弹性与总收益的关系。对于所采用的设备先进，生产规模一旦确定就不易改变的如重工、化工、电子、汽车这样一些行业的商品都是缺乏供给弹性的，需求增加时，供给难以马上增加；需求减少时，供给难以马上减少。彩电行业就是这样的。20世纪80年代彩电需求激增时，彩电厂受生产规模的限制，难以很快增加；但90年代供大于求时，彩电产量难以有大幅度减少。因此，这些行业要确定一个最优规模，以免出现规模小时失去赚钱的机会，规模大时又会形成生产能力过剩的两难困境（表2–4）。

表2–4 需求价格弹性与总收益之间的关系

需求价格弹性的值	种类	对总收益的影响
$E_d > 1$	富有弹性	价格上升，总收益减少 价格下降，总收益增加
$E_d = 1$	单一弹性	价格上升，总收益不变 价格下降，总收益不变
$E_d < 1$	缺乏弹性	价格上升，总收益增加 价格下降，总收益减少

案例6：

中国暴风雪笼罩世界铝市

2008年2月1日沪铝主力合约0804价格高开冲高回落，创出了近期来的新高点，成交量激增显示出投资者对其高度关注。沪铝一改往日的在上海金属品种中的颓势，以短期暴涨吸引了广大投资者的眼球。中国东部、中部、西南部持续遭受数十年罕见的暴雪天气袭击后，耗电大户的电解铝行业产能受到极大影响，电力短缺导致云南、四川36万吨，山西30万吨，河南70万吨，贵州中国铝业旗下相关企业铝产能关闭，总计大约200万吨，高于市场关于产能减少100万吨的预计。中国铝的总产能大约1 200万吨，有近16.7%的总产能被关闭而中断了供应。与此同时，由于煤电涨价，带来了生产电解铝的成本的提升，对近期行情的走势都起了很大支撑作用。沪铝主力合约0804自1月23日拉出一根光头阳线以来，到现在已经上涨了6.35%，价格创出了半年来的新高，成交量和持仓量均以几何级数在增长。恶劣的气候还在持续，不排除有更多的电解铝厂将要面临拉闸限电带来的停产。电解铝厂想要恢复生产的成本比较高昂，若要恢复这一部分的产能需要等到生产条件稳定后才能进行，停产可能造成三个月的产能损失。这一切都将使得短线多头对做高铝价充满信心。中国近百万吨产能的关闭，正加剧国际市场铝供应短缺的担忧。国际投资者大肆炒作由于中国的暴雪导致铝产能大幅下降的消息，由于中国的铝生产量巨大，这次的减产将导致铝的供给大幅减少，并逐渐通过外贸途径传导到世界，中国有可能在短期内由一个铝的净出口国转变为进口国，将会对世界铝价产生一个较大的刺激。伦敦3个月交割的铝期货合约在短短的几个交易日内涨幅超过10%，一改往日的弱势。外盘伦铝的上涨又进一步刺激了国内期货铝价格的上涨，中国的铝产能因素成为世界关注的焦点，业内人士普遍认为，中国因素也成为左右世界铝价格的关键。与期货市场的火热相比，现货市场显得分外冷清。现货贸易商表示，高昂的价格已经让近期的各类金属的现货交易极其清冷。金属加工企业的节前备货已经结束，现在高昂的现货价格实际上是有价无市，金属市场的价格高位年后存在相当变数。从铝期货合约近远期的结构也可以看出，铝期货合约呈现出一个近强远弱的局面。考虑到若铝期货价格持续一个上涨行情，必然带来电力短缺季节过后，已停产的电解铝企业重新开足产能进行生产，电解铝由供需平衡到过剩也许只会经过一个很短的时间，这对期铝价格的打击将会是巨大的。铝现货继续维持贴水状态，不过期货市场的正基差排列正在消失，沪铝802合约收于最高，基本扳回所有的贴水，近期合约的贴水在一天之内全部消失,说明运输紧张对供应产生了影响,不过变化太快也说明近期升贴水变化幅度可能会加大。从技术分析上看,沪铝主力合约0804价格站在五日均线之上,短期内还有较强的上升动力,短期内的成交量的激增,有热钱流入炒作,短线上升的趋势没有变化,但应注意价格回调带来的风险,从长远上看,铝的产能能力将会得到恢复,现货压力将继续存在,长线投资者建议谨慎保持偏空的思路(上海有色金属网,2008-02-05)。

案例思考:

(1) 电力供应这里应为铝生产的生产要素,试分析电力短缺如何影响铝的供给价格弹性?

(2) 铝这种资源性商品一般被看作是大多数商品的生产要素,试分析铝的价格供给弹性的性质?

第三节 供求规律与政府政策

一、供求规律与市场效率

(一) 消费者剩余

假设你将要毕业,你准备将一部旧学生用笔记本电脑出卖给你低年级学生。为了获得最佳收益,你在校内贴出广告,等待别人来竞买。

假设来了4个人,小张、小王、小李和小陈。每个人目前都没有一部学生用笔记本电脑,但是每个人都有自己出价的底线。表2-5给出了每个人出价的底线。它给出了每个人对这个商品的价格评估。当然,每个人都期望以远低于这个价格来购买,谁也不想以过高的价格购买,当然在这个价格水平上购买不会十分在意。

为了能售出,你总会先给个起价,譬如说2 000元。这样,4个人会不断进行竞价,价格抬升得很快。最后,竞卖会停留在6 000元或略高于6 000元的水平上。因为在这个水平上,小王、小李和小陈都觉得不合算,最后都退出了竞买。小张出价最高,付给你6 000元获得了笔记本电脑。

小张在这次交易获得了什么好处?小张买到了便宜货:他愿意付8 000元,却只付了6 000元。我们从经济学概念出发,称小张获得了2 000元消费者剩余。消费者剩余就是消费者对每件商品愿意支付的价格减去实际支付的价格。

表 2-5 四个可能买方的支付意愿

买方	支付意愿（元）
小张	8 000
小王	6 000
小李	5 000
小陈	3 000

消费者剩余衡量的是消费者从市场交易获得的好处。在这个例子中，小张愿意支付 8 000 元，但仅支付了 6 000 元就竞购到电脑，从这次交易获得了 2 000 元的好处。小王、小李和小陈不愿出更高的价钱而退出了交易，他们没有获得消费者剩余。

我们再看另外一种情况。假设你这次有 2 台笔记本电脑要出售。还是这 4 个人竞购。为了便于分析，假设你准备卖同样的价，而每个人只愿意买一部。这次交易的结果如何呢？一定只有 2 个人买走了电脑。小张与小王都出 5 000 元买走了电脑，而小李和小陈不愿付更多的钱而一无所获。这样，小张得到了 3 000 元消费者剩余，小王得到了 1 000 元。他们总共获得 4 000 元的消费者剩余。

消费者剩余与商品的需求曲线有很密切的关联。我们可以用上面例子来说明。在这个例子中，如果价格高于 8 000 元，没有人愿意买，需求量为零。如果价格在 6 000~8 000 元，只有小张愿意买，需求量为 1。如果价格在 5 000~6 000 元，小王也愿意买，需求量为 2。以此类推，我们据此可以画出笔记本电脑的需求曲线，如图 2-16 所示。

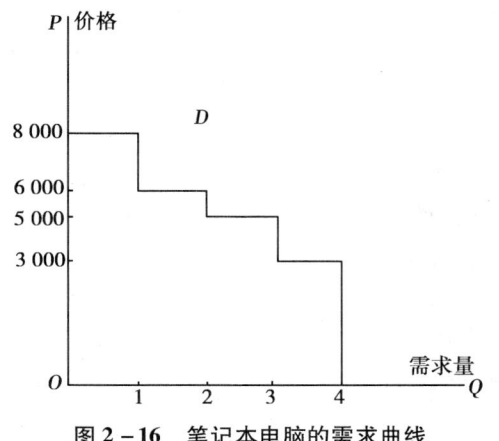

图 2-16 笔记本电脑的需求曲线

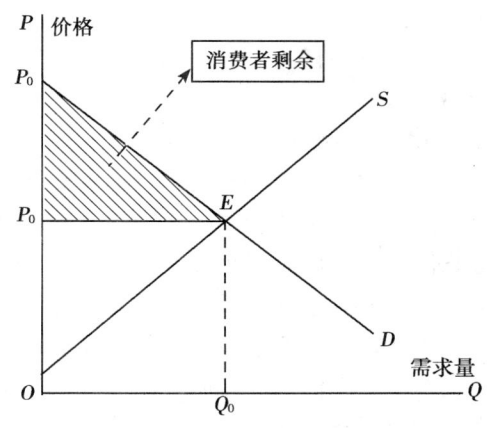

图 2-17 消费者剩余

仔细观察图 2-16 中的笔记本电脑需求曲线，我们会发现需求曲线的高度反映了消费者购买的意愿。在任何需求数量上，需求曲线的价格反映了边际买方的购买意愿，边际买方就是只要价格继续上升就会首先离开市场的消费者。例如，在需求量为 4 时，需求曲线的高度为 3 000 元，这是边际买方小陈愿意支付的价格。既然需求曲线反映消费者购买意愿，当然我们从它可以计算出消费者剩余。还是这个例子，在6 000元的价格上需求量为1，需求曲线和这个价格包围的面积为2 000元，这正是我们前面第一个例子中得出的消费者剩余。同样，如果价格为5 000元，需求量为2，需求曲线与5 000元价格的直线所包围的面积等于4 000元，也同样等于我们前面第二种情况下的消费者剩余。由此我们可以得出结论：需求曲线以上与市场价格线以上所包围的面积代表消费者剩余。其原因就在于任何商品的需求曲线的高度衡量的是消费者购买商品的意愿。而这种意愿与市场价格之差等于每个消费者的消费者剩余。因此，需求曲线以下与市场价格线以上所包围的面积等于市场中所有消费者的消费者剩余，如图2-17所示阴影部分面积。

消费者剩余可以用数学公式来表达，令反需求函数为$P_d = f(Q)$，且市场价格为P_0时的消费需求量为Q_0，则消费者剩余为：

$$CS = \int_0^{Q_0} f(Q) dQ - P_0 Q_0$$

由于消费者总是期望以更低价格购买商品，较低的价格会使消费者获得更多好处，也就是会增加消费者剩余。从前面例子可以很容易理解。价格降低，将使市场内原有的消费者支付减少从而增加消费者剩余；价格降低，还将满足更多的消费者购买的意愿，使新的消费者也加入到市场中，从而带来更多的消费者剩余。

一般来讲，在大多数市场，消费者剩余衡量的是消费者从市场中获得的福利。主流经济学家认为消费者在购买商品时是理性的，依据自己的偏好做出决策，追求效用最大化为目的。这样的情况下，消费者剩余实际上体现着消费者从市场中获得的福利。

（二）生产者剩余

假设你刚买到一所房子，你想装修一下。你到4个不同的装修公司进行咨询和洽谈。如果你出的价格合适，这些公司都愿意为你服务。你当然希望装修的价格尽可能低。从装修公司角度看，只要他们获得的收益高于付出的成本，他们就愿意接下这个任务。这里的成本实际上是经济学常讲的机会成本，它包括装修所带来的一切花费和牺牲他们业余时间的收益。既然机会成本是他们提供服务的最低价格，机会成本就代表他们出售服务的意愿。每个装修公司都非常愿意在高于机会成本的价格上出售服务，在低于机会成本的价格水平上拒绝服务，在价格等于机会成本时不十分情愿地出售服务。假设这4家公司的机会成本如下：

如果你愿意支付10 000元，只有公司A愿意提供。因为他的成本只有5 000元。公司A从这里可能获得多少收益呢？5 000元。这就是它的生产者剩余，也就是买方支付的价格与卖方成本的差额。它实际衡量的是卖方从市场中获得的福利。如果你有2所房子需要装修，而且时间紧迫，每个装修公司只能承担一所房子的装修。而且,你觉得每套房子的装修价格应该一致。这时,只有你为每个房子支付15 000元,才会有2个公司:公司A和公司B为你提供服务。这时,你计算一下他们的生产者剩余,总共为15 000元,公司A获得10 000元,公司B为5 000元。

就像消费者剩余与需求曲线紧密关联一样,生产者剩余与供给曲线也是紧密地联系在一起的。我们可以为这个例子做出供求曲线(图2-18),以同样的思路进行考察与分析,就会得出这样的结论:生产者剩余等于市场价格线以下供给曲线以上所包围的面积。具体的分析就是:供给曲线的高度与生产者的成本息息相关的。在任何供给数量上,供给曲线上的价格体现边际生产者的成本,如果价格再下降,他们将首先离开市场。

正因为供给曲线反映生产者的成本,所以我们可以用它来衡量生产者剩余。例如,在我们的例子中,假设市场价格为10 000元,也就是你愿意支付的价格,这时只有惟一的一个生产者——公司A愿意提供服务。而他的成本为5 000元。市场价格线以下与供给曲线以上所包围的面积等于5 000元,这也正是前面给出的公司A获得的生产者剩余,如图2-18所示阴影部分面积。

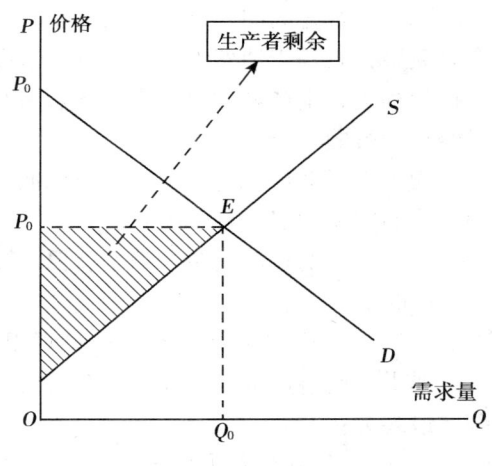

图2-18 生产者剩余

生产者剩余可以用数学公式来表达,令反供给函数为$P^S = f(Q)$,且市场价格为P_0时的消费需求量为Q_0,则消费者剩余为:

$$PS = P_0 Q_0 - \int_0^{Q_0} f(Q) dQ$$

生产者总是期望以更高的价格出售商品,追求最大的利润为目的。而生产者剩余代表着他们从市场中获得的福利。价格越高,由于生产者剩余等于市场价格线以下供给曲线以上所包围的面积,所以生产者剩余增加了,它来自两方面:(1)市场里原来的生产者获得了更多的利润,因而他们的生产者剩余增加了;(2)因有利可图,有新的生产者加入到市场中来,他们使供给量增加了,并且获得了生产者剩余,这样市场内总的生产者剩余增加了。

生活中每当一宗交易由双方自愿达成,通常都是一个皆大欢喜的双赢结果:卖方挣了钱,买方得到了实惠,这背后就有消费者剩余和生产者剩余在起作用。

（三）市场效率

经济学家认为不仅要研究实际经济体系是怎样运行的问题，还试图从一定的社会价值判断标准出发，根据这些标准，对一个经济体系的运行进行评价，并进一步说明一个经济体系应当怎样运行，以及为此提出相应的经济政策。这些属于规范经济学的范畴，福利经济学就是一种规范经济学。具体地说，福利经济学是在一定的社会价值判断标准下，研究整个经济的资源配置与个人福利的关系，特别是市场经济体系的资源配置与福利的关系，以及与此有关的各种政策。换句话说，福利经济学就是研究要素在不同厂商之间的最优分配及产品在不同家庭之间的最优分配。简单地说，就是研究资源的最优配置。

那么，首要的问题是如何对经济体系评价？经济学家认为一个可能的标准是社会总剩余，它等于消费者剩余和生产者剩余之和。消费者剩余代表消费者参与市场获得的福利，生产者剩余代表生产者参与市场获得的福利。社会总剩余自然成为衡量经济运行的一个标准。

为了更好地理解这一标准，我们回想一下消费者剩余和生产者剩余是如何定义的。我们定义消费者剩余为：

消费者剩余 = 消费者愿意支付的价值 - 消费者实际支付

同时，生产者剩余的定义为：

生产者剩余 = 生产者得到的支付 - 生产者的成本

如果我们将这两项相加，由于消费者的支付与生产者获得的支付相等，社会总剩余最终为：

社会总剩余 = 消费者愿意支付的价值 - 生产者的成本

如果资源配置使社会总剩余最大化，我们资源配置具有效率。如果资源分配没有效率，买卖双方有一部分福利一定没有获得。例如，一种商品不是完全由具有最低成本的生产者生产，从高成本的厂家转移到低成本厂家一定会降低总成本，使总剩余增加。同样，一种商品不是由出价最高的消费者消费时，从支付较低的消费者转移到支付较高消费者也会使总剩余增加。

另一方面，从供求曲线可知，消费者剩余等于市场价格以上需求曲线以下所包围的面积，而生产者剩余等于市场价格以下和供给曲线以上所包围的面积。那么，社会总剩余就是供求曲线直到市场均衡点所包围的面积，如图 2-19 所示阴影部分面积。当市场达到均衡时，只有那些消费者认为商品价值高于均衡价格就加入到市场里来购买商品；同样，只有那些生产者认为均衡价格高于他们生产成本才加入到市场中去提供商品（图 2-19）。

这些考察可以得出结论：（1）自由市场将商品分配给那些支付价格最高的消

费者。(2) 自由市场将商品的供给交由成本最低的生产者来完成。(3) 自由市场使商品的数量达到总剩余最大化的程度。对于最后一点,我们需要这样理解:如果供给量低于均衡数量,消费者愿意支付的价格远大于生产者成本,增加供给量会增加社会总剩余,直到供给量与需求量达到均衡。如果供给量超过了均衡数量,消费者愿意支付的价格低于生产者成本,供给量的增加只会使总剩余减少。

以上思想实际上就是西方经济学家极力鼓吹的"看不见的手"原理的基本

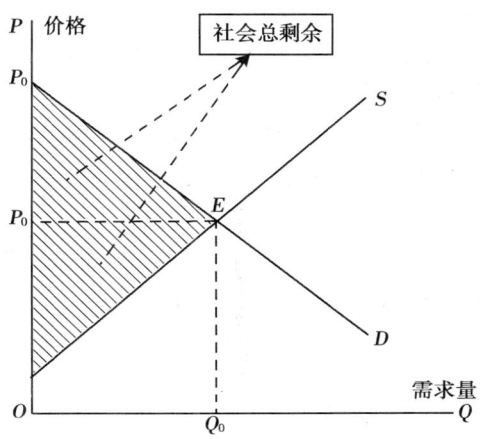

图 2-19 社会总剩余

思想,就是在自由市场内,虽然每个消费者和生产者按照利己思想行事,但是市场这看不见的手驱使他们这两股力量达到平衡,从而实现经济资源有效配置,使消费者与生产者的福利最大。我们这里要注意上述结论有两个隐含的前提条件:(1) 市场是完全竞争的。而现实世界的市场远不是这样完美。有些市场上单一消费者或生产者有能力控制价格(这种能力被称为市场力量),使市场效率下降,价格与数量远离供求均衡的水平。(2) 市场的福利只归参与市场的买卖双方所有,而在现实世界中,市场中消费者或生产者的行为可能对市场外的人们造成影响。这种影响被称作外部性。环境污染就是最典型的例子。当买卖双方没有考虑外部性的副作用时,市场的平衡从社会全局看还是无效的。市场力量和外部性是市场失灵(缺乏管制的市场没有有效地进行资源配置)的两个典型例子。当市场失灵时,公共政策可能解决这样的问题,使市场更加有效率。微观经济学家已经花了很大的力气来研究市场是何时失灵的,而什么样的政策最有效地解决这些问题。我们下面讲的价格政策就是解决市场失灵的一种政策。

二、价格管制:最低限价与最高限价

价格政策形式很多,这里主要介绍两种:支持价格(最低限价)和限制价格(最高限价)。

(一) 支持价格

1. 什么是支持价格

支持价格是政府为了扶植某一行业的生产而规定的该行业产品的最低价格。支持价格总是高于市场的均衡价格的。可用图形来分析支持价格。

图 2-20 表示政府对某种产品实行支持价格的情形。政府实行支持价格所规定的市场价格为 P_1。由图可见，支持价格 P_1 大于均衡价格 P_0，在支持价格 P_1 的水平，市场供给量 Q_2 大于市场需求量 Q_1，市场上出现产品过剩的情况。

2. 农产品支持价格的运用

政府实行支持价格的目的通常是为了扶植某些行业的发展。农产品的支持价格就是西方国家所普遍采取的政策，许多国家都通过不同的形式对农产品实行支持价格政策，以稳定农业。在实行这一政策时，政府通常收购市场上过剩的农产品。在具体运用中，农产品支持价格一般采取了两种形式。

一种是缓冲库存法，即政府或其代理人按照某种平价收购全部农产品，在供大于求时增加库存，或出口，在供小于求时减少库存，以平价进行买卖，从而使农产品价格由于政府的支持而维持在某一水平上。另一种是稳定基金法，也是由政府或

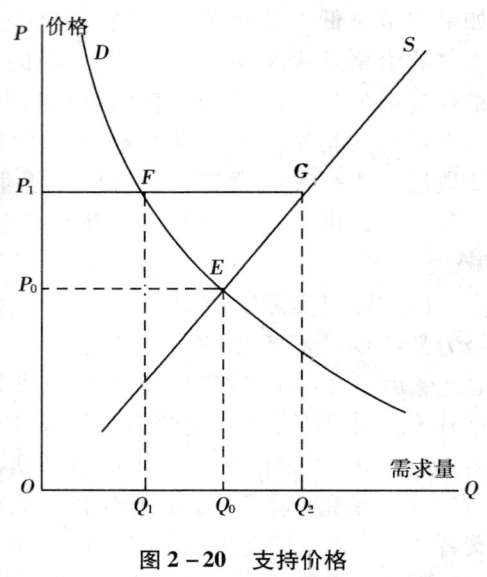

图 2-20 支持价格

其代理人按照某种平价收购全部农产品，但并不是建立库存，进行存货调节，以平价买卖，而是供大于求时努力维持一定的价格水平，供小于求时使价格不至于过高。这种情况下，收购农产品的价格也是稳定的，但销价不稳定，同样可以起到支持农业生产的作用。各国对农产品平价，即支持价格的确定方法也不完全相同。美国是根据平价率来确定支持价格。平价率是指农场主销售农产品所得收入与购买工业品支付价格（包括利息、税款和工资等）之间的比率，即工农业产品的比价关系。它反映了农民购买力的变动情况。美国以 1910~1914 年间的平价率作为基数来计算其他各年的平价率，并按平价率的变动来调整支持价格。法国是建立由政府官员、农民、中间商和消费者代表组成的农产品市场管理组织，由这一组织制定目标价格（能得到的最高价格）、干预价格（能保证的最低价格，即支持价格）和门槛价格（农产品最低进口价格）。当农产品低于干预价格时，由政府按这一价格收购全部农产品，当农产品高于目标价格时，则由政府抛出或进口农产品。法国 95% 左右的农产品都受到这种价格干预。欧盟各国都存在农产品过剩问题。欧盟成立后，包括法国在内的欧盟各国共同实施了以支持价格为中心的农业政策。1962

年成立了小麦、猪肉、蛋、家禽共同市场组织，1963 年成立了乳品、大米、牛肉共同市场组织，1966 年成立了食糖、水果、蔬菜共同市场组织，1970 年成立了葡萄酒、烟草、水产共同市场组织。为了保证农产品支持价格的实施，还在 1962 年成立了欧洲农业指导和保证基金。该组织承担了各国用于农产品干预收购开支以及农产品出口补贴等方面的费用。

3. 支持价格的作用

支持价格的运用对经济发展和稳定有其积极意义。以对农产品实行的支持价格为例，从长期来看，支持价格政策确实有利于农业的发展。这在于：第一，稳定了农业生产，减缓了经济危机对农业的冲击；第二，通过对不同农产品的不同支持价格，可以调整农业结构，使之适应市场需求的变动；第三，扩大农业投资，促进了农业现代化的发展和劳动生产率的提高。正因为如此，实行农产品支持价格的国家，农业生产发展都较好。但支持价格政策也有其副作用，这主要是会使财政支出增加，使政府背上沉重的包袱。以美国为例，每年都对玉米、小麦、大豆、蔗糖等多种农产品实行高额补贴。1999 年以来，用于农业的补贴（包括支持价格和其他补助）每年都在 190 亿美元以上，1999 年和 2005 年分别高达 225 亿美元和 220 亿美元。此外，在实行农产品支持价格政策时，过剩的农产品主要由政府收购，政府解决农产品过剩的重要方法之一就是扩大出口。这就引起这些国家为争夺世界农产品市场而进行贸易战。在世界贸易组织的"多哈回合"农业问题谈判中，美国、欧盟和其他各个发展中国家就农产品出口问题进行了激烈的争论，由于欧盟和美国拒绝削减其巨额农业补贴，多哈回合谈判目前一直陷入僵局。

（二）限制价格

1. 什么是限制价格

限制价格是政府为了限制某些生活必需品的物价上涨而规定的这些产品的最高价格。限制价格总是低于市场的均衡价格的。可用下图来分析限制价格。图 2–21 表示的是政府对某种产品实行限制价格的情形。政府实行限制价格政策，规定该产品的市场最高价格为 P_1。由图 2–21 可见，最高限价 P_1 小于均衡价格 P_0，且在最高限制价格 P_1 的水平，市场需求量 Q_2 大于市场供给量 Q_1，市场上出现供不应求的情况。

2. 限制价格的运用

限制价格政策一般是在战争或自然灾害等特殊时期使用。但也有许多国家对某些生活必需品或劳务，长期实行限制价格政策。例如，法国在第二次世界大战后对关系国计民生的煤炭、电力、煤气、交通与邮电服务等，都实行了限制价格政策。在英国、瑞典、澳大利亚等国，则对房租实行限制价格政策。还有一些国家，对粮食等生活必需品实行限制价格政策。此外，规定利率上限等作法也属于限制价格的一种形式。

3. 限制价格的利与弊

限制价格有利于社会平等的实现，有利于社会的安定。但这种政策会引起严重的不利后果。这主要是：第一，价格水平低不利于刺激生产，从而会使产品长期存在短缺现象。对价格限制，尤其是较长期的限制，是限制生产发展的一个重要因素。例如，低房租政策是各国运用较多的一种限制价格政策，这种

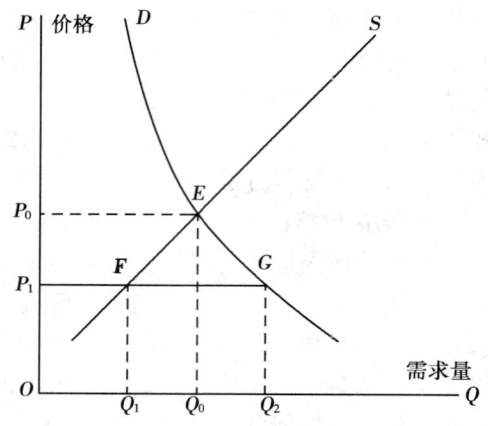

图 2-21　限制价格

政策固然使低收入者可以有房住，但却会使房屋更加短缺。所以，有的经济学家说，破坏一个城市建筑的方法，除了轰炸之外，就是低房租政策了。第二，价格水平低不利于抑制需求，从而会在资源缺乏的同时又造成严重的浪费。例如，埃及的大部分粮食依靠进口，但却对面包实行相当低的限制价格，每个面包仅两皮阿斯特（皮阿斯特为埃及的一种货币单位，两皮阿斯特相当于 1 美分）。这样，面包的价格比动物饲料还便宜，饲料的价格 10 倍于面包。用宝贵外汇进口小麦制成的面包有 30%~40% 被用作饲料。第三，限制价格之下所实行的配给制会引起社会风尚败坏。配给制之下会产生黑市交易，会出现"走后门"现象。有权者会利用他们手中的权力套购物资进行倒卖，无权者只有通过贿赂等方法，以得到平价的短缺物资。价格水平不合理是社会风气败坏，官员腐朽等不良风气的经济根源之一。正因为以上原因，一般经济学家都反对长期采用限制价格政策。

价格政策还是相当广泛的。除了对产品的支持价格或限制价格之外，对生产要素的价格也可以实行管制。例如，最低工资法就是一种支持价格，而最高利息率限制，最高租金限制等，则是对资本和土地的限制价格。在对外贸易中，出口补贴、进口关税都属于变相的价格管制政策。

三、税收与补贴的归宿

由于税收是一种非常重要的政策工具，而且，由于税收在许多方面影响着我们的生活，所以，税收研究是我们经常要谈到的一个题目。当政府对一种物品征税时，谁来承担税收负担？是购买此物品的人？还是出售此物品的人？或者，如果消费者与生产者分摊税收负担，什么因素决定如何分配税收负担？政府能否简单地用

立法来分配税收负担,还是要由经济中更基本的力量来决定税收负担分配?经济学家用税收归宿这个术语来指这些关于税收负担分配的问题。正如我们将看到,我们只要运用供求工具就会知道一些关于税收归宿的令人惊讶的结论。

(一)向消费者征税如何影响市场结果

我们首先考虑对一种物品的消费者征税。例如,假设政府通过一项法律,要求购买打火机的消费者为他们购买的每个打火机向政府支付1元钱。这项法律将如何影响打火机的消费者和生产者呢?为了回答这个问题,我们可以遵循分析供给与需求时的三个步骤:(1)我们确定该法律影响供给曲线,还是需求曲线。(2)我们确定曲线移动的方向。(3)我们考察这种移动如何影响均衡(图2-22)。

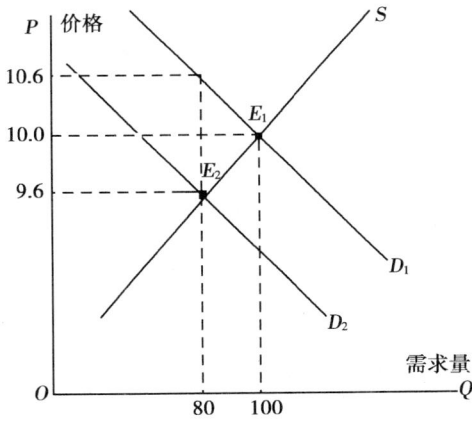

图2-22 向消费者征税

这项税收最初是影响打火机的需求。供给曲线并不受影响,因为在任何一种既定的打火机价格时,生产者向市场提供打火机的激励是相同的。与此相比,消费者只要购买打火机就不得不向政府支付税收(以及支付给生产者的价格)。因此,税收使打火机的需求曲线移动。

移动的方向是很容易知道的。由于对消费者征税使打火机的吸引力变小了,在每一种价格时消费者需要的打火机量也少了。结果,需求曲线向左下方移动。

在这种情况下,我们可以更准确地了解需求曲线移动多少。由于向消费者征收1元的税收,所以,对消费者的有效价格现在比市场价格高1元钱。例如,如果每个打火机的市场价格正好是5元,对消费者的有效价格就应该是6元。由于消费者看的是包括税收的总成本,所以,他们需要的打火机数量就是仿佛是市场价格比实际价格高出1元钱一样。换句话说,为了诱使消费者需要任何一种既定的数量,市场价格现在必须降低1元,以弥补税收的影响。因此,如图2-22所示,税收使需求曲线向下移动,其移动幅度正好是税收量,也就是1元钱。

为了说明税收的影响,我们比较原来的均衡与新均衡。你可以看到,打火机的均衡价格从10元下降到9.6元,而均衡数量从100个减少为80个。由于在新均衡时,生产者卖得少了,而消费者买得少了,所以对打火机征税减少了打火机市场的规模。

现在我们回到税收归宿问题:谁支付了税收?虽然消费者向政府支付了全部税

收,但消费者与生产者分摊了负担。由于当引进了税收时,市场价格从10元下降为9.6元,生产者向每个打火机比没有税收时少收入0.4元。因此,税收使生产者的状况变坏了。消费者付给生产者较低的价格(9.6元),但包括税收在内的有效价格从征税前的10元上升为有税收时的10.6元(9.6元+1元=10.6元)。因此,税收也使消费者的状况变坏了。

总之,这种分析得出了两个一般性结论:税收抑制了市场活动。当对一种物品征税时,该物品在新的均衡时销售数量减少了。消费者与生产者分摊税收负担。在新的均衡时,消费者为该物品支付的多了,而生产者得到的少了。

(二) 向生产者征税如何影响市场结果

现在考虑向一种物品的生产者征税。假设政府通过法律要求打火机的生产者每卖一个打火机向政府支付1元钱。这项法律有什么影响呢?

在这种情况下,最初税收影响打火机的供给。由于并不向消费者征税,在任何一种既定价格时,打火机的需求量是相同的,所以,需求曲线不变。与此相比,对生产者征税增加了销售打火机的成本,这就使生产者在每一价格水平时供给的数量少了。供给曲线向左上方移动,如图2-23所示。

我们仍然可以准确地知道移动的幅度。在任何一种打火机的市场价格时,生产者的有效价格——他们在纳税之后得到的量——要降低1元钱。例如,如果1个打火机的市场价格正好是5元,生

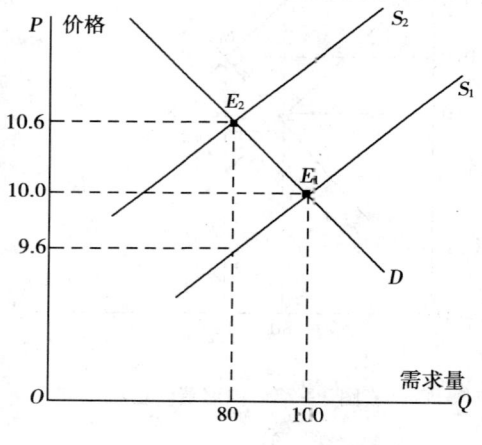

图2-23 向生产者征税

产者得到的有效价格将是4元。无论市场价格是多少,生产者仿佛在比市场价格低1元的价格时来供给打火机数量。换个说法,为了诱使生产者供给任何一种既定的数量,现在市场价格必须高1元,以便弥补税收的影响。因此,供给曲线向上从S_1移动到S_2,移动幅度正好是税收量,也就是1元钱。

当市场从旧均衡向新均衡移动时,打火机的均衡价格从10元上升到10.6元,而均衡数量从100个减少为80个。税收又减少了打火机市场的规模。而且,消费者与生产者又一次分摊税收负担。由于市场价格上升,消费者为每个打火机比纳税前多支付了0.6元。生产者得到的价格高于没有税收时,但有效价格(在纳税之后)从10元下降到9.6元。

比较得出了一个令人惊讶的结论：对消费者征税和对生产者征税是相同的。在这两种情况下，税收在消费者支付的价格和生产者得到的价格之间打入了一个楔子。无论税收是向消费者征收还是向生产者征收，消费者价格与生产者价格之间的楔子是相同的。在这两种情况下，这个楔子都使供给需求曲线的相对位置移动。在新均衡时，消费者和生产者分摊税收负担。对消费者征税和对生产者征税的惟一差别是谁把钱交给政府。

如果我们设想政府在每家销售打火机的店的柜台上放1个盒子来收取1元钱的打火机税收时，也许就容易理解这种征税方式的相等性了。当政府向消费者征税时，要求消费者每买1个打火机往盒子里放1元钱。当政府向生产者征税时，要求生产者每卖出1个打火机往盒子里放1元钱。无论这1元钱是直接从消费者的口袋放入碗内，还是间接从消费者的口袋放入碗内，都无关紧要。一旦市场达到新均衡，无论向谁征税，都是消费者生产者共同分摊税收负担。

（三）弹性与税收归宿

当对一种物品征税时，该物品的消费者与生产者分摊税收负担。但税收负担如何确切地划分呢？只有极少数情况是平均分摊的。为了说明税收负担如何划分，要考虑以下两个市场的税收影响。在这两种情况下，差别是供给和需求的相对弹性。

在供给非常富有弹性而需求较为缺乏弹性市场上，生产者对某种物品的价格非常敏感，而消费者非常不敏感。如图 2-24 所示，税收总量是 P_1P_2，当对这些富有弹性的市场征税时，生产者得到的价格并没有下降多少，仅由原来的 P_0 降到了 P_2，因此，生产者只承担了一小部分负担。与此相比，消费者支付的价格大幅度上升，由原来的 P_0 上升到了 P_1，表示消费者承担了大部分税收负担。

在供给较为缺乏弹性而需求非常富有弹性的市场上，生产者对价格不十分敏感，而消费者非常敏感。如图 2-25 所示，税收总量是 P_1P_2，当征收税收时，消费者支付的价格上升并不多，仅由原来的 P_0 上升到了 P_1，而生产者得到的价格大幅度下降，由原来的 P_0 下降到了 P_2。因此，生产者承担了大部分税收负担。

这说明了一个关于税收负担划分的一般结论：税收负担更多地落在缺乏弹性的市场一方身上。为什么这是正确的？弹性实际上衡量当条件变得不利时，消费者或生产者离开市场的意愿。需求弹性小意味着消费者对消费这种商品没有适当的替代品。供给弹性小意味着，生产者对生产这种商品没有适当的替代品。当对这种商品征税时，市场中其他合适选择少的一方不能轻而易举地离开市场，从而必须承担更多的税收负担。

四、税收的无谓损失

从以上的讨论中，我们已获得以下结论：对某种商品征收的税收是向消费者征

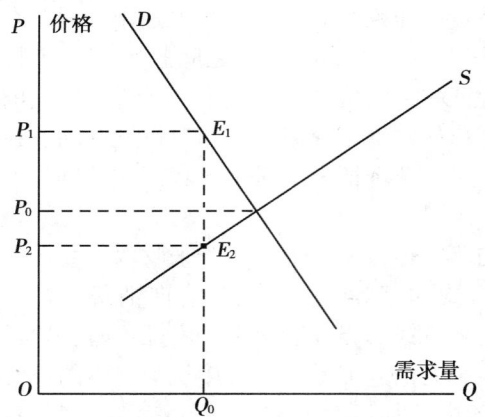

图 2-24 供给富有弹性需求缺乏
弹性市场上的税收负担分割

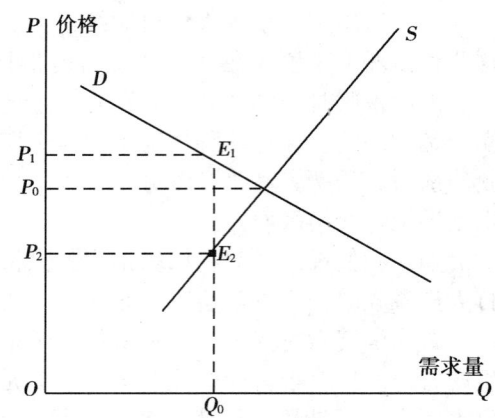

图 2-25 供给缺乏弹性需求富有弹性
市场上的税收负担分割

收还是向生产者征收并不重要的。在向消费者征收时，需求曲线向下移动，移动的数量等于税收的大小；而向生产者征收时，供给曲线向上移动，移动的数量等于税收的大小。在这两种情况下，消费者支付的价格上升，而生产者获得的价格下降，这样，无论怎样征收，消费者与生产者双方都将分摊税收负担。

另外，我们还可以看出：当征收税收时，税收在消费者支付的价格和生产者得到的价格之间打入了一个楔子。而且，我们仔细审查图 2-22 或图 2-23 可以得知，这个税收的楔子将使销售量低于没有税收时的水平。换句话说，对某种商品的税收将使这种商品的市场规模趋向萎缩。

现在，我们将从福利经济学的角度出发，利用前面消费者剩余和生产者剩余的概念来讨论税收是如何影响市场的参与者：消费者、生产者与政府，也就

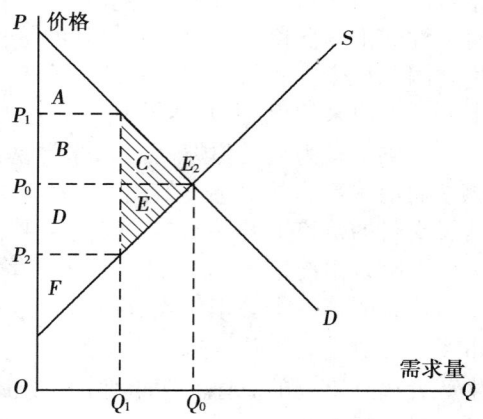

图 2-26 税收如何影响福利

是他们的得与失（或者说福利）。在讨论之前，我们可以将前面的图 2-22 或图 2-23 统一画为以下的供求图形图 2-26，并用字母 $A \sim F$ 标出图中曲线各个关键部分的面积。

(一) 没有征收税收时的福利

没有征收税收时,供求曲线的交点将给出市场均衡时的商品价格 P_0 与数量 Q_0。由于需求曲线代表消费者购买意愿,消费者剩余等于需求曲线与价格之间包围的面积 ($A+B+C$);同样,供给曲线代表生产者的成本,生产者剩余等于供给曲线与价格之间包围的面积 ($D+E+F$);由于没有征税,政府获得的税收收入为零。总剩余为生产者剩余与消费者剩余之和 ($A+B+C+D+E+F$),也就是需求与供给曲线到均衡点之间的总面积。

(二) 征收税收时的福利

现在考虑征收税收后的情形。这时,消费者支付的价格从 P_0 上升到 P_1,消费者剩余将等于需求曲线与价格 P_1 之间的面积,也就是 A;生产者得到的价格从 P_0 下降到 P_2,生产者剩余则等于供给曲线与价格 P_2 之间的面积,也就是 F;商品的实际销售量从 Q_0 下降到 Q_1,政府获得的税收收入等于 $B+D$,也就是供给曲线与需求曲线之间矩形面积,它的高等于税收规模,它的宽等于商品被征税后的实际销售数量。这样,将消费者剩余,生产者剩余与税收收入相加,就得到总剩余 ($A+B+D+F$)。

我们将上面两种情形的结果可以总结如表 2-6,代表市场参与者的福利。

表 2-6 市场参与者的福利

	没有税收	有税收	变动
消费者剩余	$A+B+C$	A	$-(B+C)$
生产者剩余	$D+E+F$	F	$-(D+E)$
税收收入	0	$B+D$	$B+D$
总剩余	$A+B+C+D+E+F$	$A+B+D+F$	$-(C+E)$

从表 2-6 中可以看出,税收使消费者剩余减少了 $B+C$,而使生产者剩余减小了 $D+E$,税收收入从零变为 $B+D$,也就是说,税收使消费者和生产者福利减少,而使政府获得了税收收入。而从整个市场考虑,总剩余的变动等于消费者剩余,生产者剩余及政府税收收入之和的变动。这个变动为负,也就是说,总剩余减少了 ($C+E$)。换句话说,消费者与生产者的福利损失大于税收收入。这实际说明,税收扭曲了市场结果,使总剩余减少。经济学上称之为税收的无谓损失。

从市场效率出发,我们可以更好地理解税收的无谓损失这一概念。我们通常说,市场一般可以有效地配置资源,也就是供求均衡使消费者剩余与生产者剩余组成的总剩余最大化。然而,税收提高了消费者支付的价格,降低了生产者获得的价格,也就使消费者降低消费的意愿,也使生产者减少了生产,最终市场规模将会萎缩到原来最优水平以下。税收实际扭曲了市场激励,引起了市场资源配置的无效率。

什么因素决定税收的无谓损失的大小?回答是商品的供给与需求的价格弹性决定了税收无谓损失的大小。这是因为税收的无谓损失等于需求曲线与供给曲线及税收规模包围的三角形的面积,而价格弹性衡量需求量和供给量对价格变动的反应程度。假如,两种商品的需求曲线和税收规模都是相同,那么,这两种商品的相对供给弹性就决定了税收的无谓损失的相对大小。供给曲线比较缺乏弹性的商品对价格的变动反应较小;而供给曲线比较富有弹性的商品对价格变动的反应较大。这样,税收的无谓损失在商品的供给曲线富有弹性时较大。同理,两种商品的供给曲线和税收规模都相同,需求曲线缺乏弹性的商品的税收无谓损失小;需求曲线富有弹性的商品的税收无谓损失较大。对上述结论也可以这样理解:税收造成的无谓损失,是因为税收改变了消费者和生产者的市场行为。税收提高了消费者支付的价格,因而消费者的需求少了。税收降低了生产者获得的价格,因而生产者的生产下降了。由于供求的这些变动,市场规模缩小到最优水平之下。供给和需求弹性衡量生产者和消费者对价格变动的敏感程度,从而决定了税收在多大程度上扭曲了市场结果。因此,供给和需求弹性越大,税收无谓损失越大。

案例 7:

香烟与大麻的价格

公共政策制定者经常想减少人们吸烟的数量。有人认为政策可以达到这一目标的方法有两种:一种方法是使香烟和其他烟草产品的需求曲线向左移动。如公益广告、香烟盒上有害健康的警示以及禁止在电视上做香烟广告等,都是旨在减少任何一种既定价格水平时香烟需求量的政策。如果成功了,这些政策就使香烟的需求曲线向左移动。另一种方法是,政策制定者可以试着提高香烟的价格。例如,如果政府对香烟制造商征税,烟草公司就会以高价的形式把这种税的大部分转嫁给消费者。较高的价格鼓励吸烟者减少他们吸的香烟量。在这种情况下,吸烟量的减少就不表现为需求曲线的移动。相反,它表示为沿着同一条需求曲线移动到价格更高而数量较少的一点上。一个相关的问题是,香烟的价格如何影响大麻这类非法毒品的需求。香烟税的反对者经常争论说,烟草与大麻是替代品,因此,高香烟价格鼓励使用大麻。与此相反,许多毒品专家把烟草作为"毒品之门",它引导青年人享用其他有害物质。大多数数据研究与这种观点是一致的:他们发现降低香烟价格与更多使用大麻是相关的。换句话说,烟草和大麻看来是互补品,而不是替代品。

案例思考：
（1）你怎样来分析该案例？
（2）你认为烟草和大麻是互补品，还是替代品，或者是无关商品？

案例8：

美国政府的巨额农业补贴政策

据《中国日报》报道，占全国人口不到2%的美国农民，不仅养活了近3亿美国人，而且还使美国成为全球最大的农产品出口国。美国农民之所以有这样大的"本事"，除了与美国农业体制、科技进步等因素有关外，一个非常重要的因素就是美国政府长期以来实施的农业补贴政策。在美国当农民，无论是粮农、棉农，还是油农等，似乎都不需要太多地担心自家种的农作物卖不出去，或遭遇自然灾害而血本无归，因为美国农业补贴这把牢固可靠的保护伞可以使得农民旱涝保收。作为一个工业发达国家，美国政府长期对农业提供稳定、可靠的保护和扶持。据经合组织估计，美国政府每年对农民的补贴约为400亿美元，平均每100美元的农业产值中，有20~30美元来自政府补贴。总的看来，美国政府对农业的补贴形式繁多，花样各异，概括起来主要有贷款差额补贴、固定直接补贴、反周期补贴和灾害保险补贴等。贷款差额补贴可以说是美国农业补贴政策的基石，具体的实施办法是政府预定某种农作物的销售价格（实际上是最低保护价），农民在播种季节前，可用未来的农作物产量作为抵押品，并根据按最低保护价计算出的金额向政府申领贷款。农作物收获后，当市场价格高于最低保护价时，农民可按市场价格销售农产品，偿还所借贷款，多出部分就是利润，归农民自己所有；当市场价格低于最低保护价时，农民按市价出售农产品后，在偿还政府贷款时，就可以从中扣除实际出售收入与保护价之间的差额，不需要全额偿还所借贷款。市场价格与最低保护价之间的差额就是政府向农民提供的直接补贴。固定直接补贴是一种不与农产品产量和价格挂钩的固定补贴。对愿意参与该计划的农民，政府预先确定作物的面积和产量基础，并对每种补贴农产品规定一个固定的直接补贴率，以此计算向农民提供的直接补贴额。反周期补贴是政府向农民提供补贴的又一种形式。通俗地说就是，当农产品价格下跌时，政府增加对农民的补贴，农产品价格上升时就减少补贴。平均每个农户每年能从政府那里得到1万多美元补贴。美国农业补贴条款的适用范围很广，被纳入农业补贴范围的农产品包括：玉米、高粱、大麦、燕麦、水稻、大豆、油料、棉花、奶类、花生、糖类、羊毛和马海毛、蜂蜜、苹果、干豆类等大约20种农作物，几乎覆盖所有大宗农产品。美国农业部公布的数据显示，2001年，联邦政府农业直接补贴已占农场农业总收入的11%，占农场农业净收入的42%。公务员的工资可以不发，但对农民的补贴却不能不给。美国农业部下属的农产品信贷公司是实施联邦政府农业补贴政策的执行部门，在提供农业补贴和保护农民利益方面发挥着独特作用。该机构约有1亿美元的日常流动资金，按规定每年可以在300亿美元的限额内，直接向财政部借贷周转资金，作为补贴款发放给农民。农产品信贷公司的职员是联邦公务员，他们的足迹遍布美国各地农村，采取"一竿子插到底"的方式向农民直接发放各种补贴，这样就有效地防止了贪污、挪用现象，确保各种补贴落到实处。多年来，美国农业部很少收到农民关于补贴操作不当的投诉。美国政府向农民提供的巨额农业补贴，犹如给农民吃了"定心丸"，并促使美国农业稳定发展。但美国巨额农业补贴对其他无力提供补贴的发展中国家极为不公，从而引发了国际社会的强烈不满。

案例思考：

结合中国的实际，探讨美国的农业补贴对中国的农业发展的借鉴意义。

本章小结

本章的中心是市场经济中价格如何调节经济，决定价格的是需求与供给。需求是消费者在某一特定时期内，在各种可能的价格水平愿意而且能够购买的商品数量，是购买欲望与购买能力的统一。需求法则说明的是商品本身价格与其需求量之间的关系：假设其他条件不变，某商品的需求量与价格之间成反方向变动，即需求量随着商品本身价格的上升而减少，随商品本身价格的下降而增加，但这一规律也有例外。要区分需求的变动与需求量的变动。供给是生产者在某一特定时期内，在各种可能的价格水平愿意而且能够提供的商品数量，是供给欲望与供给能力的统一。供给法则说明的是商品本身价格与其供给量之间的关系：假设其他条件不变，某商品的供给量与价格之间成同方向变动，即供给量随着商品本身价格的上升而增加，随商品本身价格的下降而减少，但这一规律也有例外。要区分供给的变动与供给量的变动。完全竞争市场上供求双方的竞争自发形成了市场的均衡价格，均衡价格由需求与供给决定，均衡价格的形成也就是价格决定的过程，需求与供给的变动对均衡价格的影响就是供求定理。弹性理论说明的是价格变动与供求数量变动之间量的关系，主要包括需求价格弹性、需求收入弹性、需求交叉弹性和供给价格弹性，弹性不同对厂商的总收益的影响也不同。价格政策主要分为支持价格和限制价格，通过对消费者剩余和生产者剩余的分析可以分析社会经济福利和市场效率，政府征收税收引起社会经济福利损失，造成市场资源配置的无效率。

关键术语

需求　有效需求　需求法则　需求函数　供给　供给法则　供给函数　市场均衡　均衡价格　均衡数量　供求定理　弹性　需求价格弹性　点弹性　弧弹性　需求收入弹性　恩格尔定理　恩格尔系数　需求交叉弹性　供给弹性　消费者剩余　生产者剩余　支持价格　限制价格

复习题

（1）什么是需求？什么是供给？影响需求与供给的因素各有哪些？

（2）需求量的变动与需求的变动有何不同？供给量的变动与供给的变动有何不同？

（3）什么是均衡价格？它是如何形成的？

（4）什么是供求定理？

（5）影响需求弹性的因素有哪些？影响供给弹性的因素又有哪些？

（6）运用需求弹性原理说明"谷贱伤农"和"薄利多销"。

（7）征收税收为什么会引起社会经济福利损失？

（8）已知需求曲线的方程式为 $P = 80 - 4Q$，供给曲线的方程式为 $P = 20 + 2Q$，试求均衡价格与均衡产量。

（9）某种面粉的需求弹性系数为0.5，当价格为1.8元/公斤时，需求量为9 000公斤；当价格上涨到2.0元时，需求量是多少？总收益是增加了还是减少了？为多少元？若价格下降到1.5元时，情况又如何？

（10）某公司对其产品与消费者收入的关系估计如下：$Q = 2\,000 + 0.2\,I$，Q 为需求数量，I 为平均家庭收入，请分别求出 $I = 5\,000$ 元、15 000 元、30 000 元的收入弹性？

（11）某产品的需求函数为 $P + 3Q = 10$，求 $P = 1$ 时的需求弹性。若厂家要扩大销售收入，应该采取提价还是降价的策略？

第三章 消费者行为与市场需求

在一个社会的生产资源配置是通过市场机制来调节的情况下，经济学研究的所有经济问题，几乎都可以用供给与需求的相互关系来进行分析。本章分析消费者行为理论，实际上是讨论需求状况是由什么因素决定的。通过分析潜在经济约束条件下的消费者效用最大化行为，推导需求曲线。

第一节 消费者行为

一、效用论概述

（一）效用

1. 效用和效用的衡量

消费者在日常生活中购买各种食品、衣服、房屋，看电影、听音乐会，满足衣食住行和娱乐等方面的需要。人们通过消费实现的满足程度用效用来衡量。效用指商品和服务满足人的欲望的能力。换言之，效用指人们在消费商品和服务中获得的满足程度。效用是人们对商品和服务满足欲望的主观评价。商品和服务的效用一方面取决于消费者的消费需要和欲望。另一方面，取决于商品和服务能否满足人们的欲望。

根据对效用的不同衡量方法，经济学家将效用理论分为基数效用理论和序数效用理论。基数效用论者运用边际效用的方法分析消费者行为，序数效用论者运用无差异曲线进行分析。19世纪和20世纪初盛行基数效用理论。这一理论认为，效用和物体的长度和重量一样，可以精确计量和加总求和，其大小可以用1、2、3……来表示。表示效用大小的计量单位称为效用单位。例如，对某个消费者来说，看一场电影的效用为15个效用单位，吃一顿全聚德烤鸭的效用为25个效用单位，则这两种消费的总效用是40个效用单位，吃烤鸭的效用大于看电影的效用。

到了20世纪30年代，经济学界普遍使用序数效用的概念。序数效用论认为效用不能具体度量，只能根据偏好的程度排列出顺序，如第一、第二……对于消费者来说，需要确定偏好哪一种消费。对于上面提到的例子来说，消费者要回答的是偏好看电影还是偏好吃全聚德烤鸭。

现代经济学中通常使用的是序数效用论的概念。这里先简要介绍基数效用论,然后重点分析序数效用理论。

2. 基数效用论和边际效用分析方法

基数效用论运用边际效用递减规律分析消费者行为,并以该规律为基础推导需求曲线。

(1) 总效用和边际效用。基数效用论认为效用可以用具体衡量,总效用可以用 TU 表示。与效用相关的概念是边际效用。边际效用是消费者在一定时间内增加一单位商品的消费所得到的效用量的增量。相应的边际效用函数为:

$$MU = \frac{\Delta TU}{\Delta Q}$$

当商品的增加量趋于无穷小时,即 $\Delta Q \to 0$ 时有:

$$MU = \lim_{\Delta Q \to 0} \frac{\Delta TU}{\Delta Q} = \frac{\mathrm{d} TU}{\mathrm{d} Q}$$

表 3-1 列出了某个商品的总效用、边际效用。在这个表中,当商品的数量从 0 增加到 1 时,总效用由 0 增加到 8 个效用单位,总效用的增量即边际效用为 8 效用单位。依此类推,当商品数量为 5 时,总效用达到最大值,为 22 个效用单位,而边际效用为 0,消费者对商品的消费已达到饱和点。如果再增加对商品的消费,消费者的总效用降低到 20,边际效用减少到 -2。从这个表可以看出,随着消费者对商品消费数量的增加,边际效用的数量逐渐减少。

根据表 3-1 的数值,我们可以绘制总效用和边际效用曲线,如图 3-1 所示。图中横轴表示商品的数量,纵轴表示效用量。TU 和 MU 分别表示总效用和边际效用曲线。随着商品数量的增加,总效用曲线先递增,达到最大值后减少,边际效用曲线递减。由于边际效用是总效用的导数,因此总效用曲线和边际效用曲线之间的关系是:边际效用为正值时,总效用曲线呈上升趋势。当边际效用为零时,总效用曲线达到最高点。当边际效用为负值时,总效用曲线呈下降趋势。

表 3-1　某商品的效用表　　(货币的边际效用 $\lambda = 2$)

商品数量 (1)	总效用 (2)	边际效用 (3)	价格 (4)
0	0		
1	8	8	4
2	14	6	3
3	18	4	2
4	22	2	1
5	22	0	0
6	20	-2	

由图 3-1 可以看出边际效用随商品消费数量的增加而逐渐减少,这一现象称为边际效用递减规律。该规律可以用一个通俗的例子来说明:当某消费者饥饿时,他对第一个包子的效用评价是 8,即第一个包子的边际效用为 8,第二个包子的效用评价下降为 6,边际效用为 6,随着吃包子的数量增加到 5 个,满足程度达到最大即 22 个效用单位,边际效用为 0,如果超过这个饱和点,继续吃包子,消费者会感到不适,边际效用递减为 -2,总效用开始下降为 20。

边际效用递减的原因是,随时相同消费品的连续增加,从人的生理和心理的角度看,对重复刺激的反应程度是递减的,即重复消费给消费者带来的满足程度即效用是递减的。

从本质上讲,货币是一种特殊的商品。在序数效用理论的分析中,假定货币的边际效用不变,用 λ 表示。一般地说,原因在于,消费者的收入是给定的,单位商品的价格只占消费者总货币收入量中的很小部分,当消费者对某商品的购买量发生很小的变化时,支出的货币的边际效用的变化很小,可以略去不计。

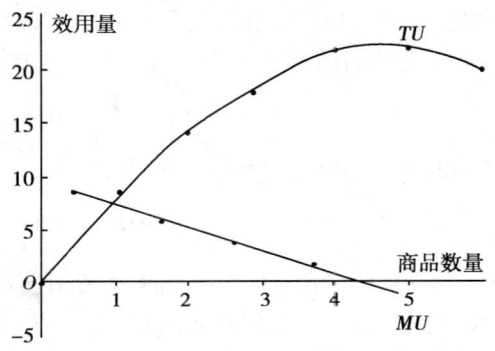

图 3-1 某商品的总效用曲线和边际效用曲线

案例 1:

为什么水要比钻石便宜?

尽管水是生命所必需的而钻石不是生命所必需的,水也比钻石便宜。经济学家亚当·斯密在 1776 年称这种现象为"钻石—水悖论"。这一悖论产生的原因是什么?如果我们区别一下总效用和边际效用,该悖论就容易理解了。水的总效用要远高于钻石的总效用。然而决定价格的是边际状态。因为钻石可以给人们带来炫耀等效用,而且数量很少,所以钻石最后一个单位的消费给消费者带来的边际效用很大,消费者愿意以较多的支出来购买。而水虽然是人的生命不可或缺的,给人带来极高的效用(最高可与生命相等),但由于水的数量很多,最后一个单位的水可能被用作洗衣、洗车和擦地等,人们从中获得的效用就很低了,所以水的价格就很低了。总效用并不决定人们愿为某商品支付多少;而边际效用却决定该问题。

请看图 3-2,我们以 $D_{钻石}$ 表示对钻石的需求曲线。水的需求曲线为 $D_{水}$。

我们将横轴按照每单位时间内的公斤数来表示数量。纵轴表示价格，单位为元/公斤。我们在 $Q_水$ 处做出水的供给曲线 S。在 $Q_{钻石}$ 处做出钻石的工具曲线 S'。水的供给曲线和需求曲线交点处每公斤水的价格为 $P_水$。钻石的供给曲线与需求曲线的交点在 $P_{钻石}$ 处。钻石的价格高于水的价格。钻石以高于水的价格出售。

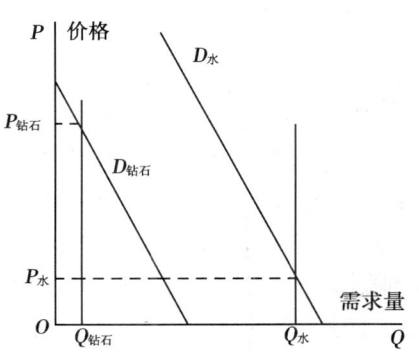

图3-2 钻石和水的价格

资料来源：根据彼得·蒙德尔（Peter Maunder）等著《经济学解说》第三版，经济科学出版社改编。

案例思考：

怎样从边际效用的角度解释"水比钻石便宜"这一现象？试用供给和需求曲线分析水和钻石的价格。

（2）消费者均衡。消费者均衡，分析消费者如何把既定的货币收入分配在各种商品的购买中以获得最大效用。基数效用论者认为，消费者实现效用最大化的均衡条件是：如果消费者的货币收入水平是固定的，市场上各种商品的价格已知，那么消费者应使自己所购买的各种商品的边际效用与价格的比相等。换言之，消费者使自己花费在各种商品购买的最后一单位货币所带来的边际效用相等，且等于货币的边际效用。

假定消费者用既定的收入 I 购买 n 种产品，P_1、$P_2 \cdots P_n$ 分别为 n 种商品的既定价格，X_1、$X_2 \cdots X_n$ 分别表示 n 种商品的数量，λ 为货币的边际效用，MU_1、$MU_2 \cdots MU_n$ 分别表示 n 种商品的边际效用，则上述消费者效用最大化的均衡条件可以用公式表示为：

$$\frac{MU_1}{P_1} = \frac{MU_2}{P_2} = \cdots = \frac{MU_n}{P_n} = \lambda$$

如果消费者所购买的是两种商品，则消费者达到效用最大化的条件简化为：

$$\frac{MU_1}{P_1} = \frac{MU_2}{P_2} = \lambda$$

上式表示最后1元钱购买商品1和商品2的边际效用相等，都等于货币的边际效用 λ。上式的均衡条件也可以表示为：

$$\frac{MU_1}{MU_2} = \frac{P_1}{P_2}$$

上式左端是消费者对商品效用的主观评价,右端是市场价格的客观评价。要达到效用最大化,消费者必须使自己的主观评价与市场的客观评价相一致。

应该注意的是消费者均衡条件要求的是每 1 元钱所得到的边际效用相等,而不是每一种商品的边际效用相等。因为每一种商品的边际效用相等并不能保证消费者获得最大的效用,因为各种商品的价格是不同的。

假定消费者对梨(X_1)和黄瓜(X_2)的购买量进行选择。如果消费者每周将 14 元钱用于梨和黄瓜的购买,梨的价格是 2 元($P_1 = 2$),黄瓜的价格是 1 元($P_2 = 1$)。梨和黄瓜给消费者带来的效用和边际效用如表 3 – 2 所示:

表 3 – 2　某个消费者的总效用和边际效用

Q	0	1	2	3	4	5	6	7	8	9	10	11
TU_1	0	18	34	48	60	70	78	84	88	90		
MU_1	0	18	16	14	12	10	8	6	4	2		
TU_2	0	11	21	30	38	45	51	56	60	63	65	66
MU_2	0	11	10	9	8	7	6	5	4	3	2	1

表中 Q 表示购买量,MU_1 和 MU_2 分别表示梨和黄瓜的边际效用。TU_1 和 TU_2 分别表示梨和黄瓜的总效用。从表中可以看出,当梨的价格为 2 元,黄瓜的价格为 1 元时,消费者购买 4 单位的梨和 6 单位的黄瓜,可以达到总效用最大化,此时的总效用为 111 个效用单位(60 + 51 = 111)。因为这种购买符合消费者均衡条件 $MU_1/P_1 = MU_2/P_2$,即 12/2 = 6/1。

(3)需求曲线的推导。基数效用论者运用边际效用递减规律和消费者效用最大化条件推导消费者的需求曲线。

商品的需求曲线是反映商品的价格和需求数量之间关系的点的轨迹。基数效用论认为商品的需求价格取决于商品的边际效用。如果每一单位的商品的边际效用越大,消费者为购买这一单位的该种商品所愿意支付的价格越高。反之亦成立。由于边际效用递减规律的作用,随着消费者对某一商品消费量的连续增加,该商品的边际效用递减,相应消费者为购买这种商品所愿意支付的最高价格即需求价格也越来越低。

我们进一步运用消费者均衡条件推导需求曲线。如果消费者只购买一种商品,则消费者均衡条件可以写为:

$$\frac{MU}{P} = \lambda$$

该公式表明消费者对任何一种商品的最优购买量应该是最后 1 元钱购买该商品所带来的边际效用和这 1 元钱货币的边际效用相等。在货币的边际效用 λ 不变的前提下,由于边际效用递减,为了保证满足均衡条件,商品的价格 P 必然同比例于边际效用 MU 的递减而递减。因此,如果用横轴表示商品的需求量,纵轴表示商品的价格,需求曲线会向右下方倾斜。

仍以前面的表 3-1 为例,表中货币的边际效用 $\lambda = 2$,为了实现 $MU/P = \lambda$ 的消费者均衡条件,当商品的消费量是 1 时,边际效用为 8,消费者为购买第 1 单位的商品所愿意支付的最高价格是 4 ($8 \div 2 = 4$)。当商品的消费量增加到 2 时,边际效用递减为 6,消费者愿意为第 2 单位的商品所愿意支付的最高价格下降为 3 ($6 \div 2 = 3$)……直至商品的消费数量增加到 4 时,边际效用下降到 2,相应的消费者愿意支付的最高价格也下降到 1 ($2 \div 1 = 1$)。显然,商品的需求价格同比例于边际效用的递减而递减。

我们将表 3-1 的第 1 列和最后 1 列对应的点描绘在坐标平面内,可以得到消费者的需求曲线。图 3-3 是单个消费者对该种商品的需求曲线。图中横轴表示商品的数量,纵轴表示商品的价格,需求曲线 $Q^d = f(P)$ 向右下方倾斜。该曲线表示商品的需求量随商品的价格上升而减少,随商品价格的下降而增加。商品的需求量与商品的价格成反方向变动。

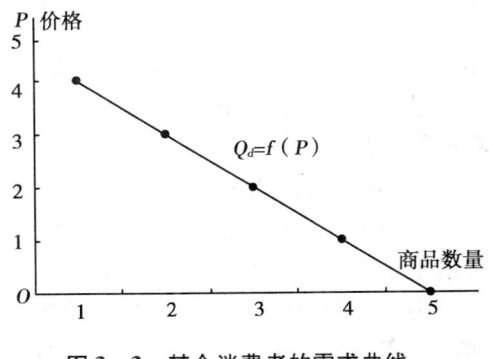

图 3-3 某个消费者的需求曲线

基数效用论用边际效用递减规律的假定和消费者效用最大化的均衡条件,推导出单个消费者的需求曲线。由推导过程可以知道,需求曲线上的每一点都是满足消费者效用最大化均衡条件的商品的价格—需求量组合点。

二、消费者偏好

(一) 消费者偏好的概念

消费者在购买商品时面临不同的消费组合,这些组合给消费者带来的满足程度可以通过偏好的排序来确定。换言之,商品给消费者带来的效用可以用等级或顺序来表示。在此,序数效用理论提出了消费者偏好的概念,即消费者对商品的喜欢或爱好。我们可以比较不同的商品组合来确定偏好。例如：我们每月要购买食物、衣服和汽油等，这些商品构成了一个组合。通过市场调查我们可以确定哪个市场组合更受欢迎。在这里我们做一个简化分析，分析食物（X_1）和衣服（X_2）这两种商品构成的组合。表 3-3 列出了人们每月购买的不同数量的食物和衣服的商品组合。例如：市场商品组合 A 有 20 个单位食物和 50 个单位的衣服，市场商品组合 B 有 30 单位的食物和 40 单位的衣服。通过比较不同的商品组合，可以描述消费者对食物和衣服的偏好。

表 3-3 可供选择的市场商品组合

市场商品组合	食物单位（X_1）	衣服单位（X_2）
A	20	70
B	30	40
D	40	20
E	40	80
H	30	20

日常生活中，我们在购买形形色色的商品时面临选择。怎样运用有限的货币收入购买到各种商品，实现最大程度的满足？我们通过三个步骤了解消费者行为。第一步，分析消费者偏好。我们用一种实用的方法来描述我们如何更偏好一种商品。第二步，消费者预算约束。我们能够买到的商品数量受到有限收入的限制。第三步，结合消费者偏好和预算约束决定消费者的选择。已知消费者偏好和有限收入，决定消费者会购买哪种组合的商品，以获得最大程度的满足。

（二）偏好的假定

消费者行为理论提出了三个基本的假定。在不考虑购买成本的情况下，这些假定适用于大多数情况下的大部分人。

第一，假定偏好是完全的。消费者可以比较和排列所有的商品组合。即对于任何两个商品组合 A 和 B，消费者可以做出以下判断的其中一种：消费者可以偏好其中的组合 A，可以偏好其中的组合 B，或者可以认为组合 A 和 B 同样喜欢（A 和 B 无差异）。这一假定保证消费者对偏好的表达方式是完备的。

第二，假定偏好是可以传递的。即消费者在市场商品组合 A 和 B 中，对 A 的偏好大于 B 的偏好。在商品组合 B 和 C 中，对 B 的偏好大于对 C 的偏好。在商品 A、C 这两个组合中，对 A 的偏好大于对 C 的偏好。

第三，假定偏好是非饱和的。即所有商品都是值得拥有的。消费者在对商品的消费达到饱和之前，总是偏好任何一种商品的较多数量，而不是较少数量。换言之，多比少好。例如：商品组合 E 中，食物的消费是 40 单位，衣服的消费是 80 单位。商品组合 A 中，食物的消费量是 20 单位，衣服的消费量是 70 单位。商品组合 A 的食物和衣服的消费量都小于商品组合 E，消费者更偏好商品组合 E。在这里我们不考虑诸如空气污染和噪音这些不值得拥有的东西,因为大部分消费者不会去购买这些商品。

(三) 无差异曲线

假设只有两种商品可供消费:食物(X_1)和衣服(X_2),我们可以用无差异曲线显示消费者的偏好。无差异曲线代表了能给消费者带来相同效用水平或满足程度的两种商品的所有组合。或者说,无差异曲线是表示消费者相同偏好的两种商品的所有组合的点的轨迹。由于无差异曲线代表的效用水平相同,因此也叫做等效用曲线。如果用 U 表示效用水平,则下面的表 3-4 和对应的图 3-4 显示了某个消费者的偏好。

表 3-4 是消费者关于食物和衣服两种商品的不同组合。该表由子表 a 和表 b 组成。表 a 和表 b 分别有 A、B、C、D、E 五个商品组合。以表 a 为例,A 组合中食物的数量是 20 个单位,衣服的组合是 70 个单位,B 组合食物和衣服的数量分别是 30 个单位和 40 个单位。从商品组合 A 到组合 B,消费者增加了 10 个单位的食物,减少了 30 个单位的衣服,形成了食物的消费对衣服消费的替代,但消费者对这两个组合的偏好是相同的。从 A 到 E 的五个商品组合,给消费者带来的效用水平相同。即消费者对这五种组合的偏好是无差异的。同样的,这种分析也适用于表 b。

表 3-4 某消费者的无差异表

商品组合	表 a		表 b	
	食物(X_1)	衣服(X_2)	食物(X_1)	衣服(X_2)
A	20	70	30	80
B	30	40	40	50
C	40	20	50	30
D	50	10	55	20
E	60	8	65	12

比较子表 a 和表 b,我们可以发现表 b 显示的效用水平大于表 a。根据有关偏好的第三个假定——非饱和性,即多比少好,表 b 的五个组合对于食物和衣服的消费量均多于表 a 的组合,因此表 b 代表的效用水平大于表 a 的效用水平。

由表 3-4 可以画出对应的无差异曲线图,如图 3-4 所示。图中的横轴和纵轴分别表示食物 X_1 的数量和衣服 X_2 的数量。我们将子表 a 和表 b 中的商品组合 A 到 E 对应的点描绘在坐标平面内,用平滑的曲线连接每一点会得到无差异曲线 U_a 和 U_b。对应于表 3-4,无差异曲线上每一点的商品组合代表的效用水平相同。无差

异曲线 U_b 表示的效用水平大于曲线 U_a。

由于无差异曲线上任意一点的效用水平是相同的，因此，我们可以用等效用函数表示无差异曲线。用 U_0 表示不变的效用水平，X_1 和 X_2 分别表示两种商品的数量，则无差异曲线可以用下面的函数形式表示：

$$U_0 = U(X_1, X_2)$$

式中的 U_0 为常数。

无差异曲线有三个基本特征：

（1）由于效用函数是连续的，因此，任意两条无差异曲线之间有无数条无差异曲线。这些无差异曲线之间的数量关系是，离远点越远的无差异曲线代表的效用水平越高。例如在图 3-4 中，无差异曲线 U_b 比 U_a 离远点远，U_b 代表的效用水平高于 U_a，即 $U_b > U_a$。

（2）在同一坐标平面内，任意两条无差异曲线不相交。其原因在于，如图 3-5 所示，如果无差异曲线 U_a 和 U_b 相交，则无差异曲线 U_a 上的 a、b 点代表的效用水平相同（即 $U_a = U_b$），同理，无差异曲线 U_b 上的 a、c 点代表的效用水平相同（即 $U_a = U_c$）。可以推出，商品组合 b、c 的效用水平相同，即 $U_b = U_c$。但是，根据偏好的非饱和性假定，即多比少好，商品组合 c 中消费者对于 X_1 和 X_2 两种商品的消费数量均大于组合 b 点的消费数量，可以得出 $U_c > U_b$。这一结论和前面的推论（$U_b = U_c$）是相矛盾的。因此，两条无差异曲线不相交。

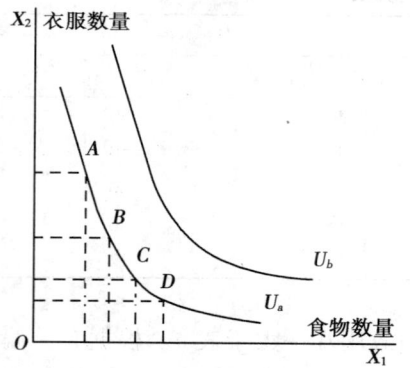

图 3-4　某消费者的无差异曲线

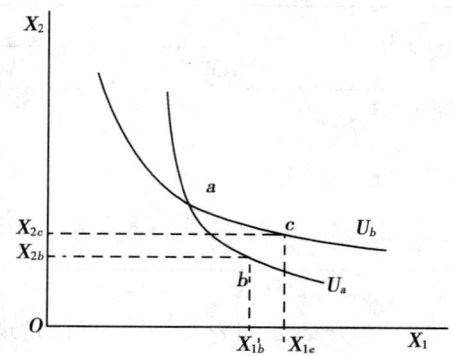

图 3-5　违背偏好假定的无差异曲线

（3）无差异曲线的形态特征是向右下方倾斜而且凸向原点。无差异曲线向右下方倾斜，表明曲线每一点的斜率为负值。曲线凸向原点的形态特征表明，无差异曲线斜率的绝对值递减。

(四) 商品的边际替代率

1. **商品的边际替代率**

无差异曲线上的点反映了在效用水平相同的情况下，两种商品之间的替代关系。例如：图 3-4 U_a 曲线上从 a 点向 b 点滑动，在效用水平不变的前提下，消费者增加了 10 个单位食物的消费数量的同时，放弃了 30 个单位衣服的消费数量。商品消费数量之间的替代关系，我们用商品的边际替代率表示。商品的边际替代率（Marginal rate of substitution of commodities，MRS）是指在保持效用水平不变的前提下，消费者增加一单位商品的消费数量时所需要放弃的另一种商品的消费数量。商品 1 对商品 2 的边际替代率的数学表达式为：

$$MRS_{12} = \frac{\Delta X_2}{\Delta X_1}$$

式中 ΔX_1 和 ΔX_2 分别表示商品 1 和商品 2 的变化量。由于两种商品的变化方向相反，为了保证 MRS 的值为正数以便于比较，我们在公式中加一负号。当商品的变化数量趋于无穷小时，商品的边际替代率的公式为：

$$MRS_{12} = \lim_{\Delta X_1 \to 0} -\frac{\Delta X_2}{\Delta X_1} = -\frac{dX_2}{dX_1}$$

由上式可以看出，无差异曲线上点的边际替代率就是该点的斜率绝对值。

2. **商品的边际替代率递减规律**

在食物和商品替代的例子中，随着对食物消费的增加，消费者为得到每一单位的食品所需要放弃的衣服的消费数量是递减的。例如：U_a 曲线上从 A 点到 E 点的滑动，消费者增加 10 单位的食物的消费数量，所需要放弃的衣服的消费数量分别从 30 个单位下降到 20 个单位和 10 个单位。我们把这种现象称为商品的边际替代率递减规律。商品的边际替代率递减规律是指：在效用水平不变的前提下，随着一种商品消费数量（X_1）的连续增加，消费者为得到每一单位的这种商品所需要放弃的另一种商品（X_2）的消费数量是递减的。这一规律在几何图形上表示为无差异曲线的斜率的绝对值递减。

(五) 无差异曲线的特殊形状

无差异曲线表示效用水平相同的条件下，两种商品的替代程度。下面考虑两种极端的状况。

1. **完全替代品**

如果对于消费者来说，喝一杯苹果汁和一杯柠檬汁是无差异的，这两个产品就成了完全替代品，苹果汁对柠檬汁的边际替代率为 1，相应的无差异曲线用图 3-6（a）来表示。一般来说，当一种商品对另一种商品的边际替代率是一个常数时，这两种商品是完全替代品，无差异曲线是一条斜率不变的直线。

2. 完全互补品

一副眼镜架和两个镜片配合使用才能构成一副可以使用的眼镜，相应的无差异曲线为直角状。像镜架和镜框这种必须按固定不变的比例同时被使用的两种商品为完全互补品。在完全互补的情况下，相应的无差异曲线为直角形状，如图 3-6 (b) 所示。对于一副镜架而言，只需两片镜片即可，任何超量的镜片都是多余的。消费者不会放弃任何一副眼镜架去换取额外的镜片，所以 $MRS_{12}=0$，用图 3-6 (b) 中垂直部分的无差异曲线表示。对于两片镜片，只需一副镜框即可，消费者会放弃所有超量的眼镜架，只保留一副镜架和两片镜片相匹配，相应的 $MRS_{12}=\infty$，用图 3-6 (b) 的水平线表示。

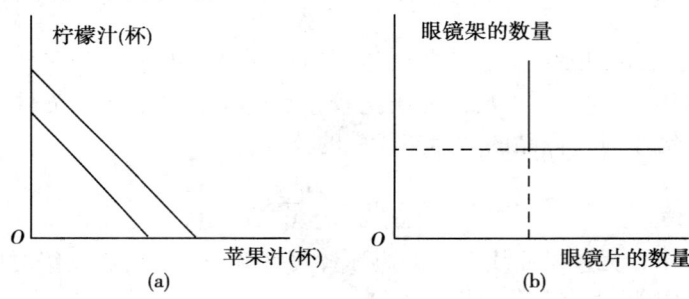

图 3-6 完全替代品和完全互补品的无差异曲线

案例 2：

设计新的汽车

如果你是一家汽车公司的经理，那么你将如何决定什么时候推出新型号，该投资多少钱用于款式的重新设计？你或许知道，一辆汽车的两大特性是其款式设计（例如设计和内部特点）和其性能（例如汽油里程数和驾驶性能）。款式设计和性能都是受人们关注的特性，一辆汽车，它的款式设计越好，性能越佳，其需求量就越大。然而，重新设计款式，提高汽车的性能，这是要花钱的。在一辆汽车里，你应该增加多少特性呢？

问题的答案部分取决于生产成本，也取决于消费者对汽车特性的偏好。图 3-7 显示了消费者偏好的两个特性描述，a 幅所示的是一部分人偏好性能，而不是款式，他们愿意放弃相当的款式造型以换取更好的性能。将这些偏好与 b 幅所示的另一部分人的偏好比较一下，后者偏好款式而不是性能，他们愿意为获得更新颖的款式而容忍低效的汽油里程数或稍差的驾驶性能。

我们可以用无差异曲线来描绘对汽车特性的偏好,每一条曲线表明了能带来同等程度满足的性能和款式组合。图 a 中的消费者愿意放弃相当程度的款式造型来获得增加的性能;而图 b 中的消费者偏好恰恰相反。

在人群中,哪个偏好组别占了多数,知道这一点有助于汽车公司的经理做出战略性的生产决策。判断这一情况的途径之一是对人们进行调查,这些调查就款式和性能不同组合的几种汽车询问每个被调查者的偏好。另一途径是从统计上分析消费者以往购买不同款式和性能的数量,将不同汽车的售价和汽车的特性水平联系起来,人们就可以判断不同组别的消费者赋予每个特性相对价值。上述两种途径都可以帮助人们判断最大的消费者组别是更看重性能(如图 3-7(a) 幅所示)呢,还是更看重款式(如图 3-7(b) 幅所示);还有,每组中的消费者在多大程度上愿意放弃一种特性以换取另一种特性。

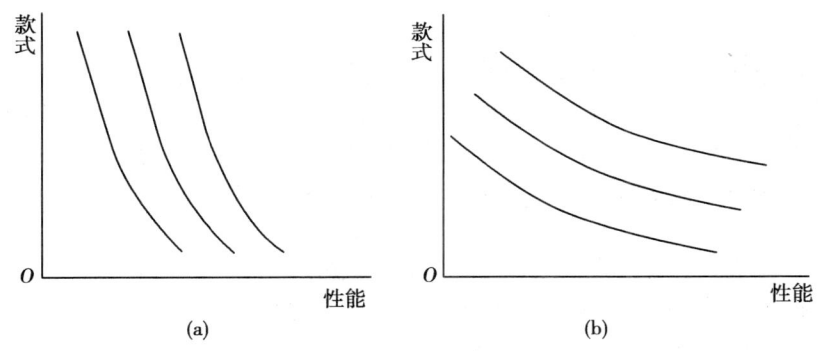

图 3-7　对于汽车特性的偏好

有关美国汽车需求的一项研究将 1977~1991 年在美国销售的所有汽车,从超小型车到豪华的跑车,分成 9 个市场类别。在每一个类别中,款式变化的程度由指数来表示,从 1(没有可见的外部变化,如本田雅确 1991 年车型)到 5(整个金属薄板的变化,如别克世纪 1989 年车型)到 9(一个全新的车型,尺寸没有变化,后轮驱动改为前轮驱动,如雪佛兰嘉奖 1980 年车型)。该研究发现,重视款式变化的公司的发展快于重视性能的公司;特别是,那些经过款式革新的汽车,其销售量远大于那些没有经过这些革新的汽车。

款式的重要性有助于解释在美国的日本进口车不断增加的份额。美国国产车的销量年增 1.3%,而进口车的销量年增 6.4%。就平均而言,在所有的国产美国车中,每年只有 15% 有一个大的款式变化,而所有进口车的这一数字为 23.4%。显然,款式变化(伴随性能和可靠性的提高)促进了进口车的增长。

这对欧洲共同市场颇具意义,如果欧洲人像美国人那样对待款式变化,日本人对欧洲市场的渗透在未来的十年后就会增强。

资料来源: 平狄克(Robert S. Pindyck)、鲁宾费尔德《微观经济学》第三版,中国人民大学出版社,1997版。

案例思考:

(1) 企业怎样根据消费者对汽车特性的偏好设计汽车的款式和性能?

(2) 如何从消费者偏好的角度解释美国进口日本汽车的份额不断增加?

三、预算线

消费者在购买商品时,会受到自己收入水平和市场上商品价格的限制,这就是预算约束。

(一) 预算线的定义

预算约束线,消费可能线或价格线。预算线表示在消费者收入和价格给定的情况下,消费者的全部收入所能买到的两种商品的各种组合。如果消费者用于购买商品的收入为 I。商品 1 和商品 2 的价格分别为 P_1 和 P_2,数量分别为 X_1 和 X_2,那么相应的消费预算线用 $P_1X_1 + P_2X_2 = I$ 表示。预算线可以改写成如下的形式:

$$X_2 = -\frac{P_1}{P_2}X_1 + \frac{I}{P_2}$$

预算线如图 3-8 所示,斜率为 $-P_1/P_2$。纵截距为 I/P_2,表示全部收入用于购买商品 2 的数量;横截距为 I/P_1,表示全部收入用于购买商品 1 的数量。

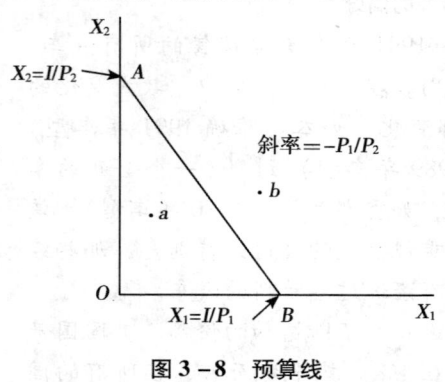

图 3-8 预算线

例如:假定消费者的一笔收入为 1 200 元,全部用来购买食物和衣服,其中食物的价格为 20 元($P_1 = 30$),衣服的价格为 60 元($P_2 = 40$),该消费者的预算线为 $20X_1 + 60X_2 = 1\ 200$。该预算线说明全部收入用于购买食物可以得到 60 单位,用于购买食品可以得到 20 单位,分别表示为预算线的横截距和纵截距。预算线的斜率为 $-1/3$。

预算线 AB 将坐标平面分为三部分,预算线以内的点表示消费者的全部收入购买该点的商品组合还有剩余,如 a 点所示。预算线上的点是消费者全部收入购买该组合点刚好花完。预算线以外的点表示消费者的全部收入不可能实现的商品组合,如 b

点所示。预算线上和预算线内的点是消费者的全部收入可以实现的商品组合点，三角形 AOB 的区域（包括三角形的三条边）称为消费者的预算空间。

（二）预算线的变动

预算线的函数表达式是：

$$X_2 = -\frac{P_1}{P_2}X_1 + \frac{I}{P_2}$$

斜率和截距确定一条直线。可以推断，当收入（I）、商品1的价格（P_1）和商品2的价格（P_2）发生变化时，预算线发生变动。预算线的变动可以分成以下几种情况：

1. 预算线平移

第一种情况：两种商品的价格 P_1 和 P_2 不变，消费者的收入发生变化，导致预算线平移。P_1 和 P_2 不变表明预算线的斜率不变。当收入 I 增加时，消费者购买到的商品1和商品2的数量增加，即预算线的横截距（I/P_1）和纵截距（I/P_2）增加，预算线向右平移。同理，当收入减少时，预算线向左平移。如图 3-9 所示，假定原有的预算线为 AB，消费者的收入增加使预算线向右平移至 A_1B_1，相反消费者收入减少，使预算线向左平移至 A_2B_2。

第二种情况：消费者的收入不变，两种商品的价格 P_1、P_2 同比例同方向发生变化，使预算线平移。原因是，P_1、P_2 同比例同方向发生变化时，预算线的斜率（$-P_1/P_2$）不变，而预算线的横截距（I/P_1）和纵截距（I/P_2）发生变化。如图 3-9 所示，假设原有的预算线为 AB。如果 P_1、P_2 同比例上升，使预算线的横截距和纵截距同比例减少，预算线向左平移至 A_2B_2。相反，如果 P_1、P_2 同比例下降，预算线向右平移至 A_1B_1。

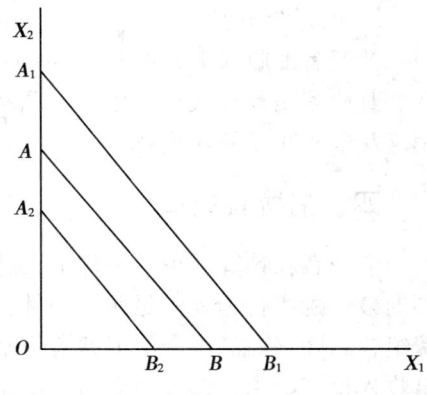

图 3-9 预算线的平移

2. 预算线绕点转动

消费者的收入不变，两种商品的任意一种商品的价格变动，会导致预算线的转动。预算线的转动有两种情况：

（1）消费者的收入（I）不变，商品2的价格（P_2）保持不变而商品1的价格（P_1）发生变化，预算线发生转动。在此条件下，预算线的斜率（$-P_1/P_2$）变化，纵截距（I/P_2）不变，横截距（I/P_1）变化。其中，商品1的价格变化有两种情况：当 P_1 下降时，横截距（I/P_1）增大，原因是因为全部收入用于购买商品1的数量随价格的下降而增多。如图 3-10（a）所示，预算线由最初的 AB 绕 A 点向右转动到 AB_1。相反，当 P_1 上升时，预算线由 AB 向左转动到 AB_2。

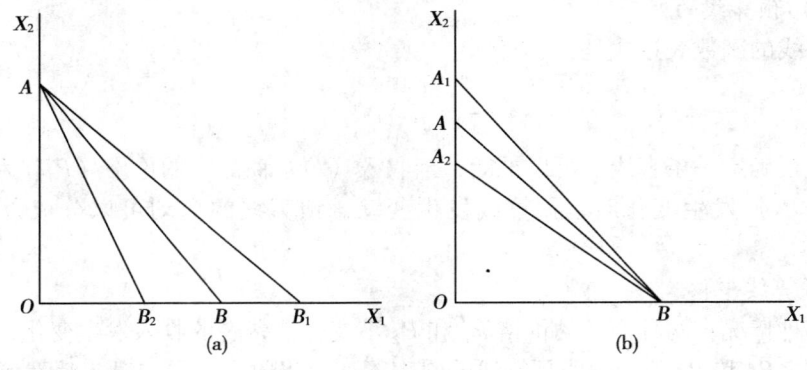

图 3-10 预算线的变动

（2）消费者的收入（I）不变，商品 1 的价格（P_1）保持不变而商品 2 的价格（P_2）发生变化，预算线发生转动。同理，商品 2 的价格（P_2）变化有两种情况：当 P_2 降低时，预算线由 AB 转动到 A_1B。当 P_2 上升时，预算线由 AB 转动到 A_2B。

3. 预算线不变

消费者的收入 I 和两种商品的价格都同比例、同方向发生变化时，预算线不变。其原因是预算线的斜率（$-P_1/P_2$）不变，而预算线的横截距（I/P_1）和纵截距（I/P_2）也不发生变化。

四、消费者选择

消费者在预算约束的条件下，选择能实现最大满足程度的最优商品组合。消费者的最优购买行为要满足两个条件：第一，最优商品组合必须是消费者最偏好的消费组合，即该商品组合给消费者带来最大效用。第二，消费者对商品的购买组合满足收入预算约束，即该商品组合位于预算线上。

在食物和衣服的例子中，假定消费者只消费两种产品：食物和衣服。现在需要回答的问题是，消费者为了使他花费既定收入所获得的效用为极大值，他买进的食物与衣服的数量应各是多少？我们可以用图解说明消费者的选择。图 3-11 中的横轴和纵轴分别表示食物 X_1 的数量和衣服 X_2 的数量。图中的 3 条无差异曲线描绘了消费者对食物和衣服的偏好。U_3 代表的效用（满足程度）最大，U_2 次之，U_1 最小。图中的横轴和纵轴分别表示消费者对食物 X_1 的数量和衣服 X_2 的数量。消费者的预算线用 AB 表示，消费者对食品和衣服的购买受到收入的限制，消费者的预算

空间为 OAB。

注意 U_2 曲线右边和上边的点，这些点对应的商品组合能带来更高的满足程度，但这些商品组合是现有的收入不能实现的，这些点在预算空间以外。如 U_3 曲线上的 D 点代表的效用水平更高，但不能实现该点的商品组合。

我们分析预算线上的点 a 和 b。U_1 上的点 a 和 b 不是最受偏好的点。因为位于 U_1 右上方的任一条无差异曲线所代表的效用量大于 U_1 所代表的效用量。如果沿着预算线 AB，从 a 点向右或者 b 点向左运动，都会在收入约束下，实现更大的效应水平。只有当预算线 AB 和无差异曲线 U_2 的相切于 E 点时，消费者才能在既定预算约束下获得最大满足。因此，E 点是实现效用最大化的均衡点。在均衡点 E，相应的食品和衣服的最优购买组合为 (X_1^e, X_2^e)。

在均衡点 E，无差异曲线和预算线相切，两者的斜率是相等的。无差异曲线斜率的绝对值就是商品的边际替代率，预算线的斜率的绝对值可以用两种商品的价格的比 P_1/P_2 来表示。因此，在均衡点 E 有：

$$MRS_{12} = \frac{P_1}{P_2}$$

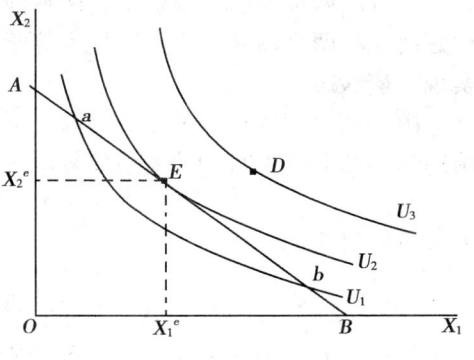

图 3-11 消费者均衡

这就是消费者效用最大化的条件。它表示：在一定的预算约束下，为了实现最大的效用，消费者应选择最优的商品组合，使商品的边际替代率等于两种商品的价格比。在消费者的均衡点上，消费者愿意用一单位的某种商品去交换另一种商品的数量，应该等于消费者能够在市场上用一单位的这种商品去交换得到另一种商品的数量。

为什么说只有当 $MRS_{12} = P_1/P_2$ 时，消费者才能获得最大的满足？

我们分析两种偏离均衡的状态。第一种情况，如果 $MRS_{12} = -dX_2/dX_1 = 1/0.25 > 1/1 = P_1/P_2$，那么，从不等式右边看，在市场上，消费者减少一单位商品 2 的购买，就可以增加一单位商品 1 的购买。从不等式的左边看，消费者的偏好认为，在减少 1 单位的商品 2 时，只需增加 0.25 单位的商品 1，就可以保持原有的满足程度。这样消费者就因为多得到 0.75 单位的商品 1，而使总效用增加。所以，在这种情况下，理性的消费者必然会不断地减少商品 2 的购买而增加商品 1 的购买，以便获得更大的效用。如图 3-11 中的点 a，无差异曲线斜率的绝对值大于预算线斜率的绝对值，即 $MRS_{12} > P_1/P_2$，消费者会沿着预算线 AB 减少对商品 2 的购买和增加对商品 1 的购买，逐步达到均衡点 E。

相反，如果 $MRS_{12} = -dX_2/dX_1 = 0.25/1 < 1/1 = P_1/P_2$。那么，从不等式的右边看，在市场上，消费者减少 1 单位商品 1 的购买，就可以增加 1 单位商品 2 的购买。而从不等式左边看，消费者的偏好认为，在减少 1 单位的商品 1 时，只需增加 0.25 单位的商品 2，就可以维持原有的满足程度。这样消费者就因为多得到 0.75 单位的商品 2 使总效用增加。所以，在这种情况下，理性的消费者必然会不断减少对商品 1 的购买，增加对商品 2 的购买，以获得更大的效用。如图 3-11 中的 b 点，无差异曲线斜率的绝对值小于预算线斜率的绝对值，即 $MRS_{12} < P_1/P_2$，于是，消费者会沿着预算线 AB 减少对商品 1 的购买，增加对商品 2 的购买，逐步向均衡点 E 接近。

只有当两种商品的消费组合调整到 $MRS_{12} = P_1/P_2$ 时，即调整到由消费者主观偏好决定的两个商品的边际替代率等于市场上两个商品的价格之比时，消费者才能实现均衡状态。

由于在保持效用水平不变的前提下，消费者增加一种商品的数量所带来的效用增加量和相应减少另一种商品数量所带来的效用减少量是相等的。即得到：

$$|MU_1 \cdot \Delta X_1| = |MU_2 \cdot \Delta X_2|$$

上式可以写为：

$$MRS_{12} = -\frac{\Delta X_2}{\Delta X_2} = \frac{MU_1}{MU_2} \text{ 或 } MRS_{12} = \lim_{\Delta X_1 \to 0} -\frac{\Delta X_2}{\Delta X_1} = \frac{MU_1}{MU_2}$$

根据上面两个式子，序数效用论关于消费者均衡的条件可以改写为：

$$MRS_{12} = \frac{MU_1}{MU_2} = \frac{P_1}{P_2} \text{ 或 } \frac{MU_1}{P_1} = \frac{MU_2}{P_2} = \lambda$$

该公式表明消费者使自己花费在每种商品购买上的最后一单位货币所带来的边际效用相同，等于货币的边际效用。由上面的推导可以说明，虽然基数效用论和序述效用论运用的分析方法不同，但两种理论得出的消费者均衡条件实质上是相同的。

例题：

已知某消费者每年购买商品 X 和 Y 的收入为 1 080 元，X 和 Y 商品的价格分别为 $P_x = 40$，$P_y = 60$，消费者的效用函数为 $U = 3XY^2$，消费者每年购买这两种产品的最优数量是多少？获得的总效用是多少？

解： 商品的边际替代率为：

$$MRS_{XY} = \frac{MU_X}{MU_Y} = \frac{3Y^2}{6XY} = \frac{Y}{2X}$$

两个商品的价格比为 $\dfrac{P_X}{P_Y} = \dfrac{40}{60} = \dfrac{2}{3}$

由消费者均衡条件 $MRS_{XY} = \dfrac{p_X}{P_Y}$,得到 $\dfrac{Y}{2X} = \dfrac{2}{3}$,即 $Y = \dfrac{4X}{3}$

消费者的预算线为 $40X + 60Y = 1\,080$,将 $Y = \dfrac{4X}{3}$ 代入预算线可得,$X = 9$,$Y = 12$

将 $X = 9$,$Y = 12$ 代入效用函数,得到总效用为 $U = 3XY^2 = 3 \times 9 \times 12^2 = 3\,888$

案例 3:

设计新的汽车

对于消费者选择的分析使我们能够明白,汽车消费者组别的不同偏好可以怎样影响其购买决定的。接上面的案例分析二,我们考虑两个消费组别,每个组别想花 10 000 美元用于汽车的款式和性能(其余的钱可以用在此处不予讨论的其他汽车特性上),但对于款式和性能,每个组别有不同的偏好。

图 3-12 显示了每个组别中的个人所面临的购车预算约束。第一组别,其偏好类似于图 3-12(a)幅所示的偏好,在性能和款式中偏好前者。通过在一条典型个人无差异曲线和预算约束之间寻找相切点,我们发现,这一组别的消费者偏好这样一种汽车:其性能值 7 000 美元,其款式值 3 000 美元。而第二组别的消费者偏好性能值为 2 500 美元,其款式值 7 500 美元的汽车。

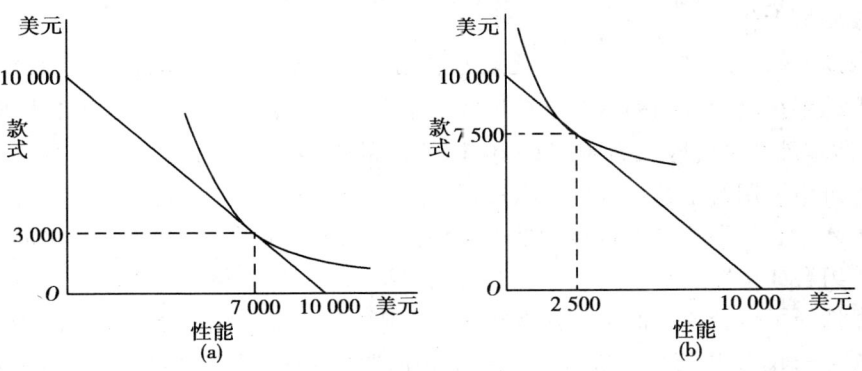

图 3-12 汽车特性的消费者选择

在获悉组别偏好的情况下,一家汽车公司就可以设计产品、制订销售计划。一个具有潜在盈利的选择是,制造这样一种车型,它注重款式的程度略低于 3-12(b)幅中个人所偏好的程度,但远高于图 3-12(a)幅中个人所偏好的程度。第二个选择是,生产较多的、注重款式的汽车,生产少量的、注重性能的汽车。这两种选择都是上述对购车偏好了解的结果。

> **资料来源**：平狄克（Robert S. Pindyck）、鲁宾费尔德《微观经济学》第三版，中国人民大学出版社，1997 版。
>
> **案例思考**：
> 在预算约束和偏好的共同作用下，汽车消费者怎样做出购买决策？企业怎样做出生产决策？

五、显示性偏好

通过前面的分析，我们已经看到，在既定的预算约束下，偏好如何决定消费者的选择。那么这一过程能否倒过来呢？如果我们知道消费者作出的选择，我们能不能确定偏好？显示偏好理论解决了偏好的观察和衡量问题。根据显示偏好理论，可以从市场上观察到的购买选择推断消费者偏好。

1. 显示偏好的定义

首先我们做出以下的假设：第一，在研究的期间内，个人的偏好是不变的。存在偏好的一致性，即如果观察到消费者对 A 组合的偏好胜于对 B 组合的偏好，则不会再有消费者偏好 B 胜过 A。第二，偏好的传递性。即如果 A 优于 B，B 优于 C，则认为 A 优于 C。第三，偏好是凸的。我们假定偏好是严格凸性的。此外，消费者追求效用最大化。

在以上假设条件下，我们讨论显示偏好。如果消费者消费 X_1、X_2 两种商品。消费者就要在这两种商品组合进行选择，组合 1 为 $A(X_1^1, X_2^1)$，组合 2 为 $B(X_1^2, X_2^2)$。假定消费者的收入为 M，X_1 和 X_2 商品的价格分别是 p_1、p_2，如果某消费者在现行价格下用既定的收入既可以买得起组合 A，又可以买得起组合 B，而消费者选择了 A 组合的购买，则对该消费者来说，A 显示出优于 B，图 3-13 说明了这一状况。组合 $A(X_1^1, X_2^1)$ 恰好在预算线上。$B(X_1^2, X_2^2)$ 位于预算线的下方。如果消费者选择了组合 A，而没有选择组合 B，则组合 A 显示出优于组合 B。因为消费者在既定的收入 M 与现行价格 p_1、p_2 下，消费者本来可以买得起 B 组合的。

如果用代数式分析，在组合 A 与组合 B 的选择中，消费者对于 A 的显示偏好可以作如下描述。由于 A 是消费者按其既定收入与市场现行价格实际购买的商品组合，因此在 A 点满足：

$$p_1 X_1^1 + p_2 X_2^1 = M$$
$$p_1 X_1^2 + p_2 X_2^2 \leqslant M$$

将以上两个式子结合起来分析，在预算约束（p_1，p_2，M）下能够买得起商品组合

B (X_1^2, X_2^2) 是指

$$p_1X_1^1 + p_2X_2^1 \geq p_1X_1^2 + p_2X_2^2$$

如果满足不等式，而且 B (X_1^2, X_2^2) 又确实不同于 A (X_1^1, X_2^1)，那么我们可以说 A (X_1^1, X_2^1) 显示出优于 B (X_1^2, X_2^2)，而且这是一种直接显示偏好，因为组合 A 直接显示出优于 B。

与直接显示偏好相对应的还有间接显示偏好（图 3 – 14）。可以根据偏好的传递性说明间接显示偏好的状况。假定消费者面临三组有关 X_1 和 X_2 商品的组合。这三组组合分别是：A (X_1^1, X_2^1)、B (X_1^2, X_2^2)、C (X_1^3, X_2^3)。如果消费者的市场购买行为直接显示出他对组合 A 的偏好胜过对组合 B 的偏好，并且直接显示出他对 B 的偏好胜过对 C 的偏好，则这种选择行为直接显示出消费者对组合 A 的偏好胜过对组合 C 的偏好。

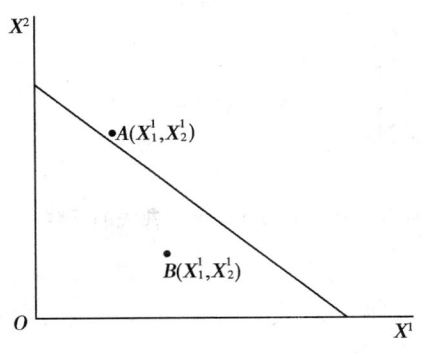

图 3 – 13　直接显示偏好

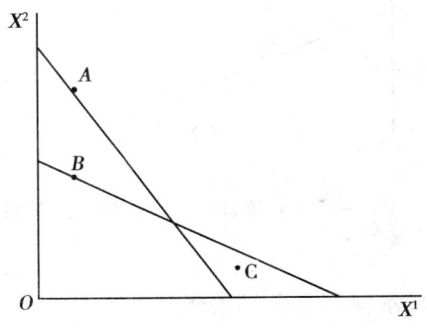

图 3 – 14　间接显示偏好

2. 显示偏好公理

显示偏好公理分为显示偏好弱公理与显示偏好强公理。从整体上看，显示偏好公理可以概括为：如果消费者的行为是追求效用最大化，那么消费者在市场上所能购买的商品组合就是他所能够买的最优商品组合，这些实际购买的商品组合优于那些消费者有能力购买而没有购买的商品组合。

（1）显示偏好弱公理。如果组合 A 直接显示出比 B 更被消费者所偏好，而且 A 和 B 不同，则不可能有直接显示出 B 比 A 更被消费者偏好（图 3 – 15）。换言之，假定商品组合 A 是按价格 P^1 (p_1^1, p_2^1) 购买的，商品组合 B 是按照 P^2 (p_1^2, p_2^2) 购买的，只要：

$$p_1^1X_1^1 + p_2^1X_2^1 \geq p_1^1X_1^2 + p_2^1X_2^2$$

就不可能有：

$$p_1^2 X_1^2 + p_2^2 X_2^2 \geqslant p_1^2 X_1^1 + p_2^2 X_2^1$$

如果 A 直接显示出比 B 更被消费者所偏爱,但是在某些其他预算下(如价格为 P^2 条件下),那么一定是在这种新的预算下消费者买不起 A。如图 3-15 所示,消费者选择遵从显示偏好弱公理。在 p^1 的预算下能够买得起商品组合 B,但是消费者选择了商品组合 A,表明 A 直接显示出优于 B。若消费者选择商品组合 B 而不是 A,则表明消费者所面临的预算线是 p^2 价格下的预算,在这种新的预算线下,消费者买不起 A 商品的组合。

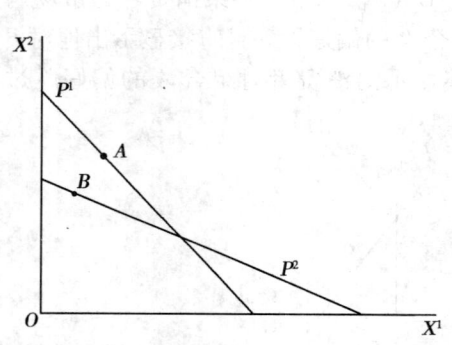

图 3-15 消费者与偏好弱公理的关系

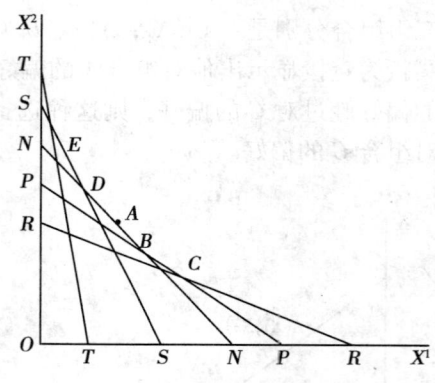

图 3-16 无差异曲线的下限

(2) 显示偏好强公理。显示偏好强公理建立在偏好的传递性假设基础之上。显示偏好强公理表述如下:如果 A (直接或间接地)显示出比 B 更被消费者所偏好,而且 A 和 B 不同,则不可能有组合 B (直接或间接地)显示出比 A 更被消费者所偏好。如果消费者的行为遵从显示偏好强公理,我们就可以通过观察消费者市场购买行为构造出消费者的偏好。

3. 利用显示偏好理论导出无差异曲线

利用偏好理论导出无差异曲线的方法是让价格不断变化,观察不同价格下的消费者选择,根据消费者的选择分别构造无差异曲线的上界和下界,无差异曲线一定介于上下界之间。如果连续变化的价格增量趋于无穷小,则无差异曲线的上下界将会重合,成为一条光滑的无差异曲线。

首先我们构造无差异曲线的下限。如图 3-16 所示,我们从该图的 A 点开始,假定我们在市场上观察到的消费者购买量是 A 点,到消费者选择 A 组合时,商品的价格由消费者预算线 NN 表示,假定 B、D 两点与 A 一样,也在预算线 NN 上,消费者在能买得起 B、D 两点的商品组合的情况下,而没有选择 B、D 两点而是选择了 A 点,说明 A 优于 B 或 D。如果消费者选择了 B 而非 A,说明消费者一定是买

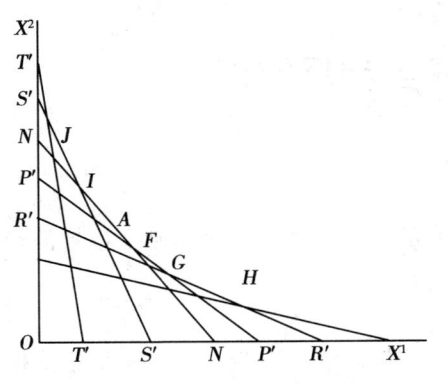 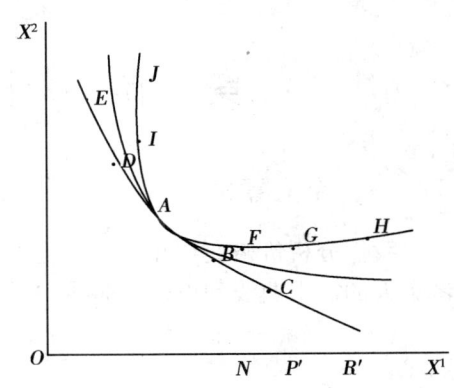

图 3-17 无差异曲线的上限　　　　　图 3-18 显示偏好与无差异曲线的关系

不起 A，在这种情况下，消费者所面临的价格肯定不是由预算线 NN 表示，而可能是由 PP 表示。B 位于预算线 PP 上。按照 PP 的预算线，消费者买不起 A。假定 C 与 B 一样位于预算线 PP 上。在预算线为 PP 时消费者选择了 B 而不是 C，表明 B 优于 C，也优于 PP 线下任何一点的商品组合，C 劣于 B 当然也劣于 A（按照 PP 预算线，A 点的支出大于 B，当然也大于 C）。从此类推，我们可以知道，A 点优于 D 点，优于 E 点，由此得到预算线的下界 $EDABC$，无差异曲线在此界上端，但是过 A 点，因为我们是从 A 点开始的。

其次，我们再从 A 点构造无差异曲线的上限，如图 3-17 所示。根据偏好严格凸性的假设，A 点上边和右边各点商品组合优于 A 点。假定有一组商品组合 F，消费者按照 NN 的预算买不起，而变动价格，使预算线变为 $P'P'$ 后，消费者能够买得起 F 点的商品组合。在 $P'P'$ 的预算水平，消费者买得起 F，也买得起 A，但消费者选择了 F 而不是 A，说明 F 优于 A。根据同样的方法可以推知，F 优于 G 优于 H；也优于 I 优于 J。因此得到无差异曲线的上限 $JIAFGH$。

将图 3-16 和 3-17 结合起来，得到图 3-18。无差异曲线位于上限和下限之间。价格连续变动的幅度越小，上限和下限就越接近，得到的无差异曲线就越精确（图 3-18）。

第二节 从个人需求到市场需求

一、个人需求

我们分析价格变化和收入变化对消费者均衡的影响,并在这个基础上推导消费者个人的需求曲线和恩格尔曲线。

(一) 价格—消费曲线

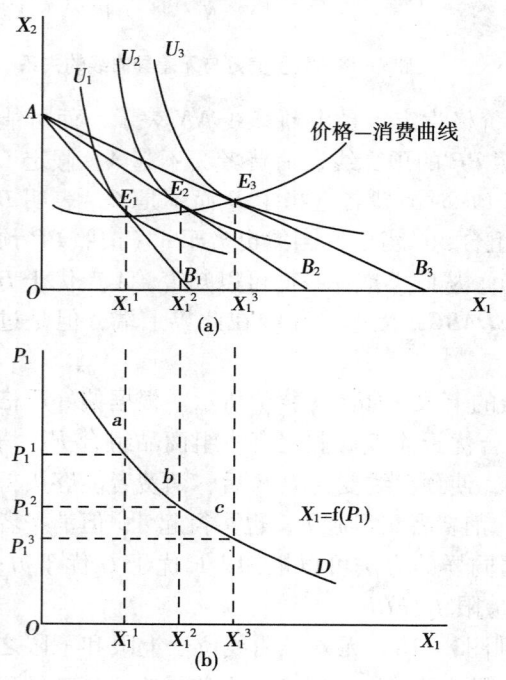

图3-19 价格消费曲线和单个消费者的需求曲线

其他条件不变时,一种商品价格的变化会使消费者效用最大化的均衡点的位置发生变动,并由此得到价格—消费曲线。价格—消费曲线是在消费者的偏好、收入、一切其他商品价格不变的条件下,与某种商品的不同价格水平相联系的消费者均衡点的轨迹。如图3-19中的(a)所示,假定商品1的初始价格为 P_1^1,相应的,预算线为 AB_1,它与无差异曲线 U_1 相切于效用最大化的均衡点 E_1。如果商品的价格从 P_1^1 下降到 P_1^2,相应的预算线由 AB_1 移至 AB_2,于是 AB_2 与更高的无差异曲线 U_2 相切于均衡点 E_2。如果商品1的价格由 P_1^2 下降到 P_1^3,相应的预算线 AB_3 与更高的无差异曲线 U_3 相切于均衡点 E_3。同理,随时商品价格的变动,可以找到无数个消费者均衡点,这些点的轨迹形成了价格—消费曲线。

(二) 消费者的需求曲线

消费者的需求曲线是由消费者的价格—消费曲线推导出的。价格—消费曲线的每一点都是消费者的均衡点,存在商品1的价格和商品1的需求量之间一一对应的关系。如图3-19中从均衡点 E_1 到 E_2 到 E_3,商品1的价格从 P_1^1 下降到 P_1^2 到

P_1^3,商品 1 的需求量从 X_1^1 增加到 X_1^2,直至 X_1^3。商品 1 的价格和商品 1 的消费数量之间的对应关系反映在坐标平面内,可以得到单个消费者的需求曲线,需求曲线向右下方倾斜。图 3-19(b)需求曲线 $X_1 = f(P)$ 上的 a、b、c 点分别和图 3-19(a)中的价格—消费曲线上的 E_1、E_2、E_3 点对应。需求曲线上的每一价格水平对应的商品需求量都是可以给消费者带来最大效用的均衡数量。

(三)收入—消费曲线

其他条件不变,消费者的收入水平发生变化时,也会改变消费者的均衡,由此可以得到收入—消费曲线。收入—消费曲线是在消费者的偏好和商品价格不变的条件下,与消费者不同收入水平相联系的消费者均衡点的轨迹。

在图 3-20(a)中,随着收入水平的不断增加,预算线由 A_1B_1 移至 A_2B_2,再移至 A_3B_3,于是形成了 3 个不同收入水平下的均衡点 E_1、E_2、E_3。如果收入水平的变化是连续的,则可以得到无数个这样的均衡点的轨迹。即图 3-20(a)中的收入—消费曲线。它表示:随着收入水平的增加,消费者对商品 1 和商品 2 的需求量都是上升的。所以,图 3-20(a)中的两种商品都是正常品。

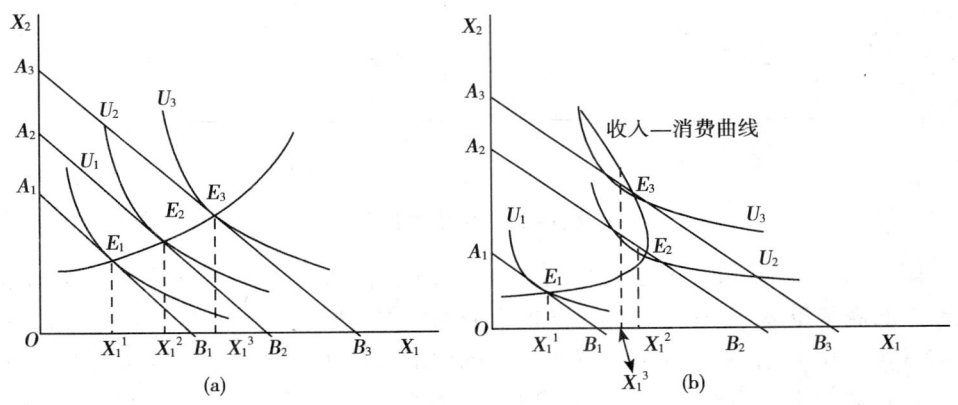

图 3-20 收入—消费曲线

在图 3-20(b)中采用与图 3-20(a)中相似的方法,随着收入水平的连续增加,描绘出另一条收入—消费曲线。图 3-20(b)中的收入—消费曲线是向后弯曲的,它表示:随着收入水平的提高,消费者对商品 1 的需求量开始是增加的,但当收入增加到一定水平后,消费者对商品 1 的需求量反而减少了。这说明,在一定的收入水平上,商品 1 由正常品变成了劣等品。例如,对某些消费者来说,在收入水平较低时,黑白电视机是正常品。而在收入水平较高时,黑白电视机就会成为劣等品。因为在人们比较富裕的时候,他们可能会减少对黑白电视机的消费量,增加对彩电的需求。

（四）恩格尔曲线

由消费者的收入—消费曲线可以推导出消费者的恩格尔曲线。恩格尔曲线表示消费者在每一收入水平对某商品的需求量。恩格尔曲线的函数关系为 $X = f(M)$，其中 M 为收入水平，X 为某商品的需求量。

图 3-21 的收入—消费曲线反映了消费者的收入水平和商品的需求量之间存在一一对应的关系：以商品 1 为例，当收入水平为 M_1 时，商品 1 的需求量为 X_1^1，当收入水平提高为 M_2 时，商品 1 的需求量增加为 X_1^2；当收入水平在提高为 M_3 时，商品 1 的需求量变动为 X_1^3……把这种一一对应的收入和需求的组合描绘在相应的平面坐标内，可以得到相应的恩格尔曲线，如图 3-21 所示。

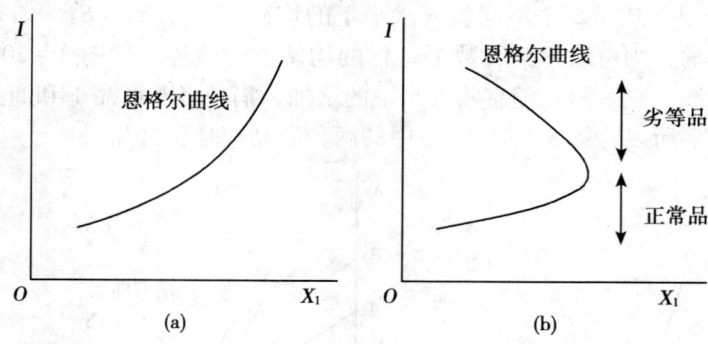

图 3-21 恩格尔曲线

图 3-21 中的（a）和图 3-20 中的（a）相对应，图中的商品 1 是正常品，商品 1 的需求量 X_1 随着收入水平 M 的上升而增加。图 3-21 中的（b）和图 3-20 中的（b）相对应，在一定收入水平上，图中的商品 1 由正常品变为劣等品。或者说，在较低的收入范围内，商品 1 的需求量和收入水平成同方向的变动；在较高的收入水平，商品 1 的需求量和收入水平成反方向变动。

二、收入效应和替代效应

一种商品的价格变化会引起该商品需求量的变化，这种变化可以分解为收入效应和替代效应两部分。下面分别对正常品、劣等品和吉芬物品的替代效应与收入效应。

（一）替代效应和收入效应的含义

当一种商品的价格发生变化时，会对消费者产生两种效应：一是使消费者的实际收入水平发生变化。实际收入水平的变化被定义为效用水平的变化；二是商品的相对价格发生变化。这两种变化都会改变消费者对该种商品的需求量。

例如，在消费者购买商品 1 和商品 2 两种商品的情况下，当商品 1 的价格下降时，一方面，对于消费者来说，虽然货币收入不变，但是现有的货币收入的购买力增强了，也就相当于实际收入水平提高了。实际收入水平的提高，会使消费者改变对这两种商品的购买量，从而达到更高的效用水平，这就是收入效应。另一方面，商品 1 的价格的下降，使得商品 1 相对于价格未发生变化的商品 2 来说，比以前更便宜了。商品相对价格的这种变化，会使消费者增加对商品 1 的购买而减少对商品 2 的购买，即用商品 1 的消费代替对商品 2 的消费，这就是替代效应。显然，替代效应不考虑实际收入水平变动的影响，所以，替代效应不改变消费者的效用水平。同理也适用于分析商品 1 的价格提高时的替代效应和收入效应，只是情况刚好相反。

因此，一种商品价格的变动所引起的该商品需求量变动的总效应可以分解为替代效应和收入效应。即总效应 = 替代效应 + 收入效应。

（二）正常品的替代效应和收入效应

以图 3 - 22 为例分析正常品价格下降的替代效应和收入效应。

图 3 - 22 中的横轴 OX_1 和 OX_2 分别表示商品 1 和商品 2 的数量。其中，商品 1 是正常品。在初始状态下，消费者的预算线是 AB，该预算线与无差异曲线 U_1 相切于 a 点，a 点是消费者效用最大化的均衡点。在均衡点 a 上，相应的商品 1 的需求量为 OX_1^1。现在假定商品 1 的价格 P_1 下降使预算线的位置由 AB 旋转至 AB_1。新的预算线 AB_1 与另一条代表更高效用水平的无差异曲线 U_2 相切于 c 点，c 点是商品 1 的价格下降后消费者新的均衡点。在 c 均衡点上，相应的商品 1 的需求量为 OX_1^3。比较 a、c 两个均衡点，商品 1 的需求量的增加量为 $X_1^1X_1^3$，这是商品 1 的价格 P_1 下降所引起的总效应。总效应可以分为替代效应和收入效应两部分。

首先分析替代效应。对于替代效应的分析引入分析工具：补偿预算线。在图 3 - 22 中，由于商品 1 的价格下降，消费者的效用水平提高了，消费者新的均衡点 c 在更高的无差异曲线 U_2 上。为了得到替代效应，必须剔除实际收入水平变化的影响，使消费者回到原来的无差异曲线 U_1 上去。我们引入补偿预算线这一分析工具。当商品的价格发生变化引起消费者的实际收入水平发生变化时，补偿预算线是用来表示以假设的货币收入的增减来维持消费者的实际收入水平不变的分析工具。具体地说，在商品的价格下降引起消费者的实际收入水平提高时，假设可以取走消费者的一部分货币收入，以使消费者的实际收入维持在原有的水平上，则补偿预算线在此就可以表示消费者的货币收入下降到只能维持原有的无差异曲线的效用水平。相反，在商品的价格上升引起消费者的实际收入水平下降时，假设可以对消费者的损失给予一定的货币收入的补偿，以使消费者的实际收入维持原有的水平，则补偿预算线在此就可以用来表示使消费者的收入提高到维持原有的无差异曲线的效用水平。

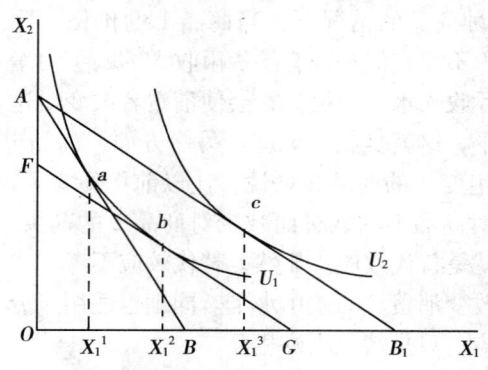

图 3-22 正常品的替代效应和收入效应

如图 3-22 所示，为了剔除实际收入水平变化的影响，使消费者回到原有的无差异曲线 U_1 上去，具体做法是：做一条平行于预算线 AB_1 且与无差异曲线 U_1 相切的预算线 FG。补偿预算线表示，假设货币收入的减少刚好使消费者回到原有的效用水平。补偿预算线 FG 与预算线 AB_1 平行，两条预算线有相同的斜率，表示商品 1 的价格和商品 2 的价格的比值 P_1/P_2 相同，这个比值是商品的相对价格。补偿预算线 FG 与无差异曲线 U_1 相切于均衡点 b，与原来的均衡点 a 点相比，需求量的增加量为 $X_1^1 X_1^2$。这个增加量就是剔除了实际收入变化的影响后的替代效应。

就预算线 AB 和补偿预算线 FG 来说，他们与无差异曲线 U_1 分别相切于 a、b 两点，但斜率是不同的。预算线 AB 的斜率的绝对值大于补偿预算线 FG 斜率的绝对值，可以推出，预算线 AB 所表示的商品的相对价格 P_1/P_2 大于补偿预算线 FG 所表示的商品的相对价格。这是由于 P_1 下降而 P_2 不变所引起的。在这种情况下，当预算线由 AB 移至 FG 时，随着商品的相对价格 P_1/P_2 变小，消费者为了维持原有的效用水平，必然会沿着既定的无差异曲线 U_1 由 a 点滑动到 b 点，增加对商品 1 的购买，减少对商品 2 的购买，即用商品 1 去代替商品 2。于是，a 点到 b 点商品 1 的需求量的增加 $X_1^1 X_1^2$，便是 P_1 下降的替代效应。它归因于商品相对价格的变化，而不改变消费者的效用水平。对于正常物品，由价格下降引起的需求量的增加量 $X_1^1 X_1^2$ 是一个正值，即替代效应的符号为正。即正常物品的替代效应与价格呈反方向变化。

收入效应是从总效应中减去替代效应得到的。如果把补偿预算线 FG 推回到 AB_1 的位置上去，消费者的均衡点就会由无差异曲线 U_1 上的 b 点回到无差异曲线上的 c 点，相应的需求量的变化量 $X_1^2 X_1^3$ 就是收入效应。收入效应归因于商品 1 的价格变化所引起的实际收入水平的变化，它改变消费者的效用水平。

收入效应 $X_1^2 X_1^3$ 是一个正值，这是因为商品 1 的价格 P_1 下降使消费者的实际收入水平提高，消费者增加对商品 1 的购买。即正常品的收入效应与价格呈反方向变化。

综上所述，对于正常品来说，替代效应与价格呈反方向变动，收入效应也与价格呈反方向变动，在它们的共同作用下，总效应必定与价格呈反方向变动。正常物品的需求曲线向下方倾斜。

（三）正常品与劣等品的区别

商品可以分为正常品和劣等品两大类。正常品和劣等品的区别在于：正常品的需求量与消费者的收入水平成同方向变动。即正常品的需求量随着消费者的收入水平的提高而增加，随着消费者收入水平的下降而减少。劣等品的需求量与消费者的收入水平成反方向的变化。即劣等品的需求量随着收入水平的提高而减少，随着消费者收入水平的下降而增加。

当正常品的价格下降（或上升）导致消费者的实际收入水平上升（或下降）时，消费者会增加（或减少）对该正常品的需求量。即正常品的收入效应和价格呈反方向变动。而对于劣等品来说，当劣等品的价格下降（或上升）导致消费者的实际收入水平上升（或下降）时，消费者会减少（或增加）对该劣等品的需求量。即劣等品的收入效应和价格呈同方向变动。

对正常品和劣等品的区别不对它们各自的替代效应产生影响，所以，对于所有的商品来说，替代效应与价格都是呈反方向变化。

（四）劣等品的替代效应和收入效应

如图 3-23，横轴 OX_1 和纵轴 OX_2 分别表示商品 1 和商品 2 的数量，其中，商品 1 是劣等品。初始状态下，消费者的均衡点为 a 点，P_1 下降后的消费者的均衡点为 b 点，因此，价格下降所引起的商品 1 的需求量的增加量为 $X_1^1 X_1^2$，这就是总效应。为了分离出总效应中的替代效应和收入效应，我们做补偿预算线，即通过作与预算线 AB_1 平行且与无差异曲线 U_1 相切的补偿预算线 FG。P_1 下降引起的商品相对价格的变化，使消费者由均衡点 a 运动到均衡点 c，相应的需求量的增加量为 $X_1^1 X_1^3$，这就是替代效应，它是一个正值。而 P_1 下降引起的消费者实际收入水平的变动，使消费者由均衡点 c 运动到均衡点 b，需求量由 OX_1^3 减少到 OX_1^2，这就是收入效应，收入效应是一个负值，其原因在于：价格 P_1 下降所引起的消费者的实际收入水平的提高，会使消费者减少对劣等品的商品 1 的需求量。由于收入效应是一个负值，所以，图中的 b 点位于 a 点和 c 点之间。

图 2-23 中商品 1 的价格 P_1 的下降所引起的商品 1 的需求量的变化的总效应为 $X_1^1 X_1^2$，它是正的替代效应 $X_1^1 X_1^3$ 和负的收入效应 $X_1^2 X_1^3$ 的和。由于替代效应的 $X_1^1 X_1^3$ 的绝对值大于收入效应 $X_1^2 X_1^3$ 的绝对值，即替代效应的作用大于收入效应的作用，所以，总效应 $X_1^1 X_1^2$ 是一个正值。

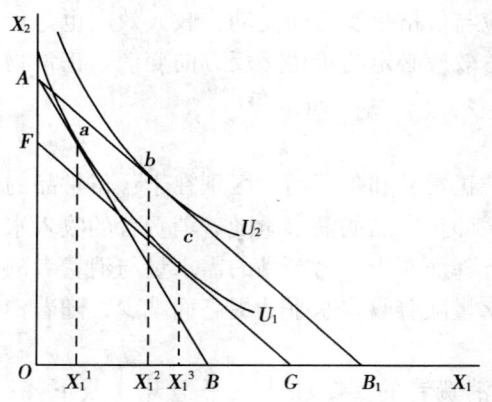
图 3-23 劣等品的替代效应和收入效应

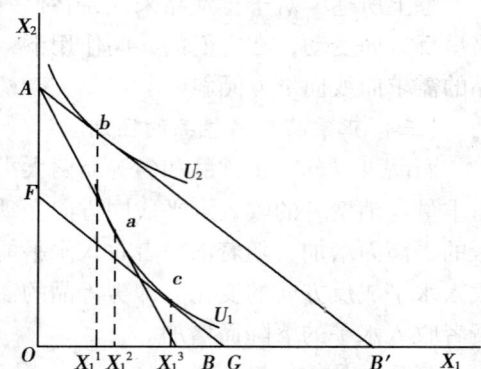
图 3-24 吉芬物品的替代效应和收入效应

综上所述，对于劣等品来说，替代效应与价格呈反方向变动，收入效应与价格呈同方向变动，而且，在大多数情况下，收入效应的作用小于替代效应的作用，所以，总效应与价格呈反方向变动，相应的需求曲线向右下方倾斜。

但是，在少数场合，某些劣等品的收入效应会大于替代效应的作用。于是就会出现需求曲线向右上方倾斜的现象。这类商品是吉芬物品。

（五）吉芬物品的替代效应和收入效应

英国人吉芬发现这一效应。19世纪中期爱尔兰发生饥荒时，土豆的价格上升，但是对土豆的需求量却反而增加了。这一违背常规的现象被称为"吉芬难题"，这类需求量与价格呈同方向变动的特殊商品称作"吉芬物品"。

我们用替代效应和收入效应来解释"吉芬难题"。图 3-24 中的横轴 OX_1 和纵轴 OX_2 分别表示商品1和商品2的数量，其中，商品1是吉芬商品。商品1的价格下降前后的消费者效用最大化的均衡点分别为 a 点和 b 点，相应的商品1的需求的减少量为 $X_1^1 X_1^2$，这就是总效应。通过做补偿预算线可知，$X_1^2 X_1^3$ 为替代效应，它是一个正值；$X_1^1 X_1^3$ 是收入效应，它是一个负值。负的收入效应 $X_1^1 X_1^3$ 的绝对值大于正的替代效应 $X_1^2 X_1^3$ 的绝对值，最后形成的总效应 $X_1^1 X_1^2$ 为负值。

吉芬物品是一种特殊的劣等品。对劣等品来说，吉芬物品的替代效应与价格呈反方向变动，收入效应与价格呈同方向变化。吉芬物品的特殊性在于它的收入效应超过了替代效应的作用，从而使总效应与价格呈同方向变化。这也就是吉芬商品的需求曲线呈现出向右上方倾斜的特殊形状的原因。

运用上面的原理，可以解释吉芬难题。在19世纪中期的爱尔兰，购买土豆的消费支出在大多数贫困家庭的收入中占有较大的比例。于是，土豆的价格上升导致贫困家庭实际收入水平的大幅度下降。在这种情况下,变得更穷的人不得不大量增加对劣等土豆的购买数量,这样形成的收入效应很大,它超过了替代效应,造成土豆的需求量随土豆价格的上升而增加的现象。

正常品、劣等品、吉芬商品的替代效应和收入效应所对应的结论综合于表3-5。

表3-5 商品的替代效应和收入效应

商品类别	替代效应与价格的关系	收入效应与价格的关系	总效应与价格的关系	需求曲线的形状
正常品	反方向变化	反方向变化	反方向变化	向右下方倾斜
劣等品	反方向变化	同方向变化	反方向变化	向右下方倾斜
吉芬商品	反方向变化	同方向变化	同方向变化	向右上方倾斜

三、市场需求

一般情况下,单个消费者的商品需求曲线向右下方倾斜,表示需求量与价格的反方向变化关系。本部分将进一步由单个消费者的需求曲线推导市场需求曲线。

一种商品的需求曲线是指一定时期内在各种不同的价格下市场中所有的消费者对某种商品的需求数量。因此,一种商品的市场需求不仅依赖于每个消费者的需求函数,还依赖于该市场中所有消费者的数目。

假定某一种商品市场上有 n 个消费者,他们都具有不同的个人消费函数 $Q_i^d = f_i(P)$,$i = 1, 2, \cdots, n$,则该商品市场的需求函数为:

$$Q_d = \sum_{i=1}^{n} f_i(P) = F(P)$$

一种商品的市场需求量是每一价格水平上该商品的所有个人需求量的加总。由此可以推知,只要知道某商品市场上每个消费者的需求表或需求曲线,就可以通过加总的方法,得到该商品市场的需求表或需求曲线。

例如,假定小麦市场上有两个消费者 A 和 B,他们各自在每一价格下的需求量如表3-6中的第2列和第3列。每一价格水平的市场需求量是通过把每一价格水平上的 A、B 两个消费者的需求量加总得到的,为表3-6中第4列。

表3-6 从单个消费者的需求表到市场需求表

商品价格(1)	消费者A需求量(2)	消费者B需求量(3)	小麦的市场需求量(2)+(3)
0	18	12	30
1	12	8	20
2	6	4	10
3	0	0	0

图 3-25 是根据表 3-6 绘制的需求曲线。图中的小麦市场需求曲线是 A、B 两个消费者市场需求曲线的水平加总，即在每一价格水平上，都有市场需求量 $Q^d = Q_A^d + Q_B^d$。

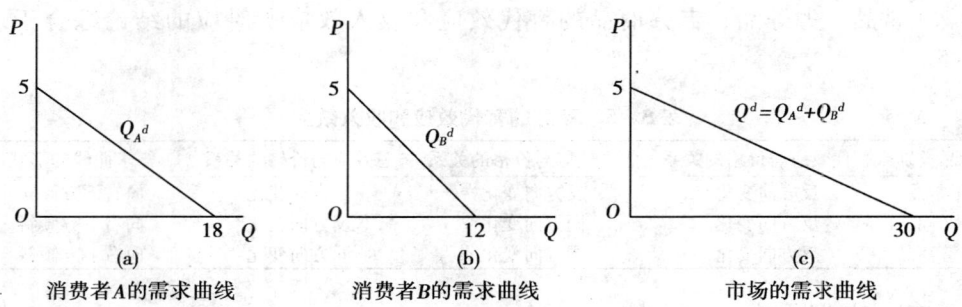

(a) 消费者A的需求曲线　　(b) 消费者B的需求曲线　　(c) 市场的需求曲线

图 3-25　从单个消费者的需求曲线到市场的需求曲线

上例中消费者 A 的需求函数 $Q_A = -6P + 18$，消费者 B 的需求函数 $Q_B = -4P + 12$，小麦市场的需求函数为 $Q = -10P + 30$。

一般单个消费者的需求曲线和市场需求曲线之间的关系表示为：

$$D(P) = \sum_{i=1}^{n} D_i(P) \quad (i = 1, 2, \cdots, n)$$

式中，$D_i(P)$ 为单个消费者的需求函数，$D(P)$ 为市场需求函数。

由于市场需求曲线是单个消费者的需求曲线的水平加总。所以，市场需求曲线也向右下方倾斜。市场需求曲线表示某商品市场一定时期内在不同的价格水平上愿意而且能够购买的商品数量。市场需求曲线上的每一个点都表示在相应的价格水平上可以给全体消费者带来最大效用的需求量。

四、需求的经验估计

需求的信息对厂商决策至关重要。估计和预测需求可以通过直接和间接的面谈、试验和统计方法获得。下面介绍和评价这 3 种方法：

1. 面谈和试验的方法

面谈是获得需求信息最直接的方法。面谈时，询问消费者在某个既定价格下愿意购买多少数量的某种商品。由于消费者缺少信息或兴趣，面谈的方法不太有效。因此，市场研究人员又设计了间接面谈的方法。例如，市场调查人员询问消费者如果商品打折 10%，他们会有什么反应，或者问消费者认为别人会怎么行动。面谈有时很难进行，这使经济学家和推销员寻找其他的方法。

企业还可以通过直接实验获得需求信息。在直接推销试验中，向潜在的消费者报出实际的销售价格。例如,航空公司可以在某些航班上提供折扣机票,期限是半年,通过这种做法获得价格变化是如何影响其航班的需求和其他航空公司如何做出反应。

虽然实验是真实的,但仍然存在很多问题。如果试验的结果是销售收入和利润都提高了,航空公司仍然不能确定这种上升是价格变化的结果。其原因在于,公司无法将价格因素和其他因素完全分离。而且,实验时间很短,这种变动不同于永久变动的反应。第三,实验的次数有限。

2. 统计方法估计需求

估计需求的统计方法可以使我们找出价格、收入等变量对需求量的影响。假设表3-7列出了某小杂货店1991~1998年耳机的销售数量、价格和收入。如果其他因素不变,价格决定了需求量。我们可以运用表中的数据,通过简单的线性回归(最小二乘法),得出需求函数。即 $Q_d = 37.36 - 1.14P$。

如果考虑到收入和价格同时影响需求量,这一需求关系可以用代数表示为:

$$Q^d = a - bP + cI$$

式中,I 代表收入。根据需求数据,我们用最小二乘法建立如下的回归方程:

$$Q^d = 15.74 - 0.69P + 0.008I$$

3. 需求函数的形式

表3-7 某小杂货店的需求数据

年份	数量(Q)	价格(P)	收入(I)
1991	6	29	12
1992	8	26	12
1993	10	21	12
1994	14	20	17
1995	16	18	17
1996	18	17	17
1997	20	15	20
1998	25	13	20

如果在需求函数中反映出价格变化和收入变化对需求量变化的影响,我们可以用对数—线性形式写成等式,即表示为:

$$\log(Q) = a_1 - b_1\log(P) + c_1\log(I)$$

式中,log( )是对数函数,a_1、b_1、c_1 是常数,其中 b_1 是需求的价格弹性,c_1 是需求的收入弹性。

不变弹性的需求函数形式可以用于分析替代品和互补品。P_2 代表了第二种产品的价格,它和我们讨论的产品有关。我们将需求函数的形式写为:

$$\log(Q) = a_1 - b_1\log(P) + b_2\log(P_2) + c_1\log(I)$$

式中的 b_2 表示交叉弹性,如果 b_2 是正数,那么这种产品就是替代品,如果 b_2 是负数,这种产品是互补品。

第三节 不确定状况下的消费选择

一、风险描述

前面两节的分析是以完备信息作为假设前提的，我们假定价格、收入以及其他变量是确定知道的。但是在现实生活中，人们在选择时面临不确定性。对我们绝大多数人来说，未来的收入是不确定的：收入可能上升，也可能下降。我们的职位可能晋升，也可能被解职，甚至失去工作。如果我们推迟消费行为，如购房，可能的承担住房的实际价格上升，以后支付更高价格的风险。消费者在进行决策时，怎样把这些不确定因素考虑进去呢？

我们必须选择承担风险的程度。例如，对于每年获得的收入，是以风险小的方式存入银行，还是选择高风险但带来高收益的方式购买股票呢？选择职业时，是选择收入稳定但较低的事业单位，还是选择稳定性低，但晋升机会较多的公司呢？我们面临选择时，必须能够将风险量化，以便做出决策。

要量化风险，我们需要知道某一特定行为的各种可能的结果和每一种结果发生的可能性。每种结果的可能性用概率表示。例如，某煤炭企业，如果开采新的煤矿成功，该企业每股股票上升至 50 元，开矿成功的概率为 25%，如果开采失败时，每股的价格跌至 30 元，开采失败的可能性为 75%。概率的大小主要取决于不确定事件本身的性质。概率的一个客观的衡量来源于以往同类事件发生的频率。例如，在上例中，以往的 100 次煤矿开采中，有 25 次获得成功，有 75 次失败，那么煤炭开采 25% 的成功概率是比较客观的，因为它来源于以往类似的实验。

（一）期望值

期望值是对确定事件的所有可能的结果的一个加权平均。权数正是每种结果发生的概率。期望值反映了总体趋势，即平均结果。在上面的煤矿开采的例子中，有两种可能的结果：一是煤炭开采成功获得每股价值 50 元，二是开采失败每股的价值为 30 元。第一种结果的概率为 25%，第二种结果的概率为 75%。在这个例子中的期望值为：

$$E = 25\% \times 50 + 75\% \times 30 = 35 \text{（元/股）}$$

如果有两种可能的结果，其值为 X_1、X_2，可能发生的概率分别为 P_1、P_2，则期望值 $E(X) = P_1 X_1 + P_2 X_2$。

（二）方差

假设在你大学毕业的求职过程中，可选择的对象是两家公司。它们的期望收入相同，都是 3 000 元。第一家公司工作的收入来源于佣金——取决于销售业绩，有两种收入的可能性：销售业绩好时为月收入 4 000 元，业绩平平时为 2 000 元，第二家公司的工作则是固定薪水制，通常情况下，月收入为 3 020 元，当公司经营困难时，月收入为 1 020 元。表 3 - 8 给出了两种不同的结果，以及对应的概率。

表 3 - 8 销售员工的收入

	结果 1		结果 2	
	概率	收入（元）	概率	收入（元）
1. 佣金制	0.5	4 000	0.5	2 000
2. 固定收入制	0.99	3 020	0.01	1 020

可以看出，这两份工作的期望收入相等：

$$E_1 = 0.5 \times 4\ 000 + 0.5 \times 2\ 000 = 3\ 000$$
$$E_2 = 0.99 \times 3\ 020 + 0.01 \times 1\ 020 = 3\ 000$$

尽管这两份工作的期望值相同，但收入可能出现的波动程度不同，我们通常用实际值和期望值的差额即离差来度量。表 3 - 9 表示的是两种工作的实际收入和期望收入之间的离差。

在第一份佣金制的工作中离差的平均值为 1 000，即：

$$平均离差 = 0.5 \times 1\ 000 + 0.5 \times 1\ 000 = 1\ 000（元）$$

在第二份固定收入的工作中，平均离差为：

$$平均离差 = 0.99 \times 20 + 0.01 \times 1\ 980 = 39.6（元）$$

通常我们用方差和标准差衡量波动程度。方差是离差（实际值和平均值的差）平方的平均值。标准差是方差的平方根。表 3 - 10 给出了求职一例中方差的计算过程：

表 3 - 9 与期望值之间的离差

	结果 1	离差	结果 2	离差
工作 1	4 000	1 000	2 000	1 000
工作 2	3 020	20	1 020	1 980

表 3 - 10 方差的计算过程

	结果 1	离差的平方	结果 2	离差的平方
工作 1	4 000	1 000 000	2 000	1 000 000
工作 2	3 020	400	1 020	3 920 400

第一份工作的方差和标准差分别是：

$$方差 = 0.5 \times 1\ 000\ 000 + 0.5 \times 1\ 000\ 000 = 1\ 000\ 000（元）$$
$$标准差 = \sqrt{1\ 000\ 000} = 1\ 000（元）$$

同理，第二份工作的方差和标准差分别是：

方差 = 0.99 × 400 + 0.01 × 3 920 400 = 39 600（元）

标准差 = $\sqrt{39\,600} \approx 199$ 元

无论采用哪种方式衡量风险，工作2的方差和标准差较小，它比工作1的风险程度要低。

（三）决策

对于工作1和工作2，如果你不喜欢风险，你将会选择工作2，因为它与工作1的期望收入相同，但风险较低。但考虑另一种情况，工作1的每种结果下的收入都增加100元，相应的期望收入由3 000元增加到3 100元表3-11。

表 3-11　调整后的收入

	结果1	平均离差	结果2	平均离差
工作1	4 100	1 000 000	2 100	1 000 000
工作2	3 020	400	1 020	3 920 400

两类工作的期望和方差如下：

工作1：期望收入3 100，方差1 000 000

工作2：期望收入3 000，方差39 600

与工作2相比，工作1的期望收入更高，但风险也更大，在这种情况下，如何选择取决于对风险的态度。一个更爱冒风险的人倾向于选择工作1，而一个较保守的择业者更愿意选择工作2。

二、风险的偏好

在量化了风险之后，我们研究人们对于风险的不同偏好，以及在不同偏好下的消费者行为和效用理论。我们仅考虑单一商品的消费，即分析消费者收入的市场购买力。我们假定消费者知道所有的概率分布，并以效用为单位衡量有关结果。

如图3-26描述的是某个消费者对于风险的偏好程度。曲线OE表示消费者的效用函数。该曲线表明不同收入下消费者得到的效用。随收入的增加，该曲线越来越平缓，收入的边际效用是递减的。

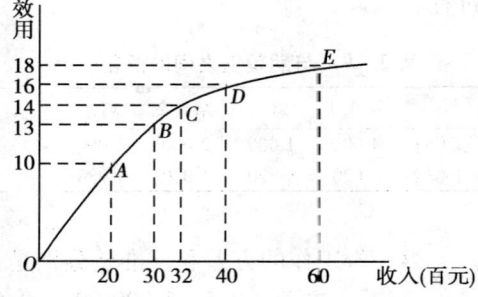

图 3-26　风险规避消费者的效用

假定消费者现在的收入是3 000元，正考虑一项新的工作，可能会使他的收益

翻一番，达到 6 000 元，也有可能降至 1 000 元。发生每一种可能的结果的概率是 0.5 元。如图 3 – 26 所示，与 2 000 元对应的效用水平是 10，如图中的 A 点所示。与 6 000 元对应的效用水平是 18，如图中的 E 点所示。将新工作与现在工作的效用水平作比较，现在工作的收入实现的效用水平是 13，对应图中的 E 点。

通过计算预期效用来评价新工作。预期效用是各种结果下所得效用的加权平均，其权数为各种结果发生的概率。在这个例子中，预期效用为：

$$E(u) = 0.5 \times u(2\,000) + 0.5 \times u(6\,000) = 0.5 \times 10 + 0.5 \times 18 = 14$$

式中的 $E(u)$ 表示预期效用，$u(2\,000)$ 表示收入为 2 000 时的效用。由于新工作带来的预期效用（14）比原来工作的效用（13）要高，如果消费者希望增加效用，他会选择新工作。

对待风险，人们会有不同的态度。有些人是风险规避型的，有些人是风险爱好型的，还有些人是风险中性型的。假定消费者在无风险的条件下所能获得的确定性收入与他在有风险条件下或能够获得的期望收入值相等，如果消费者对于确定性收入的偏好甚于对于有风险条件下期望收入的偏好，则该消费者是风险规避者。如果消费者对于有风险条件下期望收入的偏好甚于对于确定性收入的偏好，则该消费者是风险爱好者。如果消费者对于有风险条件下期望收入的偏好和对于确定性收入的偏好是无差别的，则该消费者是风险中性者。

首先，分析风险规避者。如图 3 – 26 所示，假设消费者面临两种选择：第一种选择是固定收入的工作，每月有 4 000 元收入的工作。第二种选择是不确定收入的工作，即一份有 0.5 的概率为 6 000 元收入，有 0.5 的概率为 2 000 元收入的工作。这两份工作的期望收入都是 4 000 元。不固定收入带来的预期效用是 14，用 C 点表示，它是 A 点和 E 点效用的平均值。我们可以将该预期效用和确定收入下的预期效用进行比较。在无风险的固定收入为 4 000 元时，效用水平为 16，用 D 点表示。

其次，考察风险喜好者。如图 3 – 27 所示，在这种情形下，消费者面临两种选择：第一种选择是固定收入的工作，每月有 4 000 元收入的工作。第二种选择是不确定收入的工作，即一份有 0.5 的概率为 6 000 元收入，有 0.5 的概率为 2 000 元收入的工作。不确定收入带来的预期效用为：

$$E(u) = 0.5 \times u(6\,000) + 0.5 \times u(2\,000) = 0.5 \times 18 + 0.5 \times 3 = 10.5$$

确定性收入（4 000）的效用是 8。不确定收入的预期效用（10.5）大于确定性收入的效用。

风险爱好者热衷于赌博和投机，一些犯罪学家把犯罪者描述成风险爱好者，特别是那些可能被逮捕和惩罚的抢劫犯们。尽管如此，风险偏好的人毕竟是少数，尤其是人们进行大额消费和支出时。

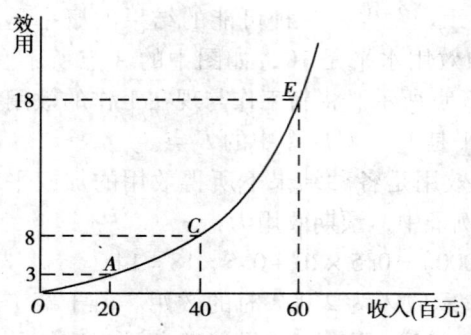
图 3-27 风险爱好消费者的效用

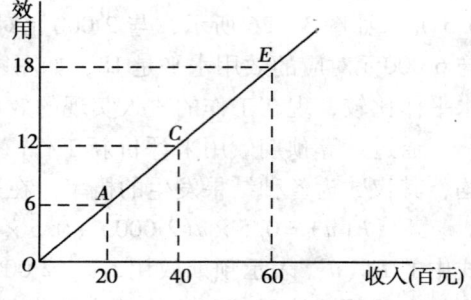
图 3-28 风险中性消费者的效用

第三是风险中性者。风险中性者对于具有同样期望收入的不确定性工作和确定性工作不加区分。如图 3-28 所示，以 0.5 的概率获得 6 000 元和 2 000 元的不确定性工作带来的效用为 12，这与 4 000 元确定收入带来的效用相等。

三、降低风险

在了解了人们对于风险的三种偏好后，我们分析如何处理风险，消费者通过三种措施降低风险：多样化、购买保险、获取更多的决策信息。

1. 多样化

多样化是指在所从事的活动将要面临风险的情况下，人们可以采取多样化的行动，来降低风险。例如，消费者可以以多种形式持有资产，以免持有单一的资产发生风险；商品推销人员为了保证销售收入，可以同时推销多种商品，以免之推销一种商品的情况下，一旦产品滞销，出现不能获得任何收入的风险。

消费者也可以通过购买保险以降低风险。风险规避者为规避风险愿意放弃一部分收入，如果保险的价格正好等于期望损失，风险规避者将会购买足够的保险，以使他们从任何可能遭受的损失中得到全额的补偿。

2. 保险

保险的购买使得无论有无损失，投保人的收入总是固定的。因为保险的支出等于期望损失，因此固定收入总是等于风险存在时的期望收入，对于一个风险规避者而言，确定收入给他带来的效用要高于存在无损失时高收入、有损失时低收入这种不稳定状况带来的效用。

要说明这一点，不妨假设某个消费者家中被盗的可能性为 10%，损失为 10 000 元，财产损失的期望值是 1 000 元（10 000 × 10% = 1 000 元）。如果消费者支付的保险金等于财产损失的期望值，即 1 000 元。我们假定他有 40 000 元的财富，

表 3-12 显示了消费者投保和不投保两种情况下拥有的财富。

表 3-12 投保的决策

	发生盗窃	不发生盗窃	期望财富
概率	0.1	0.9	
不投保	30 000	40 000	39 000
投保	39 000	39 000	39 000

由表 3-12 可知，如果消费者购买保险，他支付的保险金为 1 000 元。不管风险是否发生，扣除保险金后，他都持有稳定的收入 39 000 元。即，他刚好使得购买保险条件下的稳定的财产等于风险条件下的财产期望值即 39 000 元。而根据风险规避者的基本特征可知，该消费者投保条件下的稳定财产的效用，即风险条件下的财产的期望值的效用，必然大于不投保条件下的财产期望值的效用。总之，只要消费者购买保险的支出等于财产的期望损失，消费者总是愿意投保，以使自己不管风险是否发生都能保持稳定的财产。

消费者通常从专业的保险公司购买保险。保险公司也是追求利润最大化的企业，公司知道他们销售保险合同时，面临相对较小的风险。大数定律的存在使得大规模经营能够规避风险。该定律告诉我们，尽管孤立的事件可能是偶发的，但许多相似事件的平均结果是可以预计的。例如，在投掷硬币的试验中，大约有 1/2 的可能性正面朝上。类似地，如果保险公司的职员推销汽车保险，他无法估计某个特定的司机是否会出事，但可以从过去的经历中有理由的判断出在一大群司机中，事故发生的次数。

在大规模经营的基础上，保险公司可以确信，在大量事件发生后，他们的保险收入会与总支出持平。在上例中，单个消费者家中被盗的概率是 10%，损失是 1 万元。假设有 100 个消费者面临相同的情况，他们都购买了盗窃保险。由于每个人的境况相同，保险公司向每个消费者收取了 1 000 美元的保费，保险公司共形成了 10 万美元的保险基金，可以用于补偿损失。根据大数定律，保险公司知道这 100 人的期望损失接近 1 000 元。因此，总的补偿支出将接近于 10 万美元，公司不必担心损失会超过这个值。保险公司收取的保险费会超过预期补偿，因为公司必须支付其他的管理费用。

3. 获得决策信息

现实生活中存在不确定性，消费者根据有限的信息进行决策。如果消费者能拥有更多的信息，就会进行更好的预计，风险也因此可以降低。因为信息是有价值的商品。完全信息的价值是信息完全时进行选择的期望收益与信息不完全时进行选择的期望收益的差额。我们通过下面的案例分析信息的价值。

案例4：

信息的价值

一家商场的经理要决定秋季服装的订货量，如果订购100套，每套的价格是180元，如果订50套，每套的价格是200元。衣服标出的售价是每套300元，但经理不清楚衣服的销路如何。你可以将没有销路的衣服退给厂家，但可以得到进价的一半。在没有足够信息的情况下，你只能判断出售出100套的概率是0.5，售出50套的概率是0.5，表3-13列出了你可能的收益。

表3-13 销售衣服的收益

（单位：元）

	售出50套	售出100套	期望收益
订50套	5 000	5 000	5 000
订100套	1 500	12 000	6 750

注：其中，订100套售出50套的收益的计算方法是：$50 \times (300-200) - 50 \times (180/2) = 1\ 500$（元）。

如果没有其他的信息，风险中性者一定会选择进货100套，收益可能是12 000元，也可能是1 500元。如果你是风险规避者，你会决定订50套，获得5 000元的固定收益。

如果你有完全信息，你可以做出正确的订货决定。如果销量是50套，你会订购50套，收益为5 000元；如果销量为100套，你会订购100套，收益将是12 000元。这两种结果发生的可能性相同。所以在完全信息时，你的预计收入是8 500元（即$0.5 \times 5\ 000 + 0.5 \times 12\ 000 = 8\ 500$元），信息的价值是完全信息下的期望收益和不确定条件下的预期收益（订100套），计算如下：

$V = 8\ 500 - 6\ 750 = 1\ 750$元

因此，为取得对销量的准确估计而支付1 750元是值得的。对于信息的购买会使以后的销售的预计更为准确。

案例思考： 信息对企业决策带来哪些影响？

本章小结

消费者行为的目标是实现效用最大化。有关效用的衡量有两种理论：基数效用论和序数效用论。基数效用论运用边际效用分析法研究消费者行为，提出了边际效用递减规律，并在这一规律的基础上推导出消费者的需求曲线。序数效用论者利用无差异曲线分析方法得出消费者均衡。消费者的预算线和一条无差异曲线相切的点表示消费者均衡。在均衡点上，预算线与无差异曲线的斜率相等。在均衡点上，消费者应该使自己花费在每一种商品购买上的最后1元钱所带来的边际效用相等。

由消费者效用最大化的均衡点出发，可以得出与某一商品的不同价格水平相联系的消费者效用最大化的均衡点的轨迹,这就是价格—消费曲线。由价格—消费曲线出发,可以推导出消费者的需求曲线。消费者的需求曲线向右下方倾斜,表示需求曲线上与每一价格水平相联系的商品需求量都是可以给消费者带来最大效用的最优消费量。由一个商品市场上所有单个消费者的需求曲线的水平加总,可以得到该商品的市场需求曲线。我们可以用面谈、试验和统计的方法得出需求函数。

商品的总效应等于替代效应加收入效应。任何商品的价格与替代效应成反方向变化。正常品的价格与收入效应也成反方向变动,劣等品的价格和收入效应成同方向变化。对于正常品来说,商品的价格与总效应成反方向变化,即正常品的需求曲线向右下方倾斜。对于劣等品来说,大多数劣等品的替代效应大于收入效应,因此大多数劣等品的价格和总效应成反方向变动,即需求曲线也向右下方倾斜。对于劣等品的一类特殊商品吉芬物品来说,替代效应小于收入效应,因此吉芬物品的价格与总效应成同方向变化,即吉芬物品的需求曲线向右上方倾斜。

消费者的风险态度可以分为风险偏好、风险厌恶和风险中性三种类型。降低风险的常用方法有三种:多样化、购买保险和获取更多的信息。

关键术语

效用　无差异曲线　边际技术替代率　预算线　消费者均衡　替代效应　收入效应　补偿预算线　正常物品　低档物品

复习题

(1) 基数效用论的消费者均衡条件是什么?该理论是如何推导需求曲线的?

(2) 结合图形说明序数效用论者对消费者均衡条件的分析,以及在此基础上对需求曲线的推导。

(3) 说明如何从个人需求曲线推导出市场需求曲线?

(4) 利用图形分析正常物品、低档物品和吉芬物品的替代效应和收入效应,并进一步说明这三类物品的需求曲线的特征。

(5) 试述降低风险的方式。

练习题

(1) 甲的效用函数是 $U=(x+2)(y+6)$,x 是蛋糕的块数,y 是牛奶的杯数,问:

①甲原有 4 块蛋糕,6 杯牛奶。现甲给乙 3 块蛋糕,乙将给他 9 杯牛奶,进行这项交易,甲的组合是什么?如果甲拒绝交换,这项决策明智吗?

②如果 x 和 y 两个商品的边际替代率 MRS_{xy} 是 -2,甲愿意为 3 杯牛奶而放弃 1 块蛋糕吗?

(2) 如果消费者用全部收入能够买 4 单位 X 和 6 单位 Y,或者 12 单位 X 和 2

单位 Y。

①求出预算线。

②商品 X 和商品 Y 的价格之比是多少?

(3) 已知某消费者每年用于商品 1 和商品 2 的收入为 540 元,两个商品的价格分别为 $P_1 = 20$ 元,$P_2 = 30$ 元,该消费者的效用函数为 $U = 3X_1X_2^2$,该消费者每年购买这两种商品的数量应各为多少?每年从中获得的总效用为多少?

(4) 已知某消费者的两种商品 X 和 Y 的效用函数为 $U = X^{\frac{1}{3}}Y^{\frac{1}{3}}$,商品价格分别为 P_x 和 P_y,收入为 M,请推导出消费者对于 X 和 Y 的需求函数。

(5) 假设某商品市场上有两个消费者 A 和 B,他们的需求函数分别为 $Q_A^d = 20 - 4P$,和 $Q_B^d = 30 - 5P$。

①列出这两个消费者的需求表和市场需求表。

②根据(1),画出这两个消费者的需求曲线和市场需求曲线。

第四章　生产、成本和企业决策

本章分析作为产品供给者的厂商行为，即讨论产品的供给状况是由什么因素决定的。厂商是在市场经济中从事生产的经济单位。在生产理论中假设厂商的目的是实现利润最大化，即在既定的产量下实现成本最小，或在既定的成本下达到产量最大。利润最大化涉及两个问题：一是投入的生产要素与产出的产量之间的物质技术关系；二是生产中使用的成本与收益之间的经济关系。本章首先分别考察上述两个问题，然后再分析最大利润的实现。

第一节　企业组织

生产者亦称厂商或企业，是指在市场经济中能做出统一决策的单个经济单位。

一、企业的性质

经济分析中的厂商（Firm）这个词，指市场经济中为赚取利润而从事生产的一个经济单位，它可以是一个个体生产者，也可以是一家规模巨大的公司。生产这个词则是指把投入品（厂商购买的东西）转化为产品（厂商销售的东西）。当然，生产这个词并不限于物质的有形变化，它还包括诸如提供运输、金融、批发和零售等多种劳务在内。

为什么会出现企业对市场的替代呢？美国经济学家诺贝尔经济学奖获得者罗纳德·科斯（R. H. Coase）在1937年代发表的《企业的性质》一文中提出了交易费用理论，认为企业的功能在于节约交易费用，降低产品的成本。通过市场交易完成生产事实上是需要支付代价的。例如要完成一项交易，需要进行一系列活动：发现价格、进行谈判、签订契约、进行检查等，这些活动的完成必须付出相应的费用，即交易费用。一般认为，交易费用是经济主体为达成协议和完成交易所耗费的费用，包括事前发生的为达成一项合同而发生的成本和事后发生的监督、实施该项合同而发生的费用。与交易费用相对应的生产费用则是指为执行合同本身而发生的费用。具体来说，交易费用包括以下各项行为所引起的费用支出。

（1）搜寻有关价格分布、产品质量和劳动投入的信息，寻找潜在的买者和卖者，了解他们的行为和所处的环境。

（2）当价格可以商议时，为确定买者和卖者的真实要价而进行的讨价还价过程。

（3）起草、讨论、确定交易合同的过程。

（4）监督合同的签订者，了解他们是否遵守合同上的各个条款。

（5）当合同签订者不承担他们所承诺的义务时，强制执行合同；一旦这种违约行为对另一方造成损害，则受害方将提出赔偿要求。

（6）保护产权，以防止第三者的侵犯。

当市场的交易费用太高，而通过形成一个组织，并允许某种权利（企业家）来支配资源，就能节省交易成本，从而降低产品的成本时，企业就产生了。

企业作为一个组织在以下方面能够降低交易费用（成本）：①利用价格体系来组织生产需要费用，而组成企业后，企业家只需要在企业外部与其他企业签订少量合约，就可以把协作生产的一切必要资源置于他的控制之下，由他来组织生产（如果没有企业，在数量众多的独立的个体生产者之间就要签订大量合约）。同时，长期合约代替了短期合约。例如，企业主与工人之间可以签订长期合约，而不必每次都为签订新合约而讨价还价。这样，既可以节省签订和执行合约所需的费用，又能避免或减少交易中的不确定性，从而减少交易风险。②市场关系内部化使企业既可选择以货币为媒介的激励手段，又可选择其他不以货币为媒介的多样化激励手段，如职位提升、精神鼓励等，从而使在组织内部完成同样的激励可能只需较少的货币成本。③企业内部控制手段的多样化和灵活性可以有效地降低交易活动的控制成本。如组织内部可以有选择地采用雇佣或解聘、提升或降职、增加或减少报酬，以及分配一项更吸引人的或更不吸引人的工作等方式来奖罚其雇员或各部门负责人，实行有效的内部控制。由于存在以强制为基础的权力，企业组织较容易采用调解或命令的方式解决内部的冲突，降低由无休止的争执或诉诸法律所引发的交易费用。④企业内形成的一定的结构形态有利于提高组织内信息传递的效率和降低信息成本。⑤降低税赋。企业之间的交易要上税，而合并成一个企业就可能避免一些税。例如一个汽车厂与一个发电机厂，在合并前它们的关系是市场交易关系，产品的交易是要交税的，而合并成一个企业后，它们通过企业内部计划协调，避免了营业税。

二、企业的组织形式

企业主要有3种组织形式：单一业主制企业、合伙制企业和公司制企业。

单一业主制企业指由单个人独资经营的厂商组织。企业主往往既是企业所有者，又是企业的经营者。个人业主的利润动机明确、强烈，而决策自由、灵活；厂商规模小，易于管理。但是单一业主制厂商往往资金有限，限制了生产发展，也较容易破产。

合伙制企业是指两个以上的合伙人合资经营的厂商组织。相对于单一业主制厂商来说，合伙制厂商的资金较多，规模较大，比较易于管理；分工和专业化得到加强。但由于多人所有和参与管理，不利于协调和统一；资金和厂商规模有限，在一定程度上不利于生产的进一步发展；合伙人之间的契约关系缺乏稳定。

公司制企业是指按照公司法建立和经营的具有法人资格的厂商组织。它是一种重要的现代厂商组织形式。公司由股东所有，公司的控制权在董事会监督下的总经理。在资本市场上，公司制企业主要利用发行债券和股票筹集资金。股票所有者是股东，股东是公司的所有者，股东有权利参加公司的管理和索取公司利润，也有义务承担公司的损失。由于公司制厂商能够通过发行公司债券和股票的形式筹集大量的资金，所以，公司制厂商的资金雄厚，有利于实现规模生产，也有利于进一步强化分工和专业化。而且公司的组织形式相对稳定，有利于生产的长期发展。但公司组织往往可能由于规模庞大，给内部的管理和协调会带来一定的困难。公司所有权和管理权的分离，也带来了一系列问题。

三、企业的目标

在微观分析中，假定企业的目标是追求利润最大化。这一基本假定是经济学中理性人和完全信息的假定在厂商理论中的具体化。

关于利润最大化的假定，存在一些争议。比如在现实生活中，存在信息不完备。厂商面临的市场需求是不确定的，厂商也有可能对产量变化所引起的生产成本的变化情况缺乏准确了解，于是，厂商生存的经验做法也许就是实现销售收入的最大化和市场销售份额的最大化，以此取代利润最大化的目标。

在公司制企业中，厂商的所有者往往不是厂商的经营者，厂商的日常决策由厂商的经营者做出。厂商的所有者和经营者之间是委托人和代理人的关系。由于信息的不完全性，所有者并不能完全监督和控制公司经理的行为，经理会在一定程度上偏离厂商利润最大化的目标。例如，经理会追求自身效用的最大化，追求豪华舒适的办公环境，讲究排场。他们也可能追求销售收入最大化和销售收入持续增长，扩大厂商的生产规模，以此增加自己的收入，提高社会地位。

不管在信息不完全条件下实现利润最大化的策略有多么困难，也不管经理的偏离利润最大化目标的动机有多么强烈，但是在长期，一个不以利润最大化为目标的厂商最终会被市场淘汰。所以，实现利润最大化是一个厂商竞争生存的基本准则。

第二节 生产和生产函数

一、生产、生产要素和生产函数

（一）生产和生产要素

生产是对各种生产要素投入品进行组合以制成产品的行为，在生产中要投入各种要素并生产出产品，所以，生产也就是把投入（Input）变为产出（Output）的过程。例如：蛋糕店使用的投入品包括工人的劳动、面粉和糖等原料，以及烤箱、搅拌机等资本和其他一些设备，生产出蛋糕和面包等产品。当然，生产这个词并不限于提供实物产品，如：日用品、食物、机器和房屋等，它还包括提供诸如运输、金融、批发和零售等多种劳务在内。

生产要素是指生产中所使用的各种资源。西方经济学家把这些资源划分为劳动、资本、土地与企业家才能4种类型。劳动指人类在生产过程中提供的体力和智力的总合。资本是用于生产物品和服务的人类创造的东西。资本分为人力资本和物质资本。物质资本由工厂、机器、建筑物、机场、公路以及其他人类创造的项目组成。人力资本由提高劳动生产率所必需的知识和技能组成。土地泛指地上和地下的一切资源，如森林、江河湖泊和矿藏等。企业家才能指企业家组织建立和经营管理企业的才能。

（二）生产函数

生产要素投入的组合与数量和它所能生产出来的产量之间存在着一定的依存关系。生产函数（Production function）正是表示在生产技术状况给定条件下，生产要素的投入量与产品的最大产量之间的函数关系。一般记为：

$$Q = f(X_1, X_2, X_3 \cdots X_m)$$

上式 X_1、X_2、$X_3 \cdots X_m$ 代表各种生产要素投入品，如：农产品生产的土地、种子、农具等的数量，Q 代表任一既定数量的投入品在给定技术条件下所生产出来的产品（如水稻）的最大产量。所以生产函数的投入和产出都是指物质数量，而不是用货币表现的价值。任何生产函数都是以一定时期内的生产技术水平为前提的。因此，一旦出现生产技术进步，以致一定量投入会产出更多产量，或者既定产量所需投入比以前减少，则表现成新的生产函数。

为了论述简便，我们在下面假定投入的要素只有两种，即资本（K）和劳动（L），生产出一种产品。这样，生产函数可记为：$Q = f(K, L)$。如果再假定资本是固定不变的，因而产量 Q 随 L 的变动而变动，生产函数可记为：$Q=f(\bar{K}, L)=f(L)$。例如，假设生产函数是：$Q=KL-0.5L^2-0.32K^2$。如果再假定资本 K 的数量既定不变，我们可以考察产量是怎样随着投入劳动 L 的变化而变化。如假定 $K=10$，则生产函数可记为：$Q=f(\bar{K}, L)=f(L)=10L-0.5L^2-32$。上式表明，与 L 任一给定值相应只有一个产出量 Q。

1. 固定比例生产函数和可变比例生产函数

生产函数一般可分为两种类型：一是固定比例生产函数，二是可变比例生产函数。如果生产一种产品使用的 L 与 K 的组合比例是固定不变的，就是说，要扩大（或缩减）产量，L 与 K 必须同比例增加（或减少）。例如，生产 100 单位的产量需要投入 2 单位的资本和 3 单位的劳动；若将产出水平扩大为原来的 2 倍，即生产 200 单位，则资本和劳动投入也需要扩大为原来的 2 倍，即投入 4 单位的资本，6 单位的劳动。

但大多数产品的生产，劳动与资本的组合比例是可以变动的。例如为了生产出一定数量的产品，可以采用多用劳动少用资本的劳动密集型生产方法，也可以采用多用资本少用劳动的资本密集型生产方法，这样的生产函数称为可变比例的生产函数。

2. 柯布—道格拉斯生产函数

20 世纪 30 年代初，美国经济学家 P. H. 道格拉斯（Douglas）与 C. W. 柯布（Cobb）根据 1899 年到 1922 年的资料，得出了这一期间美国的生产函数。该生产函数的一般形式是：

$$Q = AL^\alpha K^\beta$$

这就是著名的"柯布—道格拉斯生产函数"，其中 Q 代表总产量，L 代表劳动投入量，K 代表资本投入量，A、α、β 是常数，其中 $0<\alpha, \beta<1$。生产函数中的参数 α，β 的经济含义是：α 为劳动所得在产出中所占的份额，β 为资本所得在产出中所占的份额。根据生产函数中的参数 α、β 之和，还可以判断规模报酬的情况。若 $\alpha+\beta>1$，则为规模报酬递增；若 $\alpha+\beta=1$，则为规模报酬不变；若 $\alpha+\beta<1$，则为规模报酬递减。

二、一种可变投入的生产

生产理论可以分为短期生产理论和长期生产理论。短期内生产者没有足够的时间调整全部生产要素的投入，至少有一种生产要素的数量是固定不变的。例如，由于时期较短，厂房和机器设备等都是固定的，厂商只能通过改变投入的劳动数量来调整其产量。或者在农业生产中生产者租用的土地数量是固定的，农民只能改变其他投入物（如劳动、种子、肥料等）来改变其产量。在长期，生产者可以调整全部生产要素投入。例如：企业根据生产经营状况和市场需求，可以扩大和缩小生产规模以及进入和退出一个行业的生产。

我们用一种可变投入的生产函数分析企业的短期生产，用两种相互替代的可变投入的生产函数考察企业的长期生产行为。

（一）一种可变投入的生产函数

我们考察这样一种生产情况：厂商生产某种产品所需要的生产要素中，只有一种要素可以变动，其余的要素都是固定不变的。例如，假定在短时期内，厂房、设备等资本给定不变，用 $\bar{K}$ 表示，惟一可以变动的是投入的劳动数量（L），则生产函数可以表示为：$Q = f(\bar{K}, L)$

（二）总产量、平均产量与边际产量

例如：短期生产函数的具体形式是：
$$Q = f(\bar{K}, L) = f(L) = 20L + 8L^2 - L_3$$

则劳动的平均产量：
$$AP_L = \frac{Q}{L} = \frac{20L + 8L^2 - L^3}{L} = 20 + 8L - L^2$$

劳动的边际产量：
$$MP_L = \frac{dQ}{dL} = \frac{d}{dL}(20L + 8L^2 - L^3) = 20 + 16L - 3L^2$$

由上面的例子，我们可以得出劳动的总产量、平均产量和边际产量的一般概念。劳动的总产量指与一定的可变要素劳动的投入量相对应的最大产量。它的公式为：
$$Q = f(\bar{K}, L) = f(L)$$

劳动的平均产量 AP_L 指平均每一单位可变要素劳动的投入量所生产的产量。它的公式是：
$$AP_L = \frac{TP(L, \bar{K})}{L}$$

劳动的边际产量 MP_L 指增加一单位可变要素的投入量所增加的产量。它的公式是：
$$MP_L = \frac{\Delta TP_L(L, \bar{K})}{\Delta L} \text{ 或 } MP_L = \frac{\Delta TP_L(L, K)}{\Delta L} = \frac{dTP_L(L, \bar{K})}{dL}$$

根据上述定义，可以编制一张有关一种投入的生产函数表，如表 4-1 所示。

表4-1 劳动的总产量、平均产量和边际产量

劳动量（L）	劳动的总产量（TP_L）	劳动的平均产量（AP_L）	劳动的边际产量（MP_L）
0	0	0	0
1	8	8	8
2	20	10	12
3	36	12	16
4	48	12	12
5	55	11	7
6	60	10	5
7	60	60/7	0
8	56	7	-4

根据表4-1，我们可以用描点法做出图4-1，该图的横轴表示劳动力，纵轴表示产量。图中显示了劳动力的总产量曲线（TP_L）、平均产量曲线（AP_L）和边际产量曲线（MP_L）。这三条曲线的形态特征都是先呈上升趋势，达到最高值后，再呈下降趋势。

（三）总产量曲线、平均产量曲线和边际产量曲线之间的关系

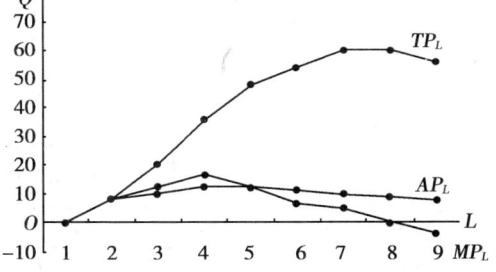

图4-1 一种可变投入（劳动力）的生产函数的产量曲线

我们把上述总产量函数以及相应的平均产量函数和边际产量函数分别描绘成3条曲线，并据以说明，随着投入劳动的逐渐增加，与此相应的总产量、平均产量和边际产量这三者之间的关系。图4-1的上半部是总产量曲线，下半部的2条曲线分别是平均产量曲线和边际产量曲线。

1. 总产量曲线和边际产量曲线的关系

由边际产量的定义 $MP_L = \dfrac{dTP_L(L, \bar{K})}{dL}$ 可知，过 TP_L 曲线任何一点的切线的斜率就是对应的 MP_L 值。如图4-2，我们注意到 TP_L 曲线和 MP_L 曲线的对应的两个特殊点：（1）A 点是 TP_L 曲线的拐点，对应于 MP_L 曲线的最高点 A'。当劳动力投入数量 $L < L_1$ 时，边际产量 MP_L 随着投入量的增加而递增，TP_L 曲线的斜率随之递增。当 $L = L_1$ 时，MP_L 曲线达到最高点 A' 点，TP_L 曲线的拐点为 A 点。当 $L > L_1$ 时，边际产量 MP_L 随着投入量的增加而递减。（2）C 点是 TP_L 曲线的最高点，对应于 MP_L 曲线与横轴的交点 C' 点。当劳动力投入数量 $L < L_3$ 时，随着劳动力投入

的增加,边际产量大于零($MP_L>0$),则 TP_L 曲线的斜率为正,总产量是递增的。当 $L=L_3$ 时,MP_L 曲线与横轴相交于 C' 点,边际产量为零时,总产量达到最大值。当劳动力投入数量 $L>L_3$ 时,随着劳动力投入的增加,边际产量小于零($MP_L>0$),TP_L 曲线的斜率即为负,总产量是递减的。

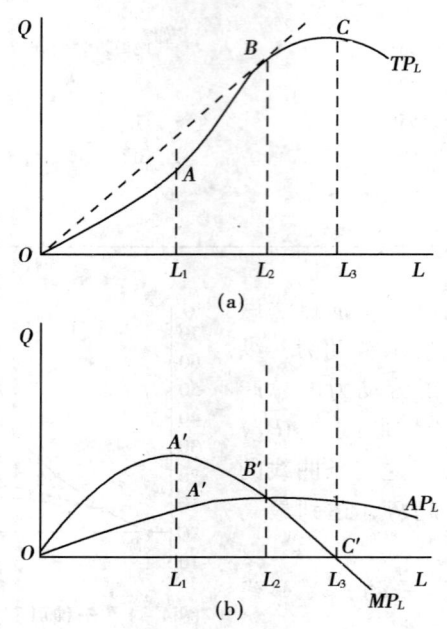

图 4-2 劳动力的总产量、平均产量和边际产量

2. 平均产量曲线和总产量的关系

根据平均产量的定义公式:$AP_L = TP(L, \bar{K})/L$ 可以得知,连接 TP_L 曲线上任何一点和坐标原点的线段的斜率,就是对应的平均产量的值。在图 4-2 中,当 AP_L 曲线在 B' 点达到最大值时,TP_L 曲线必然有一条从原点出发最陡的切线,其切点为 B 点。

3. 平均产量曲线与边际产量曲线的关系

根据劳动的平均产量 $AP_L = Q/L$ 和劳动的边际产量 $MP_L = dQ/dL$ 的定义,AP_L 与 MP_L 的关系如下:

(1) 当平均产量处于递增阶段时(图 4-2 的 AP_L 曲线的 OB' 段),边际产量大于平均产量($MP_L > AP_L$)。这表现为 MP_L 曲线位于 AP_L 曲线的上方。MP_L 曲线将 AP_L 曲线拉上。

(2) 当平均产量处于递减阶段时，边际产量小于平均产量（$MP_L < AP_L$），这表现为 MP_L 曲线位于 AP_L 曲线的下方。MP_L 曲线将 AP_L 曲线拉下。

(3) 在平均产量从递增转为递减的转折点 B'，即平均产量处于不增不减的点，这意味着边际产量等于平均产量（$MP_L = AP_L$），这在图形上表现为这两条曲线相交于 AP_L 曲线的最高点 B'。它也表示投入劳动为 L_2 时，平均产量达到极大值。

上述平均产量与边际产量的这3种关系，对于任何边际曲线与平均曲线的边际值与平均值都是通用的。对此可以举一个数字例子来说明。假设某个球队原有6名队员，平均身高为1.8米。现在假设新增一名队员的身高大于原来的平均高度例如为2.5米，这将使该队现有7名队员的平均高度提高到1.9米，但这个平均高度（1.9米）一定小于新增队员的高度（2.5米）。这显然是因为，新增队员超过原来的平均数为0.7米（2.5米－1.8米）。同理，假设新增一名队员的身高只有1.5米，这将引起现在7名队员的平均高度降为1.76米，但这个平均高度1.76米一定大于新增队员的高度1.5米。最后，假设新增一名队员的高度同原来6名队员的平均高度一样，也是1.8米，则7名队员的平均高度仍是1.8米，这表示如果边际值等于原来的平均值，则新增一个单位以后的平均值将与原来的平均值一样。

上述有关 MP_L 和 AP_L 关系的证明见附录。

（四）边际报酬递减规律

由图4-2可以看出，对于一种可变要素的生产函数来说，边际产量表现出先上升而最终下降的特征，这一特征称为边际报酬递减规律，也叫做边际产量递减规律或边际收益递减规律。

如上所述，当两种（或两种以上）生产要素相结合生产一种产品时，若一种要素可以变动，其余要素固定不变，则随着可变要素增加，可变要素的边际产量（$MP_L = dQ/dL$）一般经历两个阶段：

1. 可变要素的边际产量可能出现递增现象

如表4-1，当投入劳动从零开始逐渐增为3个单位，投入劳动每增加一个单位引起的总产量的增加量从0递增为16。在这个阶段的边际产量出现递增现象的原因可以归结为固定要素的配合比例不恰当，即固定要素相对太多，而可变要素相对不足，因而增加使用可变要素可以使每增加一个单位的可变要素所增加的产量递增。例如，一家百货商店最好能配备15个店员。假如现有6个店员增加到7个店员，则增加一个店员所增加的销售量可能递增。又如某种资本设备最少需要6个工人，才能有效运转。当可变要素为5个工人时，可能无法运转，或者运转的效率很低。而当可变要素逐渐增到一定限度即能有效运转。在这限度内可变要素的边际产量出现递增现象。

2. 可变要素边际产量递减阶段

当可变要素逐渐增加，到了可变要素的数目达到了足以使固定要素得到最有效的利用后，继续增加可变要素，意味着固定要素与可变要素的组合比例，可变要素相对过多，而固定要素则相对不足，这时继续增加可变要素（固定要素不变）虽然可以使总产量增加，但总产量的增加量则出现递减现象。当可变要素增多到一定限度以后，再继续增加可变要素，反而会引起总产量减少，即边际产量成为负数。这种现象称为可变要素的边际产量递减规律，亦称边际报酬递减规律（The law of diminishing returns）。

边际报酬递减规律，同需求规律和边际效用递减规律等一样，是经济分析中的一条重要规律。这个规律所表达的内容，只是人们从实际经济生活中所观察到的在任何种类的生产中普遍适用的一种关系。

边际报酬递减规律需要注意三点：第一，上述生产要素边际产量递减规律（或称生产要素报酬递减规律），是以生产技术不变为前提的。技术进步一般会使报酬递减的现象推迟出现，但不会使报酬递减规律失效。

第二，这里所说的生产要素报酬递减，是以除一种要素以外的其他要素固定不变为前提，来考察一种可变要素发生变化时其边际产量的变化情况。若使用的要素同时发生同比例变化，由此引起的产量变动情况，属于规模报酬（Returns to scale）问题，将在本节第四部分说明。

第三，生产要素报酬递减，是在可变的生产要素使用量超过一定数量以后才出现的。在此之前，如上所述，当固定要素相对过多，即可变要素相对不足时，增加可变要素将出现报酬递增的现象。也可能出现这样一种情况，即继续增加可变要素时，在一定范围内要素的边际产量处于恒定不变状态，超过这个范围再继续追加可变要素时才进入报酬递减阶段。

案例 1：

马尔萨斯和食品危机

马尔萨斯人口论的一个主要依据便是报酬递减规律。他认为，随着人口的膨胀，越来越多的劳动耕种土地，地球上有限的土地将无法提供足够的食物。最终劳动的边际产出与平均产出下降，但又有更多的人需要食物，因而会产生大量的饥荒。幸运的是，人类的历史并没有按马尔萨斯的预言发展（尽管他正确地指出"劳动边际报酬"递减）。

在 20 世纪，技术进步改变了许多国家（包括发展中国家，如印度）的食物的生产方式，劳动的平均产出因而上升。这些进步包括高产抗病的良种，更高效的化肥,更先进的收割机械。正如表 4-2 所示,在第二次世界大战结束后,世界上总的食物生产的增幅总是或多或少的高于同期人口的增长。

表 4-2 世界人均食品消费指数

年份	指数
1948~1952	100
1955	109
1960	115
1965	116
1970	123
1978	128
1987	133
1991	142

粮食产量增长的源泉之一是农用土地的增加。例如,从 1961~1975 年,在非洲,农业用地所占的百分比从 32% 上升至 33.3%,拉丁美洲则从 19.6% 上升至 22.4%,在远东地区,该比值则从 21.9% 上升至 22.6%,但同时,北美的农业用地则从 26.1% 下降至 25.5%,西欧由 46.3% 降至 43.7%。显然,粮食产量的更大增加是由于技术的改进,而不是农业用地的增加。

在一些地区,如非洲的撒哈拉,饥荒仍是个严重的问题。劳动生产率低下是原因之一。虽然其他一些国家存在着农业剩余,但由于食物从生产率高的地区向生产率低的地区再分配的困难和生产率低的地区收入亦低的缘故,饥荒仍威胁着一部分人群。

资料来源:平狄克·鲁宾费尔德(Robert S. Pindyck)等著,《微观经济学》第三版,中国人民大学出版社。

案例思考:
(1) 如何看待马尔萨斯的观点?
(2) 粮食产量增长的来源是什么?

(五) 短期生产的三个阶段

根据总产量以及相应的平均产量和边际产量的变化,如图 4-3 所示,可以将短期生产分为三个阶段。第 Ⅰ 阶段投入劳动从零增到 L_2,在这阶段总产量递增;平均产量递增到投入劳动为 L_2 时达到极大值(B' 点);边际产量递增到投入劳动增为 L_1 时达到极大值(A' 点),然后逐渐转为递减。第 Ⅱ 阶段,投入劳动从 L_2 逐渐增加到 L_3。在这个阶段,总产量随可变要素的增加而增加,当投入劳动的投入量为 L_3 时,总产量达到极大值,如图 4-3 的 C 点所示。在这一点对应的边际产量递减为零,如 C' 点所示。平均产量递减。第 Ⅲ 阶段,可变要素超过 L_3 个单位,总产量减少,即边际产量是负数,平均产量继续递减。

现在要问:假设产品都可以销售出去,那么厂商投入的可变要素和生产的产量应该在哪个范围内?首先,厂商的理性决策不会考虑第 Ⅲ 阶段,也就是使用的劳动

量不会超过 L_3。这一点是显而易见的。因为 L_3 以上的劳动与既定不变的固定要素相结合，反而使总产量减少。

其次，厂商也不会选择第Ⅰ阶段。就是说，厂商使用的劳动不会少于 L_2。因为在这个阶段，平均产量处于递增状态。在平均产量递增阶段，边际产量总是大于平均产量，这意味着增加可变要素的投入引起的总产量的增量总会使得可变要素的平均产量有所提高。那么，只要边际产量大于平均产量，即增加可变要素总可使平均产量增加，从而使厂商的利润增加，所以厂商使用的可变要素至少会增加到边际产量等于平均产量，即平均产量不再增加为止。

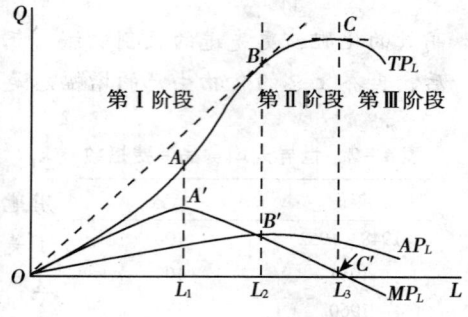

图 4-3 短期生产的三个阶段

因此，厂商的理性决策空间将在第Ⅱ阶段。就是说，厂商将在劳动的平均产量达于极大值的 L_2 单位劳动，与劳动的边际产量为零的 L_3 个单位劳动之间进行选择。第Ⅱ阶段是短期生产的决策空间。在第Ⅱ阶段的起点处，劳动的平均产量和劳动的边际产量相交，即劳动的平均产量达到极大值。在第Ⅱ阶段的终点处，劳动的边际产量与横坐标相交，即劳动的边际产量为零。至于生产者会选择哪一个点生产以实现利润最大化，还有待于结合成本、收益和利润进行深入分析。

三、两种可变投入的生产

（一）两种可变投入的生产函数

我们考察这样一种生产函数：生产一种产品的一定数量使用的两种生产要素资本（K）与劳动（L）都是可以变动的，并且两种要素可以相互代替，即既可以多用资本少用劳动，也可以多用劳动少用资本，则两种可变要素的生产函数写为：

$$Q = f(L, K)$$

式中，L 为可变要素劳动力的投入量；K 为可变要素资本的投入量；Q 为产量。

1. 等产量线的涵义与特点

生产理论中的等产量曲线和效用理论中的无差异曲线类似。等产量曲线是在技术水平不变的条件下生产相同产量的两种生产要素投入量的所有不同的组合。两种可变投入要素的等产量曲线的函数表达式为：

$$Q^0 = f(L, K)$$

式中，Q^0 代表既定的产量水平，L 和 K 分别代表劳动力和资本的投入量。

如图 4-4，横坐标表示劳动投入量（L），纵坐标表示资本投入量（K），图中有三条等产量曲线 Q_1、Q_2、Q_3，分别代表生产 40 单位、80 单位、120 单位产量的各种生产要素的组合。以 $Q_1=40$ 的等产量曲线为例进行分析，该曲线上的 A、B、C 点代表的产量相同，劳动力和资本的要素投入量不同。A 点使用的要素组合是 OL_1 单位的劳动力和 OK_1 单位的资本，B 点使用的要素组合是 OL_2 单位的劳动力和 OK_2 单位的资本，C 点使用的要素组合是 OL_3 单位的劳动力和 OK_3 单位的资本，从 A 点到 C 点移动，劳动的投入量逐渐增加，资本的投入量逐渐减少，即用劳动替代资本。

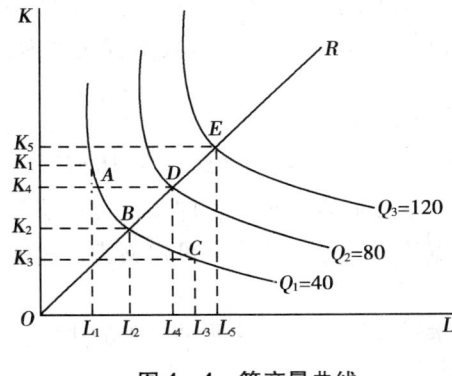

图 4-4 等产量曲线

等产量线与无差异曲线（或称等效用曲线）的几何性质是相似的，经济分析也是一样。两者的区别是，无差异曲线分析的是消费者对两种消费品的效用大小的主观评价，等产量线说明的是投入品数量与产出量之间的纯技术关系，它表示要生产出一定数量的产品，等产量线上每一点所代表的两种要素数量组合都是有效率的。因此，等产量线和无差异曲线一样具有三个特点：

（1）由于生产函数是连续的，因此，任意两条等产量曲线之间有无数条等产量曲线。这些无差异曲线之间的数量关系是，离原点越远的无差异曲线代表的产量越高。例如在图 4-4 中，无差异曲线 $Q_3 > Q_2 > Q_1$。

（2）在同一坐标平面内，任意两条等产量曲线不相交。

（3）无差异曲线的形态特征是向右下方倾斜而且凸向原点。无差异曲线向右下方倾斜，表明曲线每一点的斜率为负值。曲线凸向原点的形态特征表明，等产量曲线斜率的绝对值递减。

此外，在图 4-4 中，由原点出发的一条射线代表两种可变要素投入量的比例固定不变的所有组合。例如，从原点出发的 OR 射线上的 B、D、E 三点，产量分别是 40、80、120，从 A 点到 B 点，资本和劳动的投入量不断增加，但资本和劳动的投入比例固定不变，即 $OK_2/OL_2 = OK_4/OL_4 = OK_5/OL_5$。因此，从原点出发的一条射线表示要素投入数量固定比例的组合和可变产量之间的关系。

2. 边际技术替代率

（1）边际技术替代率的定义。等产量曲线表示一个既定产量水平可以由两种可变要素的不同组合生产出来。为了表示投入要素资本与劳动之间相互替代的关系，经济学把为使维持产量给定不变，等产量线上资本与劳动之间相互替代的比率称为两种生产要素的边际技术替代率（$MRTS_{LK}$），即增加一单位某种生产要素投入所减少的另一种生产要素的投入数量。劳动对资本的边际技术替代率的公式为：

$$MRTS_{LK} = -\frac{\Delta K}{\Delta L}$$

式中，ΔK 和 ΔL 分别表示资本和劳动力的变化量。公式中加负号是为了使 $MRTS_{LK}$ 的值在一般情况下为正值，便于比较两要素的替代关系。

例如，在图 4-4 中，对 A 点和 B 点所代表的要素组合进行比较，当劳动使用量从 L_1 增加为 L_2 时，资本使用量从 K_1 减少到 K_2，A 点和 B 点边际技术替代率为：

$$MRTS_{LK} = -\frac{\Delta K}{\Delta L} = -\frac{L_2 - L_1}{K_2 - K_1}$$

当 $\Delta L \to 0$ 时，边际技术替代率表示为：$MRTS_{LK} = \lim\limits_{\Delta L \to 0} -\Delta K / \Delta L = -dK/dL$

由于等产量线上任一点的边际技术替代率，从几何意义来看，即是过该点对等产量线所作切线的斜率，所以等产量线上任一点的边际技术替代率可定义为，过该点对等产量线所作切线的斜率的绝对值。

还可以看出，等产量线上任一点的边际技术替代率，等于这两种要素的边际产量的比率，即：$MRTS_{LK} = dK/dL = MP_L/MP_K$。

根据等产量线的定义，这条曲线上任一相邻两点之间的不同的要素组合所生产的产量是相同的，例如从图 4-4 的 A 点与 B 点来看，当劳动使用量从 L_1 增为 L_2 时，资本使用量从 K_1 减少到为 K_2，产量维持不变。这意味着在产量不变的情况下，劳动投入量增加所带来的总产量的增加恰好等于资本减少所损失的产量。即：产量的增加 = 产量的损失。

$$MP_L \times \Delta L = MP_K \times \Delta K$$

故 $\dfrac{\Delta K}{\Delta L} = \dfrac{MP_L}{MP_K}$

就是说，等产量线的任一点的边际技术替代率 $MRTS_{LK}$、等产量线的斜率 dK/dL，以及劳动的边际产量与资本的边际产量之间有下面的函数关系：

$$MRTS_{LK} = \frac{dK}{dL} = \frac{MP_L}{MP_K}$$

即等产量线上的任一点的切线的斜率的负数值等于劳动的边际产量与资本的边际产量的比率。上式的数学证明详见附录。

（2）边际技术替代率递减规律。和无差异曲线的两种消费品的边际替代率

MRS_{XY} 递减相似，等产量线两种生产要素的边际技术替代率 $MRTS_{LK}$ 也是递减的，如图 4-5 所示，从 A 点到 B 点，当劳动使用量从 2 个单位增为 3 个单位时，每单位劳动能替代 3 个单位的资本（8-5=3），从 B 点到 C 点，当劳动使用量从 3 个单位增为 4 个单位时，最后增加的这个单位劳动只能替代 1 个单位的资本（5-4=1）。这表示，在产量不变的条件下，在劳动力投入量不断增加和资本的投入不断减少的过程中，边际技术替代率递减。在几何图形中表示为，等产量线沿着向右方向的倾斜度越来越平缓，即随着劳动力的增加，曲线上点的斜率的绝对值越来越小。因而和无差异曲线一样，等产量线的形状凸向原点。

边际技术替代率递减的原因是，随着使用的劳动逐渐增加和资本数量的相应减少，劳动的边际产量是递减的。这里有两种力量在起作用，第一是当用较多劳动和固定数量的资本时，劳动的边际产量递减。第二是使用较多劳动时，却用较少的资本，这使劳动的边际产量递减得更快。

（二）等成本线

等产量曲线仅表示投入要素数量与产出量之间的关系，它表示为了生产出某一给定数量产品，等产量曲线上每一点的要素数量

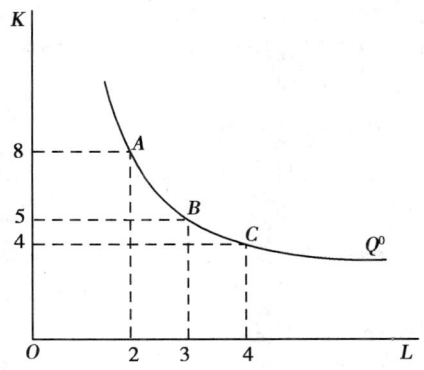

图 4-5 边际技术替代率递减

组合都是技术上有效率的。厂商将选择哪一种要素组合？这取决于生产这些产量的总成本，因而取决于每单位劳动和资本的价格。在此引入等成本线（Isocost curve）这个概念。

例如：设每单位资本（一台机器）的价格 $P_K = 20\ 000$ 元，每单位劳动的价格（年工资）$P_L = 40\ 000$ 元，总成本 $C = 240\ 000$ 元。令 K 代表资本的投入量，L 代表劳动的投入量，则可以购买到的两种生产要素的各种不同数量的组合表示为：$240\ 000 = 20\ 000K + 40\ 000L$，或 $K = 12 - 2L$。

这 24 万元的总成本，如果全部买进机器（即 $L=0$），则机器的数量 $K=12$；或者，如果全部雇用劳动（即 $K=0$），则劳动力的数量 $L=6$；同理，对于 L 的任一数值，可以从 $K=12-2L$ 这个方程中求出相应的 K 的数值，该方程就是等成本线对应的函数。

由上例可以看出，等成本线是这样一条直线，在这条直线上的任一点表示当劳动的价格（P_L）与资本的价格（P_K）为已知时，花费某一固定量总成本（C）所能购买的劳动量与资本的组合。等成本方程表示为：$C = P_L L + P_K K$。

等成本方程可以改写为 $K = -\dfrac{P_L}{P_K} \cdot L + \dfrac{C}{P_K}$。

生产论中的等成本线和效用论中的预算线是相似的分析工具。对于每一个给定的总成本可以画出一条等成本线，如图4-6所示。等成本线的斜率为 $-P_L/P_K$，即两种生产要素劳动和资本的价格之比的负数。该曲线的横截距为 C/P_L，表示全部成本用于购买劳动力的数量。纵截距为 C/P_K，表示全部成本用于购买资本的数量。

类似于效用论中预算线的分析，等成本线以内区域中的任何一点，如 A 点，表示既定的成本用于购买劳动和资本后还有剩余。等成本线以外区域中的任何一点，如 B 点，表示既定的成本用于购买劳动和资本的组合是不够的。只有等成本线上的任何一点，表示既定的全部成本恰好用于购买劳动和资本的组合。

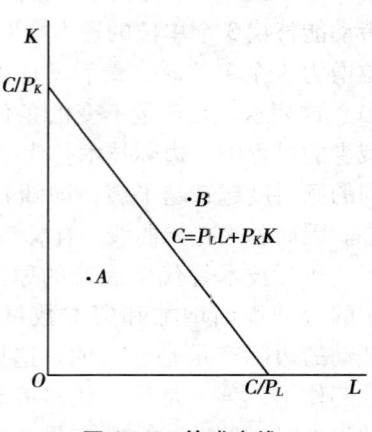

图4-6 等成本线

由于等成本线斜率的绝对值等于两种生产要素价格的比率。因此，只要生产要素价格给定不变，任一条等成本线的斜率相同。总成本的增加（或减少）表现为等成本线向右上方（或左下方）平行移动。离原点越远的等成本线表示的总成本越大。

（三）厂商均衡：投入量的最优组合

等产量曲线表示生产任一既定产量所需要的两种要素的各种组合。等成本线描述了任一给定总成本可能购买的两种要素的各种可能的组合。厂商的理性的决策就是确定一个他所购买的两种要素数量的组合，以实现用最低的总成本来生产既定数量的产品，或者使花费给定数量的总成本生产的产量最大。

1. 厂商均衡：产量既定所花费的成本最小

假设生产出一定量产品所需两种生产要素的各种可能的组合为已知，即用以表示既定数量产品的等产量曲线已知，且生产要素的价格为已知，从而表示每一个总成本的等成本线为已知。现在的问题是：为了生产出一定数量产品所花费的总成本为最小，厂商使用的两种生产要素应各是多少？

这个问题的答案是：图4-7中向右下方倾斜的曲线是产出量 $Q_1 = 50$ 的等产量线，AB 是由既定的资本与劳动价格决定的总成本为 $\overline{C}$ 的一条等成本线，A_1B_1 是总成本为 $\overline{C}_1$ 的另一条等成本线，A_2B_2 是总成本为 $\overline{C}_2$ 的第三条等成本线，其中 $\overline{C} > \overline{C}_1 > \overline{C}_2$。

根据上述已知条件,在众多的等成本线中必有一条(也只有一条)等成本线与既定的等产量线相切,如图所示,A_1B_1 与 Q_1 相切于 E 点,则 E 点所代表的资本量(OK_e)和劳动量(OL_e)乘以各自的价格相加所费总成本(C_1),是厂商生产 50 个单位的产品的最小成本。这是因为,AB 所代表的总成本虽然小于 A_1B_1 所代表的总成本,但 AB 线上任何一点的资本量与劳动量的组合无法生产出 50 个单位的产品,而位于 A_1B_1 右上方的任何等成本线所代表的总成本又大于 A_1B_1,不能满足最小成本。

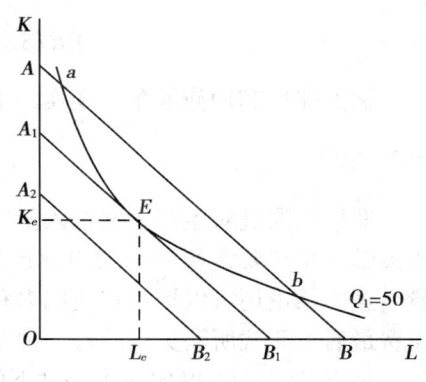

图 4-7 既定产量条件下成本最小的要素组合

由于过等产量曲线上 E 点所作切线的斜率,是在 E 点的劳动与资本的边际技术替代率($MRTS_{LK} = -\Delta K/\Delta L$ = 劳动的边际产量/资本的边际产量);而这条切线即等成本线 K_1L_1 斜率的绝对值是两种生产要素价格的比值,即斜率 $1 = P_L/P_K$(即劳动的价格/资本的价格)。

因此,厂商生产出既定量产量耗费最小成本的均衡条件是:厂商购买的劳动和资本的数量应是等产量曲线上和等成本线的切点 E,这点的资本与劳动的边际技术替代率等于(既定的)劳动与资本的价格比率:$MRTS_{LK} = P_L/P_K$。

上述厂商均衡条件可以这样说明:第一,在 A_1B_1 上其他任何一点代表的资本量与劳动量所费的总成本,同 E 点所费总成本比较并未增加,但不能满足等产量曲线所要求的投入组合比例。第二,等产量曲线 Q_1 上除 E 点以外任何一点的组合满足生产技术要求,如果 $MRTS_{LK} = MP_L/MP_K > P_L/P_K$,上式可以改写成:$MP_L/P_L > MP_K/P_K$,如图 4-7 中的点 a 所示。

这意味着多花一元钱买进劳动所能增加的产量,大于少花一元钱使用资本所减少的产量,也就是说,为了补偿少花 1 元钱买进资本所损失的产量,所需增加使用的劳动所费将小于 1 元钱,因而增加劳动使用量而同时减少资本使用量将可使总成本减少。

相反,如果 $MRTS_{LK} = MP_L/MP_K < P_L/P_K$,上式可以改写成:$MP_L/P_L < MP_K/P_K$,如图 4-7 中的点 b 所示。要维持产量不变,减少劳动使用量而增加资本使用量也可使所花费的总成本减少。

总结上面的分析,只有资本与劳动的边际技术替代率和两要素的价格比例相等时,生产者才能实现既定产量下的最小成本。在图 4-7 中表现为等产量线 Q_1 和等成本线 A_1B_1 的切点 E。即生产均衡条件是:

$$MRTS_{LK} = -\frac{dK}{dL} = \frac{MP_L}{MP_K} = \frac{P_L}{P_K}$$

把上述厂商均衡的条件变换一下,可以得到:

$$\frac{MP_L}{P_L} = \frac{MP_K}{P_K}$$

即厂商通过对生产要素投入量的不断调整,使最后一单位的成本支出无论用来购买哪种生产要素所获得的边际产量都相等,从而实现既定成本条件下的最大产量。这一结论还可以推广到使用多种生产要素进行生产的情况,生产者均衡条件是花费最后 1 元钱所购买到的每一种要素的边际产量都相等。

2. 厂商均衡:既定成本条件下的最大产量

假定如图 4-8 所示,生产要素价格为已知,花费总成本给定,从而等成本线 AB 为既定。根据生产技术要求的等产量曲线为 Q_1、Q_2、Q_3,则为了使花费一定量总成本获得的产量最大,均衡点将是既定的 AB 与 Q_2 相切的点 E。显然,Q_3 所代表的产量虽然大于 Q_2,但所需总成本大于既定的总成本,如 c 点所示。至于等产量曲线 Q_1 与 AB 的交点,如 a 点和 b 点,总成本并不增加,其产量只有 Q_1,即小于 Q_2 的产量,从点 a 或点 b 向 E 点滑动,产量将增加。因此,和上述均衡条件一样,厂

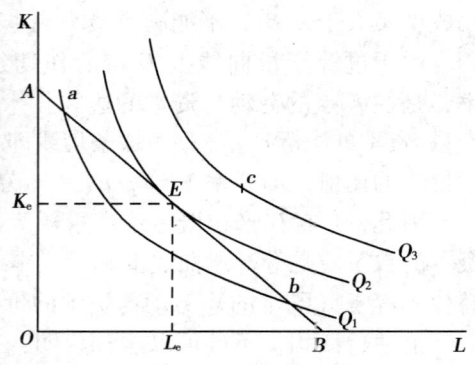

图 4-8 既定成本条件下产量最大的要素组合

商采用的两种生产要素的最优投入组合是等产量曲线 Q_2 和等成本线的切点 E,在 E 点的生产要素的边际技术替代率恰好等于生产要素的价格比率。在均衡点 E,劳动和资本的最优投入量分别为 L_e 和 K_e。

既定成本条件下产量最大的要素组合为 E 点。在均衡点 E 满足:

$$MRTS_{LK} = -\frac{dK}{dL} = \frac{MP_L}{MP_K} = \frac{P_L}{P_K}$$

该公式表示,厂商应该选择最优的生产要素组合,使两个要素的边际技术替代率等于两要素的价格的比。上式可以改写成:

$$\frac{MP_L}{P_L} = \frac{MP_K}{P_K}$$

即厂商通过对生产要素投入量的不断调整,使最后一单位的成本支出无论用来购买

哪种生产要素所获得的边际产量都相等,从而实现既定成本条件下的最大产量。这一原则和厂商在既定产量下实现最小成本的两要素最优投入原则是相同的。

例题:

已知某企业的生产函数为 $Q = L^{\frac{3}{5}}K^{\frac{2}{5}}$,劳动力的价格 $P_L = 3$,资本的价格 $P_K = 2$。求:

(1) 当成本 $C = 5\,000$ 时,企业实现最亣产量的 L、K 和 Q 的均衡值。

(2) 当产量 $Q = 900$ 时,企业实现最小成本的 L、K 和 C 的均衡值。

解:(1) 企业实现给定成本最大产量的均衡条件是:$MRTS_{LK} = MP_L/MP_K = P_L/P_K$。其中,

$$MRTS_{LK} = \frac{MP_L}{MP_K} = \frac{\partial Q/\partial L}{\partial Q/\partial K} = \frac{\frac{3}{5}L^{-\frac{2}{5}}K^{\frac{2}{5}}}{\frac{2}{5}L^{\frac{3}{5}}K^{-\frac{3}{5}}} = \frac{3K}{2L}$$

劳动和资本价格的比值为:$P_L/P_K = 3/2$,于是有 $3K/2L = 3/2$,整理得 $K = L$。

又等成本方程为 $L \times PL + K \times PK = C$,根据已知得 $3L + 2K = 5\,000$。将 $K = L$ 代入成本方程 $3L + 2L = 5\,000$,解得:$Le = 1\,000$。

且有 $Ke = Le = 1\,000$,将 $Ke = Le = 1\,000$ 代入生产函数,求得最大产量 $Q = (L_e)^{\frac{3}{5}}(K_e)^{\frac{2}{5}} = 1\,000^{\frac{3}{5}+\frac{2}{5}} = 1\,000$。

因此在成本 $C = 5\,000$ 时,企业实现最大产量的 L、K、Q 的均衡值都为 $1\,000$。

(2) 企业实现给定产量条件下最小成本的均衡条件为 $MRTS_{LK} = MP_L/MP_K = P_L/P_K$。其中,

$$MRTS_{LK} = \frac{MP_L}{MP_K} = \frac{\partial Q/\partial L}{\partial Q/\partial K} = \frac{\frac{3}{5}L^{-\frac{2}{5}}K^{\frac{2}{5}}}{\frac{2}{5}L^{\frac{3}{5}}K^{-\frac{3}{5}}} = \frac{3K}{2L}$$

劳动和资本价格的比值为:$P_L/P_K = 3/2$,于是有 $3K/2L = 3/2$,整理得 $K = L$。将 $K = L$ 代入生产函数 $L^{\frac{3}{5}}K^{\frac{2}{5}} = 900$,得:$Le = 900$,由 $K = L$ 可得,$Ke = 900$。

将 $Le = Ke = 900$ 代入成本方程,可得 $C = L \times PL + K \times PK = 900 \times 3 + 900 \times 2 = 4\,500$。

因此,当产量 $Q = 900$ 时,企业实现最小成本的 L、K 均衡值为 $Le = Ke = 900$,最小的成本 $C = 4500$。

3. 利润最大化可以实现最优生产要素组合

厂商生产的目的是追求最大利润。在完全竞争的条件下,产品的价格和生产要

素的价格都是既定的,厂商可以通过对生产要素投入量的不断调整实现最大的利润。

我们用数学方法证明这一结论。假设:在完全竞争条件下,企业的生产函数为 $Q=f(L,K)$,既定的商品价格为 P,既定的劳动的价格和资本的价格分别是 P_L 和 P_K,π 表示利润,厂商的利润等于收益减去成本。厂商的收益等于产品的价格与产品的产量的乘积。厂商的成本是购买资本和劳动这两种生产要素的花费。因此,厂商的利润函数为:

$$\pi(L,K) = P \cdot f(L,K) - (P_L L + P_K K)$$

式中,$P \cdot f(L,K)$ 表示总收益,$P_L L + P_K K$ 表示总成本。

利润最大化的一阶条件为:

$$\frac{\partial \pi}{\partial L} = P \frac{\partial f}{\partial L} - P_L = 0 \quad \frac{\partial \pi}{\partial K} = P \frac{\partial f}{\partial K} - P_K = 0$$

两式相除,可以得到:

$$\frac{\frac{\partial \pi}{\partial L}}{\frac{\partial \pi}{\partial L}} = \frac{P \frac{\partial f}{\partial L}}{P \frac{\partial f}{\partial K}} = \frac{P_L}{P_K}$$

以上的数学推导表明,追求利润最大化的厂商是可以得到最优生产要素的组合的。

案例2:

排放费对企业投入选择的影响

钢铁厂经常建在河流之上或河边。河流不仅使企业生产所用的铁矿石的运输十分廉价,而且使其钢铁产品的运输也十分便宜。同样,河流也给企业处理生产过程中的伴随产物,所谓的排放,提供了便利。例如,钢铁厂通过将铁燧岩沉积物研磨成精度一致的细小碎粒来处理风炉所使用的铁矿石。在此过程中,铁矿石就像水流一样被磁场吸引出来,从而纯矿石通过工厂。这个过程的伴随物——铁燧石颗粒可以被倒入河中,从而使企业成本相对较低。相反,其他的运输方式或自己处理的企业成本就相对较高。

由于铁燧石颗粒是一种不可降解的废物,对植物和鱼类有害,因而环境保护局对排放征收费用——一种以向河流排放的数量计量的钢铁企业必须支付的费用。企业经营者应该如何对征收排放费做出反应,从而使生产成本最小呢?

假定在没有管制的条件下,企业每月生产2 000吨钢铁,其中使用资本2 000机器小时和10 000加仑的水(包括放回河中的铁燧石颗粒)。企业经营者估计每机器1小时成本为40美元,每向河中排入1加仑废水的成本为10美元

(因此，总成本 180 000 美元等于资本成本 80 000 美元加 100 000 美元的废水排放费)。经营者将对环保局征收的每加仑废水 10 美元的排放费做出怎样的反应呢？

图 4-9 显示了成本最小的反应。纵轴表示企业每月投入资本的机器——小时数，横轴表示每月排放的以加仑表示的废水的数量。首先，请考虑一下在没有征收排放费时企业是如何生产的。A 点表示允许企业以最大成本生产一定产量的资本投入和废水数量。由于企业追求成本最小化，A 点位于和等产量线相切的等成本线 FC 上。因为每单位资本的成本是每单位废水的 4 倍，所以等成本线的斜率为：-10 美元/40 美元 = -0.25。

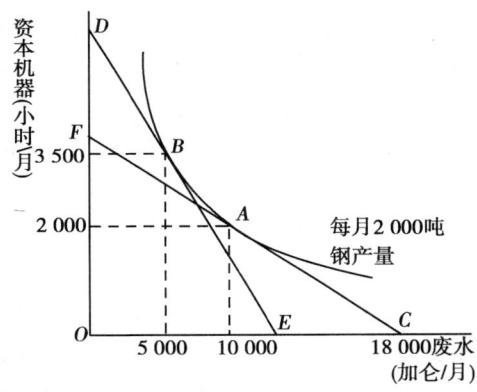

图 4-9　成本最小化情况下对排放费的反应

在企业排放污水而未征收费时，它选择用 10 000 加仑的废水和资本 2 000 机器小时的 A 点生产一定数量的产出。然而，排放费产生了废水的成本，使得等成本线由 FC 移至 DE，并且导致企业以较少的排放在 B 点生产。

当征收排放费时，废水的成本由每加仑 10 美元上升至每单位 20 美元，因为企业对每加仑废水（成本为 10 美元）要向政府缴纳额外的 10 美元。排放费增加了与资本相关的废水的成本。要以尽可能低的成本生产相同的产出，那么经营者必须选择与等产量线相切的斜率为 -0.5（-20 美元/40 美元）的等成本线。在图 4-9 中，DE 是合适的等成本线，B 点则给出了恰当的资本和废水的选择。由点 A 移至点 B 表明了，由于排放费的存在，选择强调多用资本（3 500 机器——小时）而少用废水（5 000 加仑）替代性的生产技术，要比原先不重视循环的生产过程便宜（总成本已增至 240 000 美元，其中资本 140 000 美元，废水 50 000 美元和排放费 50 000 美元）。

我们可以从此决策中得到两点启示。第一，生产过程中要是越是容易替代，也就是说，企业越是容易避免用河流来处理铁燧石颗粒，为减少排放而征收的排放费越是有效。第二，替代的程度越高，企业所支付的排放费就越少。在我们所举的例子中，如果企业不改变其投入，那么其应支付排放费 100 000 美元。然而，钢铁厂通过将生产点由 A 点移至 B 点，仅付了 50 000 美元的排放费。

案例思考：
（1）政府对企业污水征收排放费，如何影响企业的生产和生产要素的投入？
（2）征收排污费是否有利于环境保护？试说明原因。

四、生产规模报酬

（一）规模报酬的涵义

一种可变投入的生产分析的是生产一种产品使用的生产要素只有一种可以变动其余要素固定不变，例如一家已经建成投产的工厂厂房设备是固定的，厂商只能通过调整可变要素如劳动、原材料等的使用量来调整产量。当可变要素使用量增加到一定程度以后，继续增加的每单位可变要素所能增加的产量（即可变要素的边际产量）将出现递减现象；对于两种可变投入的生产，两种要素都可以变动，可以按照不同比例组合起来生产一种产品，但生产出同量产品，增加一种要素必须同时减少另一种要素。这两种情况表示，生产要素的组合比例是可变的。所以都可称为可变比例生产函数。

我们在这里探讨的规模报酬（Returns to scale）是分析企业的生产规模变化与所引起的产量变化之间的关系。在生产理论分析中，通常以全部的生产要素都以相同比例发生变化来定义企业生产规模的变化。即探讨这样一种投入与产出的数量关系：当两种要素同时以相同比例增加（比如 1 倍、2 倍或 50%）时，产量的增加可能的情况。例如，假设建造一座年产 50 吨的工厂使用的资本为 10 台机器，劳动为 100 单位。假如厂商决定要使年产量扩大 1 倍，即年产量为 100 吨，他可以重新设计 1 座工厂，为此所使用的资本和劳动是年产 50 吨的工厂的两倍，即使用 20 台机器和 200 单位的劳动，则新建工厂的年产量可能有 3 种情况，即可能大于 100 吨，但也可能等于或小于 100 吨。因此，企业规模报酬变化可以分为规模报酬递、规模报酬不变和规模报酬递减。

（1）产量增加的比例大于生产要素增加的比例，称为规模报酬递增（Increasing returns to scale）。假如使用的资本和劳动力两种要素都增加 1 倍，产量的增加大于 1 倍。如上例中新建工厂使用的资本和劳动投入量是年产 50 吨的工厂的两倍，所生产的产量大于 100 吨，属于规模报酬递增。

（2）产量增加的比例等于生产要素增加的比例，称为规模报酬不变（Constant returns to scale）。假如使用的资本和劳动力两种要素都增加 1 倍，产量的增加等于 1 倍。如上例中新建工厂使用的资本和劳动投入量是年产 50 吨的工厂的两倍，所生产的产量是原来的两倍，即100吨，属于规模报酬不变。

（3）产量增加的比例小于生产要素增加的比例，称为规模报酬递减（Diminishing returns to scale）。假如使用的两种要素都增加1倍，产量的增加小于1倍，如上例中新建工厂使用的资本和劳动投入量是年产50吨的工厂的两倍，所生产的产量小于100吨，属于规模报酬递减。

规模报酬的数学表达：

设生产函数 $Q = f(L, K)$。

如果 $f(\lambda L, \lambda K) > \lambda f(L, K)$，其中，常数 $\lambda > 0$，则生产函数 $Q = f(L, K)$ 具有规模报酬递增的性质。

如果 $f(\lambda L, \lambda K) = \lambda f(L, K)$，其中，常数 $\lambda > 0$，则生产函数 $Q = f(L, K)$ 具有规模报酬不变的性质。

如果 $f(\lambda L, \lambda K) < \lambda f(L, K)$，其中，常数 $\lambda > 0$，则生产函数 $Q = f(L, K)$ 具有规模报酬递减的性质。

（二）规模报酬的图形分析

为了有助于从直观上理解规模报酬的涵义，现通过图形来分析：图4-10、图4-11、图4-12分别代表规模报酬递增、规模报酬不变和规模报酬递减3种情况。每张图都有3条等产量曲线 Q_1、Q_2、Q_3，从 E_1 点到 E_2 到 E_3 点，产出增长的比例为100%。每张图都有从原点出发的射线 OR，它与三条等产量线分别交于 E_1、E_2 与 E_3 点，由于 OR 直线与等产量线的交点表达了生产规模扩大过程中要素使用情况，所以被称为扩张路线（Expansion path）。

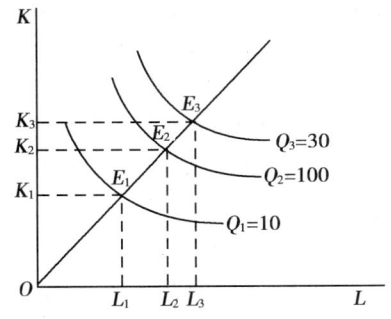

图4-10 规模报酬递增

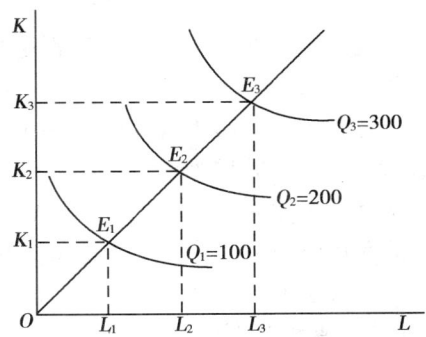

图4-11 规模报酬不变

图4-10表示规模报酬递增：从 E_1 点到 E_2 点劳动和资本两要素增加的比例为 $L_1L_2/OL_1 = K_1K_2/OK_1 < 1$，而产量增加的比例为100%，产量增加的比例大于要素增加的比例。由该图可以看出，$OE_1 > E_1E_2 > E_2E_3$。

图 4-11 表示规模报酬不变。从 E_1 点到 E_2 点劳动和资本两要素增加的比例为 $L_1L_2/OL_1 = K_1K_2/OK_1 = 1$,而产量增加的比例为 100%,产量增加的比例等于要素增加的比例。由该图可以看出,$OE_1 = E_1E_2 = E_2E_3$。

图 4-12 表示规模报酬递减。从 E_1 点到 E_2 点劳动和资本两要素增加的比例为 $L_1L_2/OL_1 = K_1K_2/OK_1 > 1$,而产量增加的比例为 100%,产量增加的比例小于要素增加的比例。由该图可以看出,$OE_1 < E_1E_2 < E_2E_3$。

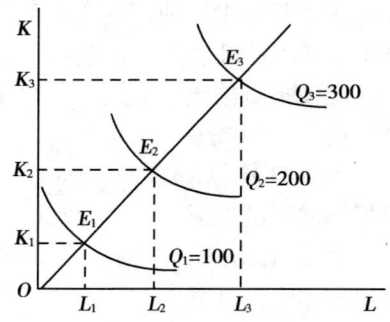

图 4-12 规模报酬递减

一般情况下,在长期生产过程中,厂商从最初的很小的生产规模开始逐步扩大再生产时,企业首先经历规模报酬递增阶段,当规模经济充分利用以后转入规模报酬不变阶段。这个阶段可能比较长。当生产规模扩大到一定限度以后企业就会进入规模报酬递减阶段。

> **案例 3:**
>
> **铁路业的规模报酬**
>
> 尽管碰到不少问题,铁路运输仍不断发展。规模对铁路运输有无影响?为什么铁路仍很难与其他形式的运输进行竞争。我们可以从铁路运输的经济分析中寻找这些问题的答案。
>
> 要研究是否存在规模经济效应,我们需要一系列的指标。首先我们可以用运输密度来度量投入,它指的是在一特定线路上每单位时间内铁路可以承运的货物吨数。产出以沿着该线路在特定时间内运输的货物总重量计。我们要问产出与投入之间的规模报酬关系如何?起初,我们以为会有报酬递增效应,因为在运输密度的增加以后,铁路管理部门可以统筹规划,制定出适宜的,富有效率的运输方案。但是,当运输密度增加超过一定值后,会出现报酬递减,因为负荷的运输量已多得很难规划,运输速度也将有所下降。
>
> 大量研究表明,在运输密度较小时,存在递增报酬,但超过一定值后(这一点称为有效密度),会出现报酬递减。这种现象只有在运输密度值很大时才会出现。例如某一研究称,在一个线路上,在运输密度达到年运输 8 万~10 万吨以前,都会出现规模报酬递增。
>
> **资料来源:**《微观经济学》第 3 版,平狄克·鲁宾费尔德. 中国人民大学出版社。

案例思考：
（1）运输密度如何影响铁路的规模报酬？
（2）我国的铁路业是否存在规模报酬递增？

第三节 成本、收益与利润

一、成本的测度

成本是厂商在生产决策中需要考虑的重要因素。成本（Cost）与费用（Expense）在经济分析中是作为同义词使用的。厂商生产某种产品或提供某种劳务所花费的成本，是企业购买各种生产要素的货币支出，即等于投入要素的数量与每单位要素价格的乘积。

1. 生产成本与机会成本

生产出某种产品或劳务所花费成本是什么？由于经济资源是稀缺的，当一个企业或社会用一定的资源生产一种产品时，这些资源就不能用于其他的生产用途。因此，生产 X 产品所费成本，就是为了生产出该产品而放弃（或牺牲）了另一种最佳替代物 Y 的生产。生产出 X 产品的机会成本（Opportunity cost）是生产者所放弃的使用相同生产要素在其他最佳生产用途所获得的收益。例如，农民使用相同数量的土地、农具、种子、肥料等投入生产出 500 公斤小麦时，就不能用相同数量的资源生产出 100 公斤棉花，农民生产 500 公斤小麦的机会成本就是所放弃的最佳用途的 100 公斤棉花。假定农民在种植棉花中所获得的报酬为 1 000 元，则可以说生产 500 公斤小麦的机会成本为 1 000 元。经济分析中把厂商生产某种产品的生产成本（Production cost）与生产出该产品的机会成本这两个词作为同义词。

我们可以将机会成本的概念进行推广。消费者、企业、政府以及整个社会面临各种选择。经济主体做出决策就是在一个目标和另一个目标间权衡取舍的过程。正如一句谚语所说"天下没有免费的午餐。"为了得到我们喜爱的一件东西，通常就不得不放弃另一件东西。由于人们面临权衡取舍，做出决策需要比较行动方案的成本和收益。机会成本就是我们为了得到一件东西所放弃的另一种东西。例如，学生必须决定如何分配时间这种资源。如果 1 小时用于学习一门课程，那么同样的时间就不能用于骑车、休息或看电影。用于学习的 1 小时的机会成本就是同样的时间进行娱乐或休息所获得的收益。

我们考虑是否上大学的决策，运用成本—收益进行分析。大学教育的收益是丰富知识、提高能力和将来有更好的工作机会。但成本是什么呢？你可能会把学费、住宿费和伙食费加总起来。这些费用并不是上大学的真正成本。即使你离开学校，你仍然需要支付住宿和膳食费用，大学的伙食和住宿费可能还低于你自己生活所支付的房租和食物花费。这种分析忽略了上大学的最大成本——时间，当你把上大学的时间用于听课、读书和写文章时，你就不能把这些时间用于工作。为上大学而放弃的工资是接受大学教育的机会成本。因此，机会成本是我们做出一项决策，所放弃其他选择可能获得的最大收益。

2. 显成本与隐成本

按机会成本涵义定义的生产成本由两种类型的成本构成，一是显成本（Explicit cost），二是隐成本（Implicit cost）。

显成本指厂商在生产要素市场上购买或租用所需的生产要素的实际支出。这些支出是在会计账上作为成本项目记入账上的费用，包括支付给劳动力的工资、购买原材料、燃料、动力和运输等所支付的费用，以及借入资本支付的利息。

与显成本相对的隐成本指厂商自己提供的资源所必须支付的费用。例如，为了进行生产，厂商除了雇佣一定数量的工人，从银行借入资本和租用土地外，还动用了自有资金和土地，并亲自管理企业。既然借入资本需要支付利息，租用他人的土地需要付地租，那么厂商使用自有生产要素也应得到报酬。这些为自有生产要素支付的费用是隐成本。其中，厂商自己管理企业也应获得报酬，厂商对自己所提供的企业家才能的报酬支付是正常利润（Normal profit）。正常利润属于隐成本。我们可以从机会成本的角度理解正常利润。当企业所有者拥有管理才能时，他面临两种选择：一种是在自己的企业当经理，另一种选择是在别人拥有的企业当经理。如果在自有企业当经理，会失去在其他企业当经理的所能获得的报酬，而失去的这份报酬就是管理自有企业的机会成本。

总结以上内容，可以得到如下的关系式：生产成本（机会成本）＝显成本＋隐成本＝作为成本项目列入会计账的成本＋隐成本。

3. 沉淀成本

我们在做出决策时必须考虑机会成本。与之相对应的沉淀成本正好相反，决策时可以忽略沉淀成本。

在生活中，或许有人会对你说"覆水难收"，或者"过去的事就让它过去吧！"，这些谚语含有理性决策的深刻道理。当成本已经发生而且无法收回时，这种成本叫做沉淀成本。由于它是无法收回的，因而不会影响经济主体（如企业、个人）的决策。例如，设想你对看一场电影的评价是40元。你用了30元买了一张票,但在进电影院前,你丢了票。你应该再买一张吗?或者你应该马上回家并拒绝花 60 元看电影?回答是你应该再买一张票。看电影的利益(40 元)仍然大于机会成本(30 美元)。你为丢了的那张票所支付的 30 元是沉淀成本。覆水难收,不要为此而懊恼。

4. 经济利润和会计利润

企业的目标是实现利润。经济学家和会计师用不同的方法衡量利润。经济学家衡量企业的经济利润,即企业的总收益减去生产所销售物品和劳务的所有机会成本(显性的和隐性的)。会计师衡量的会计利润,即企业的总收益减去企业的显成本。

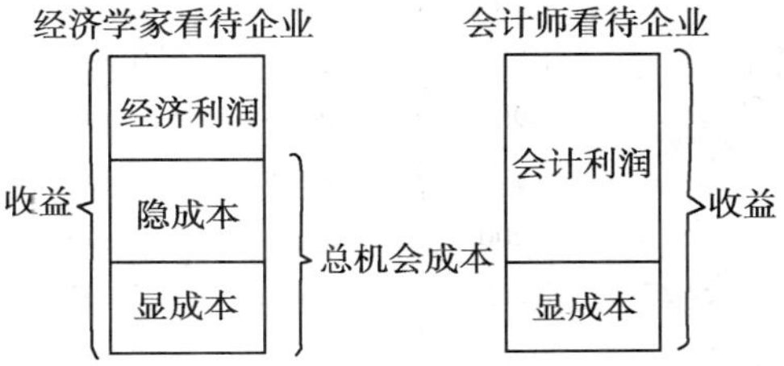

图 4-13 概括了会计利润和经济利润。由于会计师忽略了隐成本,所以会计利润大于经济利润。从经济学家的角度看,要使企业有利可图,总收益必须弥补全部机会成本,包括显成本和隐成本。

图 4-13 经济利润和会计师利润

二、短期成本

(一) 短期成本的构成

一家厂商决定从事一定规模的营业(例如建立一座工厂或农场或商店)后,他将按照设计要求,建立厂房,购置机器等固定设备。所谓短期是指这样一段时期,在该时期内,厂商无法改变其固定设备所限定的规模。不同行业的短期,时间长短可以能差异很大,例如钢铁业的短期可能是好几年,而从事小型运输业的短期可以只有几个月。由于在短期内,厂商的固定设备是无法改变的,所以一家厂商的短期成本包含两类,一是固定成本,二是可变成本。而所谓长期的则是指在该时期内,包括固定成本在内的所有的成本项目都是可以变动的。

在短期,厂商的总成本分为固定成本和可变成本。具体地,短期总成本有以下 7 种:总固定成本(TFC)、总可变成本(TVC)、总成本(TC)、平均固定成本(AFC)、平均可变成本(AVC)、平均总成本(ATC)和边际成本(MC)。表 4-3 列出了一些数字以说明厂商的各种短期成本。根据该表中给出的数字,我们把数据对应的点描述在坐标平面内,可以得到各种短期成本曲线。

表 4-3 厂商的短期成本

(1) 产量 Q (万吨)	(2) 总固定成本 TFC (万元)	(3) 总可变成本 TVC (万元)	(4) 总成本 TC (2)+(3)	(5) 平均固定成本 AFC (2)÷(1)	(6) 平均可变成本 AVC (3)÷(1)	(7) 平均成本 AC (5)+(6)	(8) 边际成本 MC $\Delta TC/\Delta Q$
0	1 200	0	1 200				
1	1 200	300	1 500	1 200	300	1500	300
2	1 200	500	1 700	600	250	850	200
3	1 200	600	1 800	400	200	600	100
4	1 200	750	1 950	300	187.5	487.5	150
5	1 200	1 100	2 300	240	220	460	350
6	1 200	1 800	3 000	200	300	500	700

1. 总固定成本（TFC）、总可变成本（TVC）、总成本（TC）

总固定成本（Total fixed cost，TFC）是厂商在短期内为生产一定数量的产品对固定要素所支付的成本。总固定成本是即使暂时关闭工厂，什么也不生产也要支付的费用，包括厂房设备、投资的利息，折旧费和维修费，各种保险费和一些税金。总固定成本是一个常量，不随产量的变化而变化。如表 4-3 第 2 列所示，某厂商生产某种产品，机器设备、厂房等固定成本为 1 200 万元。在直角坐标平面内总固定成本曲线表现为一条平行于横轴，垂直距离为 1 200 万元的直线，如图 4-14 所示。

总可变成本（Total variable cost，TVC）是厂商在短期内为生产一定数量的产品对可变要素所支付的成本。例如，厂商对原材料、燃料和工人工资支付的费用。可变成本则是指随产量而变动的成本，这类成本包括工人的工资，厂商为购进原料以及其他物品而发生的支出，以及电力费、营业税和短期借款的利息等。总可变成本是产量的函数，即 $TVC = TVC(Q)$。如表 4-3 第 3 列显示，当产量为 0，总可变成本为 0。当产量从 1 万吨逐渐增加到 6 万吨时，总可变成本从 300 万元增加到 1 800 万元。对应的，总可变曲线如图 4-14 所示，它是一条由原点出发向右上方倾斜的曲线，表明总可变成本随产量的增加而增加。

在短期内，厂商的总成本（TC）由固定成本（TFC）与可变成本（TVC）之和构成，即 $TC = TFC + TVC(Q)$。表 4-3 第 4 列给出了总成本，总成本 TC 是第 2 列总固定成本与第 3 列总可变成本相加的和。例如，当产量为 0，总成本为 1 200 万元。当产量为 1 万吨时，总成本为 1 200 万元的固定成本与 300 万元的和，等于 1 500 万元。由于总固定成本是常数，总成本曲线可以由总可变成本曲线（TVC）

向上垂直平移固定成本 TFC 的距离得出，如图 4-14 所示，在每一产量上的总成本由总固定成本和总可变成本共同构成。换言之，总成本曲线和总可变成本曲线任何一点的垂直距离为固定成本。

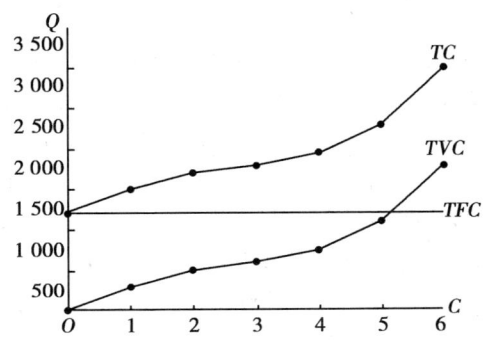

图 4-14　总固定成本（TFC）、总可变成本（TVC）和总成本（TC）

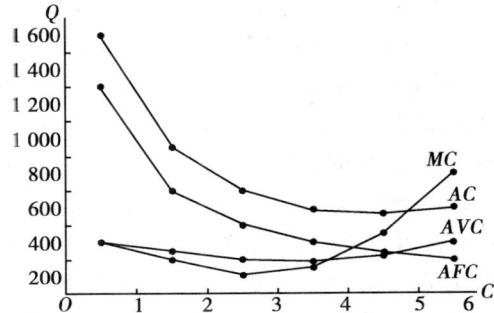

图 4-15　平均固定成本、平均可变成本、平均成本和边际成本

2. 平均固定成本（AFC）、平均可变成本（AVC）、平均成本（AC）和边际成本（MC）

根据固定成本、可变成本和两者相加得出的总成本的数据，可以推导出按每单位产品计算的平均固定成本（AFC）、平均可变成本（AVC）和平均成本（AC），以及边际成本（MC），有关数据分别见表 4-3 的第 5 列到第 8 列。

平均固定成本（Average fixed cost, AFC）是厂商在短期内平均每生产一单位产品所消耗的固定成本。平均固定成本用公式表示是：$AFC(Q) = TFC/Q$。表 4-3 第 5 列为平均固定成本，随着产量从 1 万吨增加到 6 万吨，平均固定成本从 1 200 万元减少到 200 万元。平均固定成本曲线如图 4-15 所示，它是一条向两轴渐进的双曲线。该曲线表示随着产量的增加，平均固定成本越来越小。

平均可变成本（Average variable cost, AVC）是厂商在短期内平均每生产一单位产品所消耗的可变成本。用公式表示为：$AVC(Q) = TVC(Q)/Q$。

平均成本（Average cost, AC）是厂商在短期内平均每生产一单位产品所消耗的全部成本。它等于平均固定成本和平均可变成本的和。用公式表示为：

$$AC(Q) = \frac{TC(Q)}{Q} = \frac{TFC(Q)}{Q} + \frac{TVC(Q)}{Q} = AFC(Q) + AVC(Q)$$

边际成本（Marginal cost, MC）是厂商在短期内增加一单位产量所增加的总成本，即：

$$MC(Q) = \frac{\Delta TC(Q)}{\Delta Q} \text{ 或者：} MC(Q) = \lim_{\Delta Q \to 0} \frac{\Delta TC(Q)}{\Delta Q} = \frac{dTC}{dQ}$$

表 4-3 第 6 列至第 8 列分别为平均可变成本、平均成本和边际成本。如图 4-13 所示，平均可变成本、平均成本和边际成本这 3 条曲线呈 U 形特征，随产量的增加，平均可变成本先递增，各自达到本身的最低点后递增，呈 U 形的特征。

（二）成本曲线之间的关系

下面借助曲线图说明表 4-3 所列成本曲线的形状和它们之间的相互关系。

图 4-16 表示，总成本（TC）曲线则是总可变成本平行上移一段等于固定成本的垂直距离，向右上方递增。边际成本（MC）是每增加一个单位的产品引起的总成本（或可变成本）的增加量。由于在每一个产量水平的 MC 值是相应的 TC 曲线的斜率，又由于每一产量上的 TC 曲线和 TVC 曲线的斜率是相等的。所以，每一产量水平上的 MC 值就是相应的 TC 曲线、TVC 曲线的斜率。在图 4-16 中，当产量为 Q_2 时，TC 曲线上的 b 点与 TVC 曲线上的 b' 点的斜率相同，等于产量等于 Q_2 时的边际产量 $b''Q_3$。

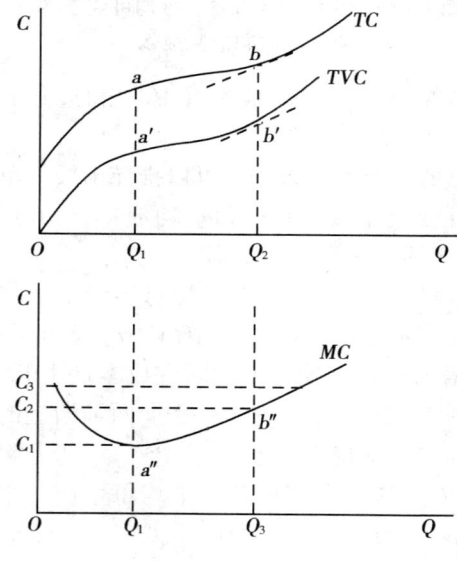

图 4-16　总成本曲线、总可变成本曲线与边际成本曲线

边际成本（MC）曲线先递减后递增，TC 曲线与 TVC 曲线的斜率也由递减变为递增。边际成本曲线的最低点和总成本曲线、总可变成本曲线的拐点对应。图 4-16 中，当产量小于 Q_1 时，TC 曲线和 TVC 曲线的斜率递减。边际成本曲线下降。当产量大于 Q_1 时，TC 曲线和 TVC 曲线的斜率递增，边际成本曲线下降。MC 曲线的最低点 a'' 与 TC 曲线的拐点 a 和 TVC 曲线的拐点 a' 相对应。

边际产量表现出先递减后递增的 U 形特征。其主要原因是边际报酬递减规律。关于边际报酬递减规律，我们也可以从产量变化引起的边际成本变化的角度来理解：假定生产要素的价格不变，在开始的边际报酬递增阶段，增加一单位可变要素投入所产生的边际产量递增，意味着可以反过来说，这一阶段增加一单位产量所需要的边际成本是递减的。在以后的边际报酬递减阶段，增加一单位可变要素投入所产生的边际产量是递减的，意味着可以反过来说，这一阶段增加一单位产量所需要的边际成本是递增的。边际报酬递减规律作用下的边际产量和边际成本之间存在着对应的关系。在短期生产中，边际产量递增阶段对应的是边际成本的递减阶段,边际产量递减阶段对应的是边际成本的递增阶段,与边际产量的最大值相对应的是边际成本的最小值。因此边际成本呈现先降后升的 U 形特征。

短期边际产量与边际成本的对应关系详见附录的证明。

(三) 平均可变成本、平均成本与边际成本的关系

由图 4-17 的 TVC 曲线上任一点与原点的连线的斜率即是该产量的平均可变成本的值,故图 4-17(b)的平均可变成本曲线 AVC 可以由 TVC 曲线上对应点与原点的连线的斜率得出。同理,由图 4-17 的 TC 曲线上任一点与原点的连线的斜率即是该产量的平均成本的值,故图 4-17(b)的平均成本曲线 AC 可以由 TC 曲线上对应点与原点的连线的斜率得出。

从图 4-17(b)可见,AVC 曲线在产量增为 Q_2 之前处于递减阶段,然后转入递增,呈 U 形特征。因此,产量为 Q_2 的平均可变成本是 AVC 曲线从递减转为递增的转折点,即平均可变成本的最低点。对应于 AVC 的最低点,图 4-15(a)中从原点出发的射线 Ob 是 TVC 曲线在 b 点的切线。

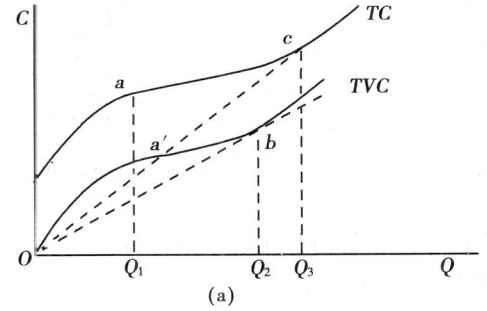

AVC 曲线与 MC 曲线之相互关系是:

(a) 在 AVC 曲线的下降段,MC 曲线低于 AVC 曲线;

(b) 在 AVC 曲线的上升段,MC 曲线高于 AVC 曲线;

(c) 当产量为 Q_2 时,MC 曲线相交于 AVC 曲线的最低点 b 点。其数学证明见附录。

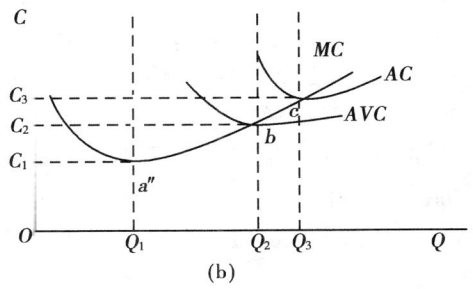

图 4-17 短期成本曲线

从图 4-17(b)可以看到,平均成本曲线 AC 也是呈 U 形,在产量 Q_3 之前递减,然后转入递增。AC 位于 AVC 的上方,两者的垂直距离等于 AFC。AC 达到极小的产量(Q_3)大于 AVC 达到极小的产量(Q_2)。这是因为,AC = AVC + AFC,当 AVC 达到极小值并转为递增时,AFC 仍在递减,所以只要 AFC 的递减超过 AVC 的递增时,AC 仍处于递减阶段。

AC 曲线与 MC 曲线的关系同 AVC 曲线与 MC 曲线的关系相同:

(a) 在 AC 曲线的下降段，MC 曲线低于 AC 曲线；
(b) 在 AC 曲线的上升段，MC 曲线高于 AC 曲线；
(c) 当产量为 Q_2 时，MC 曲线相交于 AC 曲线的最低点 c 点。其数学证明见附录。

此外，对于产量变化的反应，边际成本曲线要比平均成本曲线和平均可变成本敏感得多。反映在图 4-17 中，不管是上升还是下降，MC 曲线的变动都快于 AC 曲线和 AVC 曲线的变动。

三、厂商长期成本

在长期分析中，厂商根据其预计的产销量可以调整变动的，不仅仅限于人工、原料、材料和电力等可变要素的投入量，而且指厂房设备的规模本身也是可以变动的。因而，它实际上涉及"规模报酬"问题谈到的"规模"大小本身的变动。所以在厂商的长期成本中不存在固定成本与可变成本的区别，因为包括厂房的大小和机器设备的规格、数量都是可以变动的。如果说，厂商短期成本分析的问题是既定规模的一座工厂的产量的变化与相应的总成本、平均成本和边际成本等的变量之间的关系。那么，厂商长期成本分析中所涉及的问题是分析，厂商从他打算提供的产量出发，根据技术状况可以利用的各种规模的厂房设备，来规划出与其打算提供的产量相应的生产规模。

由于在长期内，厂商可以根据产量调整全部生产要素的投入量，因此厂商所有的成本都是可变的。厂商的长期成本可以分成长期总成本（LTC）、长期平均成本（LAC）和长期边际成本（LMC）。

（一）长期总成本（LTC）曲线

厂商在长期内能调整所有生产要素意味着企业可以调整生产规模。即在长期内，企业可以在每一产量水平通过选择最优的生产规模进行生产。长期总成本是指在每一产量水平上通过选择最优的生产规模所能达到的最低成本。长期总成本的函数表达式：

$$LTC = LTC(Q)$$

长期总成本可以由短期总成本推导得出。在图 4-18 中的 3 条短期总成本 STC_1、STC_2、STC_3 分别代表 3 个不同的生产规模。由于短期成本曲线的纵截距表示相应的总固定成本 TFC 的数量，因此从图中 3 条短期总成本曲线的截距可知，STC_1 曲线所表示的总固定成本小于 STC_2 曲线所表示的总固定成本又小于 STC_3 所代表的总固定成本。而总不变成本的多少往往表示生产规模的大小。因此，从 3 条短期成本曲线所代表的生产规模看，STC_1 曲线代表的生产规模小于 STC_2 代表的生产规模，小于 STC_3 代表的生产规模。

我们考察厂商如何在长期选择最优生产规模以降低总成本。如果产量为 Q_2，我们对比分析短期和长期的决策。在短期，厂商可能面临 STC_1 曲线代表的过小的生产规模或 STC_3 曲线代表的过大的生产规模。于是，在短期内，厂商只能按照较高的生产成本生产 Q_2 的产量。即 STC_1 曲线上的 e 点和 STC_2 曲线上的 d 点进行生产。而长期内企业可以调整生产规模，在 STC_2 曲线代表的生产规模的 b 点进行生产，从而实现最低的成本。

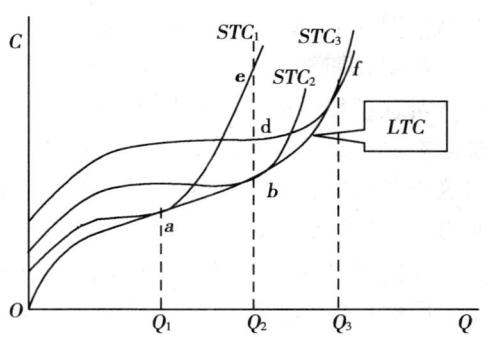

图 4-18 最优生产规模的选择和长期总成本曲线

在长期生产的最优规模下的成本 bQ_2 小于短期成本 dQ_2 小于 eQ_2。类似地，在长期内，厂商会选择 STC_1 曲线所代表的生产规模，在 a 点生产 Q_1 的产量。选择 STC_3 所代表的生产规模，在 f 点生产 Q_3 的产量。因此，厂商在每一既定的产量水平实现了最小的总成本。

厂商在每一产量水平上，都找到相应的最优生产规模，可以将总成本降低到最低水平。即可以找到无数多个类似于 a、b、c 的点，将这些点连接起来，就可以得到图 4-18 中的长期总成本曲线，显然长期总成本曲线是无数条短期总成本曲线的包络线（Envelope curve）。在这条包络线上，在每一产量水平，都存在着 LTC 曲线和一条 STC 曲线的相切点，该 STC 曲线所代表的生产规模是最优生产规模，该切点对应的成本是最小成本。所以，LTC 曲线表示长期内厂商在每一产量水平上选择最优生产规模带来的最小总成本。

长期总成本曲线的形态特征是从原点出发向右上方倾斜的。当产量为 0 时，长期总成本为 0，以后随着产量的增加，长期总成本是递增的。长期总成本曲线的斜率先递减，在拐点后再递增。

（二）长期平均成本（LAC）曲线

1. 长期平均成本的定义

长期平均成本（LAC）表示厂商在长期内按产量平均计算的最低总成本。长期平均成本函数为：

$$LAC(Q) = \frac{LTC(Q)}{Q}$$

2. 长期平均成本曲线的推导

长期平均成本（LAC）的推导有两种方法。一是根据 LTC 曲线推导 LAC 曲线，二是根据 SAC 曲线推导 LAC 曲线。

根据长期平均成本的公式，厂商在长期实现每一产量水平的最小成本的同时，必然实现了相应的最小平均成本。长期平均成本可以由长期总成本曲线画出。长期总成本表示每一产量的最小生产成本。将长期成本每一产量的总成本除以产量，得到这一产量的长期平均成本值，再将该成本值画在对应的产量和成本构成的坐标平面内，可以得到 LAC 曲线。

我们也可以根据短期总成本曲线（STC）推导长期总成本（LTC）曲线。在长期，厂商可以选择最优生产规模，实现最小平均成本。在图 4－19 中，有 3 条短期成本曲线 SAC_1、SAC_2、SAC_3，它们各自代表了不同的生产规模。如果厂商生产 Q_1 的产量，则厂商会选择 SAC_1 曲线代表的生产规模，平均成本为 OC_1。OC_1 是产量为 Q_1 时的最小成本。同理，假定厂商分别生产 Q_2 和 Q_3 的产量，则厂商会分别选择 SAC_2 和 SAC_3 代表的生产规模进行生产，相应的最小成本分别为 OC_2 和 OC_3。

如图 4－19 所示，如果厂商生产的产量为 Q_1'，此时 SAC_1 和 SAC_2 的交点为 A，则厂商既可选择 SAC_1 曲线所代表的生产规模，也可选择 SAC_2 所代表的生产规模。因为，这两个生产规模都以相同的最低成本生产同一产量。这时厂商有可能选择 SAC_1 代表的相对较小的生产规模，厂商的投资可以少一些。厂商也有可能考虑今后扩大规模的需要，选择 SAC_2 曲线代表的生产规模。厂商的这种考虑与选择，同样也适用于类似的两条短期平均成本的交点，如产量为 Q_2' 处的交点 E。

在长期，厂商可以在每一产量水平上找到相应的最小生产规模，以最小成本进行生产。在短期内，厂商不能做到这一点。例如，在短期，如果产量为 Q_2，假定厂商的现有生产规模为 SAC_1，那么短期内厂商只能以 SAC_1 曲线上的 OC_1 的平均成本进行生产，而不是 SAC_2 曲线上更低的成本 OC_2 进行生产。

如果假设厂商可以选择的生产规模的数量非常多，则可以有无数条短期成本曲线（SAC）。厂商在长期可以选择由 SAC 代表的生产规模，以最小成本生产产品。这时长期平均成本曲线（LAC）成为一条平滑曲线。如图 4－19 所示，长期平均成本曲线是无数条短期成本曲线的包络线。在这条包络线上，在每一产量水平，都存在 LAC 曲线和一条 SAC 曲线的相切点。该 SAC 曲线代表的生产规模就是生产该产量的最优生产规模，该切点对应的成本就是最小成本。

从图 4－20 还可以看出，长期平均成本的形态特征是：LAC 曲线先递减，在最低点后递增，呈现出 U 形的特征。在 LAC 的递减阶段，LAC 曲线相切于 SAC 曲线的最低点的左边，如 a 点所示。在 LAC 的递增阶段，LAC 曲线相切于 SAC 曲线的最低点的右边，如 c 点所示。只有在 LAC 曲线的最低点上，LAC 曲线才相切于 SAC

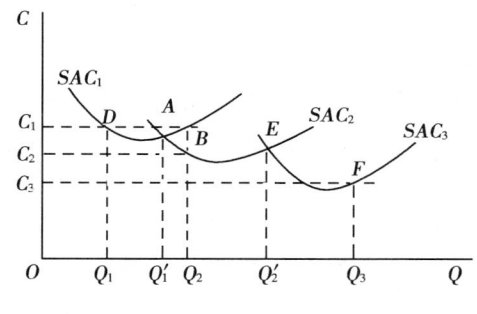
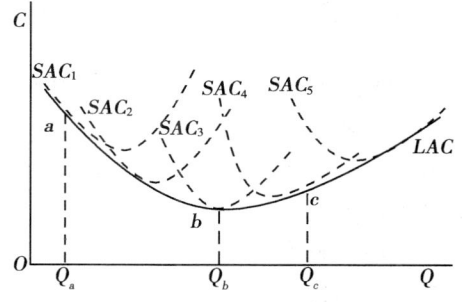

图 4-19 最优生产规模的选择

图 4-20 长期平均成本曲线

曲线的最低点,如图 4-20 的 b 点所示。

3. 长期平均成本曲线与规模经济

长期平均成本曲线先降后升的 U 形特征是由长期生产中的规模经济和规模不经济所决定的。

在企业生产扩张的开始阶段,厂商由于扩大生产规模而使经济效益得到提高,叫做规模经济。当生产扩张到一定规模以后,厂商继续扩大生产规模,就会使经济效益下降,叫做规模不经济。规模经济的特点是产量增加的倍数大于成本增加的倍数。规模不经济是产量增加的倍数小于成本增加的倍数。规模经济和规模不经济都是厂商变动自己的生产规模所引起的,所以被称作内在经济和内在不经济。

什么引起规模经济或规模不经济呢?规模经济的产生是因为生产水平高,允许工人中的专业化,而专业化可以使工人更精通自己的任务。例如,现代化装配线要求大量的工人。如果福特公司只生产少量汽车,它就不能利用这种方法,而且平均总成本较高。规模不经济的产生是由于任何一个大型组织中固有的协调问题。例如,福特公司生产的汽车量越多,管理团队变得越庞大,管理者压低成本的效率越低。

这种分析表明为什么长期平均总成本曲线通常是 U 形的。在生产水平低时,企业从扩大规模中获益是因为它可以利用更大的专业化。同时协调问题并不尖锐。如此相比,在生产水平高时,专业化的好处已经实现了,而随着企业变得越来越大,协调问题变得越来越严重。因此,长期平均总成本曲线在生产水平低时下降是由于专业化增加,而在生产水平高时成本增加是因为协调问题增加。

在这里需要注意的是,规模经济和前面提到的规模报酬是有区别的。规模报酬的分析是以各生产要素投入量的比例保持不变为前提的。而事实上,厂商改变生产规模时,通常会改变各种生产要素投入量之间的比例。因此,规模经济和规模不经济的分析包括了规模报酬变化的特殊情况。

参考资料

扣针厂的经验

"样样通,样样差。"这句人所共知的格言解释了为什么企业有时经历了规模经济。一个努力去做每一件事的人通常以什么也做不好而结束。如果一个企业要想使自己工人的生产率尽量高,它通常最好是让他们从事他们能精通的有限工作。但只有在一个企业雇佣了大量工人并生产大量产品时,这才是可能的。

亚当·斯密在其名著《国民财富的性质和原因的研究》中根据他对一个扣针厂的参观描述了一个例子。斯密所看到的工人之间的专业化和引起的规模经济给他留下了深刻的印象。他写道:

"一个人抽铁丝,另一个人拉直,第三个人截断,第四个人削尖,第五个人磨光顶端以便安装圆头;做圆头要求有两三道不同的操作;装圆头是一项专门的业务,把针涂白是另一项;甚至将扣针装进纸盒中也是一门职业。"

斯密说,由于这种专业化,扣针厂每个工人每天生产几千枚针。他得出的结论是,如果工人选择分开工作,而不是作为一个专业工作者团队,"那他们肯定不能每人每天制造出 20 枚扣针,或许连一枚也造不出来"。换句话说,由于专业化,大扣针厂可以比小扣针厂实现更高人均产量和每枚扣针更低的平均成本。

斯密在扣针厂观察到的专业化在现在经济中普遍存在。例如,如果你想盖一个房子,你可以自己努力去做每一件事。但大多数人找建筑商,建筑商又雇佣木匠、瓦匠、电工、油漆工和许多其他类型工人。这些工人专门从事某种工作,而且,这使他们比作为通用型工人时做得更好。实际上,运用专业化实现规模经济是现代社会像现在一样繁荣的一个原因。

资料来源: 曼昆,《经济学原理》第 4 版,北京大学出版社。

4. 长期平均成本的位置移动

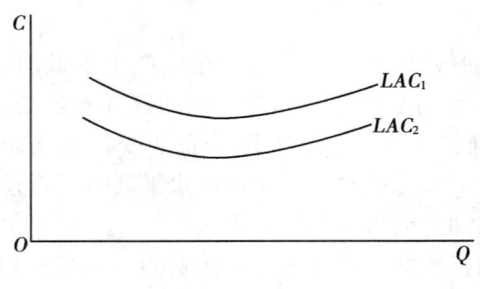

图 4-21 长期平均成本曲线的移动

企业的外在经济和外在不经济导致了长期平均成本曲线的移动。企业的外在经济是由于厂商的生产活动所依赖的外界环境得到改善而产生的。例如:整个行业的发展,可以使行业内的单个厂商从中受益,厂商的长期平均成本下降。如图 4-21 所示,企业的外在经济使 LAC_1 曲线向下平移到 LAC_2 曲线。相反,如果厂商的生产活动所依赖的外界环境恶化了,则是企业的外在不经济。企业的外在不经济表现为长期平均成本曲线

(LAC)向上平移。如图 4-21 所示,企业的外在不经济使 LAC_2 曲线向上平移到 LAC_1 曲线。例如,整个行业的发展,使得生产要素的价格上升,交通运输紧张,从而给行业内的单个厂商的生产带来困难。

(三) 长期边际成本(LMC) 曲线

1. 长期边际成本的定义

长期边际成本 LMC 表示厂商在长期内增加一个单位的产量引起的总成本的增加量,长期边际成本函数为:

$$LMC(Q) = \frac{\Delta LTC(Q)}{\Delta Q} \text{ 或 } LMC(Q) = \lim_{\Delta Q \to 0} \frac{\Delta LTC(Q)}{\Delta Q} = \frac{dLTC(Q)}{dQ}$$

由长期边际成本的定义可以得出,每一产量水平上的 LMC 值都是相应的 LTC 曲线的斜率。

2. 长期边际成本曲线的推导

长期平均成本(LAC)的推导有两种方法。一是根据 LTC 曲线推导 LMC 曲线,二是根据 SMC 曲线推导 LMC 曲线。

根据长期边际成本的定义 $LMC = dLTC(Q)/dQ$,只要把每一产量水平上的 LTC 曲线的斜率值描绘在产量和成本的平面坐标图中,就可得到 LMC 曲线。

长期边际成本(LMC)曲线也可由短期边际成本(SMC)曲线得到。上面谈到,长期平均成本曲线(LAC 曲线)是数目很多的一族短期平均成本曲线(SAC 曲线)的包络线,下面即将看到,长期边际成本(LMC)曲线并不是一族短期边际成本(SMC)曲线的包络线。长期边际成本曲线上的任一点总是与某一特定短期边际成本曲线相交,交点所代表的产量即是 LAC 与 SAC 相切之点相应的产量。

因为 LTC 曲线是 STC 曲线的包络线。因此在长期的每一个产量,LTC 曲线都与一条代表最优生产规模的 STC 曲线相切,这说明两条曲线的斜率是相同的。由于 LTC 曲线的斜率是 LMC 值,STC 曲线的斜率是 SMC 值,因此,在长期的每一产量水平上,LMC 值都与代表最优生产规模的 SMC 值相等。根据这种关系,可以由 SMC 曲线推导 LMC 曲线。

如图 4-22 所示,在每一个产量水平,代表最优生产规模的 SAC 曲线都有一条相应的 SMC 曲线,每一条 SMC 曲线都过相应的 SAC 曲线的最低点。在 Q_1 的产量上,生产该产量的最优生产规模由 SAC_1 曲线和 SMC_1 曲线所代表,相应的短期边际成本由 A 点表示。由于在长期的每一产量水平上,LMC 值都与代表最优生产规模的 SMC 值相等。因此,A_1Q_1 既是最优的短期边际成本,又是长期边际成本,即有 $LMC = SMC_1 = AQ_1$。同理,在产量为 Q_2 时,有 $LMC = SMC_2 = BQ_2$。在产量为 Q_3 时,有 $LMC = SMC_3 = CQ_3$。在生产规模无限细分的情况下,可以得到无数个类

似于 A、B 和 C 的点，将这些点连接起来，可以得到一条光滑的 LMC 曲线。LMC 曲线先递减后递增，呈 U 形特征。

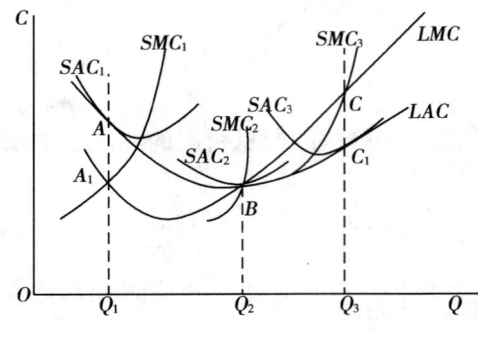

图 4-22 长期边际成本曲线

3. 长期边际成本（LMC）与长期平均成本（LAC）的关系

LMC 曲线相交于 LAC 曲线的最低点。根据边际量和平均量之间的关系：（1）当该产品处于规模报酬递增阶段时，即 LAC 曲线处于递减阶段时，LMC 曲线位于 LAC 曲线的下方；（2）当该产品转入规模报酬递减阶段时，即 LAC 曲线处于递增阶段时，LMC 曲线位于 LAC 曲线的上方；（3）在 LAC 曲线从递减转入递增的转折点，即 LAC 曲线的最低点，LMC 曲线与 LAC 曲线相交。即当产量为 Q_2 时，长期边际成本（LMC）= 长期平均成本（LAC）；又因为对于任一给定产量（如 Q_1，$Q_2\cdots$），$SMC=LMC$ 和 $SAC=LAC$，故在 Q_2（也只有在 Q_2），即平均成本为最低时，$LMC=LAC_2=SAC_2$。

四、范围经济

范围经济是导致长期平均成本下降的另一个主要原因。范围经济适用于企业生产多种产品而不是单一产品的情况。例如：汽车制造厂既生产私家小型车，也生产货车和公交大型车。企业同时进行多种产品的生产称为联合生产。我们称这些产品为关联产品。例如，养羊的农场同时生产的羊毛、羊羔皮和羊肉属于关联产品。企业进行联合生产意味着多种产品的生产可以使用共同的生产设备和其他投入品而获得产量或成本的好处，也可以通过统一营销计划或统一经营管理获得降低成本的利益。

范围经济是指在相同的要素投入下，由一个单一的企业生产联合产品比由多个不同的企业分别生产这些联合产品中每一个单一产品的产出水平要高。相反，如果在相同的投入下，由一个单一的企业生产联合产品比由多个不同的企业分别生产这些联合产品中每一个单一产品的产出水平要低，则称这种生产过程为范围不经济。当厂商生产不同的产品会发生生产上的冲突时，会造成范围不经济。

范围经济的特征可以通过研究产品成本的情况进行分析。假定厂商同时生产两种产品，其成本特征如图 4-23 所示，图中曲线 c 表示生产 X、Y 两种产品所耗费的成本。曲线 c 与纵轴的交点 B 表示该企业用既定的资源只生产 Y 产品而不生产 X 产品所耗费的总成本。曲线 c 与横轴的交点 A 表示该企业用既定的资源只生产 X 产品而不生产 Y 产品所耗费的总成本。A 与 B 之间 c 曲线上的任何一点表示用既定的资源所生产的 X 与 Y 两种产品各种不同数量组合所耗费的总成本。这里的等成本线是凸向原点的,表明用既定的资源由一个厂商同时生产两种产品比由两个厂商使用这一既定的资源分别只生产其中一种产品所耗费的成本总量要低。如果等成本曲线是连接 AB 两点的直线,如图中的虚线,则不存在范围经济。在这种情况下,对于既定的资源,由一个企业同时生产两种产品还是由两个企业分别生产两种产品,所产生的成本是相同的。

我们可以用下面的公式:

$$SC = \frac{C(X) + C(Y) - C(X+Y)}{C(X+Y)}$$

式中,$C(X)$ 表示用既定的资源只生产 X 产品所耗费的成本。$C(Y)$ 表示用既定的资源只生产 Y 产品所耗费的成本,$C(X+Y)$ 表示用既定的资源同时生产 X、Y 两种产品的联合生产所耗费的成本。如果 $SC > 0$,则存在范围经济。如果 $SC < 0$,则存在范围不经济。如果 $SC = 0$,既不存在范围经济,也不存在范围不经济。

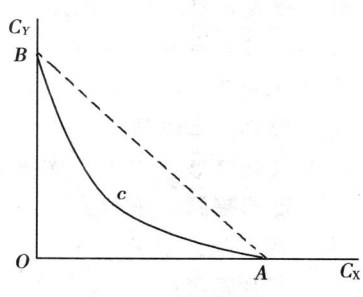

图 4-23 范围经济

案例 4:

卡车运输业的范围经济

假如你经营一家运输企业,你的企业在城市之间运输各种运载量的货物。在运输业务中,企业是根据运载量的大小和运途的长短来确定提供几种相关但又有区别的产品。首先,任何运载量,无论大小,均可以由一个地方运至另一个地方而中间不作停留。其次,一定运载量的货物可以与其他货物合并在一起,在各地之间移动,最终被直接由其原来所在地运至适当的目的地。各种货物,部分或全部,均涉及不同的运途。

这提出了有关规模经济和范围经济的问题。规模方面的问题是,是否大规模的、小宗直接运送比小型运输企业各自单独运送更便宜和有利可图。范围方面的问题是,是否大型运输企业享有直接快速运送和间接慢速运送(但比较便宜)方面的成本优势。集中计划和路线的组织可以提供范围经济。规模经济存在的关键是,当众多的货物进入运送范围时,我们所描述的线路的组织和货物的分类可以被更有效的完成。那么，很可能货物被计划安排好，从而使每量运输车都装满，而不是仅装满一半。

运输业的研究表明范围经济是存在的。例如，从 1976 年对 105 家运输企业所做的分析可以看出以下 4 个明显的结果：（1）短途的半车货物；（2）中途的半车货物；（3）长途的半车货物；（4）各种运途的满车货物。结果表明对于相当大的企业来说，范围经济的程度（SC）为 1.576。然而当企业变得十分大时，范围经济的程度就降至 0.104。大企业在运送大宗货物方面十分有效，因此，在中途停建装载部分货物方面通常没有优势。直接由原地到目的地的运送是很有效的。但是，很明显，其他不利因素是与管理十分巨大的企业相关的，因此当企业逐渐变大时范围经济的程度下降了。不管怎样，在中途将部分货物合并运送的能力降低了企业的成本，提高了利润率。

因此，上述研究表明，一个运输企业要想在运输业中与其他企业竞争，它必须大到能够在中途将货物合并运送的程度。

资料来源：平狄克·鲁宾费尔德（Robert S. Pindyck）等著，《微观经济学》第 3 版，中国人民大学出版社。

案例思考：
如何实现卡车运输业的范围经济和规模经济？

五、学习效应

在有些企业的生产过程中，由于工人和管理者在熟悉了他们的工作时，吸取了新的技术知识，长期平均成本会逐渐下降，这种效应就是学习效应。

管理者和工人在生产过程中掌握了经验，企业生产既定的产出的边际成本和平均成本会因为以下 4 个原因而下降。（1）起初，工人在完成一定任务时，需要较多的时间。但工人对工作越来越熟练后，他们完成工作的速度加快了。（2）管理者在从原材料的流入和流出到生产本身的组织方面学会了如何将生产过程安排得更有效率。（3）设计产品的工程师改进了产品的设计，降低了生产成本。更好和更专业化的工具和工厂组织也降低了成本。（4）材料供应者可能学会如何处理企业所需的原料，并且将此优势以较低的材料成本的方式传递给该企业。因此，随着产出的增加，企业不断"学习"。管理者以这种学习过程来帮助计划生产和预测未来成本。

图 4-24 显示了学习曲线。该曲线反映了累积产出与企业生产单位产出所需投入数量之间的关系。这个曲线反映了某制造企业生产机器的学习曲线。横轴表示企

业所生产的机器的累积批量,纵轴表示生产每批机器所需要的劳动时间。每单位产出的劳动投入直接影响着企业的生产成本,所需的劳动时间越少,生产的边际成本和平均成本越低。

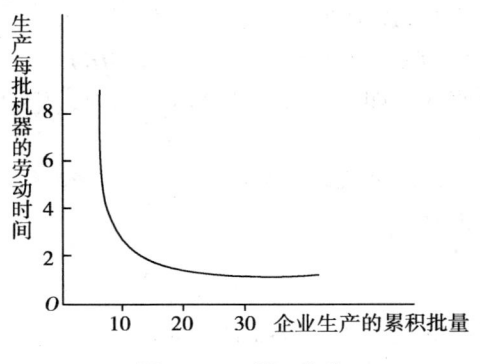

图 4-24　学习曲线　　　　　图 4-25　规模经济和学习效应

图 4-24 学习曲线的函数关系是:$L = A + BN^{-\beta}$。式中,N 是可生产的产出的累积量;L 是单位产出的劳动投入量;A、B 和 β 均为常数。A 和 B 都是正数,β 介于 0 和 1 之间。

当 $N=1$ 时,$L = A + B$,从而 $A + B$ 表示生产第一单位产出时,所需要的劳动投入量。当 $\beta = 0$ 时,表示累积产出水平(N)上升时,单位产出的劳动投入(L)保持不变,因而不存在学习效应。当 β 为正数而 N 不断变大时,L 大体接近于 A,从而 A 表示所有的学习发生后单位产出的最低劳动投入。

β 的值越大,学习的作用就越重要。例如,当 β 的值等于 0.5 时,单位产出的劳动投入相应降至与累积产出的平方根相等。这一学习程度可以在企业变得更有经验时降低企业的生产成本。

当企业生产了 20 批或更多的机器,学习曲线效应变得完全了,并且可以运用成本进行分析。然而,如果生产过程相对较新,那么在产出较低时的较高成本,表明了学习效应而不是规模经济。通过学习,一个成熟企业的生产成本相对较低,不管他的经营规模多大。如果成批生产机器的企业知道它拥有规模经济的优势,它就应该利用与其规模相关的低成本优势,大批量的生产机器。

图 4-25 显示了这一现象。AC_1 表示生产中具有规模经济优势的长期平均成本。从而,沿着 AC_1 曲线上的由 A 到 B 的生产变动导致了学习带来的成本降低,这使得平均成本曲线向下移动。

六、收益与利润最大化

（一）收益

收益是厂商出售产品的收入。厂商的收益可以分为：总收益（Total revenue，TR）、平均收益（Average revenue，AR）和边际收益（Marginal revenue，MR）。

总收益是厂商出售产品后所获得的全部收入。如果令厂商的需求函数为：$P = f(Q)$。则总收益表示为 $TR = pQ = f(Q) \times Q$。

平均收益是平均每一单位产品的销售收入，用公式表示为：

$$AR = \frac{TR}{Q} = \frac{P \times Q}{Q} = \frac{f(Q)Q}{Q} = f(Q) = P$$

即平均收益等于价格。

边际收益是每增加一单位产品销售所引起的总收益的增加量。即：

$$MR = \frac{\Delta TR}{\Delta Q} \text{ 或者 } MR = \lim_{\Delta Q \to 0} \frac{\Delta TR(Q)}{\Delta Q} = \frac{dTR(Q)}{d(Q)}$$

收益曲线的形状由需求曲线的形状决定。我们将需求曲线分成两种情况：一是价格为常数的需求曲线；二是价格为变数的需求曲线。

首先分析价格为常数的需求函数条件下的收益曲线。当价格为常数时，需求函数可以表示成：$P = P_0$。在价格为常数的情况下，总收益为 $TR = P_0 \times Q$，由于 P_0 是常数，所以总收益线是从原点出发的一条射线。

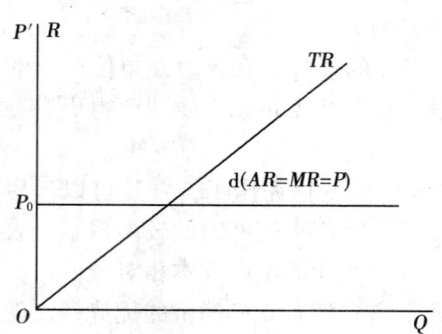

图 4-26 价格为常数的收益曲线

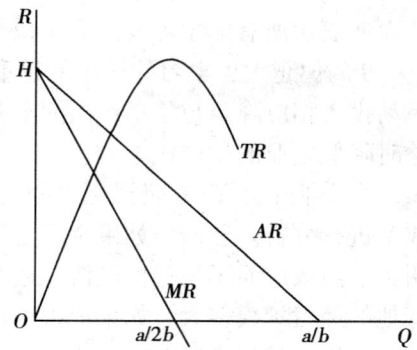

图 4-27 线性需求下的收益曲线

价格为常数下的平均收益为 $AR = TR/Q = P_0$，边际收益为 $MR = dTR/dQ = P_0$。即价格为常数的情况下，平均收益、边际收益和需求曲线完全重合。如图 4-26，横坐标表示产量或销售量，纵坐标表示价格 P 或收益 TR。总收益曲线的斜率为常数，等于价格 P_0，平均收益、边际收益和需求曲线完全重合。

在价格不是常数的情况下,我们分别讨论线性需求下的收益曲线和非线性需求下的收益曲线。线性需求函数的形式为:$P = a - bQ$。

该线性需求函数把价格表示为数量的函数。与上式对应的总收益为:$TR = PQ = aQ - bQ^2$。平均收益为 $AR = p = a - bQ$。边际收益为 $MR = a - 2bQ$。

图4-27是线性需求情况下的收益曲线的几何图形。需求曲线向右下方倾斜,商品的价格随销售量的增加而下降。平均收益和边际收益都随销售量的增加而下降。由于边际收益递减,因此总收益曲线以递减的速率增加。总收益与边际收益的关系是,当边际收益等于0时,总收益达到最大。从图形上看,在边际收益交于横坐标时,总收益曲线达到最高点。边际收益和平均收益的关系是,二者的截距相等,边际收益曲线的斜率的绝对值是平均收益曲线的绝对值的两倍。

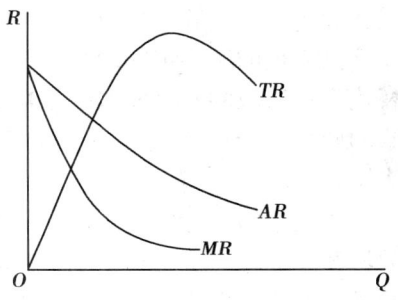

图4-28 非线性需求下的收益曲线

对于非线性的需求函数来说,由于价格与需求量反方向变化,即需求曲线是向右下方倾斜的,所以平均收益和边际收益曲线也是向右下方倾斜的。图4-28显示了非线性需求曲线所形成的总收益曲线、平均收益曲线和边际收益曲线。

(二)利润最大化

利润等于总收益减去总成本,即 $\pi = TR(Q) - TC(Q)$。式中,π 为利润。成本包括显成本和隐成本。由于收益与成本都是产出的函数,所以利润也是产出的函数,即 $\pi = \pi(Q)$。对利润函数求一阶导数,并令该导数等于0,可以得到利润最大化的必要条件。

$$\text{由} \frac{d\pi}{dQ} = \frac{dTR}{dQ} - \frac{dTC}{dQ} = 0,\text{得到} MR = MC。$$

厂商利润最大化的条件是生产的产出实现边际收益等于边际成本。

本章小结

本章属于生产者行为理论。企业或厂商是指在市场经济中能做出统一决策的单个经济单位。厂商进行生产所追求的目标是利润最大化。

企业的生产可以分为短期生产和长期生产。我们用一种可变投入的生产函数分析企业的短期生产,用两种相互替代的可变投入的生产函数考察企业的长期生产行为。

一种可变投入生产的基本特征是边际报酬递减规律。该规律说明,在任何一种产品的短期生产中，在其他条件不变的前提下，任何一种要素的边际产量必然会从递增阶段发展为递减阶段。相应地，任何一种可变要素的边际产量曲线呈现出先上升后下降的特征。短期生产分为3个阶段，厂商生产的合理区间是第 II 阶段。

两种可变投入的生产理论属于长期生产理论，这一理论的分析工具是等产量曲线和等成本线。等产量线表示在技术水平不变的条件下，生产同一产量的两种生产要素投入量的所有不同的组合。等产量线的斜率用边际技术替代率表示，边际技术替代率是递减的。等成本线是在生产成本和要素价格给定的条件下生产者可以购买到的两种生产要素的各种不同组合的轨迹。等成本线的斜率用两要素的价格比表示。

长期生产中，厂商实现既定成本下的最大产量或既定产量下的最小成本。生产的均衡点是等产量线和等成本线的切点。在切点上，等产量曲线和等成本线的斜率相等，即两要素的边际技术替代率等于要素的价格之比。换言之，只有当厂商将最后一单位的货币成本无论用来购买哪一种生产要素所带来的边际产量都相等时，厂商才能实现生产均衡。

长期生产中的规模报酬递增、规模报酬不变和规模报酬递减分别指长期生产中全部生产要素增加的比例小于、等于和大于它所导致的产量增加的比例。在企业扩大规模的长期生产中，一般会依次经过规模报酬递增、规模报酬不变和规模报酬递减3个阶段。

厂商的生产成本应从机会成本的角度分析。机会成本（Opportunity cost）是厂商运用一定的生产要素进行生产时，他所放弃的使用相同生产要素在其他最佳生产用途所获得的收益。生产的成本包括显成本和隐成本。显成本指厂商在生产要素市场上购买或租用所需的生产要素的实际支出。隐成本指厂商自己提供的资源所必须支付的费用。经济学家和会计师用不同的方法衡量利润。经济学家衡量企业的经济利润是企业的总收益减去生产所销售物品和劳务的所有机会成本（显性的和隐性的）。会计师衡量的会计利润是企业的总收益减去企业的显成本。

成本理论以生产理论为基础，与生产理论相似，成本理论也分为短期成本理论和长期成本理论。成本是产量的函数。

短期成本有8种：总成本、平均总成本、总不变成本、总可变成本、平均总成本、平均不变成本、平均可变成本和边际成本。短期生产的基本规律是边际报酬递减规律。我们由短期生产的先上升后下降的边际产量出发，推导先下降后上升的 U 形短期边际成本曲线。进一步地，由短期边际成本曲线推导出其他的几种成本曲线。

长期成本有3种：总成本、平均成本和边际成本。在长期中，厂商通过对最优生产规模的选择，使每一单位的产量都以最小的成本被生产出来。厂商的长期总成本是无数条短期总成本的包络线。厂商的长期平均成本也是无数条短期平均成本的包络线，并进一步推导出长期边际成本。

企业长期生产的规模经济和规模不经济决定了长期平均成本曲线的 U 形特征。企业长期生产的外在经济和外在不经济决定了长期平均成本曲线位置的高低。范围经济是导致长期平均成本下降的另一个主要原因。范围经济适用于企业生产多种产品而不是单一产品的情况。范围经济是指在相同的要素投入下，由一个单一的企业生产联合产品比由多个不同的企业分别生产这些联合产品中每一个单一产品的产出水平要高。在有些企业的生产过程中，由于工人和管理者熟悉了他们的工作，吸取了新的技术知识，长期平均成本会逐渐下降，这种效应就是学习效应。

企业最终的生产目标是实现最大利润。利润最大化的条件是边际收益等于边际成本。

关键术语

边际产量　边际报酬递减规律　规模经济　机会成本　边际成本　范围经济　学习效应

复习题

（1）简述总产量、平均产量和边际产量之间的关系。

（2）结合图形说明成本既定条件下产量最大的均衡条件。

（3）简述短期平均成本和短期边际成本之间的关系。

（4）试用图从短期边际成本曲线推导出长期边际成本曲线，并说明长期边际成本曲线的经济含义。

（5）厂商实现利润最大化的条件是什么？

练习题

（1）已知某厂商的生产函数为 $Q = L^{\frac{3}{8}} K^{\frac{5}{8}}$，设劳动的价格 $P_L = 3$ 元，资本的价格 $P_K = 5$ 元。

①求产量 $Q = 10$ 时的最低成本支出和使用的劳动 L 与资本 K 的数量。

②求总成本为 160 元时厂商均衡的 Q、L、K 的值。

（2）已知生产函数为 $Q = KL - 0.5L^2 - 0.32K^2$，$Q$ 表示产量，K 表示资本，L 表示劳动。令上式的 $K = 10$，求：

①写出劳动的平均产量（AP_L）函数和边际产量（MP_L）函数。

②分别计算当总产量、平均产量和边际产量达到极大值时厂商雇佣的劳动。

（3）已知某企业的短期总成本函数是 $STC = 0.04Q^3 - 0.8Q^2 + 10Q + 5$。①指出该短期成本函数中的可变成本部分和不变成本部分。②写出下列相应的函数：TVC

（Q）、AC（Q）、AVC（Q）、AFC（Q）和 MC（Q）。

（4）如果某个生产者的生产函数为 $Q = \sqrt{KL}$，已知资本 $K = 4$，资本总值为 100，L 的价格为 10。求 L 的投入函数和生产 Q 的总成本函数、平均成本函数和边际成本函数。

（5）某公司用两个工厂生产一种产品，其总成本为 $C = 2Q_1^2 + Q_2^2 - Q_1 Q_2$，其中 Q_1 是第一个工厂的产量，Q_2 是第二个工厂的产量。求当公司生产的产量为 40 时能够使公司生产成本最小的两个工厂产量的组合。

第五章 市场结构与竞争策略

本章将考察市场,市场是消费者和生产者进行交易的场所。市场可以是每周一次的集市,也可以是经年累月都交易的商场;它可以是熙熙攘攘的有形市场,也可以是悄无声息的无形市场。比如,在现代社会,环球电讯业将全球所有的股票市场连成一片,人们通过电脑发出竞价指令,买卖双方从不见面。

市场被分为商品市场和要素市场,在要素市场中,消费者是供给者,企业是需求者,如土地市场。在商品市场则恰恰相反,例如,小麦市场、自行车市场等。在本章中,只研究商品市场,在下一章,将基本原理扩展到要素市场当中去。市场具有多种结构,在现实生活中,不同的行业能够观察到不同的特征,比如,电力公司处于行业垄断地位,家电行业所拥有的厂商数量就相对多些,而且竞争异常惨烈,经常性的价格战。相比较而言,理发业的价格比较稳定,但厂商数量更多。这意味着市场均衡产量和均衡价格不单单取决于消费者和生产者的选择,而且还取决于市场参与者所处的市场结构。

本章在前面各章的基础上,建立了完全竞争、完全垄断、垄断竞争和寡头垄断4种市场结构的理论模型,将第四章所讨论的利润最大化原则 $MR=MC$ 应用到各个不同的市场中,说明在不同的市场结构下利润最大化的均衡产量的决定,以及整个行业的总产量和价格的决定。

本章第一节分析完全竞争市场,后面三节讨论不完全竞争市场,第五节讨论博弈论的一些基本问题。

第一节 完全竞争

一、完全竞争市场的特征

一提到完全竞争,大家可能就会想到弥漫着各种吆喝声、买卖声、讨价还价声的摩肩接踵的集市,会想到买卖双方间的竞争和同行之间的竞争,大家都会为一点点蝇头小利而斤斤计较,进行你死我活的斗争。然而,经济学意义的完全竞争市场是理想的模型,由于有数不清的生产者和消费者,每个生产商的产量和消费者的需求量都是微不足道的,每一个参与者的行为都不会影响整个市场。具体的讲,完全竞争市场必须符合以下4个条件。

（1）市场上出售同质的产品。在一个完全竞争市场上，每个生产者所生产出来的产品在外观、商标、质量及性能方面都是一样的，所有公司的产品都是完全替代品，在消费者眼中，不管购买哪家产品都是无差异的。现实中，这一条件无法达到，在一个品酒师的眼中，即使是一个葡萄园的葡萄酿出来的葡萄酒都可能因为葡萄的日照时间不一而口味迥异。不过，如果将市场的范围限定的足够小，竞争性厂商的产品可以认为是相似的。如，在一个地区生产出来的小麦，消费者是不会在意到底哪块土地的日照时间更长一些。

（2）厂商都是价格接受者。由于市场上的交易者众多，而且产品是同质的，任何厂商都没有能力控制自己产品的价格。比如，一个农民把自家小麦价格定在市场价格之上，则他的产品无人问津，但是如果他把自己小麦的价格降低到市场价格以下，则毫无必要，因为市场价格足以保证他手中小麦的销路，这说明，完全竞争市场上每一个厂商都是价格的接受者。事实上，厂商都是价格接受者比有大量的生产者更重要，甚至当市场上只有两家厂商的时候，如果一家厂商相信另一家厂商会立刻进入该市场，那么它也会按照价格接受者的方式运作。

（3）生产要素长期完全流动。商人之所以叫做"奸商"，就是因为商人常被认为见利就钻。只要有可获利的机会，厂商便会动员各种资源进行生产，以期获得最大化的利润，类似的，如果一种资源的现有用途比起其他用途来不具有吸引力，该生产资源就会向利润率高的行业流动。比如，土地可以用来种植粮食也可以用来建造住房，靠近市中心的土地往往被配置于后者。不过，生产要素的完全流动只能是长期行为，在短期，很多资源是难以流动的，比如，DVD行业有利可图时，获利机会看起来稍纵即逝，但期望进入的厂商都得做充足的前期准备、筹集资金、修建厂房、引进设备，这使得在短期内生产要素不能充分的流动。当然，在现实中，很多行业即便回报丰厚，厂商也无法自由进入。比如，非洲的很多小国将矿藏控制在国家手中，使得私人厂商不能自由进入，有些国家的军工产业，私人资本也不能自由进入。

（4）生产者和消费者都拥有完全信息。完全信息的假设是，所有信息都是公开而且无成本获得的，一切信息都尽在生产者和消费者掌握，生产者了解自己的生产函数、投入要素的价格和产品的价格，消费者了解自己的偏好、收入及产品的价格等。事实上，获得信息总是有成本，当牛肉的价格上涨时，一个牛肉生产商要不要增加产量的供给了？如果是整个市场上所有商品的价格都同比例上涨了，说明发生了通货膨胀，牛肉生产商不必做出增产的决策，相反，如果市场上仅牛肉价格上涨，则说明牛肉的需求增加，增产决策是正确的。但是，判断牛肉上涨属于哪种类型则需要生产商花费一定的精力和时间去研究。对于消费者一样，在一个真实的农贸市场上，相同的蔬菜总是能卖出不同的价格，这就是因为消费者货比三家是需要时间成本的。

完全竞争的 4 个假设十分苛刻，可能没有一个市场能完全满足这一要求，经济学认为，农产品市场和股票市场可以近似的满足这些假定。但是，完全竞争市场仍然是微观经济学中最重要最关键的一部分，因为这并不影响完全竞争市场有效的解释性和预测的精确性，它是判断现实经济配置效率的一个参照系。

二、完全竞争条件下的短期均衡

（一）单个厂商的短期均衡及条件

在第三章，我们已经推导了市场的需求曲线，这是建立在消费者的偏好及收入都不会发生变化的假定之上，推导短期供给曲线是本章的任务之一，不过，我们依然首先假定短期内厂商的生产技术和成本不会发生变化，从而市场的短期供给曲线是不变的。这样，我们就可以将第二章的供求图复制在图 5-1 的左半部。

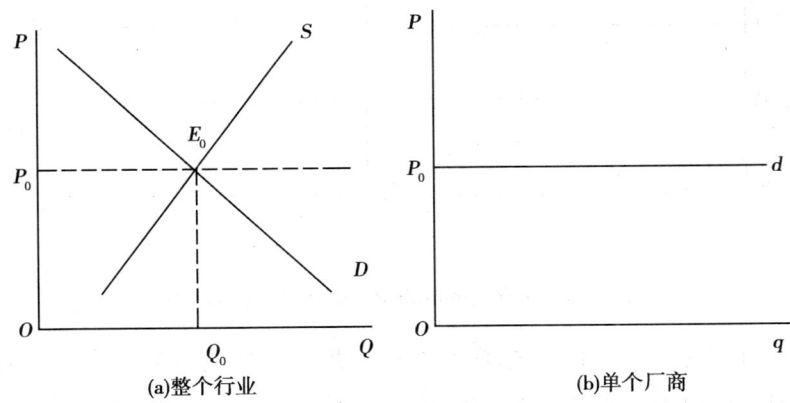

图 5-1 完全竞争市场的需求曲线

在一个既定的市场中，整个市场的供给曲线和需求曲线的交点共同决定了行业均衡价格和均衡产量。正如图 5-1（a）所示，均衡点为 E_0，均衡产量为 Q_0，均衡价格为 P_0。市场的需求曲线仍为向下倾斜的，但对完全竞争市场中的单位厂商而言，情况就有所不同了，由于完全竞争市场上厂商数量众多，每一个厂商的产量都不过是沧海一粟，是价格的接受者，那么单个厂商所面对的需求曲线是一条水平线，如图 5-1（b）所示。注意，在两幅图中，纵坐标所采用的计量单位是相同的，但横坐标的计量单位不同，整个市场的产量用大写的 Q_0 来表示，而单个厂商

的产量用小写的 q 表示,其含义是单个厂商所提供的产量只是整个市场中很小的一部分。也就是说,在价格为 P_0 时,单个厂商所面对的需求曲线的弹性是无限的。

水平的需求曲线只是说明市场上的均衡价格决定了厂商所面对需求曲线,反过来讲,并不正确。如图 5-2 所示,假定最初的均衡点仍为 E_0,市场上所有消费者的收入都增加,导致需求曲线由原来的 D 向右平移到 D_1,新的均衡点为 E_1,厂商所面对市场价格上升至 P_1,于是,单个厂商所面对的需求曲线向上平移至 d_1。如果不是需求曲线发生了移动,而是由于生产技术的进步,所有厂商都能在同样的价格下生产更多的产量,那么供给曲线向右平移到 S_1,新的均衡点为 E_2,那么,单个厂商所面对需求曲线向下平移到 d_2,所面对的市场价格为 P_2。因此,完全竞争厂商所面对需求曲线总是不同市场均衡价格水平下的一条水平线。

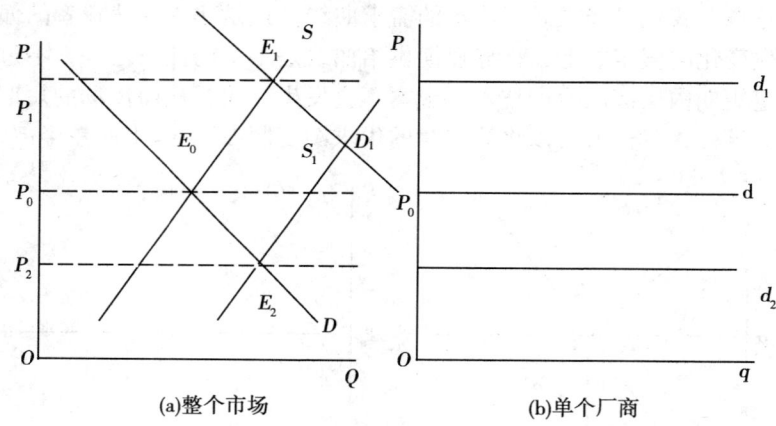

(a)整个市场 (b)单个厂商

图 5-2 完全竞争市场价格变动时的需求曲线

我们一直假定,厂商的目标是追求利润最大化的,在第四章已经证明了当 $MR=MC$ 时,厂商利润最大,这是一般性条件,应用于短期时,该条件可变为 $MR=SMC$。那么,当单个厂商面对水平的需求曲线时,它的边际收益是什么呢?

由利润公式可知 $\pi = TR - TC$,其中,$TR = P(Q)Q$,$P(Q)$ 为需求函数。在一个完全竞争市场上,如果均衡点为图 5-1(a)的 E_0 所示,厂商所面对的需求曲线为 $P(Q) = P_0$,这意味着厂商的需求曲线为常数。由总收益公式得 $TR = P(Q)Q = P_0 Q$。其相应的平均收益和边际收益曲线为:

平均收益 $AR = TR/Q = P_0 Q/Q = P_0$ （5.1)

边际收益 $MR \mathrm{d}TR/\mathrm{d}Q = \mathrm{d}(P_0 Q)/\mathrm{d}Q = P_0$ （5.2)

这两式说明,在短期内,单个厂商的边际收益曲线、平均收益曲线和需求曲线

d 完全重合。综合（5.1）、（5.2）和 $MR = SMC$，省略 P_0 的下标 0，厂商短期均衡条件为：

$$P = AR = MR = SMC \quad (5.3)$$

为了更清楚的看清这个条件，我们把第四章中厂商的短期边际成本曲线和图 5-1b 的单个厂商的需求曲线结合在一起。如图 5-3，单个厂商的需求曲线和 SMC 曲线在 E 点处相交，同时，厂商的需求曲线 d 也代表着 $P = MR = AR$，于是，在 E 点，$MR = SMC$，厂商获得最大化利润，产量水平为 q_0。当产量水平小于 q_0 时，如图中的 q_1，$MR > SMC$，说明增加一单位产量所带来的收益大于成本，厂商应该扩大产量；当产量水平大于 q_0 时，如图中的 q_2 点，

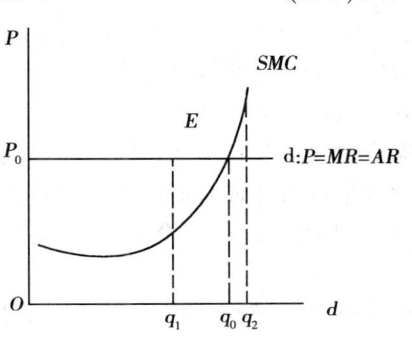

图 5-3 单个厂商的短期利润最大化

$MR < SMC$，说明增加一单位产量所带来的成本大于收益，厂商应该缩小产量。

在短期中，厂商通过调整产量水平来实现利润最大化，但这并不是说厂商一定要获得正的利润，它只是利润最大化均衡条件 $MR = SMC$ 所要求的。由利润函数 $\pi = TR - TC$ 可推导出：

$$\pi = TR - TC = AR \cdot Q - AC \cdot Q = P \cdot Q - AC \cdot Q = (P - AC)Q \quad (5.4)$$

因此，企业能否获得正的利润取决于价格与平均成本的比较。事实上，通过结合厂商的平均成本曲线和平均可变成本曲线，任一厂商都可能遇到以下 3 种情况。

1. 企业盈利

图 5-4 复制了图 5-3 并加入了一条短期平均成本曲线，E 点代表达到利润最大化时短期均衡 $MR = MC$ 的要求，厂商依然以 P_0 的价格生产 q_0 的产量，平均成本曲线 AC 与直线 Eq_0 交于 F 点，企业的总收益为 $TR = P(Q)Q = P_0q_0$，也就是图中 P_0Eq_0O 的面积，这个产量水平下，企业的平均成本为 q_0F 的高度，所以总成本为 $TC = AC \cdot Q = q_0F \cdot q_0$，也就是图中 GFq_0O 的面积，根据公式（5.4）知，$P - AC$ 为 EF 的高度，厂商的利润为图中阴影部分面积，厂商在短期内获得超额利润。

2. 厂商盈亏平衡

图 5-5 给出了企业盈亏平衡的情况，在该图中，短期平均成本曲线不再位于厂商的需求曲线下方，而是刚好和厂商的需求曲线相切，切点 F 也正好是短期平均成本曲线的最低点，因为短期边际成本曲线也刚好通过短期平均成本曲线的最低点，所以，由 $MR = SMC$ 所决定的短期均衡点 E 点与 F 点重合，此时，厂商生产 q_0 的产量，厂商的平均收益刚好等于平均成本，利润为零。

3. 厂商停止营业点

进一步的，当厂商的短期平均成本曲线的最低点高于厂商的需求曲线时，厂商还会继续生产吗？图 5-6 给出了相应的说明，在该图中，我们又加入了厂商的短期平均可变成本曲线，并且假定平均可变成本曲线的最低点与厂商的需求曲线 d 相切于 H，因为边际成本曲线也刚好通过平均可变成本曲线的最低点，所以，H 点也是短期利润最大化均衡点。为了便于描述，我们将图 5-2（b）中厂商可能面临两个需求曲线

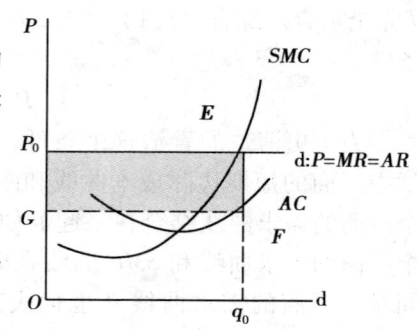

图 5-4　单个厂商的短期盈利

d_1 和 d_2 也描绘于该图，它们与边际成本曲线的交点分别为 F 和 T，前者介于平均成本曲线的最低点和平均可变成本曲线的最低点之间，后者低于平均可变成本的最低点。这意味着在厂商的需求曲线分别为 d_1 和 d_2 时，厂商的短期均衡点为 F 和 T。

首先可以观察到无论企业所面对的需求曲线是 d、d_1 还是 d_2，在 H、F 和 T 三个短期均衡点，厂商相应的平均收益 P 均无法弥补企业的平均成本，厂商短期亏损在所难免。

不过，当厂商的需求曲线为 d_1 时，企业的产量水平为 q_1，平均收益 P_1 要比平均可变成本高，这说明厂商不仅可以弥补全部的可变成本，还可以收回部分固定成本，因为固定成本是预先支付的，如果此时厂商不生产，虽然不用支付可变成本，但所有的固定成本都受到损失，比如，如果劳动力是可变成本，厂房是固定成本，生产则不仅可以支付全部劳动力的工资，而且还可以弥补部分租用厂房的费用，如果不生产，虽然可以解雇所有的劳动力，但闲置的厂房还是需要支付相应的费用。基于此，厂商生产比不生产损失要小一些，这也说明，从广义上讲，利润最大化也包括亏损最小化。

如果厂商所面临的需求曲线是 d_2 了，这时厂商为了利润最大化以 P_2 的价格生产 q_2 的产量，由于平均收益 P_2 低于平均可变成本曲线，不仅无法回收固定成本，甚至连可变成本都无法弥补了。这时，如果不生产，厂商对可变成本的支付降为零，只需要支付固定成本，因此，厂商不生产比生产强。

厂商的需求曲线 d 介于以上两种情况之间，此时，厂商如果生产也刚好只能弥补可变成本，于固定成本毫无帮助，也就是说，生产不生产一个样，所以，平均可变成本的最低点也称为停止营业点。

综上所述，厂商的短期均衡条件由公式（5.3）给出，但是，在短期均衡时，

第五章　市场结构与竞争策略

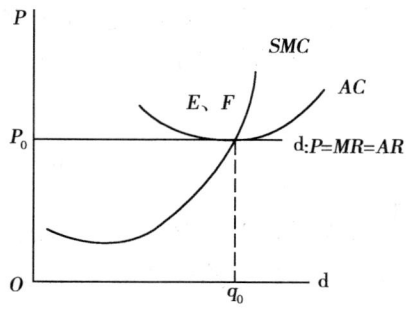

图 5-5　单个厂商的盈亏平衡

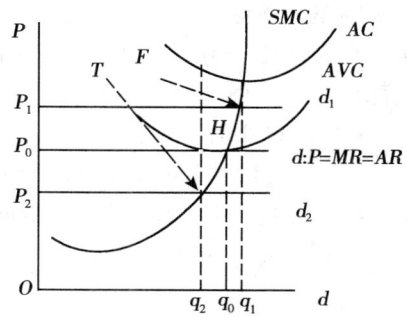

图 5-6　单个厂商的停止营业点

厂商的利润可以大于零，也可以等于零，甚至小于零。

（二）单个厂商的短期供给曲线

在第二章中，我们按照需求法则给出了市场的需求曲线，在第三章，我们根据效用最大化假设分别推出个人的需求曲线和市场的需求曲线，并且论证了需求曲线上的每个点都是满足消费者均衡的点。现在，开始推导单个厂商的供给曲线，我们将证明在完全竞争条件下，厂商的短期供给曲线恰好是其短期边际成本曲线位于平均可变成本曲线以上的部分，厂商的短期供给曲线上的每个点都代表着厂商的利润极大化。

回忆一下，供给曲线指在每一个价格下企业愿意而且能够提供的商品数量。在图 5-7 中，我们绘制出了短期边际成本曲线和平均可变成本曲线，为了便于说明，将位于平均可变成本曲线以下部分的边际成本曲线描绘成虚线。由图 5-2 可知，无论市场均衡点如何变动，厂商总是面对着不同的需求曲线，因此，我们画出了四条水平的需求曲线，假定在刚开始市场均衡价格为 P_4，其边际收益曲线也为 P_4，因此 E_4 为短期均衡点，其产量 q_4 也正是该厂商在 P_4 的价格下愿意而且能够提供商品数量。当市场均衡价格下降到 P_3 时，厂商愿意而且能够供给的商品数量是 q_3，依此类推。

因此，厂商的短期边际成本曲线就是厂商的短期供给曲线，不过，当产量低于平均可变成本曲线的最低点时，比如，图中的 q_1 点，厂商虽然能够提供供给，但厂商已经因为亏损无法弥补可变成本而不愿意再生产，不符合供给曲线的定义，短期边际成本曲线不再是供给曲线，严格的讲，厂商的短期供给曲线为图中所示折线，当价格为 P_2 时，厂商处于平均可变成本的最低点——停止生产点 q_2 上，这时的供给量是 0 与 q_2 之间的任何水平。当价格低于 P_2 时，厂商的供给量为零，因此，在价格水平处于原点 O 与 P_2 之间时，供给曲线是从 O 出发的一条垂线。需要说明的是，无论处于哪个价格水平，厂商的供给量都是价格等于短期边际成本的点，符合 $MR = SMC$ 的短期均衡条件，这也证明了在厂商的短期供给曲线上，每个点都代表着厂商的利润达到最大化。

（三）行业的短期供给曲线

一旦得到了厂商的短期供给曲线后，将整个行业中所有厂商的短期供给曲线按水平方向进行加总，就可以得到整个行业的短期供给曲线。

如图 5-8 所示，假定完全竞争行业只有两家厂商，其短期供给曲线分列在图 5-8 的 (a)、(b) 中，当市场价格为 P_3 时，厂商 1 生产的产量为 q_3^1，厂商 2 生产的产量为 q_3^2，整个市场的供给量为 $q_3^1 + q_3^2$，如（c）图所示。以同样的方式，我们能得到相应的市场供曲线。注意，当价格低于 P_2，厂商 2 不供给，整个市场的供给量由厂商 1 决定，因此整个市场的供给曲线也是折弯的。

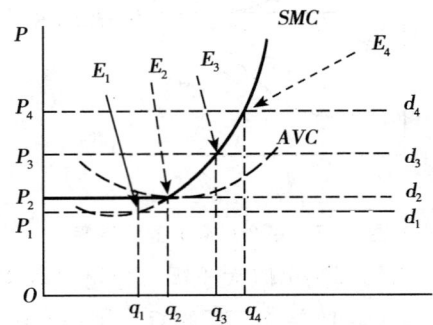

图 5-7 厂商的短期供给曲线

使用代数的方式也能推导出行业的供给曲线，假定整个行业有 n 家厂商，第 i 家厂商的短期供给曲线为 $SMC^i = S_i(P)$，那么厂商的短期供给曲线和产业的短期供给曲线可以用公式表示为：

$$S(P) = \sum_{i=1}^{n} S_i(P) \qquad (5.5)$$

如果行业里所有厂商的短期供给曲线都相同，则公式（5.5）可以简化成。

$$S(P) = nS_i(P) \qquad (5.6)$$

现在，我们回到第二章的供给和需求模型，由第三章知，需求曲线上的每个点都代表消费者效用最大化，由本章知，供给曲线上的每个点都代表生产者的利润最大化，因此，两条曲线的交点所决定的市场均衡就意味着消费者的效用和生产者的利润均达到最大化。

例 5.1：

假设一个完全竞争行业有 200 家规模相同的公司，每家公司的供给曲线为 $P = 100 + 1\,000Q_i$。该行业的总供给曲线是什么？

解： 考虑到行业的供给曲线是各家公司的水平加总，每家公司的供给曲线必须转化成反函数形式。

$$Q_i = -\frac{1}{10} + \frac{1}{1\,000}P$$

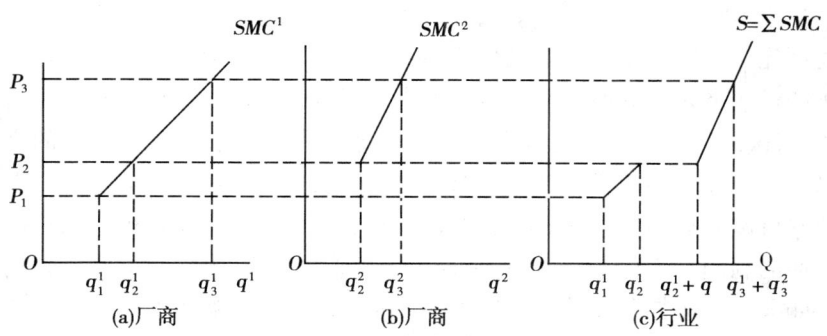

图 5-8 完全竞争市场的短期供给曲线

根据公式（5.6）得：

$$S(P) = nS_i(P) = 200 \cdot \left(-\frac{1}{10} + \frac{1}{1\,000}P\right) = 20 + \frac{1}{5}P$$

或者也可以写成 $P = 100 + 5Q$，$Q = S(P)$。

三、完全竞争条件下的长期均衡

既然厂商总是被假定追求利润最大化，那么在长期 $MR = MC$ 的一般性均衡条件依然适用，将其应用于长期时，该条件变为 $MR = LMC$。长期与短期的最大区别在于两点，一是在长期，厂商可以调整一切生产要素，从而调整生产规模和产量，二是在长期，行业可以自由进入，优胜劣汰。最终，厂商从短期均衡 $MR = SMC$ 达到长期均衡要求 $MR = LMC$，在长期利润最大化，可以预见，当一个行业盈利时，会有其他厂商进入该行业，当一个行业亏损时，会有厂商退出该行业，厂商的长期利润最大化为0。因此，我们可以把长期均衡分为以下两步。

（一）长期条件下单个厂商的调整

首先考虑行业内厂商数目不变的情况。就需求方面而言，在完全竞争市场中，厂商仍是价格的接受者，它所面对的需求曲线仍是水平的，由此可知，$P = MR = AR$ 仍然适用，结合 $MR = LMC$ 的条件，在行业内厂商数目不变时，长期均衡条件可转变为：

$$P = MR = AR = LMC \tag{5.7}$$

图 5-9 说明了厂商长期利润最大化的决策。该图的主体部分来自来图 4-22，不过只描绘了一个短期边际成本和短期平均成本曲线。注意长期平均成本曲线与短期平均成本曲线的切点 C 所决定的产量正好与长期边际成本和短期边际成本曲线的交点 D 所决定的产量相等，这是因为，在这一产量水平上，短期平均成本正好

与长期平均成本相等，其边际成本也应该相等。

厂商首先从短期开始，当市场价格水平为 P_0 时，厂商根据 $MR = SMC$ 确定利润最大化产量水平 q^s，这时，厂商的平均收益为 P_0，总收益为 $q^s P_0$，相当于矩形 $OP_0 E q^s$ 的面积，厂商的平均成本为 $q^s F$ 的高度，总成本为 q^s 乘以 $F q^s$ 的高度，相当于矩形 $OAF q^s$ 的面积，利润为浅色阴影部分 $P_0 EFA$ 的面积。在长期厂商没有固定成本，它可以根据 $MR = LMC$ 调整其生产规模扩大产量，获得更多的利润，如图所示，长期的利润最大化点为 E^L 点，这时，厂商的产量水平为 q^L，总收益为矩形 $OP_0 E^L q^L$ 面积，总成本为 $OBF^L q^L$ 的面积，利润为深色阴影部分 $BP_0 E^L F^L$ 的面积。从图形就可以看出，长期利润是大于短期利润的。需要说明的是，长期的最优条件也一定是满足短期最优的，因为长期平均成本是短期平均成本的包络线，在产量为 q^L 时，过 F^L 点和 E^L 点也必然有相应的短期平均成本曲线和短期边际成本曲线，只不过，没有在图中画出。

与短期均衡一样，厂商的长期供给曲线也是长期边际成本曲线在长期平均成本曲线以上部分。其推导方式和厂商的短期供给曲线方式一样。

（二）长期条件下的行业调整

那么，图 5-9 是不是真的代表了厂商的长期均衡了？不是，因为在长期厂商可以自由进出该行业。

如果行业内的所有厂商都能够生产 q^L 的产量，获得超额利润，自然会吸引新厂商涌入该行业，从而引起整个行业进行大规模的调整，这将导致行业的供给曲线右移。如图 5-10 所示，假定市场需求曲线 D 不变，最初的市场供给曲线为 S_0，均衡价格 P_0 也决定了厂商所的水平需求曲线，这时，该厂商生产 q^L 的产量，平均收益大于平均成本，厂商获得超额利润，对利润敏锐的嗅觉导致更多的厂商进入该行业，在相同的价格水平下供给更多的产量，S_0 向右平移至 S_1，带动市场均衡价格下降，从而厂商的需求曲线也下降，只要有利润，这种情况就会一直持续下去，直到市场价格降到厂商长期平均成本的最低点 H，此时，市场的供给曲线为 S_1，均衡价格为 P^*，厂商的供给量为 q^*，平均收益等于长期平均成本，经济利润为零。

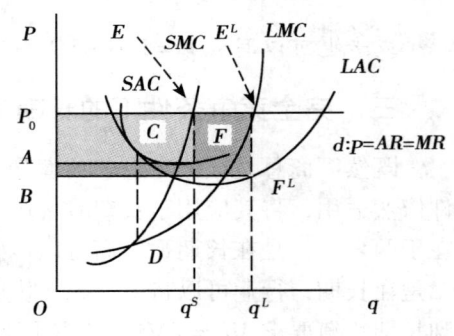

图 5-9 完全竞争厂商的长期利润最大化

反过来讲，假定最初情况是亏损，会有一部分厂商退出该行业，当需求不变时，供给曲线向左平移，均衡价格上升，厂商亏损减少，最终使得厂商的亏损消失。

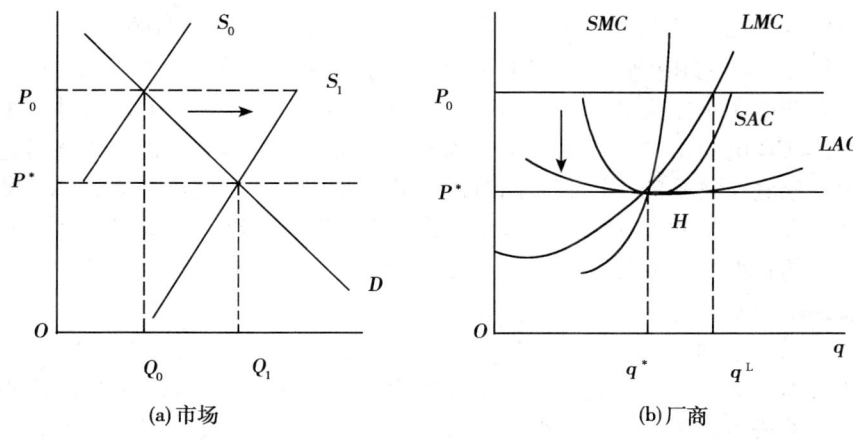

图 5-10 完全竞争厂商的长期均衡

综上所述，厂商的进入和退出会一直持续到该行业的长期经济利润为零，也就是厂商的需求曲线与长期平均成本的最低点 H 点相切处，回忆上一章的内容，在产量 q^* 处，相应的短期边际成本经过 H 点，相应的短期平均成本曲线在该点与长期平均成本曲线相切。结合（5.7）式，完全竞争厂商的长期均衡条件为：

$$P = MR = AR = LMC = LAC = SMC = SAC \qquad (5.8)$$

单个厂商的利润为零并不是一个令人沮丧的结果，恰恰相反，这代表着资源在全社会范围内的有效配置。资源有效配置的条件是商品的边际收益等于生产商品的边际成本，售出最后一单位商品的边际收益为商品的价格 P，$MR = AC$ 条件转化为 $P = MC$，这也正是式（5.8）所要表达的。

完全竞争厂商的长期经济利润为零也为微观经济政策提供了一个很好的参照系。比如，生活在一个孤立国家的农民租种地主的土地生产粮食，由于降雨不足，农民的收成很差，收入相对较低，为了减轻农民贫困问题，政府是否应该使用财政资金建造一个小型的灌溉系统以增加农民的收入呢？毋庸置疑，引入灌溉系统会引起粮食增产，从而在短期内农民的收入提高，但从长期看，农民收入的提高会引起更多的农民租用这块土地种植，其结果是，地租增加，农民的收入又回到最初的水平，所以，最重要的可能并不是引入灌溉系统，而是改变最初的土地租用制度。

（三）行业的长期供给曲线

在推导行业的短期供给曲线时，我们将行业内所有厂商的短期供给曲线相加得到行业的供给曲线，那么，在长期，能否通过加总所有厂商的长期供给曲线得到行业的长期供给曲线？答案是不能，因为在短期中行业无法自由进出，行业内厂商的数目是固定的。而在长期，厂商可以自由进入和退出行业，厂商的数目并不固定，更何况，行业的收缩和扩张会引起上游投入要素价格的变化。比如，20世纪90年代中期，万燕电子利用飞利浦的芯片生产出中国第一台VCD，在人们对电影需求的刺激下，VCD的需求量迅速的扩张，利润的驱动使得更多的厂商进入该行业，其中不乏很多家庭作坊式的小厂商，同时也引起芯片业生产规模的扩大，芯片的制造成本下降，以至于最初高达数千元VCD现在只需几百元就可以购买。基于此，完全竞争行业的长期供给曲线要考虑生产要素的价格变化。我们分3种情况：不变成本行业、递增成本行业和递减成本行业。

1. 不变成本行业

不变成本行业是指整个行业的扩张和收缩，不会引起厂商投入要素价格的变化，即厂商的成本是不变的。不变成本行业的长期供给曲线是一条水平线。

如图5-11所示，假定最初厂商处于长期均衡状态，行业的短期需求曲线 D_0 和短期供给曲线 S_0 共同决定了均衡价格 P^* 和均衡产量 Q^*，这时，厂商的需求曲线也为 P^*，此价格正好与厂商的长期平均成本最低点相切，每个厂商的利润最大化产量为 q^*，厂商的利润为零，处于长期均衡状态。对整个行业来说，Q^* 是行业在价格水平为 P^* 时愿意而且能够供给的产量，所以，E^* 点也是行业长期供给曲线上的一个点。

现在假定由于某种原因市场对该产品的需求突然上升，需求曲线由 D_0 向右平移至 D_1，在短期，行业的短期供给曲线不变仍为 S_0，新的需求曲线 D_1 与 S_0 相交于 E^1，此时，市场的均衡价格为 P_1，行业的供给增加至 Q^1。市场的价格上升使得厂商在长期开始调整自己的生产规模，扩大生产，如（b）图所示，在 P_1 时，企业根据 $P_1 = LMC$ 确定了新的利润最大化均衡点 H^1，产量水平为 q^1，厂商的平均收益大于平均成本，获得超额利润。

该行业的超额利润引起更多的厂商进入，蚕食其他厂商的市场份额。厂商数目的增加引起短期行业的短期供给曲线 S_0 向右平移，市场价格开始沿需求曲线 D_1 回落。行业内厂商数目的增加，规模的扩张会引起生产要素投入量的增加，比如，由于一时唐装的兴起会引起唐装这个行业对面料需求的增加，而不变成本行业意味着唐装行业对面料需求的增加并不会引起面料价格的变化，其结果是，行业扩张的过程中厂商的成本不会发生变化，从而平均成本曲线不会移动。所以最后价格又落回原来的均衡价格 P^*，厂商仍然只能获得零利润，这时，行业的短期供给曲线已经向右移 S_1，S_1 与 D_1 在 E^{**} 处相交，均衡价格仍为 P^*，行业的均衡产量为进一步提高到 Q^{**}；厂商的均衡点回到 H^* 点，产量下降，注意此时厂商的利润为零，行

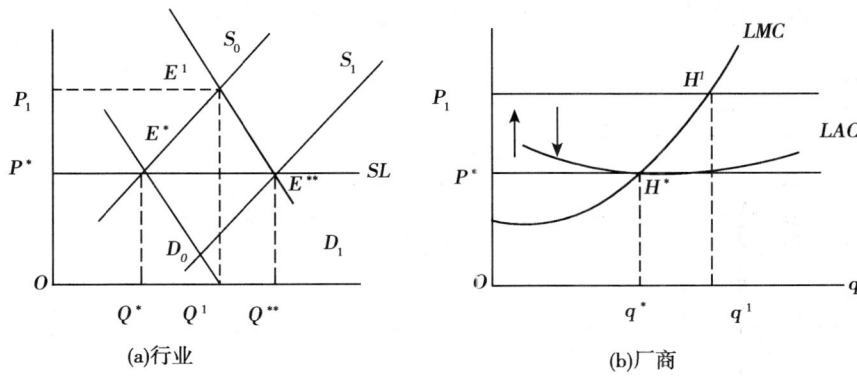

图 5-11　不变成本行业的长期供给曲线

业不再调整,所以,E^{**} 也是一个行业在长期内的稳定点,产量 Q^{**} 是该行业在长期愿意而且能够提供的产量水平。因此,连接 E^{*} 和 E^{**} 所形成的水平线就是该行业的长期供给曲线 S^L,这条曲线刚好与 P^* 重合,因此,结论是,在长期,不变成本行业的长期供给曲线为一条水平的直线,不管产量多大,价格都维持不变。

行业成本不变的主要原因是上游生产要素的专用性弱些,行业对生产要素的需求只占要素总需求中微不足道的比例。比如,刚才我们提到的唐装行业,唐装的主要生产要素是面料,而面料的用途比较广泛,它还可以用来生产西服、衬衫等服装,这导致当唐装行业的生产规模扩大时,面料的生产规模基本不变,其平均成本不会发生变化。

2. 递增成本

递增成本行业是指当行业的产量提高时,会抬高投入要素的价格,从而使厂商的成本曲线上移。递增成本行业的长期供给曲线推导方式与不变成本行业相同。不同的是,产品市场短期供给的增加会引起单个厂商对生产要素需求的增加,如果生产要素的供给量无法增加,那么"物以稀为贵"的结果是,单个厂商即便是生产相同数量的产出,它的成本都会增加,它的表现是厂商长期平均成本曲线向上平移,这一过程有点像第四章中范围经济的逆过程,所以,最终推导出的行业长期供给曲线是向上倾斜的。

如图 5-12 所示,刚开始时,市场的需求曲线和供给曲线分别为 D_0 和 S_0,均衡点为 E^*,厂商利润为零的均衡为 H^*,这是厂商长期平均成本曲线 LAC 在最低点和厂商的需求曲线 P^* 的切点,厂商的产量水平为 q^*。市场需求的扩大使得短期需求曲线从 D_0 平移至 D_1,短期均衡价格上扬至 P_1,基于此,厂商新的利润最大化

产量为 q_1，获得超额利润，这与不变成本行业的情况完全相同。

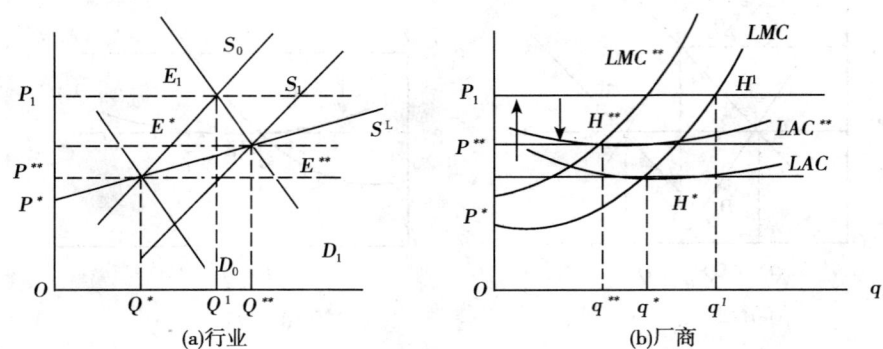

图 5-12　递增成本行业的长期供给曲线

超额利润诱使更多的厂商进入，短期供给曲线开始右移，与不变成本行业不同的是，随着更多的要素投入生产，行业投入要素的成本将上升，这时，厂商长期平均成本由 LAC 向上移至 LAC^{**}，相应的，LMC 也上移到 LMC^{**}，这样，厂商利润的减少来自于两个方面，一方面是新厂商的进入，另一方面则是成本的提高，最终，在 H^{**} 点，厂商回到超额利润为零的长期均衡状态。这时的市场短期供给曲线平移到 S_1，与短期需求曲线 D_1 的交点为 E^{**}，短期均衡价格为 P^{**}，而 P^{**} 刚好与 LAC^{**} 切于 H^{**} 点。连接 E^* 和 E^{**} 就得到了行业的长期供给曲线 S^L，从图中看，它是向右上方倾斜的。

在日常生活中，如果某完全竞争行业所需要的一种生产要素在整个生产要素的总供给中占相当大的比重，该行业的扩张就可能带动要素价格的上升，从而形成递增成本行业。一个比较相似的例子是由信息技术和网络技术所掀起的"新经济"风暴，硬件行业的"摩尔定律"使得计算机的性能成几何级数的提升，但生产成本却迅速的下降，电脑的普及引起消费者对软件需求量的增加，不过，软件的生产要素主要是"人的大脑"，软件的设计师必须经过长时间的大学教育，大学设置相关学科也需要长时间的积累，在一段时间里，生产要素"大脑"的供给量可视为不变，因此，软件行业的扩张使得设计师们供不应求，设计师的工资节节攀升，最终形成递增成本行业。

3. 递减成本

递减成本行业是指产业的扩张引起生产要素价格下降，造成厂商成本下降。和递增成本行业恰恰相反，厂商成本的下降与学习效应类似，行业的长期供给曲线向右下方倾斜。

如图 5–13 所示,当行业规模扩大引起短期供给曲线右移,生产要素投入的增加会引起行业投入要素的成本将下降,这时,厂商长期平均成本和边际成本曲线向下平移,最终,在 H^{**} 点,厂商回到超额利润为零的长期均衡状态。行业的均衡价格 P^{**} 是低于 P^* 的,连接 E^* 和 E^{**} 就得到了行业的长期供给曲线 S^L,从图中看,它向右下方倾斜。

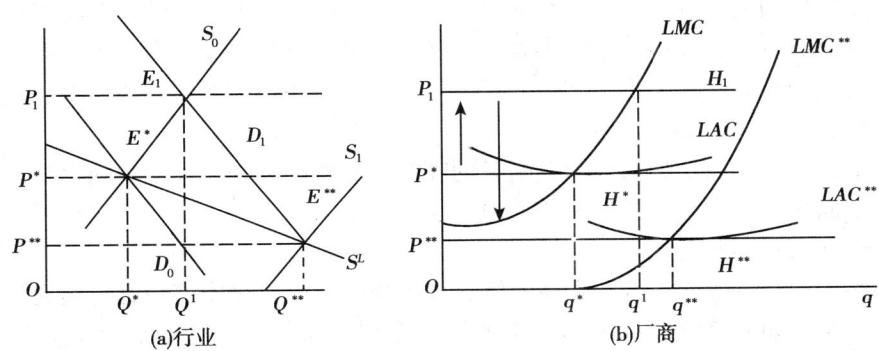

图 5–13　递减成本行业的长期供给曲线

递减成本行业并不少见,前面所讲的 VCD 的就属于这样的行业。另一个有趣的现象是现在市场上冲印彩色照片的价格低于冲印黑白照片的价格,最初的彩色照片属于奢侈品,但是今天,随着越来越多的人使用彩色照片,彩色冲印机的需求量持续上升,生产这种设备具有规模经济,投入要素价格的下降使得彩照的冲印成本下降,而黑白照片反倒成了一种奢侈品。

第二节　完全垄断

一、完全垄断及形成原因

垄断是市场结构的另一个极端,整个市场只有一家卖方,而且这种产品不存在相同或相似的替代品。

事实上,判断完全垄断是非常困难的一件事情。绝大多数商品都有相似替代品,比如,美国杜邦公司曾被指控垄断了玻璃纸行业。在该行业,杜邦控制了整个市场份额的 80%,不过,杜邦公司却认为在包装纸行业,玻璃纸与蜡纸和铝箔互相竞争,因为这三种产品之间有较高的需求交叉弹性。以此而论,杜邦公司实际上只控制了包装纸行业 20% 的份额,最终美国法庭裁定杜邦公司没有形成垄断。也有人认为，电力公司对电形成了垄断，但电的用途相当广泛，如果将电用于照明，手电筒、蜡烛和煤油灯实在算不上好的替代品。如果用于取暖和做饭，电力公司肯定算不上垄断者，因为石油、天燃气、煤甚至木炭都是很好的替代品。

即便有些行业只有一个生产者，它的行为也可能像完全竞争厂商一样，可能因为该行业的进入壁垒比较低，"垄断者"稍不留神就会有潜在的进入者进入。坐落在一个小区里的电影院可能是该小区电影产品的垄断者，但如果该电影院票价定得太高，就会有竞争者开第二家电影院。显然，这家电影院更像完全竞争厂商一样是个价格的接受者。反过来讲，当一个厂商不是一个价格接受者时，我们说它具有一定的垄断势力。

那么，一个厂商是如何成为垄断者的呢？最重要的就是行业壁垒的存在。一般认为，下面5个因素是造成垄断的原因。

（一）规模经济

某些行业具有十分显著的规模经济，规模报酬递增阶段能够一直持续到很高的产量，以至于如果有两家或两家以上的厂商来瓜分市场时，会造成社会资源的浪费。体现在图像上为，需求曲线无论如何移动，它与长期平均成本曲线的交点一直处于长期平均成本曲线向下递减的部分，因此，扩大生产可以降低平均成本，我们也称之为"自然垄断"。很多公用事业，都属于自然垄断行业，比如自来水等行业，由两家公司在一个路面下铺两个各自的管道输送相同的水显然是不划算的。

（二）对生产要素的垄断

一旦生产者控制了某个行业产品的原材料，而其他生产者无法获得这种原料时，那么该生产者就成为该行业的垄断者。第二次世界大战前，美国制铝公司控制了整个铝土矿的80%，所以，该公司成为美国制铝业惟一的生产商。"钻石恒久远，一颗永流传"是闻名于世的戴比尔斯公司广告语，该公司目前控制了全世界大部分的钻石资源，从而成功地成为全世界天然钻石的垄断者。

（三）专利权

如果发明不被保护，发明者就很难从发明中获得相应的利益，那么还有谁愿意发明新产品了？专利就是法律所允许的垄断形式，除非专利持有人同意，否则其他生产者不能生产该产品或使用该技术。比如，快速成像的宝丽来相机就是一项专利技术。专利是排斥其他生产者进入该行业的有效措施，但对于专利的有效期，各国有着不同的界定，中国为15年，美国为17年。专利需要保护，但保护的时间应该多长，现在的争议还比较大。比如，像处方药，从发明、到临床试验到市场销售需要很长的测试和核准时间。

(四) 特许经营

政府在某个行业内授权某家厂商垄断经营某种产品被称为特许权。特许经营的例子很多,大到公用事业、邮政业、广播媒体,甚至奥运商品,小到区域性的垄断产品,比如,在校园内安装一台自动售货机可以在校园内形成垄断,但必须经过学校的批准。特许经营的一种方式为许可证制度,它既保证了垄断厂商的收益,也增加了垄断者的成本。比如,购买一辆汽车的费用为十几万元,但同时购进一个出租车牌照也需要几乎相同的费用。一般而言,政府对特许经营行业有着严格的管制,主要体现在价格和产量方面,很多价格听证会就是针对特许经营行业,甚至,有时候会涉及该行业的更多方面,比如,广播电视在各国都受到较严格的监管。同时,政府还有义务限制其他人进入特许经营行业,比如,黑出租是不被允许的。

(五) 网络经济

网络经济的方兴未艾使得网络经济成为垄断的另一个因素,这与规模经济比较相似,所不同的是,网络经济是通过消费者的购买行为而作用于市场需求方面的,因为人的需求行为会相互"传染"。比如,专业打字员都使用五笔字型,但五笔输入肯定不是汉字输入法中最快的一种。五笔字型是诞生较早的专业汉字输入技术,经过十几年的发展以后,已经在使用上形成了规模,所以,电脑培训学校设置了相当课程用以培训新打字员。这样一来,其他汉字输入技术就失去了市场。微软的视窗操作系统也有着相同的经历,微软最初使用销售上的优势和网络经济的强有力支持击败了其他的操作系统,现在,尽管许多大众化软件,比如文字处理和制表软件能够兼容不同的操作系统,但一些专业软件只能在视窗环境下运行。因此,对新电脑使用者而言,使用视窗系统更有利于未来的发展。

二、完全垄断条件下的收益、均衡条件和定价原则

完全垄断市场只有一家生产商,因此,它所面对的需求曲线就是行业的需求曲线,为了便于讨论,假定垄断者的市场需求曲线是线性的。

如图 5 – 14,D 代表着行业的需求曲线,假定其形式为:

$$P(Q) = a - bQ \tag{5.9}$$

其中,a、b 为常数,且 a、$b > 0$。由该式可以得到完全垄断者的收益曲线。

总收益:$TR = P(Q)Q = aQ - bQ^2$ (5.10)

平均收益:$AR = \dfrac{TR}{Q} = \dfrac{P(Q)Q}{Q} = P(Q)$ (5.11)

边际收益：$MR = \dfrac{\mathrm{d}(TR)}{\mathrm{d}Q} = \dfrac{\mathrm{d}(P(Q)Q)}{\mathrm{d}Q} = P(Q) + Q\dfrac{\mathrm{d}(P(Q))}{\mathrm{d}Q} = a - 2bQ$

(5.12)

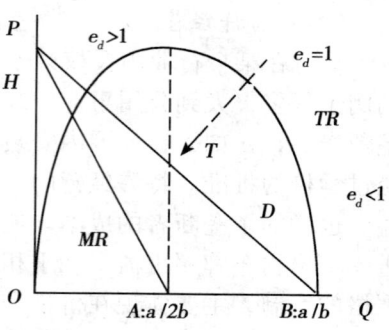

图 5-14 完全垄断厂商的收益曲线

由（5.10）可知，总收益曲线为抛物线。平均收益就是需求曲线，它由 H 点出发与横轴交于 B 点，当价格为零时，需求量为 a/b。边际收益曲线也是斜向下的，它由 H 点出发与横轴交于 A 点，与横轴的交点为 a/2b。边际收益曲线的斜率是平均收益曲线的 2 倍，同时，当边际收益为 0 时，总收益达到最大化。

厂商的边际收益还可以用弹性来表示，这只需要对（5.12）做一些变形。

$$MR = \dfrac{\mathrm{d}(TR)}{\mathrm{d}Q} = \dfrac{\mathrm{d}(P(Q)Q)}{\mathrm{d}Q} = P(Q) + Q\dfrac{\mathrm{d}(P(Q))}{\mathrm{d}Q}$$
$$= P(Q)\left[1 + \dfrac{Q}{P}\dfrac{\mathrm{d}(P(Q))}{\mathrm{d}Q}\right] = P\left(1 - \dfrac{1}{e_d}\right) \quad (5.13)$$

其中，$e_d = -(\mathrm{d}Q/\mathrm{d}P)(P/Q)$，代表着需求的价格弹性。回忆需求价格弹性的几何方法，再由几何学知，图 5-14 中的 T 点刚好为需求曲线 D 的中点，这时 $e_d = 1$。因此，$MR > 0$ 时，$e_d > 1$；$MR = 0$ 时，$e_d = 1$；$MR < 0$ 时，$e_d < 1$。

垄断厂商也是利润最大化的，因此，第四章的均衡条件 $MR = MC$ 也是垄断厂商的均衡条件。将该条件代入（5.13），变形后可得：

$$P = MC\left(\dfrac{1}{1 - 1/e_d}\right) \quad (5.14)$$

公式（5.14）也被称为产品加成定价法，说明产品的销售价格是其边际成本上的一个加成，加成率为 $\dfrac{1}{1 - 1/e_d}$。显然，当 $e_d > 1$ 时，产品价格大于边际成本。很明显，当 e_d 趋近于正无穷时，需求曲线为一条水平线，这时 $P = MC$，与完全竞争市场情况相同。

重新安排公式（5.14）还可以得到勒纳指数，这里用 L 表示：

$$L = \dfrac{P - MC}{P} = \dfrac{1}{e_d} \quad (5.15)$$

勒纳指数是用来衡量任一厂商对市场垄断程度的指数。该指数介于 0 与 1 之间，在完全竞争条件下，$P = MC$，市场垄断程度为 0。当价格高出边际成本很多，以致勒纳指数接近于 1 时,市场几乎完全垄断。同时,该式也反映了市场垄断程度与价格弹性之间的关系,需求价格弹性越大,市场的垄断程度越小,反之则反是。

三、完全垄断均衡

在完全垄断市场,垄断厂商的生产要素调整时间也是不一致的。因此,完全垄断厂商均衡条件 $MR=MC$ 也应该根据长期和短期进行修改。

(一)短期均衡

将均衡条件 $MR=MC$ 扩展到短期条件下,垄断厂商的利润最大化原则改变为:

$$MR = SMC \tag{5.16}$$

图 5-15 是在图 5-14 的基础上去繁就简并加入了短期成本曲线得到的。垄断厂商根据 $MR=SMC$ 所确定的 E,生产 Q^* 的产量,作为价格"制定者"的垄断者所出售产品的价格是需求曲线 D 决定的 P^*,这时垄断者的平均成本为 AC^*,所获得的利润为 $(P^*-AC^*)Q^*$,在图中是阴影部分的面积,垄断者获得超额利润,同时,从图上看,垄断厂商的利润最大化产量只能是在需求价格弹性大于 1 的区域。

不过,在短期条件下,垄断者也可能承受亏损,如图 5-16 所示,读者可以自行分析。事实上,有些行业的垄断厂商一直在亏损,比如,中国的铁路业。而且政府也允许一部分国家经营的垄断厂商亏损,给边远山区投递信件的成本肯定是大于收益的,市场机制不能延伸到这些区域,因此,国家的邮政系统必须承担一部分社会责任,电影《香格拉信使》就记叙了边远山区邮递员的真实故事。

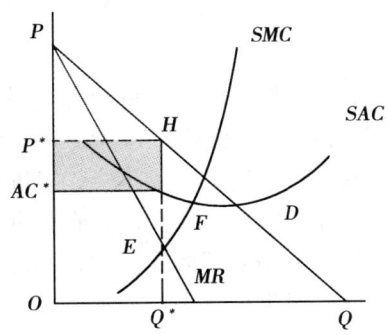

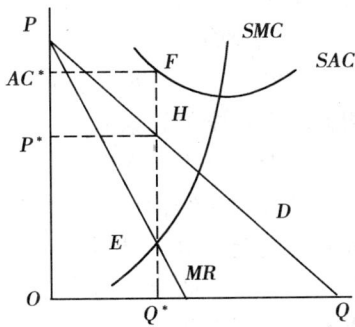

图 5-15 完全垄断厂商的短期盈利   图 5-16 完全垄断厂商的短期亏损

在完全竞争条件下,通过加总所有厂商的短期供给曲线可以得到行业的供给曲线,但是垄断行业不存在供给曲线。供给曲线是指厂商在每一个价格水平下愿意而且能够供给的数量，这里强调了一一对应的关系，在垄断条件下，厂商的边际成本曲线不移动，当需求曲线发生位置的移动时，边际收益曲线也发生一定的位移，其结果是，厂商可能在同样的一个价格下供给不同的产量，如图5-17（a）所示；还有一种情况，垄断厂商可能同时面对两个市场，从而有了两个不同的需求曲线，这样，厂商可能会以不同的价格提供一个相同的产量，比如微软在中国和美国以不同的价格销售相同数量的视窗操作系统，其图形为5-17（b）。

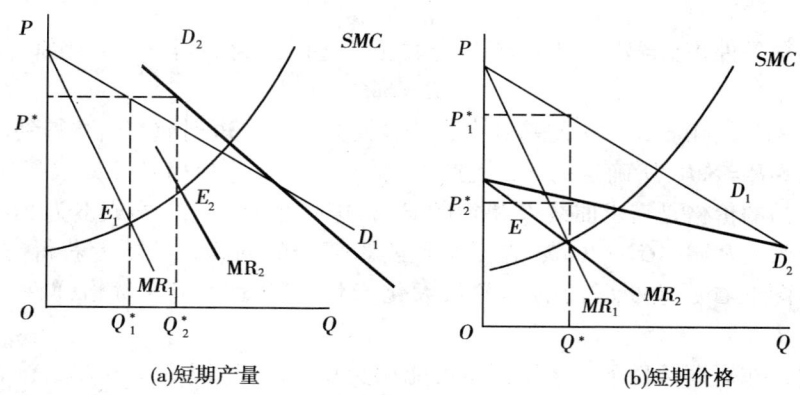

图5-17 完全垄断厂商的短期产量与价格

综上所述，垄断厂商在短期内没有供给曲线，所以，长期也没有供给曲线。进一步的，凡是具有垄断势力的厂商在短期和长期内都没有供给曲线，包括本章即将论述的垄断竞争市场和寡头垄断市场。

（二）长期均衡

当垄断厂商在短期亏损或者有着进一步盈利空间的时候，垄断厂商会通过进一步调整生产要素的投入数量来达到长期均衡，厂商在长期均衡条件是 $MR = LMC$，那么，长期条件下，垄断厂商会不会和完全竞争厂商一样利润为零？不会，垄断行业只有一家厂商经营该行业的全部产品，即使垄断厂商有短期超额利润，在长期也不可能像完全竞争一样通过厂商间的竞争消除超额利润。如果厂商在长期都不能扭亏为盈，要么厂商退出市场，要么厂商通过政府补贴继续生存下去；如果厂商在长期能盈利，则必然达到利润最大化。

图5-18给出了完全垄断厂商长期盈利的情形，在短期完全垄断厂商按照 $MR = SMC$ 的短期均衡条件在 E 点达到均衡，获得如图中阴影①所示的利润，但这到底是不是厂商长期最大化的利润量了？显然不是，因为长期均衡点在 E^L，这时的厂商以 P^L 的价格生产 Q^L 的产量，利润水平为图中阴影②所示，很明显，长期利

润是大于短期利润的。进一步的，在厂商达到长期利润最大化时，也有相应的短期边际成本曲线，所以，垄断厂商长期利润最大化均衡条件为：

$$MR = LMC = SMC \quad (5.17)$$

例 5.2：

假定一家垄断厂商的边际成本曲线是一条直线 $MC = 60 + 2Q$，需求曲线为 $P = 100 - Q$，求该家垄断厂商产量和价格水平？

解： 该厂商的边际收益曲线为：$MR = \mathrm{d}TR/\mathrm{d}Q = \mathrm{d}(P(Q)Q)/\mathrm{d}Q = 100 - 2Q$

为了利润最大化，该厂商根据 $MR = MC$ 进行生产，即：

$100 - 2Q = 60 + 2Q$ 解得 $Q = 10$，代入需求曲线后 $P = 90$，边际成本为 $MC = 80$。

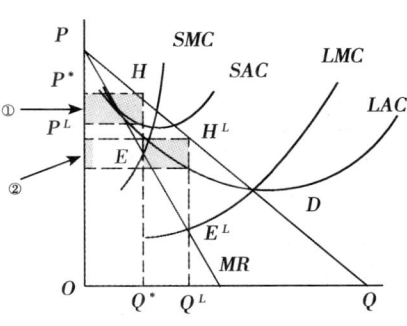

图 5-18 完全垄断厂商的长期盈利

四、垄断厂商的价格歧视

在推导垄断厂商没有供给曲线的图 5-17 中，我们提示，厂商可能在两个市场中以不同的价格销售产品，而厂商生产的边际成本却一样，厂商这样做的目的无外乎仍然是利润最大化。具有垄断势力的厂商对同样的商品收取不同价格的行为称之为价格歧视。价格歧视分为三种，分别是一级价格歧视、二级价格歧视、三级价格歧视。由于最常见的是三级价格歧视，有时人们也习惯把三级价格歧视称为价格歧视。

（一）一级价格歧视

一级价格歧视是指厂商对他所销售的每一单位产品都索取最高的可能价格，一级价格歧视也被称为完全的价格歧视，因为生产者能攫取所有的消费者剩余。

如图 5-19 所示，D 为市场的需求曲线，它代表着消费者在不同的价格水平下愿意而且能够购买的商品数量。没有价格歧视的时候，厂商可以按 P_i 的价格出售 Q_i 的产量，消费者获得三角形 ABP_i 的剩余。在一级价格歧视下，情况就不同了，厂商可以按消费者愿意支付的最高价格出售它的商品，以 P_1 的价格出售第一单位商品，以 P_2 的价格出售第二单位的商品，以 P_3 的价格出售第三单位的商品……最后，以 P_i 的价格销售 Q_i 单位的商品。当商品具有无限可分性时，我们发现，本应该归消费者所有的消费者剩余 ABP_i 完全转化为垄断者的利润了。

一级价格歧视虽然得益于垄断者对市场的垄断，但它却是具有效率的。如图 5-20，在完全垄断情况下，厂商以 P^* 的价格生产 Q^*，但是在一级价格歧视条件

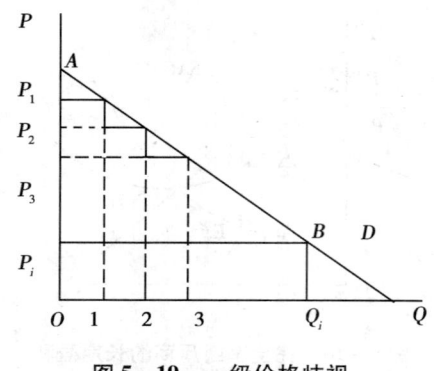

图 5-19 一级价格歧视

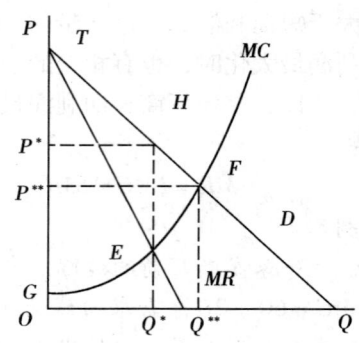

图 5-20 一级价格歧视下的效率

下,当产量小于 Q^* 时,消费者为每一单位产量所支付的价格高于垄断均衡价格 P^*,进一步的,当价格低于 P^* 但高于 P^{**},消费者所支付的价格仍高于生产者的边际成本,继续生产是有利可图的,最终生产者生产 Q^{**} 的产量,从而完全攫取本属于消费者的剩余,相当于图中 $P^{**}TF$ 的面积。

一级价格歧视是一个永远无法达到的理论假设。这是因为,要实行一级价格歧视,垄断厂商必须清楚的了解每一个消费者所愿意支付的最高价格,但这在现实生活中是不可能的。比较近似的市场是拍卖市场,它通过消费者之间的互相竞价,每一件产品可按最高价格出售,不过,拍卖市场总是拍卖像艺术品这样独一无二的商品。中国的一些传统交易方式也可以视为一级价格歧视,在出售大宗商品比如牲畜的市场中,消费者看中某头牲畜后,买卖双方将手伸进对方的袖筒里用手势进行讨价还价,以防其他交易者知道交易价格,如果卖方足够精明的话,能够卖出买方愿意支付的最高价格。还有就是过去乡村社会中的老中医,很多道德比较高尚的从业者十分清楚就诊者的家庭经济条件,从而对富人收取较高的就诊费,穷人收取比较低的就诊费,甚至不收费(中药就地取材,边际成本可视为0)。

(二)二级价格歧视

二级价格歧视是指厂商按照消费者的购买数量来确定销售价格,它不如一级价格歧视那么严重。最典型的二级价格歧视是批发价格和零售价格,当消费者购买的数量比较多时,生产者以批发价格出售,当消费者购买的数量比较少时以零售价格出售。再比如,电信公司的上网费总是按时计费,包小时的上网单价总是高于相应的包月费用,而包月费的上网单价则高于相应的包年费用。

如图 5-21,假定生产者设定了三个消费段,当消费量低于 Q_1 时,以 P_1 的价格收费;当消费量高于 Q_1 但低于 Q_2 时,以 P_2 价格收费;当消费者超过 Q_2 但低于 Q_3,价格进一步降低至 P_3。如果垄断厂商的平均成本为 P_3,则当消费量低于 Q_1,

获得 P_3FAP_1 的生产者剩余，消费者剩余为 P_1AF，依此类推。因此，在二级价格歧视下，厂商只是把部分消费者剩余转化为生产者剩余。

（三）三级价格歧视

当垄断厂商对同一种产品在不同的市场或对不同的人群收取不同的价格时，这就是三级价格歧视。三级价格歧视是相当普通的一种定价方式，微软的视窗操作系统在不同的销售国家收取不同的费用，电影院对学生和成人收取不同的票价，但是播放一部电影的成本却是一定的。

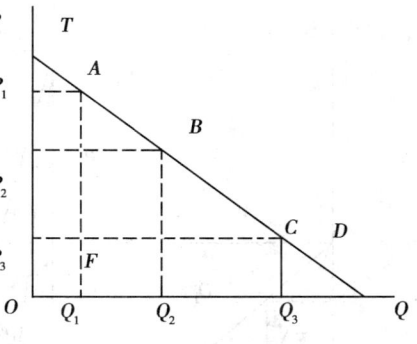

图 5-21 二级价格歧视

三级价格歧视可用图 5-22 来表示，假定一个垄断者只有一个生产基地，其边际成本为（c）图所示，它的产品在全球的两个市场中出售，各市场的需求曲线和边际收益曲线分别为（a）、（b）所示，（c）中的需求曲线和边际收益曲线为（a）、（b）两图中的需求曲线和边际收益曲线的水平加总。

垄断厂商根据 $MR=MC$ 的均衡条件确定产量，具体的，表现在（c）中为加总的边际收益曲线和边际成本曲线的交点 E，其总产量水平为 Q^*，边际成本为 MC^*，该垄断厂商将这一产量水平分配到市场 1 和市场 2 中销售，由于在不同的市场中都要满足相应的均衡条件，在市场 1 中，$MR_1=MC^*$ 所确定的产量水平为 q_1，价格水平为 P_1；在市场 2 中，$MR_2=MC^*$ 所确定的产量水平为 q_2，价格水平为 P_2。很明显，厂商在市场 2 收取的价格高于市场 1 收取的价格，又因为全球市场的边际收益为各市场边际收益的水平加总，所以 $Q^*=q_1+q_2$。

三级价格歧视的思想还可以用数学方法来推导，因为只有一个生产基地，却有两个不同的销售市场，所以利润为两个市场中各自的总收益之和减去一个生产基地生产产品的总成本。因此，

$$\pi = TR_1(Q_1) + TR_2(Q_2) - TC(Q_1+Q_2) \quad (5.18)$$

令 $Q=Q_1+Q_2$，要使市场 1 和市场 2 的利润最大化，则要求 $\partial\pi/\partial Q_1=0$、$\partial\pi/\partial Q_2=0$，其均衡条件分别为 $MR_1(Q_1)=MC(Q)$，$MR_2(Q_2)=MC(Q)$，合并后得：

$$MR_1 = MR_2 = MC \quad (5.19)$$

垄断者将按照这一条件确定各个市场销售的数量和收取的价格。

不过，从图 5-22 我们也可以发现，实行三级价格歧视需要相应的条件。第一，两个市场必须是分割的，否则，由于套利的存在会使两个市场中的价格趋近。

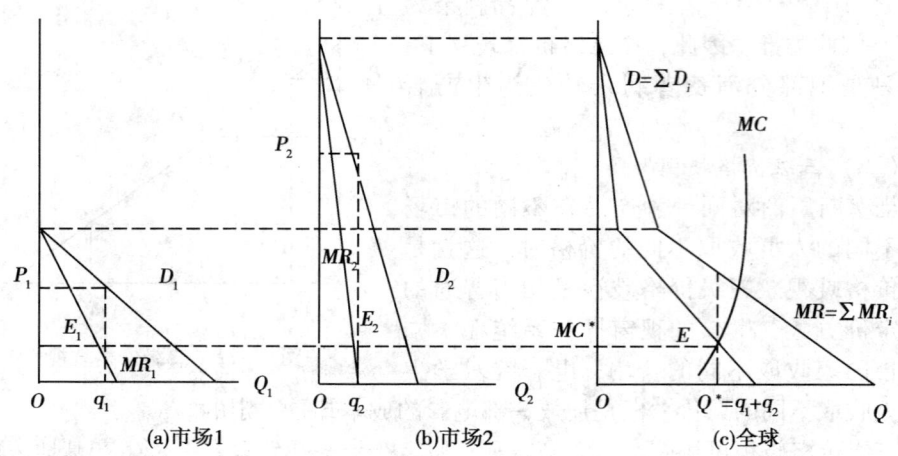

图 5-22 三级价格歧视

比如，如果在中国销售一辆汽车的价格远高于美国，如果海关不严厉打击的话，则必然有人企图走私获利。再比如，在电子产品市场中，很多笔记本电脑都分为行货和港行两种，虽然都是正品，但由于在国内的代理商销售同一产品的价格超过了香港的代理商销售产品的价格，所以，就有不少销售商从香港"进口"笔记本在国内销售，消费者稍不留神就会上当受骗，得不到相应的质保。对电影院也是一样，检票窗口很容易通过消费者的相貌区分成人和学生，从而区别两个市场。但是，对于电影院内的爆米花则以统一的价格销售，对于这样的产品来讲，市场分割是难以做到的，因为学生可以通过购买爆米花转卖给别人来获利。第二，每个市场的需求弹性不同。由图 5-22 可知，如果市场 1 和市场 2 的需求弹性相同，那么这两条需求曲线就重合了，相应的边际收益曲线也重合，这样一来，垄断厂商只能收取相同的价格。很明显，学生对电影的需求比成人要富有弹性的多。

除了以上 3 种价格歧视之外，在现实生活中还有其他类型的歧视性政策。比如，二重价，对于游乐园和俱乐部这些场所，消费者必须支付一定价格的门票或入会费才能进入，但消费这些场地内的其他产品还得支付相应的使用费。使用固定电话得支付月租费和电话费，高档高尔夫场所要收取会员的会员费和打球时的使用费。再比如，捆绑销售也是一种歧视战略，购买微软的视窗操作系统也就购买了微软的浏览器，微软公司也曾经因为此策略排挤了网景等浏览器厂商，导致微软在浏览器市场的垄断而受到指控。

例 5.3：

假定某厂商的边际成本曲线为 $MC=Q$，该厂商在国内是垄断者，国内市场需求曲线为 $P_H=30-Q$，在国外，该厂商面临完全竞争，以 $P_F=12$ 的价格销售产品，求，该厂商的总产量、国内市场销售量和价格、国外市场销售量。

解： 首先要做一些调整，假定国内销售量和国外销售量分别为 Q_H 和 Q_F，则 $MC=Q=Q_H+Q_F$，国内需求曲线为 $P_H=30-Q_H$。

国内市场总收益 $TR_H=P_H(Q_H)Q_H=30Q_H-Q_H^2$，边际收益 $MR_H=30-2Q_H$。

国外市场的总收益 $TR_F=P_FQ_F=12Q_F$，边际收益 $MR_F=12$。

为了利润最大化，由 $MR_H=MC$ 和 $MR_F=MC$ 可以分别得到 $30-2Q_H=Q_H+Q_F$ 和 $12=Q_H+Q_F$，解得 $Q_H=9$，$Q_F=3$，$Q=12$，将 $Q_H=9$ 代入国内市场的需求曲线可得 $P_H=21$。

五、垄断的社会成本

在讨论完全竞争厂商的长期均衡时，我们说过，完全竞争条件下资源配置是有效的，那么垄断呢？垄断是缺乏效率的，这是因为，垄断条件下，厂商出售产品的价格高于边际成本，垄断产量低于完全竞争产量，垄断价格高于完全竞争价格，从而减少了生产者剩余和消费者剩余，造成了社会福利的无谓损失。

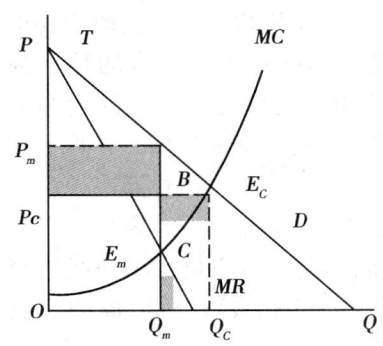

图 5-23　垄断的社会成本

图 5-23 对完全竞争厂商和垄断厂商的长期均衡进行了比较。假定完全竞争和完全垄断有着相同的成本曲线。在图中，垄断厂商面对的需求曲线为 D，由均衡条件 $MR=MC$ 可知，垄断厂商的产量水平为 Q_m，价格水平为 P_m；同时，由于市场需求曲线与供给曲线的交点为 E_c，完全竞争厂商面对价格为 P_c 的水平需求曲线，它的产量水平为 Q_c，从图中可知，在垄断条件下，消费者支付了较高的价格却消费了较少的产品，垄断厂商的生产的 Q_m 产量也不是平均成本的最低点，企业的生产能力没有得到充分的利用。从完全竞争进入垄断，消费者剩余的变动是 $-(A+B)$，生产者剩余的变化是 $A-C$，因此，社会福利的无谓损失是 $-(B+C)$，这就是垄断造成的社会成本。

六、垄断与政府管制

既然垄断会造成无谓的社会损失，各国的都禁止竞争性行业产生垄断，其最重要的限制措施就是反垄断法,在美国,反垄断的法案主要有两个,一个是《谢尔曼法案》,另一个《克莱顿法案》,用于判断的主要标准是某一厂商在某行业的市场占有率,其最有名的反垄断诉讼是在1984把称霸了一个世纪电信巨头——美国贝尔公司(AT&A)一分为七。在中国,也颁布了《反垄断法》,该法律规定一个厂商在行业内的市场份额高于50%时就可以视为支配该行业。

不过,由规模经济所决定的自然垄断行业,允许竞争可能会比垄断更糟糕,但这并不意味着允许自然垄断行业所产生的经济效率损失的存在。在大多数情况下,政府会对公用事业、通信业等自然垄断行业的价格和产量给予严格的管制,主要的经济措施有以下两个方面。

(一)边际成本和平均成本定价

自然垄断主要发生在公用事业部门,如供电、天燃气、供水、有线电视、通讯业等,这些行业的特点是固定投资规模巨大,但边际成本比较低,如铺设管道需要巨额的资金投入,一旦铺设完成,增加最后一户供给的成本可几乎不计。因此,大部分成本都属于固定成本,可变成本相当的小,这导致产量越高,平均成本越低。这个思想可以反映在图5-24中,无论需求量有多大,需求曲线与平均成本(边际成本)的交点都处于平均成本(边际成本)最低点的左侧。

如果政府不加以管制,自然垄断行业的厂商会把产量调整到 Q_m,而均衡价格为 P_m,而这是垄断均衡点 E_m 所决定的。而所谓的边际成本定价方法,是政府要求垄断厂商把价格定在边际成本曲线和市场需求曲线的交点 C 上,相应的价格为 P_{MC},产量为 Q_{MC},该定价形式可使 $P = MC$ 成立,相当于完全竞争厂商的均衡水平,也是效率最高的水平。然而,边际成本定价的缺点是自然垄断厂商必须承担相应的亏损,因为在 Q_{MC} 的产量处,产品的平均成本大于边际成本,在长期看,自然垄断厂商必然退出该行业,因此,需要政府给予一定的补贴。平均成本定价可以解决这个问题(图5-24),平均成本定价就是由平均成本曲线与市场需求曲线的交点 A 来决定自然垄断厂商的价格和产量,即图中的 P_{AC} 和 Q_{AC},这时厂商的利润为零。

(二)资本回报率管制

另一种管制自然垄断的方法是为垄断厂商确定一个资本回报率,这实际上确定了垄断厂商的价格和产量。

在实践中,政府可以利用以下公式为垄断产品制定调节价格:

$$P = AVC + (D + T + sK)/Q \qquad (5.20)$$

其中,P 为政府所限定的价格,AVC 为垄断厂商的平均可变成本,D 为折旧,T 为税收,K 为资本存量,Q 为厂商的产量,s 就是政府所规定的资本回报率。不

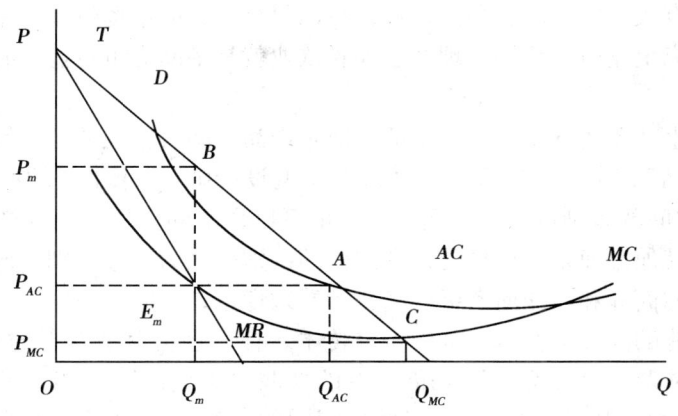

图 5-24 边际成本定价和平均成本定价

过,资本回报率仍然不太容易确定,政府的调节经常难以奏效。

第三节 垄断竞争

介于完全竞争市场与完全垄断市场之间的是垄断竞争市场和寡头垄断市场,这是两个屡见不鲜的市场结构,它们的共同点是既有垄断势力也有竞争力量,任何厂商都有一定的定价能力,但都不像垄断厂商那样"随心所欲",它们的不同点是垄断竞争更接近于完全竞争市场,而寡头垄断更接近于完全垄断市场。一般的,服务业和零售业属于前者,汽车、电器、电脑等制造业属于后者。

一、垄断竞争的特征

垄断竞争是指大量的生产者在同一市场中生产和销售有差别的同种产品。严格地讲,在垄断竞争条件下是不能定义产业或行业的。一个产业或行业内产品是无差别的,在完全竞争条件下,我们假定了产品是"同质的",这样就可以通过单个厂商的加总而得到整个行业的供给曲线,在完全垄断条件下,一个行业只有一家厂商,行业的定义也很明确。垄断竞争条件下的产品是有差别的,所以,它不是一个行业,而是一个"生产集团",更进一步的,由于存在垄断势力,垄断竞争行业没有供给曲线。不过,为了论述的方便,我们在本节仍然把"生产集团"称之为行业。

具体的,垄断竞争行业具有以下几个特征:

第一，有大量的生产者和消费者，所以每个厂商的市场份额都微不足道。这个特点类似于完全竞争，比如，理发业和餐饮业就是垄断竞争行业，它们在大街小巷随处可见。

第二，生产者的产品是不同质的，但是产品之间有很强的替代性。理发业就是一个"手艺活"，水平高的可以称之为"发型设计师"，水平低的称之为"剃头担子"。产品之间的差别可以是心理上的，也可以真实的。如果两种产品除了商标和包装之外，其他方面是无差异的，则这样的差别称之为心理差别。同样质量的服装挂阿迪达斯的商标和无任何商标在消费者看来肯定是不同的。广告也会造成心理差别，同样功能的洗发水，由于其广告宣传不一样，也会对消费者的心理产生影响，比如，有的强调"乌黑亮丽"功能，有的强调"去头屑"功能。不同需求的消费者可能会选购不同的洗发水。营养成分相同的牛奶，有的消费者可能喜欢"来自大草原"的奶牛产下的奶，有的则可能喜欢"纯天然"的奶牛产下的奶。事实上，广告的主要作用就是培养消费者的忠诚度，久负盛名的百事可乐和可口可乐每年都要投入大量资金用于广告宣传，以至于很多消费者都认为它们之间的口味是有差别的，甚至还有人认为可口可乐有秘方的存在。不过，据一项调查显示，一旦撕去商标，很多具有品牌忠诚度的消费者几乎喝不出其中的差别。如果两种产品的确是在质量、功能、外形、构造方面有差别，则产品差别是真实的。比如不同餐厅的同一菜品口味有所不同。不同的服装厂商设计出来的服装在款式上有所不同。一般地讲，产品的差别越大，产品的替代性越弱，厂商之间的垄断程度越高。

第三，厂商可以自由进出一个行业。厂商的生产规模比较小，而且行业没有进入壁垒，进入和退出一个行业比较容易。这意味着厂商之间的竞争相当的激烈，如果厂商一直亏损，则必然退出该行业，如果有利润，则必然有新厂商的进入，因此，垄断竞争行业的长期利润为零，这也是我们要证明的一个结论。

二、垄断竞争的需求曲线

回忆一下，在完全竞争行业中，我们给出两条需求曲线，一条是市场斜向下的需求曲线，还有一条是单个厂商弹性无穷大的水平需求曲线；在完全垄断中，我们说垄断厂商面对整个市场的需求曲线，在那里，我们也可以理解为垄断厂商的需求曲线与市场需求曲线完全重合。那么单个垄断竞争厂商会有什么样的需求曲线了？垄断竞争作为其中间形态，产品是有差别的，既有一定的垄断势力，也有激烈的市场竞争，也就是说厂商有一定的定价能力，但定价能力不可能是无限的。比如，发型设计师可以把他理发的价格定的稍微高一些，但是不能太高，否则，消费者宁愿去"剃头挑子"那里理发，对"发型设计师"的理发需求会锐减。进一步的，既然"发型设计师"都提高了价格,"剃头挑子"也有能力提高一定比例的价格,这又导致了"发型设计师"需求的增加。因此,垄断竞争厂商的需求曲线也有两条,一条相对平坦,一条相对陡峭。

这一思想可以用图 5-25 来表示,我们将其分为三步。最初的均衡价格由 A_0 给定,这时的某垄断竞争厂商的需求量为 q_0^*,销售价格为 P_0。第一步,一个自以为是垄断竞争厂商认为,当他降低产品价格时,其他厂商不会采取降价措施。他设想当他的产品价格从 P_0 降低到 P_1 时,他不仅可以增加对原有顾客的产品销售量,而且还能把其他顾客从其他厂商那里吸引过来,需求量会从 q_0^* 增加到 q_1,如图中 B_0 点所示,连接 A_0 和 B_0 就形成了需求曲线 d_0。在垄断竞争中,我们把某个厂商改变产品的价格,而其他厂商的产品价格都保持不变时,该厂商的价格与销售量之间的关系称之为 d 需求曲线。第二步,无疑,该垄断竞争厂商失算了,当其他厂商从门庭若市转变为门可罗雀时,巨大的竞争压力使其不得不也同比例的降低自己产品的价格,借以吸引回本已流失的顾客,如第二章所述,这种替代品价格的下降使得需求曲线发生向左的平移,假定从 d_0 平移到 d_1,在 P_1 的价格下,原垄断竞争厂商所面对的真实需求量为 q_1^*,如图中 A_1 所示。第三步,连接两个真实的需求量 A_0 和 A_1,就形成了真实的需求曲线 D,在垄断竞争中,D 需求曲线代表某厂商改变价格,其他厂商也使产品价格发生相同比例变化时,该厂商的产品价格和销售量之间的关系。既然 B_0 所代表的是自以为是的厂商所预期的销售量,那么 d_0 曲线也就只能代表厂商预期的需求曲线了。

垄断竞争厂商就在这种犬牙交错中进行调整,当然,我们也可以理解为单个厂商的 d 需求曲线沿着 D 需求曲线平移,当 D 曲线与 d 曲线相交时,市场达到供求相等的状态。需要注意的是,D 需求曲线并不是前面所讲的市场需求曲线,d 需求曲线和 D 需求曲线事实上是单个垄断竞争厂商"预期的"和"真实的"需求曲线,由于每个厂商只能决定自己的价格,所以 d 需求曲线是"看得到"的,D 需求曲线是该厂商"看不到"的。有时候 D 需求曲线也被称为市场份额需求曲线,这在推导长期均衡条件时非常重要,因为它可以表示在每一个市场价格下的真实销售份额,当行业内有 n 家厂商时,无论全体厂商如何调整自己的价格水平,D 需求曲线总是表示每个厂商的实际销售份额为市场总销售量的

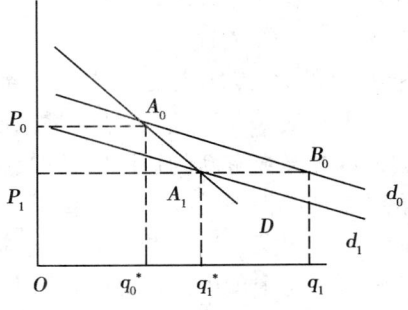

图 5-25 垄断竞争厂商的需求曲线

$1/n$。反过来讲,当市场价格为 P_0 时,n 家规模相同的垄断竞争厂商总产量就是 nq_0^*,当市场价格为 P_1 时,总产量相应变为 nq_1^*。

三、垄断竞争均衡

垄断竞争厂商和其他厂商一样,也是将 $MR = MC$ 的基本原则扩展到短期和长期来实现利润最大化的,不过,由于垄断竞争厂商需求曲线的特殊性,它的边际收益曲线也特殊,达到均衡的过程又会和其他市场有所区别。

(一) 短期均衡

和前面一样,垄断竞争厂商的短期均衡条件为 $MR = SMC$,但区别是垄断竞争厂商 d 需求曲线会移动,所以相应的边际收益曲线也会移动。如图 5 - 26 所示,MR_1、MR_2 分别代表 d_1 和 d_2 的边际收益曲线,SMC 代表该垄断竞争厂商的边际成本曲线。

假定某垄断竞争厂商最初在 d_0 和 D 的交点 A_0 处生产,这时,厂商并没有达到利润最大化。于是垄断厂商开始调整产量,因为 d_0 曲线才是此时厂商能"看的到"需求曲线,所以,他按照 $MR_1 = SMC$ 的交点 E_0 将生产规模定在 q_1 的产量水平上,这时的价格为 d_0 上的 B_0 点所决定的 P_1。不幸的是,该厂商产量价格的调整引起其他厂商竞相降价,该厂商"真实的"销售量降低至 q_1^*,这是 P_1 的价格水平与 D 曲线的交点 A_1 所决定的,这也意味着 d 需求曲线从 d_0 向下平移到穿过 A_1 点的 d_1 上。那么 q_1^* 的产量下,该垄断厂商达到利润最大化了吗?显然不是,因为伴随着 d 的平移,边际收益曲线也由原来的 MR_1 平移到 MR_2,新的利润最大化均衡点由 $MR_2 = SMC$ 所决定的 E_1 点给出,厂商不得不根据 d_1 继续调整价格,这时的价格为 d_1 上的 B_1 点所决定的 P_2。厂商这次调整价格又会引起新一轮的竞价行动,真实的销售量从 q_2 下降至 q_2^*,d 需求曲线相应的沿着 D 需求曲线继续向下平移穿过 A_2 点,这样又会有新的边际收益曲线,从而与边际成本曲线有新的交点,于是垄断竞争厂商又不得不继续调整产量。

可以想象,这种调整会一直继续下去,直到厂商没有任何"理由"调整自己的价格。这个理由是,经过 h 次调整之后,厂商根据 $MR_h = SMC$ 所决定的"预期的"产量等于市场中"真实的"产量。如图 5 - 27,在此时,经过 h 次调整后的 d_h 与 D 曲线的交点 A_h 代表的均衡产量和均衡价格为 q^* 和 P^*,而这个均衡产量也是 $MR_h = SMC$ 的交点 E 所决定的均衡产量,各个厂商都没有继续调整的动力。

同时,我们在该图也加入了一条短期平均成本曲线,这意味着,垄断竞争厂商获得阴影部分的利润。不过,短期平均成本位置的不同也决定了垄断竞争厂商在短期内可能盈利、持平或亏损。

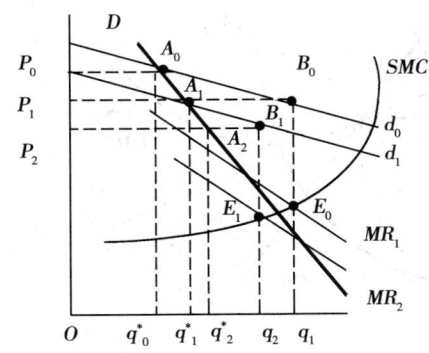
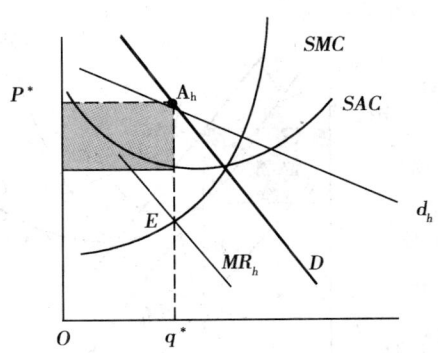

图 5-26　垄断竞争厂商的短期调整　　　图 5-27　垄断竞争厂商的短期均衡

(二) 长期均衡

现在将短期均衡扩展到长期，同样，长期均衡条件为 $MR=LMC$，由于垄断竞争市场可以自由进出，在短期，厂商盈利时，必然有新厂商的进入，厂商亏损时，要么厂商阻止这一趋势，要么就要退出市场，所以，垄断竞争厂商的长期利润为零。

不过，垄断竞争行业依然有着与其他行业不同的特点。我们在前面提到，D 需求曲线也被称之为市场份额曲线，当行业内有 n 家规模相同的厂商时，每一家厂商的市场份额为 $1/n$。如果垄断竞争在短期内有利润，厂商数目增加，当只有一个新厂商进入时，原厂商的市场份额降到 $1/(n+1)$。新厂商的进入也意味着，当价格水平不变时，原垄断竞争厂商"真实的"销售量降低，即 D 曲线向左平移。

假定初始状态为垄断竞争厂商处于短期均衡，厂商获得超额利润，如图 5-28 所示。(a) 为短期均衡图中加入长期平均成本曲线和长期边际成本曲线绘制而成，假定 LMC 也穿过 E 点，长期平均成本曲线与短期平均成本曲线在产量为 q^* 处和短期平均成本曲线相切，厂商获得阴影部分的超额利润。新厂商进入后，在 P^* 的价格水平下，原垄断竞争厂商的销售量开始下降，表现为 D 需求曲线的向左平移，假定平移至 D^1 处，这时，D^1 与 d_h 的交点为 A_{h+1}，与 A_h 相异，所决定的价格又会引起厂商重新调整生产规模，从而 d 曲线进一步的移动，其结果是新一轮的价格大战开始，这种移动会一直持续到没有新厂商进入为止，也就是每个厂商的利润为零为止，最后，厂商在 (b) 图的 E^{**} 处实现长期均衡。

如图 5-28 (b)，厂商以 P^{**} 的价格生产 q^{**} 的产量，长期平均成本曲线与 d 曲线相切于 d 曲线与 D^{**} 曲线相交的 A 点。厂商的长期利润为零。

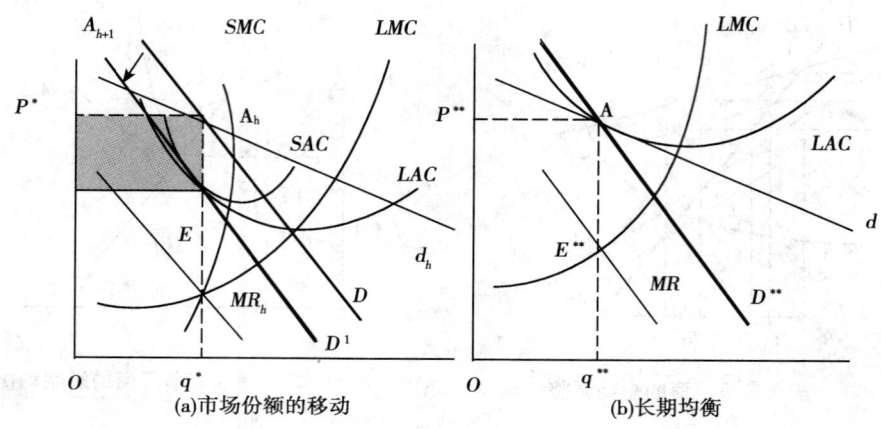

图 5-28　垄断竞争厂商的长期均衡

四、垄断竞争的效率

我们可以把垄断竞争的长期均衡和前面讲过的完全竞争和完全垄断的长期均衡情况进行比较，以便讨论垄断竞争的效率。

与完全竞争相比，垄断竞争是缺乏效率的。假定完全竞争厂商与垄断竞争厂商有相同的成本，如图 5-29 所示，在完全竞争条件下，厂商面对 d_c 的水平需求曲线，在长期平均成本最低点 A 达到均衡，这时生产的产量为 Q_c；对于垄断竞争则不同，由于垄断厂商所面对的需求曲线 d_m 是斜向下的，在长期均衡时，只能切到长期平均成本曲线最低点 A 左面的 B 点，厂商的定价为 P_m，生产的产量为 Q_m。这就是说，垄断竞争的价格高于它的边际成本，垄断竞争厂商以较高的市场价格销售较低的产量，资源配置是无效的。而且，从生产能力的利用角度上讲，垄断竞争达到长期均衡时没有把生产推进到平均成本的最低点，说明垄断竞争厂商存在一部分闲置的生产能力。

与完全垄断相比，垄断竞争市场的效率要高于垄断市场的效率。这主要是因为，垄断竞争市场上各厂商之间产品有相对较强的替代性。因此，每一个厂商所面对的需求曲线相对于垄断厂商而言更加平坦些，假定垄断竞争厂商和完全垄断具有相同的成本曲线，那么，垄断竞争厂商的定价要低于完全垄断厂商的定价；垄断竞争厂商的产量要高于完全垄断厂商的产量。

不过，垄断竞争与完全竞争相比也不是一无是处。很多经济学家认为，垄断竞争具有动态的效率。这是因为垄断竞争除了通过价格竞争吸引顾客之外，还使用非价格竞争的手段。在完全竞争市场，产品是同质的，所有产品都没有区别，以至于所有厂商都只能通过竞价来挤占市场。在垄断竞争市场就不一样了，产品的质量、包装、性能、形状上都有一些差异，从长期效率来看，这可能是有利的。

比如，如果垄断竞争厂商的销售价格大于其边际成本，这就为厂商的售后服务提供了动力。产品的多样化也可以满足消费者的多种需求，同时，这种多样化能够使厂商在短期内获利，如果它还希望在长期内获利的话，那么，它就得继续提供多样化的产品，这就导致了产品质量提高和技术进步。

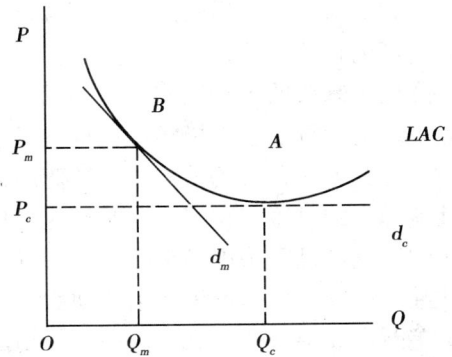

图 5-29 垄断竞争与完全竞争的比较

还有就是我们前面提到的广告，垄断竞争行业的各个厂商都喜欢做广告，广告到底有什么样的社会价值？它是厂商无谓的耗费还是有益的补充？对此可真是仁者见仁智者见智了。除开虚假广告不说，广告可能通过培养消费者对产品的忠诚度而增加一个厂商的垄断力量，使垄断竞争市场逐渐向垄断市场过渡。比如说前面谈到的百事可乐和可口可乐广告，其主要目的就是击败对方。这显然是不利于竞争的。但同时，广告还有两个优势，一个优势是通过广告可以减少消费者的搜寻成本，有利于消费者做出更加明智的决策，比如洗发水的广告有利于消费者对症下药。另一个优势是广告有利于扩大市场份额，增加产品的价格弹性，最终会导致价格迅速的下降。正因为以上原因，垄断竞争还是相对有效率的。

第四节 寡头垄断

一、寡头垄断市场的特征

市场结构的最后一种形式是寡头垄断，它是指在整个行业中由少数几家大规模的厂商瓜分市场份额。如果他们生产的产品是同质的，比如钢铁、水泥、煤炭等行业，则称为纯寡头。如果他们生产的产品是不同质的，比如汽车、家电、电子、飞机制造等行业，则称为差别寡头。寡头垄断中最简单的情形是一个行业中只存在两个卖主，我们称为双寡头，这也是寡头垄断分析的基础。

寡头垄断和垄断竞争的主要区别是行业的厂商数目和进入壁垒。在垄断竞争中，我们假定有大量的厂商，而且行业进入是无障碍的。寡头垄断行业都是具有规模经济的行业，这使得厂商只有扩大生产规模、抢占更大的市场份额才能实现成本的降低。寡头的市场结构一旦形成，一方面，行业内的各个寡头存在着相当激烈的竞争，另一方面，规模经济也构筑了较高的进入壁垒，阻止了其他厂商的进入。

在其他三种市场结构中，厂商的行为是相互独立的，每个厂商的决策无须考虑其他厂商的决策。在寡头垄断行业，只有少数几个厂商，它们之间实际上是相互依赖的，这也是寡头市场最突出的特点。比如，家电行业的市场竞争相当的激烈，往往某家厂商采取降价等促销活动后，其他厂商也立刻跟进，以牙还牙。显然，在寡头垄断市场中，任一家厂商采取行动都会对其他厂商的市场份额发生举足轻重的影响。不过，寡头之间的依存性也决定了寡头之间的行为是不确定的，通过降低价格来扩大市场份额是一种手段，通过广告战来争夺市场也是一种手段，所以，寡头在确定行动战略时，必须考虑其他寡头可能会采取的战略，这也使寡头市场的运行具有相当大的不确定性，给理论分析带来一定的难度。

寡头市场的这种特性使得要建立一个模型解释寡头的行为是不可能的。事实上存在多种解释寡头行为的模型，在这里，我们介绍几个常见的模型。寡头之间选择的决策变量不外是两种：产量和价格，选择行动的顺序也不外乎是两种：同时决策和序列决策，同时决策是指双方在决策时都以对方的战略选择作为预期考虑水平，然后同时摊牌，这种决策方式一般适用于行业间各寡头"势均力敌"的情况。序列决策则是以一方先走一步，另一方相应的采取对策，然后一方再走下一步，这种决策顺序一般适用于行业中有一个"领导者"和若干个"追随者"。这样就有了以下四个模型，不过，为了简单起见，都假定了双寡头形式表 5-1。

表 5-1 寡头垄断的模型类型

行动顺序 选择变量	同时	序列
选择产量	古诺模型	斯泰克伯格模型
选择价格	价格古诺模型/伯特兰模型	价格领导模型

二、寡头市场模型

（一）产量模型

1. 古诺模型

古诺模型的基本假定如下：第一，假定一个行业只有两个寡头生产同质的产品，并追求利润最大化。第二，厂商无勾结，每个厂商的边际成本是常数。第三，两个厂商进行产量竞争,并同时做出产量决策,这意味着每个厂商都把对方产量视为既定。第四,产品的价格取决于市场上的总产量。

假定行业需求曲线为 $P(Q)=a-bQ=a-b(Q_1+Q_2)$。其中,P 是市场价格,Q 是该行业的需求量,它是寡头 1 和寡头 2 的产量 Q_1 和 Q_2 之和,a 和 b 为大于零的常数。

假定寡头能够以不变的边际成本生产产品,其边际成本分别为常数 c_1 和 c_2。这时,寡头 1 的利润为:

$$\pi_1 = P(Q)Q_1 - c_1Q_1 = [a-b(Q_1+Q_2)]Q_1 - c_1Q_1$$

根据古诺模型的假设,寡头 1 在制定其产量决策时,认为寡头 2 的产量是给定的。所以,寡头 1 选择 Q_1 使自己利润最大化,这要求 $\partial\pi/\partial Q_1 = 0$,即:

$$a - bQ_2 - 2bQ_1 = c_1$$

整理上式,可得:

$$Q_1 = R_1(Q_2) = (a-c_1)/2b - Q_2/2 \qquad (5.21)$$

显然,企业 1 的产量是企业 2 产量的函数,这说明寡头 1 要利润最大化则必须看寡头 2 的"眼色"行事,只有当寡头 2 确定产量后,寡头 1 才能确定自己的利润最大化产量。$R_1(Q_2)$ 这个关系式也被称为寡头 1 的反应函数。同样的,对寡头 2 而言,它的利润为:

$$\pi_2 = P(Q)Q_2 - c_2Q_2 = [a-b(Q_1+Q_2)]Q_2 - c_2Q_2$$

相应的,寡头 2 的反应函数 $R_2(Q_1)$ 为:

$$Q_2 = R_2(Q_1) = (a-c_2)/2b - Q_1/2 \qquad (5.22)$$

(5.22) 和 (5.21) 的含义是一样的,在古诺模型中,两个寡头都按照对方的产量确定自己利润最大化产量,那么它们有什么样"勾心斗角"的行为了?

我们将 (5.21) 和 (5.22) 描绘在图 5-30 中,横纵两轴分别代表了两寡头的产量。$R_1(Q_2)$ 与 $R_2(Q_1)$ 的交点为 E,假如寡头 1 的产量水平为 Q_1^1。从 $R_1(Q_2)$ 上可以发现,寡头 2 将以 Q_2^1 作为对策。但是,如果寡头 2 生产 Q_2^1,寡头 1 又会根据 $R_1(Q_2)$ 生产 Q_1^2 的产量,可见,Q_1^1 和 Q_2^1 都是不稳定的状态。因为在这一状态下,寡头都会根据自己的反应函数不停调整自己的利润最大化产量。这种调整会沿着图中的箭头一直持续下去,最终,在 E 点达到均衡,任何寡头都不再改变自己的产量,而且达到利润最大化,我们称 E 点为古诺均衡。

通过求解 (5.21) 和 (5.22) 也可以得到均衡值。假定两个寡头的边际成本相等,即 $c = c_1 = c_2$,两个反应函数完全对称,古诺均衡产量为:

$$Q^* = (a-c)/3b \qquad (5.23)$$

将 (5.23) 代入寡头 1 和寡头 2 的利润函数也就可以得到寡头的最大化利润。

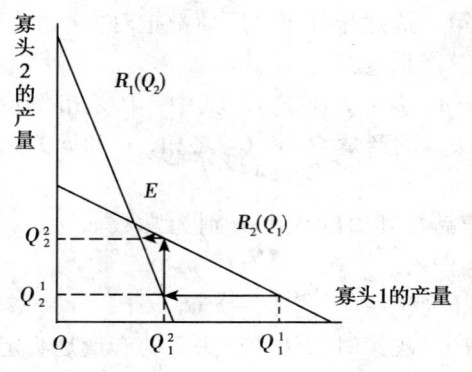
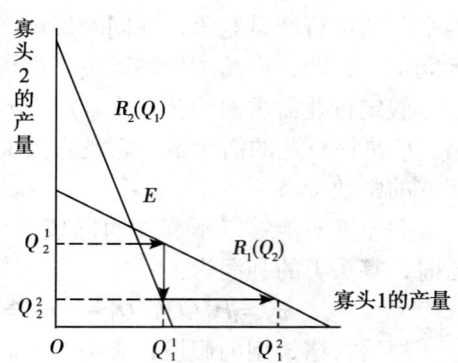

图 5-30　古诺模型的稳定解　　　　　图 5-31　古诺模型的不稳定解

必须强调的是，古诺均衡是一个静态的概念，回忆第一章的讨论中，我们曾经说过，动态分析涉及两个问题：均衡的存在性和均衡的稳定性。如图 5-31，在该图中寡头 1 的反应函数比寡头 2 的反映函数更平坦一些，而图 5-30 的恰恰相反。现在假定寡头 2 先把产量定到 Q_2^1，这时寡头 1 会根据自己的反应曲线 $R_1(Q_2)$ 将产量水平定在 Q_1^1，紧接着，寡头 2 将产量调整为 Q_2^2，其最终的结果是离古诺均衡的 E 点越来越远。为了实现稳定的古诺均衡解，这就要求对 $R_1(Q_2)$ 与 $R_2(Q_1)$ 的系数值做严格的限制，读者可以自行推导。

例 5.4：

假定行业的需求曲线为 $P = 900 - 8Q$，该行业中有两个寡头，其边际成本与平均成本均为 100，求古诺均衡。

解： 寡头 1 的利润为 $\pi_1 = P(Q)Q - c_1 Q_1 = (900 - 8(Q_1 + Q_2))Q_1 - 100Q_1$ 按照利润最大化的必要条件 $\partial \pi_1 / \partial Q_1 = 0$，求得寡头 1 的反应函数为：$R_1(Q_2)$，$Q_1 = 50 - Q_2/2$。

寡头 2 的反应函数：$R_2(Q_1)$，$Q_2 = 50 - Q_1/2$。

联立解得均衡点 $Q_1^* = 100/3$，$Q_2^* = 100/3$，市场总均衡产量为：$Q = Q_1 + Q_2 = 200/3$，这时的价格为：$P^* = 1\,100/3$。

2. 斯泰克伯格模型

在古诺模型中，两个寡头是"旗鼓相当"的厂商，每一个寡头都将对方的产量视为既定，家电行业的生产规模战可视为这种情形。在美国，电脑行业的领导者是 IBM，除它以外，该行业中还存在一些小型生产商，这些小厂商一般都是等待 IBM 宣布其产量计划后再确定自己的产量计划，我们将 IBM 这种先宣布自己产量计划的企业称为领导者，而那些随后确定产量计划的小企业称为追随者。斯泰克伯格模型常用来描述这种行业。

我们仍然假定需求曲线如古诺模型中的 $P(Q) = a - bQ = a - b(Q_1 + Q_2)$，两寡头的边际成本仍为 c_1 和 c_2。

在斯泰克伯格模型中，两个寡头实力相差悬殊，领导者的寡头在竞争中具有先动优势，往往领先做出决定，假定寡头1是领导者，寡头2是追随者。领导者首先做出产量决策，追随者在观察了寡头1的产量后随后做出产量决策，因此，在决定产出量时，领导者必须考虑追随者将如何做出反应，这与古诺模型的假设不同。

这时，追随者的问题就变为给定领导者的产量水平，求自己的利润最大化产量，其利润可以表示为：

$$\pi_2 = P(Q)Q_2 - c_2Q_2 = [a - b(Q_1 + Q_2)]Q_2 - c_2Q_2$$

其反应函数和古诺模型也相同，为：$Q_2 = R_2(Q_1) = (a - c_2)/2b - Q_1/2$

(5.24)

不过，对领导者而言，情形有所不同，它已经知道了追随者的反应函数，它就会在率先宣布产量时对追随者的产量进行预期，给出一个能够影响追随者的产量水平 Q_1，从而使自己的利润最大化。从数学上讲，这意味着领导者的利润最大化受到了追随者反应函数的约束。所以领导者的利润函数变为：最大化 $\pi_1 = P(Q)Q_1 - c_1Q_1 = [a - b(Q_1 + Q_2)]Q_1 - c_1Q_1$，约束条件为 (5.24)。

将追随者的反应函数 (5.24) 代入领导者的利润函数得：

$$\pi_1 = P(Q)Q_1 - c_1Q_1 = \{a - b[Q_1 + (a - c_2)/2b - Q_1/2]\}Q_1 - c_1Q_1$$

根据利润最大化的必要条件 $\frac{\partial \pi_1}{\partial Q_1} = 0$，解得 $Q_1 = \frac{a + c_2 - 2c_1}{2b}$，将其代回追随者的反应函数，得：$Q_2 = \frac{a - 3c_2 + 2c_1}{4b}$。

例 5.5：

基本条件仍由例 5.3 给出，将追随者的反应函数代入领导者的利润函数得：

$$\pi_1 = P(Q)Q_1 - c_1Q_1 = [900 - 8(Q_1 + 50 - Q_1/2)]Q_1 - 100Q_1$$

由利润最大化的必要条件得 $Q_1 = 50$，代回反应函数得 $Q_2 = 25$，总产量 $Q = 75$，价格水平为 300。

（二）价格模型

1. 价格古诺模型

现在转向寡头间的价格竞争，和古诺模型的假定不一样的是，这里假定两个寡头的产品不同质，以至于两个寡头产品之间不完全替代。比如，美国生产的汽车气派但排量大费油，日本生产的汽车经济实惠。这样一来，消费者就面临着决策，从经济学上讲,我们可以将汽车市场分为两个有相联系的市场,不同的寡头只生产其中一种产品,比如美国厂商只生产大排量汽车,日本厂商只生产小排量汽车。其市场需求曲线分别为:

$$D_1: Q_1 = a - bP_1 + cP_2 \tag{5.25}$$

$$D_2: Q_2 = a - bP_2 + cP_1 \tag{5.26}$$

其中,a、b、c 均为大于 0 的常数。市场 1 的需求曲线意味着产品 1 的需求量随着产品 1 的价格下降而上升,同时也随着产品 2 的价格下降而下降,市场 2 同理。比如,当日本车的汽车价格下降时,更多的人购买日本车,如果美国车的价格不下降,那么对美国车的需求会降低。

同时,还假定每个寡头将对方价格视为既定,然后选择能使自己利润最大化的己方产品价格。这样就构造了两个利润函数。为了简单起见,假定寡头的固定成本为常数 C,而边际成本为 0。

这时寡头 1 的利润为:

$\pi_1 = P_1 Q_1 - C = P_1[a - bP_1(a - bP_1 + cP_2)] - C$,它根据 $\partial \pi_1 / \partial P_1 = 0$ 实现利润最大化,其价格反应函数为 $P_1 = 1/2b\ (a + cP_2)$,相应的寡头 2 的价格反应函数为 $P_2 = 1/2b\ (a + cP_1)$,解之可得 $P_1^* = P_2^* = a/2b - c$。

在这里,价格古诺的解是两个寡头收取相同的价格,似乎称不上价格竞争。需要指出的是,两个寡头收取同样的价格是偶然的,这是因为,我们在前面假定了寡头的边际成本为 0,而每个寡头所面对的需求曲线又是对称的,相应的,它们的边际收益曲线也是对称的,每个寡头按照 $MR = MC$ 的利润最大化原则所确定的产量和价格也是相等的。如果我们设置了不同的需求曲线或是不同的边际成本,则两个寡头收取的价格也是不同的。

例 5.6:

假定 $D_1: Q_1 = 24 - 4P_1 + 2P_2$,$D_2: Q_2 = 24 - 4P_2 + 2P_1$,总成本均为 40,则 $\pi_1 = P_1 Q_1 - C = , 24P_1 - bP_1^2 + 2P_1P_2 - 40$,相应的反应函数分别为 $P_1 = 3 + P_2/4$,同理得 $P_2 = 3 + P_1/4$。最终可解得 $P_1^* = P_2^* = 4$,两寡头的均衡产量为 $Q_1^* = Q_2^* = 16$,再将其代入利润最大化函数中得最大化利润 $\pi_1 = \pi_2 = 24$。

另一个常见的价格竞争模型是伯特兰模型,该模型和价格古诺模型的区别在于,两个厂商生产同质的商品,而且两家厂商势均力敌,假定矿泉水市场有两个寡头,消费者很难说哪个厂商生产的矿泉水味道更好,从消费者的角度说,哪家厂商产品的价格低就消费哪家厂商的矿泉水。从生产者的角度说,如果产品定价比对方高,那么它的销售额就是零,如果收取的价格比对方低,则占据整个市场,这样,只要双方都还有降价的空间,就可能不存在稳定的均衡,价格战的最终结果就是两家寡头收取同样的价格,它等于边际成本,并且平分市场,注意,这与完全竞争市场 $P=MC$ 的均衡原则一致,所以伯特兰模型中的寡头行为与完全竞争市场无差异。

例 5.7:

讨论例 5.3 中的伯特兰均衡。

解: 在伯特兰模型中,$P=MC$ 是均衡条件,由于边际成本为 100,所以,每个寡头收取 100 的价格,其总产量为 100。

2. 价格领导模型

假定两个寡头不在同时确定价格,依然有一个领导者和一个追随者,不同的是,现在领导者不是先宣布产量决策,而是先宣布价格决策。当然,在宣布其价格水平以前,领导者必定会充分考虑追随者对此将会做出什么反应,然后再根据追随者的行为确定自己的价格水平,使自己达到利润最大化。

但是,如果产品是同质的,那么追随者在均衡时必须接受领导者给定的价格,这是因为,如果追随者的喊价低于领导者的价格,那个整个市场需求都会转向追随者,这样,追随者就不是追随者了,领导者肯定也不愿意看这种情况的发生,反过来讲,如果追随者所定的价格高于领导者,则它肯定会丧失整个市场,这是追随者不愿意发生的情况。所以均衡时,追随者只能接受领导者的定价。

细心的读者可能会发现价格领导模型和伯特兰模型的区别,在伯特兰模型里,两个寡头是势均力敌的,所以同时定价的结果是平分市场,在价格领导模型里,领导者的实力显然更强一些,虽然追随者只是一个价格的接受者,但市场份额很难被均分。

由于领导者对追随者了如指掌,所以价格领导模型的分析又和斯泰克伯格模型一样,从追随者开始。

假定市场的总需求曲线为 $D(P)$,寡头 1 是领导者,寡头 2 是追随者。追随者知道,它只能以一个给定的价格 P^* 来确定自己的利润最大化产量 Q_2,追随者的利润函数为:$\pi_2 = P^* Q_2 - TC_2(Q_2)$,为了使利润最大化,它根据 $MR=MC$ 来确定产量,在这里该条件转化为:$P^* = MC_2(Q_2)$。

对领导者而言,它会确定多高的价格 P^*?显然,它知道,他每确定一个价格水平 P^*,就会有一个相应的产量水平 Q_2,这也是追随者在每个价格水平下的供给量 $S(P)$,那么留给领导者的产量为总需求和追随者产量之间的水平差额 $Q_1(P) = D - Q_2 = D(P) - S(P)$,$Q_1(P)$ 也是领导者所面对的剩余需求曲线,$S(p) = Q_2$,它代表着追随者的供给量是领导者所确定的价格水平的函数。

为了使自己的利润最大化,领导者从剩余需求曲线出发,按照 $MR_1 = MC_1$ 的原则确定领导者的均衡产量 Q_1,最终定出领导者的价格水平 P^*。

该思想也可以由图5-32表示，$D(P)$代表市场需求曲线，$S(P)$是追随者的供给曲线，根据上面的分析，它是在每一个价格水平下追随者愿意而且能够供给的数量，在推导供给曲线时，供给曲线上的每一个点都是厂商利润最大化的均衡点。比如，领导者把价格水平定到P^R的时候，追随者根据自己的$\pi_2 = P^R Q_2 - TC_2(Q_2)$，确定的利润最大化产量水平为$Q^R$，这时留给领导者的市场需求为$Q_T^R - Q^R$。

现在讨论领导者的剩余需求曲线，如果领导者把价格定的低于P_1，追随者的供给量为0，领导者获得全部市场，为图中市场需求曲线$D(P)$上A点以下的部分。当领导者把价格定在P_h时，这刚好是$S(P)$与$D(P)$的交点。追随者获得全部市场，领导者不供给。因此剩余需求曲线为折线$P_H A H$，它是$D(P) - S(P)$的水平差额，相应的边际收益曲线为MR所示。

那么领导者会把价格定到哪个水平上了，图中的MC曲线为领导者的边际成本曲线，由MC与MR曲线的交点E决定了领导者的利润最大化均衡，领导者生产的产量水平为Q_1，根据剩余需求曲线，领导者将把价格定到P^*，追随者相应的产量水平为Q_2，总产量水平为$Q_1 + Q_2$，反映在需求曲线$D(P)$上，它刚好为P^*所决定的Q_T点。

在价格领导模型中，领导厂商处于主动地位，它必须准确的了解市场需求曲线和追随者的供给曲线，才能确定出自己的剩余需求曲线和利润最大化的产量与价格；对追随者而言，它处于被动地位，作为价格接受者，其利润最大化的产量决策要省事的多。

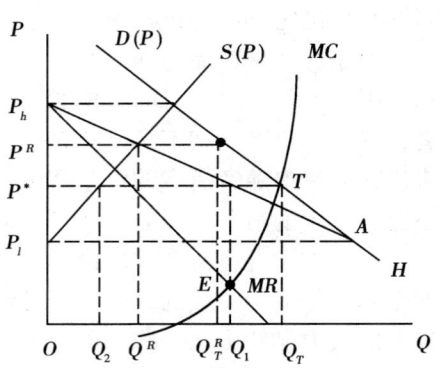

图5-32 价格领导模型

例5.6：

假定市场需求曲线为：$D(P) = a - bP$，追随者成本为：$C_2(Q_2) = Q_2^2/2$，领导者成本为函数为$C_1(Q_1) = cQ_1$。求领导者的均衡价格和均衡产量。

解：追随者是价格接受者，其利润最大化原则为：$P = MC$。

$$MC_2 = \frac{dC_2}{dQ_2} = Q_2 = p$$

因此，$Q_2 = p$是$S(P)$，领导者面对的剩余需求曲线为：

$$Q_1(P) = D - Q_2 = D(P) - S(P) = a - (b+1)P$$

从中解得：$P = \dfrac{a}{b+1} - \dfrac{1}{b+1}Q_1$

领导者的利润函数为：$\pi_1 = PQ_1 - C_1(Q_1) = \left(\dfrac{a}{b+1} - \dfrac{1}{b+1}Q_1\right)Q_1 - cQ_1$

为了利润最大化 $\dfrac{\partial \pi_1}{\partial Q_1} = 0$，解得：$Q_1 = \dfrac{a - c(b+1)}{2}$，代入剩余需求曲线

$$P = \dfrac{a}{2(b+1)} + \dfrac{c}{2}$$

三、卡特尔

寡头市场中企业数量比较少，存在着比较激烈的竞争，甚至对于伯特兰模型这种寡头市场，竞争的压力使得每个寡头只能收到边际成本的价格，从而最大程度地限制了寡头可获得的超额利润。为什么这些寡头不联合起来形成同盟来避免竞争呢？

如果寡头行业中的主要厂商通过明确的或正式的协议来共同确定产品的价格和产量，并以此获得超额利润的团体，称为卡特尔。卡特尔是一种正式的串谋行为，它能使得一个竞争性市场变成垄断性市场，当然，现实中的卡特尔经常不能网罗该行业的所有厂商。卡特尔在有些国家是合法的，在有些国家是非法的。美国早在1890年就通过谢尔曼法对公开或秘密的串谋行为加以限制，尽管如此，暗中的勾结还时有发生。例如，通用电气和西屋等公司在20世纪50年代里推行所谓的"最优惠顾客"条款契约，这一条款具有操纵价格、阻扰竞争的效果。后来，因受到法律诉讼的威胁，这几家公司放弃了这种契约。在国际上，最有名卡特尔是欧佩克，阿拉伯国家联合起来压缩石油产量，抬高价格，在1974年，欧佩克的石油产量占全世界的2/3，通过对石油产量的控制，欧佩克成功将世界石油价格提升到高于竞争价格的水平，从而导致了世界石油危机。不过，更多的卡特尔均以失败而告终，比如，在美国曾经有过桔业卡特尔，在中国，彩电行业也有过联合限价的行为。

卡特尔的好处自然不言自明：协同经营既可以减少竞争，形成垄断市场，又可以限制潜在的竞争者进入。下面以古诺模型加以说明。

古诺模型的两家寡头结合为卡特尔以后，其市场价格仍取决于两家寡头的产量之和，即 $P(Q) = a - bQ = a - b(Q_1 + Q_2)$，但两家寡头的成本函数不同，分别为 $c_1 Q_2$ 和 $c_2 Q_2$，不同的是，这时两家厂商不再以各自利润最大化为目标，而是以行业的利润最大化为目标，换句话说，卡特尔的决策行为相当于垄断厂商的决策行为。于是，其利润最大化决策变为：

$$\pi = P(Q_1 + Q_2)(Q_1 + Q_2) - c_1 Q_1 - c_2 Q_2$$

利润最大化要求 $\frac{\partial \pi}{\partial Q_1}=0$、$\frac{\partial \pi}{\partial Q_2}=0$

从而得到（因为 $\frac{\mathrm{d}P}{\mathrm{d}Q_1}=\frac{\mathrm{d}P}{\mathrm{d}Q_2}=\frac{\mathrm{d}P}{\mathrm{d}Q}$）

$MR=P+(Q_1^*+Q_2^*)\frac{\mathrm{d}P}{\mathrm{d}Q}=MC_1$ 和 $MR=P+(Q_1^*+Q_2^*)\frac{\mathrm{d}P}{\mathrm{d}Q}=MC_2$

也就是说，均衡条件是 $MR=MC_1=MC_2$

这一条件也可以用图 5-33 来表示，（c）图给出了市场需求曲线和相应的边际收益曲线，（c）图中的边际成本曲线是寡头 1 和寡头 2 边际成本曲线的水平加总，卡特尔根据 $MR=MC$ 的利润最大化原则以 P^* 的价格生产 Q_T 的产量，其均衡点如 E 所示。在均衡点 E 处，寡头 1 和寡头 2 的边际成本分别为 E_1 和 E_2 所示，这也符合 $MR=MC_1=MC_2$ 的原则，此时，寡头 1 和寡头 2 的产量各自为 Q_1 和 Q_2，各自的利润为阴影部分面积，显然 $Q_T=Q_1+Q_2$。

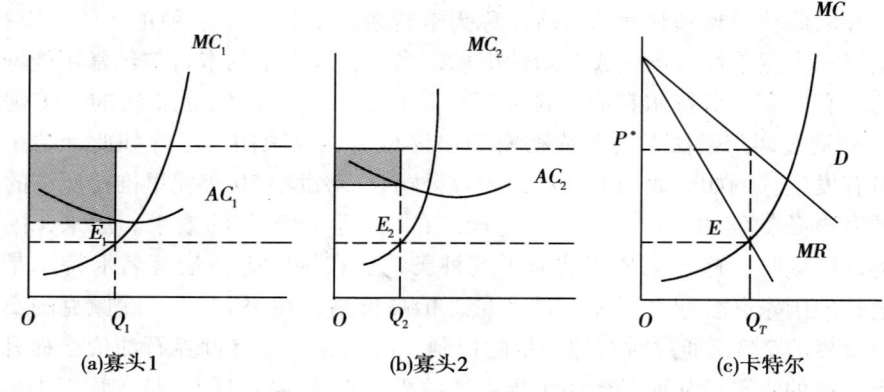

图 5-33 卡特尔的利润最大化

例 5.7：

其基本条件由古诺模型的例 5.3 给出，求卡特尔的产量、价格。

解：卡特尔的根本目的仍然是利润最大化，不同的是，寡头垄断是各自利润的最大化，卡特尔是联合利润的最大化，相当于一个垄断厂商。其共同的利润函数为：

$$\pi=P(Q)Q-c_1Q_1-c_2Q_2=[900-8(Q_1+Q_2)](Q_1+Q_2)-100Q_1-100Q_2$$

利润最大化要求 $\frac{\partial \pi}{\partial Q_1}=0$，$\frac{\partial \pi}{\partial Q_2}=0$

解得 $Q_T=Q_1+Q_2=50$，相应的价格为 $P^*=500$，当然，在这里没有对产量的分配进行说明，如果两厂商的实力相当，则有可能均分市场，各生产 25 单位的产量。

例 5.7 留给我们一个很重要的问题，就是各寡头的产量分配不尽相同，从而利润不尽相同，这在图 5 – 33 中可以清楚地看到。这也是成功的卡特尔不常见的主要原因，因为各寡头往往从自身的结果出发，对这种分配结果不满，或者说，在给定的价格下，各厂商都希望通过生产更多的单位来获得更多的利润。卡特尔的每一个厂商都有欺骗的动机，它们企图只享受卡特尔的好处——高价格，而不付出代价——限制产量，如果每一家都期望偷偷违反协议，暗中扩大产量，或者是通过暗中降低价格来扩大产量，那么它必然得到更大的利润。正因为这样，卡特尔总是不稳定的。

例 5.8：

当卡特尔试图把价格定到 $P^* = 500$，每个寡头为了自身的利润最大化，期望把产量定到多少？

解： 当 $P^* = 500$，寡头 1 的利润函数为

$\pi = P(Q)Q_1 - c_1Q_1 = 500Q_1 - 100Q_1$，因为 $\partial \pi / \partial Q_1 = 400 > 0$，产量当然是越多越好。因而寡头 1 有违约的动机。对寡头 2 同理。

四、不同模型效率及市场结构

在本节中，我们举了不少的数值例子，在这里，我们将比较古诺模型的例 5.3、斯泰克伯格中的例 5.4、伯特兰模型的例 5.6 和卡特尔模型中的例 5.8。首先，我们将各模型的结果重新整理后列于下表：

表 5 – 2　寡头垄断各模型间解的比较

模型	卡特尔（垄断）模型	古诺模型	斯泰克伯格模型	伯兰特（完全竞争）模型
价格水平	500	1 100/3	300	100
总产量	50	200/3	75	100

由于这些例子来自于同一条市场需求曲线 $p = 900 - 8Q$，因此，我们可以将其绘制在图 5 – 34 中。这样一来，所有模型的效率就一目了然了，需要说明的是，卡特尔模型事实上就是在行业内造就了一个垄断者，它相当于前面讲到完全垄断市场均衡，而伯兰特模型，它的最大化均衡要求 $P = MC$，这和完全竞争市场均衡相一致，两个寡头的行为相当于完全竞争厂商。所以，寡头垄断的效率实际上介于垄断和完全竞争之间。

比较古诺模型的解与斯泰克伯格模型的解是有意思的。斯泰克伯格模型的效率高于古诺模型的效率，其原因在于，它至少允许一家寡头进行战略规划，领导者由于其既有的规模优势，不管其竞争对手如何行动，它都将获得更大的生产份额。

当然，比起垄断竞争而言，寡头垄断更偏向于垄断，而垄断竞争更偏向于竞争，这意味着垄断竞争以更低的价格供给更多的产量，不过，寡头可能更具动态优势，这是因为，寡头垄断的生产规模更大，产品种类更丰富，其研发能力也就更高一些。

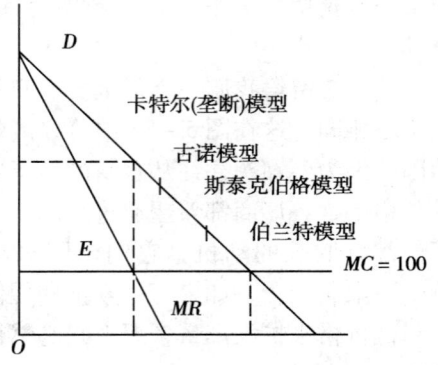

图 5-34　模型的均衡点比较

纵观本章所讲的四种市场结构，我们可以发现，市场中的厂商的数量越少，每个厂商的市场力量就越大，价格越高，产量越少，因而可获得的利润也就越高。但是，完全垄断比较容易观察，完全竞争却是一种理想中的行业，对于现实中的各行各业，我们如何才能确定它的竞争程度呢？

经济学家构造了一些指数来衡量某一行业或市场的集中程度，最常用的是两种，一种是行业的密集率，还有一种是赫芬达尔—荷希门指数：

行业密集率是指某市场或行业内 n 个最大的厂商的市场份额之和，比如 4 企业密集率可以表示为：

$$CR_4 = S_1 + S_2 + S_3 + S_4$$

其中，S_1 到 S_4 是前四大厂商的市场份额。企业的份额一般以其销售量占市场总销售量的比例来表示。一般认为，如果 CR_4 大于 90%，则可称该行业是垄断的；如果小于 40% 则可称是实际竞争的；如果介于两者之间，则市场是寡头垄断的。

赫芬达尔-荷希门指数是市场中所有厂商的市场份额的平方和，即：

$$HHI = S_1^2 + S_2^2 + \cdots + S_n^2$$

HHI 值越大，市场的集中程度越高。理论上，垄断市场的 $HHI=1$，完全竞争的 $HHI=0$。通常，当 HHI 大于 0.18 的市场是高度集中的，HHI 在 0.18 和 0.10 之间的市场称为适度集中的，低于 0.10 的市场是非集中的。

政府对行业的监管有时也是根据 HHI 指数来进行，美国司法部的"兼并准则"里，如果 HHI 大于 0.18，兼并后如果 HHI 超过了 0.19，那么这一兼并通常会受到监管部门的质询和反对。对于介于 0.18 和 0.10 之间的兼并，只要兼并后 HHI 的增幅不超过 0.01，则没有什么问题。对于 HHI 低于 0.10 的市场，兼并则不大可能受到干预。

例 5.9：

表 5-3 给出了中国空调行业 2000 年市场占有率前十名的厂商和市场份额，计算相应的行业密集率和赫芬达尔-荷希门指数。

表 5-3 2000 年空调全国重点大商场市场占有率

名次	品牌	占有率%	名次	品牌	占有率%
1	海尔	19.50	7	三菱	6.30
2	美的	12.85	8	日立	5.20
3	春兰	9.70	9	夏普	4.00
4	格力	9.10	10	LG	2.70
5	海信	8.60	11	其他	15.00
6	科龙	7.20			

解： $CR_4 = S_1 + S_2 + S_3 + S_4 = 19.50 + 12.85 + 9.70 + 9.10 = 51.15\%$，该行业为寡头市场。

$HHI = S_1^2 + S_2^2 + S_3^2 + \cdots + S_n^2 \approx 0.038 + 0.071 + 0.009 + 0.008 + 0.007 + 0.005 + 0.004 + 0.003 + 0.002 + 0.001 + 0.023 = 0.117$

基本可以认定为适度集中的市场。

第五节　博弈论和竞争策略

一、再论卡特尔的不稳定性和博弈论的基本概念

在上一节，我们根据古诺模型的例子证明出卡特尔中每一个寡头都有欺骗的动机，从而说明了卡特尔的不稳定性，在这一节，我们将使用价格古诺中的例 5.5 来说此问题，不过，我们将换一种思路。

例 5.10：

其基本条件由价格古诺模型的例 5.5 给出，并假定例 5.5 中价格竞争为情形一；情形二：假定寡头产品不再有差异，而且两寡头不再进行价格竞争，形成了卡特尔，求该卡特尔的利润。情形三和情形四：形成卡特尔后，一方违约另一方不违约时各寡头的利润。

解： 情形二：产品不再有差异时就可以对每一个寡头的需求曲线进行水平加

总，得到行业需求曲线，形成卡特尔后，寡头以相同的价格出售产品，则 $P = P_1 = P_2$，因此，市场需求曲线为：

$$D : Q = 48 - 4P$$

该卡特尔的利润函数为

$\pi = PQ - 80 = 48P - 4P^2 - 80$，由于这里的卡特尔是一个价格联盟，因此，利润最大化要求 $\partial \pi / \partial P = 0$，从而 $P = 6$，两寡头的利润最大化产量为 $Q_1 = Q_2 = 12$，最大化利润为 $\pi_1 = \pi_2 = 32$。

情形三：假定寡头 1 不配合，则寡头 1 收取 4 的价格，而寡头 2 收取 6 的价格，此时

$\pi = P_1 Q_1 - C = P_1 (24 - 4P_1 + 2P_2) - 40 = 4(24 - 4 \times 4 + 2 \times 6) - 40 = 40$

$\pi = P_2 Q_2 - C = P_2 (24 - 4P_2 + 2P_1) - 40 = 6(24 - 4 \times 6 + 2 \times 4) - 40 = 8$

情形四：与情形三有对称性有 $\pi_1 = 8$ 和 $\pi_2 = 40$。

现在将以上 4 种情形列在表 5-4 中。该表被称为支付矩阵，第 1 列中列出了寡头 1 的两个"战略"：不合作（定价为 4）、合作（定价为 6），第 1 行列出了寡头 2 的两个相应的"战略"。在矩阵的每一个格子里，分别给出了两个寡头所采取不同战略的"报酬"——利润，左端的数字表示寡头 2 的报酬，右端的数字表示寡头 1 的报酬。比如，上列中的情形四列在第 2 行第 3 列中，寡头 2 不合作，把价格定为 4，利润为 40，寡头 1 合作，把价格定为 6 利润为 8。相应的情形一对应是第 2 行第 2 列，情形二对应是第 3 行第 3 列，情形三对应的是第 3 行第 2 列。

表 5-4　寡头的支付矩阵

寡头 2 \ 寡头 1	不合作（定价为 4）	合作（定价为 6）
不合作（定价为 4）	24　　24	40　　8
合作（定价为 6）	8　　40	32　　32

现在开始讨论卡特尔的不稳定性，假定寡头 2 选择不合作，寡头 1 无论选择什么战略，其报酬只会出现在第 2 列，考虑到合作只会得到 8 单位的报酬，不合作却可以得到 24 单位的报酬，那么这个"聪明的"寡头只会选择不合作，即违约。再假定寡头 2 选择合作，寡头 1 无论选择什么战略，其报酬只会出现在第三列，考虑到合作只会得到 32 单位的报酬，不合作却可以得到 40 单位的报酬，那么这个寡头仍然会选择不合作。综合以上分析，我们得到这样一个结论，无论寡头 2 选择什么样的战略，寡头 1 都会选择不合作，我们说这是寡头 1 的"占优策略"。

同样的分析也适用于寡头 2，其结论一样是寡头 2 的"占优策略"是不合作。

这样一来,虽然(合作,合作)能给卡特尔中的寡头代来更大的利润,但由于每个寡头都有欺骗的动机,所以,只有(不合作,不合作)的情形一才是稳定的。我们也就证明了卡特尔的不稳定性。

在以上对卡特尔的不稳定性的分析中,我们实际上引入了博弈论的一些基本概念。寡头垄断市场中的厂商之间有着高度的相互依存关系,每个厂商者明确知道自己的对手,因此,在策略的选择时,必须对其他厂商的反应有一种估计,并相应制定再下一步的行动。这样看来,一个厂商好像是与其他厂商下棋一样,谁能够运筹帷幄、料敌如神,谁就可以决胜千里。在经济学中,将描述和研究行为者之间策略相互依存和相互作用的决策理论称为博弈论。该理论有时也被称为对策论和竞赛理论,最早是数学的一个分支,被广泛应用于政治、外交、军事、经济等研究领域。目前该理论已经成为经济分析的主要工具之一,在现代经济学中有着非常重要的地位。不过,也有人考证说,最早的博弈论思想应来自中的田忌赛马。

表5-4中的支付矩阵也被称为正则式,在博弈论中,任何一个博弈都有三个基本要素:参与者、战略、报酬。

参与者:也称为博弈方,对局者。参与者是参加博弈的独立决策、独立承担结果的个人或组织。他不仅可以是个人、厂商,而且还可以是国家,在博弈论中,他们均被假定为利益最大化的理性人。如上例中的寡头1和寡头2。需要说明的是,在有些博弈中,其参与者可以只有一个人。

策略:策略有时也被称之为战略。他是每一个参与者可以选择的方法、做法、不同的经济活动的水平、量值等。不同的博弈里可供参与者选择的战略的内容和数量有所不同。在上面的例子中,每个寡头都有两个战略:合作和不合作。每个参与者必然是从自身的利益出发,根据现有的信息,按照一定的规则来选择自己的战略。

报酬:有时候也称之为支付或是得益。它是指对应于各参与者的每一组可能的决策,都应有一个结果表示该战略组合下各参与者的所得或所失,报酬可以是收入、利润、个人效用等。比如上例中,当两个寡头都选择合作时,他们的报酬是利润(32,32)。在绝大多数博弈中,报酬都以数量形式,或转化为数量形式来表示,比如田忌赛马中,博弈的报酬是(赢,输),但为了研究的方便,我们可以转化为数量形式(1,-1),这就是说赢了得1分,输了失1分。这也同时说明了,在博弈论中,报酬可正可负。

除此之外,博弈也强调信息和序列两个概念。信息是指参与者的知识,特别是有关其他参与者的特征及战略的知识。比如,在上例中,我们实际上假定了每个参与者不光对自己在不同战略下的报酬情况有所了解,而且也假定了每个参与者对对方在不同战略下的报酬有所了解,在现实生活当中,参与者经常不可能完全了解对方的知识,因此,博弈论可以被分为完全信息博弈和不完全信息博弈。序列就是指参与者决策的先后顺序,在现实的经济决策中,有时候我们假定参与者同时做出选择,有时候则假定参与者的决策有先后之分,并且有时候一个参与者还不止一次做出决策选择。比如,在上例中,两个寡头是被假定为同时做出决策,但在斯泰克伯格模型中两个寡头的行动是有顺序的,因此,博弈论又可以分为静态博弈和动态博弈。这样一来,博弈论就分为完全信息静态、完全信息动态、不完全信息静态和不完全信息动态四种情况。不过,这都仅属非合作博弈的情况,由于本书的篇幅所限,我们仅仅列举一起博弈论中的常见模型及应用,过于艰深的内容不做介绍。

二、完全信息静态博弈

(一) 占优策略均衡

在前例中已经提到占优策略,它是指无论其他参与者选择什么战略,某特定参与者的最优战略都是惟一的。

我们从博弈论中最著名的案例"囚犯困境"来开始讨论。假设有两个犯罪嫌疑人被关在两个房间里分别进行审讯,警方怀疑他们做过多起案件,但除了其中一小部分掌握了充足的证据外,其他的犯罪证据不足,因此,警方明确地告诉他们,如果两个人都不坦白,则可以根据以前的证据各判 2 年有期徒刑,如果两个人都坦白,则由于其罪刑严重,各判 8 年徒刑,如果一方坦白而另一方不坦白,则坦白方由于其坦白,从宽处理,判 1 年徒刑,不坦白方罪加一等,判 10 年徒刑。

这两个犯罪嫌疑人所面临的后果可用表 5-5 给出,在这里,我们用负值来表示参与者的损失。

表 5-5 囚犯困境

		囚犯 B			
		坦白		不坦白	
囚犯 A	坦白	-8	-8	-1	-10
	不坦白	-10	-1	-2	-2

博弈的参与人是囚犯 A 和囚犯 B,每个参与者有两个战略:坦白和不坦白,各种不同战略组合下的报酬如支付矩阵所示,其读法和上例一致。每个囚犯都对自己和对方的战略和报酬的信息有完全的了解,不过,困难是,在背靠背审讯的情况下,每个囚犯都不清楚对方到底会采取哪个战略。因此,囚犯 A 和囚犯 B 都面临两难境地。他们明知道都不坦白的战略好过坦白的战略,各判 2 年,但他们都不能这样做。为什么?我们可以用上例中的分析方法进行分析,以囚犯 A 为例,假定囚犯 B 不坦白,则囚犯 A 必然坦白,因为坦白只判 1 年,不坦白却判 2 年;假定囚犯 B 坦白,则囚犯 A 更要坦白,因为坦白只判 8 年,不坦白

却要判 10 年。所以说,坦白是囚犯 A 的占优策略。同理,囚犯 B 的占优策略也是坦白。最终的结果对两个囚犯都是不利的,我们说(坦白,坦白)是该博弈中的均衡。在博弈论中,均衡是指所有参与者都不想改变自己战略的这样一种相对静止的状态,博弈论中的均衡可以不是惟一的,这在后面会遇见。具体的,在囚犯困境中,均衡是由两个囚犯的占优策略实现的,我们称之为占优策略均衡。

囚犯困境有着深刻的经济学含义。在导论中,我们谈到了看不见的手原理,该原理讲述了个人在追求自身利益最大化的过程中,会导致社会达到资源的最优配置,即个人理性与集体理性是一致的。但在这里,并不是如此,两个囚犯的集体理性是都不坦白,这样可以从轻发落,但个人理性都是坦白,其结果是比起都不坦白承受更重的处罚。个人理性与集体理性的冲突也反映在勾特尔不稳定性的例子中,形成卡特尔无疑对每个寡头都有利的,但事实上,每个卡特尔都有着欺骗的动机,最终会使卡特尔崩溃。主要原因是,参与者的报酬并不仅仅依赖于该参与者自己的选择而且还依赖于其他参与者的选择。

经济生活中经常会有囚犯困境产生。比如"挤兑",当一个银行发生经营困难的时候,每一个储户的理性选择是立刻将自己在该银行中的存款提出,如果所有储户都采取这种行为,不仅会使银行经营"雪上加霜",还会产生"墙倒众人推"的现象,最终引发金融危机,相反,如果采取集体理性的战略,在银行发生困难时储户们不"落井下石"而是"雪中送炭",都不提取自己的存款,银行可能很容易就度过难关。再比如"军备竞赛",如果两个超级大国都不进行军备竞赛,则可以把资源应用于其他方面,进一步增加社会福利,使得集体最优,但是超级大国往往是使用更多的资源来确保本国的国防安全,其结果是军备竞赛的升级。当然,我们在后面会看到,囚犯困境并不是一个不解的谜局,在博弈论中还是有办法化解这个矛盾。

(二)纳什均衡

在以上的博弈论中,每个参与者都有一个占优策略,所有参与者的占优策略形成了占优策略均衡,但是,实际上会出现没有占优战略均衡的情形。现在我们来考虑另一个例子。

两个相爱至深的人在周末的晚上面临着决策,去电影院看电影或是去球场看比赛,男孩更愿意看球赛,而女孩更想看电影,不过,由于他们相爱至深所以"各行其事"会更加痛苦,我们将每一种战略组合的报酬描述在表 5-6 中。

支付矩阵中的报酬在这里用效用来表示,如果都是去看球,难免男孩的效用比女孩高一些,如果都是去电影,女孩的效用更高一些,在这里,我们也假定了共同看球赛比共同看电影总效用更大一些,要是分开,双方都不会高兴,效用为 0。

表 5-6 性别战

		女孩	
		球赛	电影
男孩	球赛	3　1	0　0
	电影	0　0	1　2

我们依然用上面的分析方法来进行分析，先从男孩开始，假定女孩选择看球赛，这时男孩的选择也是看球赛；假定女孩选择看电影，这时男孩的选择只能是看电影。在这里，男孩并没有一个占优策略。女孩也一样没有占优策略，假定男孩选择看球，女孩也会选择看球；假定男孩选择看电影，女孩也会选择看电影。

但是，我们也能发现，在这个博弈模型中，有两个均衡。一个是（球赛，球赛），另一个是（电影，电影）。我们将其称之为纳什均衡，一个不太正式的可以区别于占优策略均衡的定义是，给定其他参与人选择的最优战略，参与者不会改变自己的最优战略。纳什均衡强调"给定"，占优战略强调"无论"，比如性别战中，给定女孩选择球赛，男孩选择的也是球赛，反过来一样成立。顺带说一句，纳什均衡是以著名的经济学家和数学家纳什命名的，他的故事曾被拍摄成一部影片《美丽心灵》。

性别战中的纳什均衡为两个，但是最终会实现哪个均衡是一件比较困难的事情。主要原因是纳什均衡对双方所带来的利益是不同的，在任何一个均衡中，一方总是比另一方得到更多的好处。对于性别战而言，会实现哪个均衡，可能会取决于谁会爱谁更多一点，从而牺牲更大一些。但有的时候，情况就不会这么简单，明明会有多个纳什均衡，但参与者都寸步不让。

手机正在从二代标准向三代标准过渡，二代标准就是现在常用的 GSM 和 CDMA，GSM 来自于美国，CDMA 来自于欧盟，不过在中国，GSM 的市场占有率更高一些。由于 CDMA 在技术、带宽、环保等各个方面都优于 GSM，所以美国、欧盟和中国也相继以 CDMA 为标准推出了自己的三代标准，分别称之为 CDMA2000、WCDMA、TD-SCDMA。在这里，做一个简化，假定只有两个三代标准，并且假定其收益矩阵如表 5-7 所示。

表 5-7 手机三代标准之争

		美国	
		CDMA2000	WCDMA
男孩	CDMA2000	10　5	4　3
	WCDMA	4　3	6　9

在这一博弈中，也有两个纳什均衡点，即（CDMA2000，CDMA2000）和（WCDMA，WCDMA），也就是说，给定一方选择某个标准，另一方也会选择这个标准，两个标准同一化比起各搞各的标准显然利益更多一些。不过，实际情况下，这两个标准寸步不让，各自仍在发展自己的标准。其主要原因依然是纳什均衡中利益分配的不均等。最终会选择哪个标准了？这取决于双方的协调，当然，更可能的是，还是

和二代手机一样,两个标准共存,这并不是一个纳什均衡解。除了手机标准以外,很多行业都存在这个问题,比如,电视机就有很多个制式,在不同的国家采用不同的制式,彩电生产商不得已在生产的彩电将所有的制式预存进去。现在的高清彩电也有很多标准。

将纳什均衡和本书前几章讲到均衡概念进行比较也是有意义的。我们会发现在纳什均衡中,均衡点可能不止一个,这些均衡点都是给定对方选择条件下参与者的最优选择结果。而在前面讲到消费者均衡和生产者均衡中,均衡是惟一的,一旦偏离了均衡点,消费者和生产者都不可能使自己的利益最大化。导致这一结果的原因就在于纳什均衡中,每一参与者选择战略所实现的报酬与其他参与者的战略有关,参与者之间是相互依存的关系,恰恰相反是,生产者均衡和消费者均衡中,不仅决策是单独做出的,而且最终的结果也不受制于其他人的决策,因此,每个人都可以依赖自己的力量来改变自己的处境。所以,生产者均衡和消费者均衡都服从边际思想,在均衡时达到利益最大化,但纳什均衡只能说是每个参与者都不愿改变自己的策略,从而是稳定的,不能说是最优的,参与者一旦改变了自己战略,会影响其他参与者的战略,可能会使自己的处境改善,但也有可能使自己的处境变得更糟。

(三) 混合战略

回到性别战的例子当中,这个例子有两个纳什均衡,信息也是完全的,每一个参与者都不会主观隐藏自己的选择。显然,男孩想看球赛,女孩想看电影,如果同时选择,很有可能达不到纳什均衡的结果,当然,我们也谈到了,如果一个人"爱"对方更多一点,就可能为对方做出牺牲。

在这里,我们把这一"爱"的思想模型化,这里要使用第三章第三节提到的概率和期望收益的概念。如果没有男孩,女孩肯定会选择看电影,也就是她会以 1 的概率的选择看电影,以 0 的概率选择看球赛,现在因为爱的缘故,假定她以 P_W 的概率选择看电影,$1-P_W$ 的概率选择看球赛,其中 P_W 表示主观概率,$0 \leqslant P_W \leqslant 1$。显然,$P_W$ 越小,选择看球赛的可能性越大,说明"爱"的越深。同理,也可以假设,P_M 为男孩选择看球赛的概率,$1-P_M$ 为选择看电影的概率,P_M 越小,则表示"爱"越深。在心里,谁都希望对方爱自己更深一些,对自己百依百顺,所以概率是不确定的。

当女孩以 P_W 的概率选择看电影,$1-P_W$ 的概率看球赛,男孩选择看电影的期望收益是:

$$P_W \times 1 + (1 - P_W) \times 0$$

男孩选择看球赛的期望收益是:

$$P_W \times 0 + (1 - P_W) \times 3$$

女孩当然希望男孩选择看电影的期望收益大于看球赛的期望收益，不过，我们可以先求出一个临界的概率，即男孩看电影和看球赛的期望收益相等的点。

$P_W \times 1 + (1 - P_W) \times 0 = P_W \times 0 + (1 - P_W) \times 3$，解得 $P_W = 0.75, 1 - P_W = 0.25$。这意味着在女孩以 (0.75, 0.25) 的概率来选择看球赛时，对男孩来讲，看电影和看球赛是无差异的，他不能通过改变战略得到任何好处。

相应的，当男孩以 P_M 选择看球赛，$1 - P_M$ 选择看电影时，女孩选择看电影时的期望收益是：

$$P_M \times 0 + (1 - P_M) \times 2$$

相应的，女孩选择看球赛的期望收益是：

$$P_M \times 1 + (1 - P_M) \times 0$$

女孩看电影和看球赛的期望收益相等的点为：

$P_M \times 0 + (1 - P_M) \times 2 = P_M \times 1 + (1 - P_M) \times 0$，解得 $P_M = 2/3, 1 - P_M = 1/3$。这意味着，当男孩以 (2/3, 1/3) 的概率来选择看球赛和看电影时，对女孩来讲看球赛和看电影是无差异的，她也不能通过改变自己的战略来增加预期收益。

综上，当女孩以 (0.75, 0.25) 的概率随机选择看电影和看球赛，男孩以 (2/3, 1/3) 的概率随机选择看球赛和看电影时，双方都无法通过单独改变战略，即单独改变随机选择的概率分布而提高利益，因此双方的上述概率分布的组合构成了一个混合战略纳什均衡。在博弈论中，把不同的战略混合一起使用的博弈称之为混合战略。此前我们讨论的博弈均衡中，参与者都是单一战略，我们称为纯战略。

举个例子，假定女孩"爱"的不够多，以 (0.9, 0.1) 的概率分布选择看电影和看球赛，这时男孩看电影的预期收益为 0.9，大于看球赛的预期收益 0.3。看电影将略占优势，因此男孩可以通过改变自己的战略来得到利益。理解混合战略的一个很好方式是，把一次博弈扩展为多次博弈，比如，男女双方每周末都面临着去看电影还是看球赛的决策，混合博弈意味着双方都以自己的概率分别选择看电影和看球赛，即为达到双赢而在某些时候为对方妥协。

混合战略可以使一个没有纯战略纳什均衡的博弈产生混合战略纳什均衡，比如表 5-8 的猜硬币博弈。该博弈是经常做的一个游戏，即一个手握硬币让另一人猜硬币的正反面，猜中得 1 分，猜错输 1 分。

表 5-8 猜硬币博弈

		猜硬币方		
		正面		反面
盖硬币方	正面	-1	1	1	-1
	反面	1	-1	-1	1

该博弈是没有纯战略纳什均衡的，因为无论双方采用的是哪个战略组合，结果都是一方赢一

方输,而输的一方又总是可以通过单独改变战略而反输为赢,但是采用上面的方法我们可以得出,每个人都可以通过1/2的概率随机盖硬币和随机猜硬币是一个混合战略纳什均衡。

混合战略纳什均衡的意义在于,在现实中,任何厂商的决策必须带有一可测性,只有真真假假、假假真真、出其不意、攻其不备的决策,拥有对手所不知道的未公开信息,才能使厂商在激烈的竞争中处于不败之地。

三、完全信息动态博弈

(一) 重复博弈

我们继续来讨论卡特尔的不稳定性,在完全信息静态博弈中,我们证明了不合作是一个占优策略均衡,卡特尔必将崩溃。但是,在现实中,很多卡特尔是相对稳定的,比如欧佩克。是什么原因会维持一个卡特尔的存在？如果卡特尔双方都能够严格的监督对方的价格,可能会维持一段时间,更能回答这个问题的是重复博弈。在动态博弈中,重复博弈是指同样结构的博弈可以重复许多次的博弈。

重复博弈分为两种,一种是无限次重复博弈,另一种是有限次重复博弈。首先看无限次重复博弈。

表5-4中的博弈是静态博弈,说明两个寡头只进行一次博弈,假定我们可以把"一次"理解为"一年",因此,该表可以解释为在一年之内如果两寡头都合作,则各得32单位的利润,如果在一年之内两寡头不合作,则各得24单位的利润。

如果两寡头博弈的次数为无限次,即都希望在这个行业中永远的生存下去,则合作对每一寡头而言在每阶段的报酬是(32,32,32,32…);不合作对每一寡头而言在每阶段的报酬是(24,24,24,24…)。显然,每一个寡头在每个阶段都有违约的冲动,因为,一旦他违约,而对方不违约,在该阶段他将得到40单位的利润,对方只能得到8单位的利润,如果这一状态能够一直持续下去,显然是有利可图的。

不过,寡头都是精于算计的。他们互相威胁道:"善有善报,恶有恶报,如果你恩将仇报,我就以牙还牙",注意,以牙还牙在这里是一个战略,它意味着如果对方在这一阶段违约,那么我就在下一阶段以违约的行为进行报复,也就是说,以牙还牙意味着任何一个参与者的一次性不合作将触发永远的不合作(严格的讲,该战略被称为冷酷策略)。

假定寡头1在第一阶段就违约,那么它在每阶段的报酬就变为(40,24,24,24…),换句话说,寡头1在第一阶段的好处,将因为寡头2的报复战略而抵消。从长期看,不合作还不如合作。这样一来,寡头慑于以牙还牙战略的严重后果,都有维持合作的积极性。

以牙还牙战略是无限次重复博弈中最好的战略，比如，在囚犯困境中，如果囚犯知道自己和对方在刑满释放后还将进行无限次的作案，也就会采取不坦白战略。但是在有限次重复博弈里，以牙还牙的战略只能换来不合作。

依然以卡特尔的不稳定性为例，假定两寡头的博弈次数为 N，不管 N 有多大，N 是有限的。我们从最后一次，即第 N 次开始，因为信息是完全的，双方都知道第 N 次以后将不再合作，因此，寡头 1 会做如下推理："虽然寡头 2 会采用以牙还牙战略，但由于没有下一次博弈了，那么我可以采取不合作战略获得更大的利润。"当然寡头 2 也会做同样的推理，其结果是寡头 1 和寡头 2 在最后一次都采用不合作战略，因此，在最后一次博弈中，双方都会选择占优战略，从而构成与完全信息静态博弈相同的均衡。

进一步的，$N-1$ 次博弈中，双方都知道对方会在第 N 次采用不合作战略，那么对他们而言，在第 $N-1$ 次选择合作有什么意义了？换句话说，在给定所有参与者在第 N 次都选择占优战略的前提下，所有参与者在第 $N-1$ 次也会采用占优战略，即不合作。

以此类推，我们可以得到寡头 1 和寡头 2 在一开始就会采用不合作战略，因此，有限次的重复博弈和完全信息静态博弈结果在本质上没有什么不同的，都将采取不合作的态度。

囚犯困境也可以用这样的分析方法来分析，如果两个囚犯的博弈次数是有限次，坦白永远都是最好的结果。

那么，如何回答有些卡特尔会存在这个命题了？实际上，重复博弈的双方常常不知道博弈什么时候会结束，终止期的不确定会对参与者产生制约，导致合作的局面，他们的行为与无限次重复博弈一样。

这种事例在生活中常见，谁都知道应该讲"诚信"，但"欺骗"有时可以使自己的报酬更高一些。比如，火车站附近的餐厅价高质劣，因为在那里，餐厅和顾客是一次博弈。但是，居民生活区的餐厅物美价廉，原因是居民生活区的餐厅通过吸引回头客来维持自己的经营，为了能够永远生存下去，它必须和顾客进行"无限次"的博弈。可能有人会认为人的寿命是有限的，所以博弈不可能是无限次。的确是这样，但是一方面人并不知道自己什么时候会去世，所以在实际生活中，并不知道双方什么时候打最后一次交道；另一方面，人们也期望自己能够为子孙再留下一笔财富，这也要求他们的行为遵守诚信。厂商更是这样，我们可以注意到，很多厂商的存活期是超过人的寿命的，比如百年老店同仁堂，他们很希望能把"百年"延续至"千年"，所以，他们也必然以"诚信"为原则制药，产品质量也就相应的能够得到保障。这里我们提供了一个有趣的论点，即从经济学上讲，"诚信"不是自我约束产生的，而是无限次重复博弈产生的。

（二）序列博弈

在重复博弈中，两个参与者是同时做出决策的，不过是同一博弈的博弈次数不同罢了。但在日常生活中，并不是这样，比如下围棋，双方你来我往，一人一步，每个参与者的决策均以对方的决策为前提进行自己的决策。这种参与者按顺序选择自己战略的博弈称为序列博弈。

有时候，博弈中首先做出战略选择并采取相应行动的参与者可以获得更多的利益，我们称为先发优势。比如，围棋中执黑先行一般都被认为具有先行优势，在性别战中，如果男孩首先买了球赛的票，则可能的均衡结果是女孩放弃看电影陪男孩看球赛。在手机标准之争中，有时先行者会率先占据市场，使得进入者只能接受先行者的标准，中国虽然也推出了自己的手机三代标准，但作为二代标准，中国却采用了欧盟和美国两个标准。为什么呢？重要的原因是，当中国的移动通讯产业起步时，市场中已经存在 GSM 和 CDMA 两个标准，接受他们的标准有利于迅速发展中国的通讯业，但是三代标准就不一样了，中国、欧盟和美国同时面临着移动通讯的升级换代，中国的市场也已经相当成熟，这时采用中国自己的标准显然更有利可图。

有时候，先行者不一定就具有优势，比如，在我们虚拟的手机三代标准之争的博弈模型中，即使欧盟已经采用了自己的标准，也难以阻止美国的进入。在混合博弈中，后行者甚至还具有后发优势。这是因为，混合博弈的先行者会把自己的信息暴露给后行者，因此会被后行者占据上风。

分析序列博弈常常使用博弈的扩展形式，这更有利于体现博弈的顺序。考虑这样一种情况，一个厂商已经进入了一个市场，并且获得了一定的利润，对另一个厂商而言，他的决策是进入或是不进入这个市场，我们将其表示在图 5-35 中。

该图中最上方的节点是厂商 1，它有两种选择，进入或是不进入，下面一个较大的椭圆代表厂商 2 的选择（厂商信息集），它包含了两个节点，分别对应于厂商 1 的两个选择，对于其中每一个节点，厂商 2 又有两个选择，其报酬又由下面的圆括号表示，前者代表了厂商 1 的报酬，后者代表了厂商 2 的报酬。

博弈扩展形式的求解从下端开始。既然是完全信息的，厂商 1 和厂商 2 当然知道四种可能的报酬。既然是序列博弈，厂商 1 率先发起行动，它当然后选择有利于自己的结果。厂商 1 如果选择进入，厂商 2 的选择是不进入；厂商 1 如果选择不进入，厂商 2 的选择是进入。这样就略去了 A 和 D 两个结果。进一步的，厂商 1 会比较 B 和 C 两种结果，显然进入更有利可图一些，因此，最后的结果是（进入，不

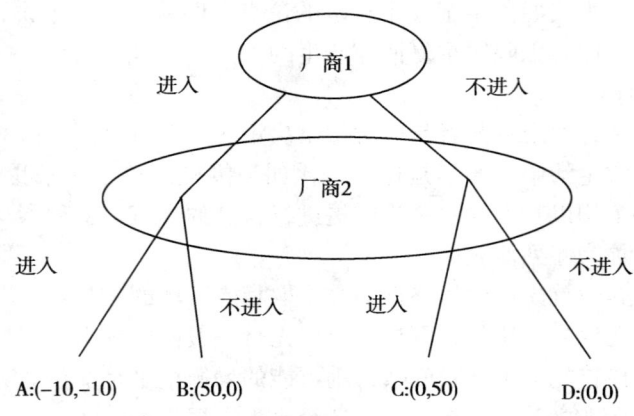

图 5-35 市场进入博弈的扩展

进入),厂商 1 获得 50 单位的利润,这是一个对先行者有利的纳什均衡。

需要说明的是,如果厂商 1 和厂商 2 同时进行决策,就会得到 2 个纳什均衡,有兴趣的读者可以把它改写成博弈的阵矩形式进行分析。

中国的家电行业正在进行产业升级,在城市,传统的 CRT 彩电逐渐被液晶、等离子电视所替代。但是传统的 CRT 彩电并没有完全退出市场,而是进军次级市场,即农村及边远山区,政府将其称之为"家电下乡"工程,很多厂商都力图通过先"下乡"抢占市场,从而挤掉其他厂商,为什么在大城市能够多家厂商并存,而在小城市只能容纳一家厂商了?这可以用市场容量来解释。先举另一个例子,在大城市,各种大型超市比较多,而在小城市,往往只有一家大型超市,其他超市无法进入小城市,究其原因是,小城市的市场容量比较小,一家大型超市已经可以满足该城市的购物需求,如果,其他超市进入该市场,就会造成两败俱伤的结果,所以后行者的最优战略是不进入,对家电行业显然也是这样的。

(三)威胁和承诺

反过来讲,在大城市多家厂商并存的现象是普遍的,甚至,即使有一家厂商已经占据了整个市场,也不能阻止其他厂商的进入。图 5-36 就反映了这种情况。

假定一家厂商已经进入了一个市场并获得了垄断地位,现有另一家厂商作为潜在进入者,试图进入这个市场。垄断者威胁说:"如果你进入,我将采取降价措施与你拼个你死我活",现在的问题是,这个威胁是否是可信的?

在图 5-36 中,这个威胁是不可信的,对垄断者有两个战略,反击或不反击,对潜在进入者也有两个战略,进入或是不进入。

潜在进入者率先采取行动,如果潜在进入者进入,垄断者肯定会选择不反击,

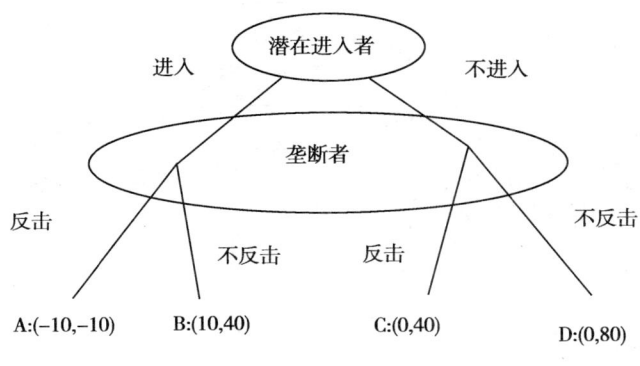

图 5-36 不可信的威胁

因为在此时他的获利是 40，如果潜在进入者不进入，垄断者也肯定不反击，因为他的获利是 80。这样，A 和 C 两个结果排除。潜在进入者开始比较 B 和 D 两个结果，如果进入，他依然能获利 10，大于不进入的结果，所以，（进入，不反击）是一个纳什均衡。

垄断者使用了威胁，但是潜在进入者并不会相信垄断者，因为威胁不可信。换句话说，威胁或者承诺是需要一定的实力。如果垄断者在通过投资来形成一部分剩余的生产能力，这部分生产能力在没有其他厂商进入的时候是多余的，只作为潜在进入者进入时"血拼到底"的准备时，才能成为反击的有力武器。

如图 5-37 所示，假定垄断者在垄断时投资了 10 单位的利润用于扩大生产规模，这保证了在 A 结果时垄断者反击时仍能获得 50 单位的利润，但也使 D 结果中，利润减少了 10 单位。垄断者这时的威胁就变得可信了！对潜在进入者而言，进入垄断者必然反击，不进入，垄断者必然不反击，B 和 C 两个结果删掉。这时，在 A 和 D 两个结果进行比较时，潜在进入者不会进入，所以，（不进入，不反击）就成为相应的纳什均衡。

需要指出的是，垄断者扩大自己的生产规模是需要承担很大的风险的，一方面，这种生产能力需要维护，另一方面扩大生产规模可能使大量的产品得不到销路，最终使垄断者倒闭。

总之，威胁战略的可信性是一个很重要的问题，他需求承诺者有一定的实力。在历史上，这种例子屡见不鲜。韩信背水一战造就了敌我兵力 7 比 1 都能取胜的经典战例，但项羽在"誓死不过江东"的承诺中却四面楚歌，这时的敌我兵力对比仅为 4 比 1，其重要原因是综合实力不济，两战相比，前战胜之于气势，后战却败之于军心涣散。美苏冷战期间，谁也不敢率先进行核打击，因为谁先进行核打击，

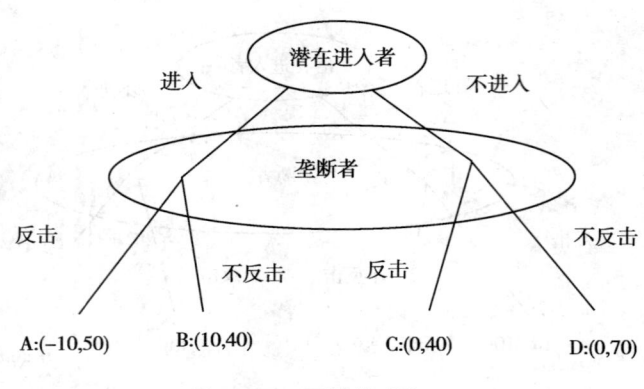

图 5-37 可信的威胁

就必然受到对方的核报复，美、苏都有力量在遭受核打击后进行核报复，所以这个威胁是可信的，有意思的是，这个威胁却保证了世界和平。中国也做出了不率先使用核武器的承诺，但是，并不是每个核武国家都有能力做出相同的承诺。

本章小结

在本章中，我们分析了完全竞争、完全垄断、垄断竞争、寡头垄断 4 种市场结构，这 4 种结构下的厂商都是追求利润最大化的，其均衡条件均为 $MR = MC$，在不同的市场中，由于前提的不同，做了相应的修改，最后，我们介绍了博弈论的一些基本概念，并用它来分析寡头市场，以及生活中的其他方面。下一章，我们从商品市场扩展到要素市场，情况略为复杂一点的是，要素市场和商品市场是紧密联系在一起的，不过，归根结底，边际均衡思想不会变。

关键术语

完全竞争市场　完全垄断市场　垄断竞争市场　寡头市场　边际收益　成本不变行业　成本递增行业　自然垄断　进入壁垒　价格歧视　价格领导　卡特尔　占优均衡　纳什均衡　混合策略　承诺与威胁

练习题

（1）假定完全竞争市场的需求函数和供给函数分别为 $Q_d = 50\,000 - 2\,000P$，$Q_s = 40\,000 + 3\,000P$。

求：①市场均衡价格和均衡产量。

②厂商的需求函数。

（2）某行业是一个完全竞争、成本不变的行业，并处于长期均衡中。这个行业的市场需求曲线为 $Q_d = 1500 - 25P$，短期市场的供给函数为 $\begin{cases} Q_s = 15P - 100, P \geq 10 \\ Q_s = 0, P < 10 \end{cases}$，该行业有25家厂商。

求：①计算均衡的市场价格、产量和每一厂商的均衡产量。

②每一厂商处于最优的生产规模，请说明此时的最小的短期平均可变成本和平均成本。

（3）完全竞争行业中某厂商的成本函数为 $STC = Q^3 - 6Q^2 + 30Q + 40$，假定产品价格为66元。

求：①利润最大化的产量及利润总额。

②短期供给曲线。

③当新的价格为30时，厂商是否会发生亏损？该厂商的最小亏损额是多少？

④该厂商在什么情况下才会退出该行业？

（4）在一个完全竞争，成本固定的行业中有数个厂商，每个厂商都具有下列长期总成本函数 $LTC = 0.1q^3 - 1.2q^2 + 11.1q$，是每个小厂商的产量，市场对其产品的需求曲线为 $Q_d = 6000 - 200P$。

求：①计算该行业的长期均衡产量。

②长期均衡下该行业中将有多少厂商？

③假定政府决定用公开拍卖许可证的方式把该行业的厂商数量降为600个，即市场的销售量为 $Q = 600q$。求A在新的市场均衡条件下，每家厂商的产量和价格为多少？B若领到许可证的厂商的利润为零，每张许可证的竞争性均衡价格为多少？

（5）垄断厂商的总益函数为 $TR = 100Q - Q^2$，总成本为 $TC = 100 + 6Q$，垄断产量为50，求：此时垄断厂商是否得到了最大化利润？如果没有，垄断厂商应如何做？

（6）一家垄断厂商的总成本函数及需求曲线由下列方程给出：
$$TC = 6Q + 0.05Q^2 \quad Q_d = 360 - 20P$$

求：①计算纯利润最大化时的价格、产量和纯利润额。

②政府打算制订限制价格以引导厂商生产出最大产量，政府将制订什么限制价格？厂商将生产多少产品？厂商可获多少纯利润？

③在什么样的价格和产出下厂商实现盈亏平衡，以此价格为最高限价会产生什么样的影响？

（7）垄断者实行三级价格歧视，总成本曲线和两个市场上的需求曲线为：
$$TC = 8Q - 100, Q_1 = 10 - 0.5P_1, Q_2 = 40 - P_2$$

求：①计算实现利润最大化时在两市场上的产品价格和利润。

②证明在需求弹性较低的市场上他将定出较高的价格。

（8）一个垄断者在一个工厂中生产产品在两个市场上出售，他的成本曲线和两市场的需求曲线分别为：
$$TC = Q^2 + 10Q, Q_1 = 32 - 0.4P_1, Q_2 = 18 - 0.1P_2$$

求：①厂商可以在两市场之间实行差别定价，计算在利润最大化水平上每个市场上的价格和产量，以及总纯利润。

②如果禁止差别价格，即他必然在两市场定以相同的价格，计算在利润最大化水平上的价格、产量及总纯利润。

（9）垄断竞争行业中，某典型厂商的长期总成本函数为：
$$LTC = 0.0025q^3 - 0.25q^2 + 384q$$

其 d 需求曲线为：$p = A - 0.1q$

其中，A 为行业中厂商的函数，假定整个行业都处于长期均衡中。

求：①典型厂商的产量有多大？
②它给产品的定价多高？
③A 值有多大？

（10）某厂商的长期生产成本为：$LTC = 0.0000001q^3 - 0.001q^2 + 6q$，如果所有的厂商定价格相同，每个厂商就售出相同量的产品，其销售量为：$q = (300\,000 - 50\,000P)/N$，其中 N 为厂商的数量。

求：①完全竞争时的均衡价格、产量及厂商数量。

②某些厂商开始通改进包装吸引顾客，每个厂商在每单位产品包装上花 0.40 元，并计入生产成本，从而培养顾客的忠诚度。每个厂商都意到其需求曲线是向下倾斜的，斜率为每单位售价减少 0.01 元，则销售量为增加 50 单位。厂商可以自由进入，并且已经达到长期均衡。求均衡价格和厂商数量。

③比较以上两问中的消费者状况。

（11）假定两寡头的成本函数分别为：$TC_1 = 0.1Q_1^2 + 20Q_1 + 100\,000$，$TC_2 = 0.4Q_2^2 + 32Q_2 + 20\,000$，其产品是同质的，需求曲线为 $Q = 4\,000 - 10P$。

求：①古诺模型中的反应函数、均衡产量和各厂商利润。
②如果寡头 1 是领导者，寡头 2 是追随者，有没有斯泰克伯格均衡。
③如果形成卡特尔，则总产量、价格、总利润及两家寡头的产量各是多少？

（12）某行业由一大五小六个厂商构成，大厂商属于价格领导者，成本函数为 $TC_l = 0.001q_l^2 + 3q_l$，每个小厂商的成本函数为 $TC_s = 0.01q_s^2 + 3q_s$，产品的需求曲线为 $Q = 5\,250 - 25P$。

求：大厂商产量、小厂商产量、总产量、均衡价格、大厂商利润、小厂商利润、总利润。

（13）两企业生产相同但不同质的产品，它们都可以选择生产低档或高档产品，其支付矩阵如下。

求：①该博弈有没有占优战略均衡。

②该博弈有没有纳什均衡？

（14）若企业 1 的需求函数为 $q_1 = a - p_1 + p_2$，企业 2 的需求函数为 $q_2 = a - p_2 + p_1$。

求：①这两个企业之间的竞争有什么特点？

②如果两个企业的生产成本都为 0，两个企业同时决策时的纳什均衡是什么？

（15）求解表 5-8 中的混合战略纳什均衡。

（16）为什么消费者偏好去大商店买东西而不太依赖走街穿巷的小商贩？

		乙	
		高档	低档
甲	高档	500　500	1 000　700
	低档	700　1 000	600　600

第六章 生产要素定价与收入分配

前面我们是在既定的技术条件和要素价格下,研究产品市场的价格决定。本章将从前述各章对产品市场讨论转到生产要素市场的讨论。生产要素的价格和使用量是决定消费者收入水平的重要因素,这部分则是专门分析生产要素的价格决定,或者说解决为谁生产的问题,即生产出来的产品按什么原则进行分配。因此,要素价格理论也被看作是分配理论。生产要素的价格决定是分配理论的一个主要部分,但并不构成分配理论的全部内容。除生产要素的价格决定以外,分配理论还包括收入分配的不平等程度以及有关收入之间差异的原因等。

第一节 收入的决定

一、收入和财富

近日,英国《金融时报》有一篇特别报道:《中国人购买力影响全球时尚》。该文以一辆劳斯莱斯"幻影"汽车应一位中国顾客的要求刷成特别的蓝色为开头,来说明中国人的购买力影响到全球时尚。文中列举了几项事实:(1)政府数字显示中国消费品零售额以每年14%的速度增长,2007年达到11 800亿美元。据英国咨询公司估计奢侈品将在2009年达到120亿美元。(2)胡润富豪榜显示,资产超过10亿美元的中国富豪数目从2006年14名增至2007年的106名。而美国美林公司和法国凯捷咨询公司估计,中国资产净值在100万美元以上的人数在亚洲列第二位,仅次于日本。(3)许多外国奢侈品牌乐于迎合不断增长的市场,早已开始使自己的出口产品本土化并在中国建立研发中心。而走向全球的中国公司也在更多地向世界输出中国人的审美观。

再让我们看下面一些事实:

• 日前,中共中央党校2006年春季学期进修一班学员的一项课题研究成果指出,目前中国收入分配相当不均,更为严重的是起点不公平。根据该研究成果,目前中国反映收入分配差异的基尼系数为0.46,收入分配相当不均。我国目前低收入及中低收入者占总人口的80%,中等收入者也仅占15%。

• 不久前的一项研究表明,在2004年,占城镇居民20%的高收入群体获得了

第六章 生产要素定价与收入分配

城镇全部可支配收入的40%强,而占城镇居民80%的中低收入群体只获得了城镇全部可支配收入的60%,收入分配严重地向高收入群体集中。10%的最高收入家庭和10%的最低收入家庭,年可支配收入已经扩大到8.8倍。

- "中国NBA第一人"姚明到底有多少钱,他自己也不知道,只有他的经纪团队知道。这里我们可以粗略计算一下。工资收入:根据NBA的劳资协议,姚明拿到的是一份顶级薪水,简称"顶薪"。姚明刚刚签下的5年7 600万美元合同,加上之前那份4年1 800万美元的新秀合同,在NBA拼杀9年后,姚明可以拿到9 400万美元。如果他能在NBA打到40岁退休,那么姚明光在工资一项收入上就将突破3亿美元大关。工资收入仅仅是姚明全部收入的一部分,另外很大的一部分是广告赞助收入。姚明对广告的选择非常苛刻,尽管如此,3年来他已经签下苹果电脑、VISA信用卡等多个商家,广告赞助总收入超过2 000万美元。有专家已经对姚明未来的广告赞助做了保守的估计,姚明在未来5年内的广告赞助至少在8 000万美元以上。这个数字在国内是无人可比的,而在几年之内无人能出其右。

- 《瞭望东方周刊》2008年1月刊的文章《矿工兰建宁的"后福"生活》中,介绍的河南陕县"7.29"支建煤矿淹井事故中第一位获救的矿工兰建宁,因冒死探路为抢救工人争取到近4个小时的宝贵时间,被授予"河南青年五四奖章"。而兰建宁一家4口人住破旧的农村小院,因老婆生孩子等原因目前欠债2万多元,每年的纯收入不过几千元;为去北京录制节目借了200多元;春节临近,为赚钱还债,过年还要抓紧上班。

……

以上这些话题都牵扯到一个当今世界性的主要经济与社会问题:收入不平等与贫富差距。为分析问题,先让我们明确什么是收入,什么是财富。在衡量一个人经济地位时,最常用的尺度是收入与财富。收入是指在一定时期(通常为一年)内所赚取的货币总量。例如美国一个典型家庭在2005年可以赚得20 000美元的工资与薪金,400美元的房地产租金,以及600美元的资产股息与利息,再加上转移支付,如一个年老成员3 000美元的社会保险金。这样,这个家庭2005年的总收入为24 000美元。相反,财富是一个家庭在一定时间点上所占有的有形的和金融的资产的净存量。一个典型美国家庭在2005年年末可以拥有包括70 000美元的房屋,12 000美元的汽车及其他耐用消费品的资产;储蓄存款和货币基金6 000美元;公司股票4 000美元。与之相抵的是50 000美元的抵押借款。因此,这个家庭的净财富是42 000美元。这里要注意的是,收入是一定时期所赚得的货币的一个流量,而财富是一定时间点上所拥有的资产的净存量。

从微观经济学角度看,对这一问题的探讨成为分配理论的重要内容。分配理论是研究和解决三大经济基本问题：为谁生产的理论，也就是解决生产出来的产品按照什么原则分配给社会各阶级的理论。我们这里需要回答的是关于收入分配的问题，那就是：什么决定人们的收入？为什么看来努力程度大体相同的人收入差距这么大？收入分配不平等的根源是什么？在市场经济中，生产要素的价格决定收入的分配。在按照这种方式分配时，社会就必然出现社会收入的不平等。所以，在需要解决收入分配的问题的时候，我们首先要探讨生产要素的价格决定的问题，这也是分配理论的主要内容。

二、什么是生产要素

（一）生产要素的定义

首先，我们先澄清生产要素定义的问题。要进行生产活动，就要投入各种经济资源。为进行生产和服务活动而投入的各种经济资源叫做生产要素。我们通常将生产要素分为两大类：中间生产要素（或者叫中间产品）和原始生产要素。

原始生产要素的所有者是消费者，消费者提供要素的目的是为了实现效用最大化。在经济学中原始生产要素包括以下四种：

（1）劳动。人类在生产活动着所付出的体力或智力的活动，是所有生产要素中最能动的因素。劳动者是劳动这一生产要素的基本所有者。

（2）资本。人类生产出来又用于生产中的经济货物，包括机器、厂房、工具等生产资料。从企业的角度看，既包括有形的资产，也包括无形资产，如商标、信誉和专利权等。通常货币资本并不计入生产要素中去。

（3）土地。包括土地、河流、森林、矿藏、野生生物等一切的自然资源，它们得自于大自然的恩赐，是最稀缺的经济资源。

（4）企业家才能。综合运用其他生产要素进行生产、革新、从事企业组织和经营管理的能力，以及创新和冒险精神。

中间生产要素是指厂商生产出来又投入到生产过程中去的产品，这类要素的所有者是厂商，厂商提供中间生产要素的目的是实现利润最大化；对某一个企业来说是中间产品的东西，对另一个企业来讲可能就是产品。比如，钢铁对于汽车厂来讲是中间产品，但它对于钢铁厂来讲就是产品，而对于产品的供求及价格决定问题，我们在厂商理论的各章中已经讲过。所以本章主要研究原始生产要素的供求问题，而对中间产品的问题不予论述，如不特别指明的话，我们所说的生产要素指的都是原始生产要素。

（二）要素价格决定理论是分配理论的重要组成部分

社会成员收入的分配与他们提供的生产要素的多少、作用程度如何有着直接的关系，所获得收入的多少就是提供要素的价格的高低。因此要素价格决定论是收入分配理论的重要组成部分。相应于各种要素：劳动、资本资产、土地、企业家才能的价格，即形成各种收入：工资、利息、地租、利润（正常利润）。

分配理论还包括了各生产要素收入在国民收入中所占的比例，即收入分配差异或平等程度及其原因的研究，国家对收入分配与再分配的调节等内容。

（三）边际生产力理论是要素价格决定的主要理论基础

美国经济学家克拉克最早提出，在其他条件不变和边际生产力递减的前提下，一种生产要素的价格取决于其边际生产力。后来的经济学家对克拉克的理论作了改进，认为生产要素价格不仅取决于边际生产力，还取决于其他因素，如厂商使用要素的边际成本。只有当使用要素的边际成本和要素的边际生产力（边际收益）相等时，厂商才能在要素使用上达到利润最大化。同时要素供给也是决定要素价格的一个重要方面。

（四）要素市场价格由供求共同决定

要素的市场价格与其他商品价格一样，也由其需求和供给两个方面来决定，只是对要素的需求来自于厂商，而要素的供给为居民，且对要素的需求和要素的供给具有不同于一般商品的需求和供给的特点，不同的要素其供给曲线也不同，因此决定了不同要素均衡价格决定上的不同特点。

生产要素有两种价格的区分：源泉价格和服务价格。源泉价格指的是买卖生产要素的服务"载体"（或称源泉）的价格；服务价格指的是买卖要素提供的服务本身的价格。比如土地，我们可以一次性地买断土地的所有权和使用权，这个价格就是源泉价格。也可以租用别人的土地，每年交付一定的租金，这个价格就是服务价格。有的生产要素的源泉及其服务都可以在市场中进行交易，如土地、资本，它就具有两种价格；有的生产要素的服务可以交易，而其源泉是不能够交易的，如劳动、企业家才能，所以只有服务价格，而没有源泉价格。为了避免引起混淆，也为了统一起见，本章所讲的要素价格除非特别指明，指的都是要素的服务价格。

生产要素的价格构成厂商生产的成本，同时也构成生产要素所有者的收入，所以要素的价格决定也是国民收入在要素所有者之间的分配问题，因此，要素的价格决定实际是经济学分配理论的一个重要部分。

所以，19世纪法国经济学家萨伊就提出这样一个"三位一体"的公式。这就是：劳动—工资，资本—利息，土地—地租。以后，英国经济学家马歇尔又在此基础上增加了企业家才能—利润，而成为"四位一体"的公式。这个公式概括了经济学分配理论的中心，即在生产中，工人提供了劳动，获得了工资；资本家提供了资本，获得了利息；地主提供了土地，获得了地租；企业家提供了企业家才能，获得了利润。总而言之，各种生产要素都根据自己在生产中所做出的贡献而获得了相应的报酬，也就是它们的价格。生产要素的价格与产品的价格一样，是由供求关系决定的。这就是说，生产要素的需求与供给决定了生产要素的价格。因此，分配理论是价格理论在分配问题上的应用，分配是由价格决定的。所以，我们需要从生产要素的需求与供给入手，然后介绍工资、利息、地租和利润理论，最后，再解决收入分配问题。

三、生产要素的需求

（一）生产要素需求的性质

经济学上认为生产要素的需求既是一种引致需求，又是一种共同需求。

所谓引致需求，是指由于消费者对产品的直接消费需求引致或派生了厂商对生产要素的间接需求。生产要素市场上厂商对要素的需求，以区别于产品市场上消费者对产品的需求。

如果不存在消费者对产品的需求，则厂商就无法从生产和销售产品中获得收益，从而也不会购买生产要素。据此，厂商对生产要素的需求又称为"派生"需求或"引致"需求。

1. 引致需求

在产品市场上，厂商是产品的供给方，消费者是要素的需求方。消费者为了直接满足自己的吃、穿、住、行等需要而购买产品，因此消费者对产品需求是所谓"直接"的需求。

而转到要素市场上，情况就不一样了，厂商成为生产要素的需求方，消费者成为生产要素的供给方。首先要指出的是，厂商购买生产要素不是为了自己的直接需要，而是为了生产和出售产品以获得收益。从这个意义上说，厂商对生产要素的需求不是直接需求，而是一种派生需求，或者叫"引致需求"。厂商之所以对生产要素产生需求，是因为消费者对产品有需求，厂商为了满足消费者对产品的需求，就要使用生产要素来生产出产品。我们把这种由于消费者对于产品的需求而引起的厂商对生产要素的需求，叫做引致需求。这种引致需求可以是直接的，也可以是间接的、迂回的。比如，消费者的直接需求是汽车，这种直接需求引起汽车厂要购买生产要素来生产汽车，从而轮胎厂也要购买生产要素生产轮胎，钢铁厂也要购买生产要素来生产钢铁才能满足这种需求。进一步说，矿山企业也要购买生产要素生产铁矿石、农场也要购买生产要素以种植更多的橡胶树。不论这种需求经历了怎样一个过程，都是由于消费者对汽车的需求引起的，厂商购买生产要素的目的只有一个，那就是通过购买生产要素生产出满足消费者需要的产品，从而实现自己的利润最大化。例如，如果没有人去购买汽车，就不会有厂商对汽车工人的需求。

2. 共同需求

另外，厂商对生产要素的需求也可以叫做联合需求或共同需求，即对生产要素的需求是共同的、相互依赖的需求。这个特点是由生产技术上的原因造成的，因为厂商要进行生产活动，必须把所有的生产要素同时购买才能够进行生产，通常只拥有一种或两种生产要素是无法进行生产的。即使现在可以使用机器人进行自动化生产，还是需要人来操纵和维护机器人的自动化生产。这样，各种生产要素之间是互补的。对生产要素需求的这种共同性特点带来了一个重要后果，即对某种生产要素的需求，不仅取决于该生产要素本身的价格，而且也取决于其他生产要素的价格。如果，只增加一种生产要素而不增加另外一种，就会出现边际收益递减现象。而且，在一定范围内，各种生产要素也可以互相代替。生产要素相互之间的这种关系说明它的需求之间是相关的。因此，严格地说，生产要素理论应该是关于多种生产要素共同使用的理论。但是同时研究多种要素的价格和需求，将使分析过于复杂。为了简便分析，往往还是集中于分析一种生产要素的情况。

我们已经知道生产要素的需求是一种引致需求，也是一种共同需求。那么，影响生产要素需求的主要有下面这样一些因素：

第一，市场对产品的需求及产品的价格。这两个因素影响商品的生产与厂商的利润，从而也就影响生产要素的需求。一般而言，市场对某种商品的需求越大，该商品的价格越高，则生产这种商品所使用的各种生产要素的需求也就越大。反之，生产要素的需求就越小。例如，在美国有完善的机场等后勤设施和科学的空中交通管制，人员和商品的流动性大，对飞机的需求相对于火车的需求就很大，飞机及相关制造行业的投资与就业需求就很高。

第二，生产技术状况。生产的技术决定了对某种生产要素需求的大小。如果技术是资本密集型的，则对资本的需求大；如果技术是劳动密集型的，则对劳动的需求大。例如，玩具与服装这类传统产业，需要招聘大量的农民工，而且现在也不断从原来沿海地区转移到中部劳动力资源丰富的地区。而金融业基本上国内集中在北京和上海两地。

第三，生产要素的价格。各种生产要素之间有一定程度的替代性，如何进行替代在一定程度内取决于各种生产要素本身的价格。厂商一般要用价格低的生产要素替代价格高的生产要素，从而生产要素的价格本身对其需求就有重要的影响。例如，东部沿海地区有基础设施雄厚和高素质技术工人相对集中的优势，但是英特尔在中国的第一个半导体封装厂建在土地价格低的四川成都。

生产要素需求的联合性与派生性，决定了它的需求比产品的需求要复杂得多，本章我们主要研究生产要素需求和供给的一般原则。

（二）厂商使用生产要素的一般原则

生产者对要素的"引致"需求的数量取决于厂商使用生产要素的原则。下面我们谈谈厂商使用要素的一般原则的问题。

只要是涉及消费者，则必须是遵循效用最大化，同样的，只要是讲到厂商，必然是利润最大化。要使其利润最大化，就要遵循厂商使用生产要素的利润最大化原则，即使用生产要素获取的"边际收益"和"边际成本"相等。这一点与厂商的利润最大化既有一致的地方，也有不同之处。厂商的利润最大化原则、厂商使用生产要素的利润最大化都是要厂商利润最大化；不同之处，厂商的利润最大化原则适用于产品市场，厂商使用生产要素的利润最大化原则或者说厂商使用要素的一般原则，适用于生产要素市场。生产要素市场也存在完全竞争市场和不完全竞争市场，在不同类型市场上生产要素需求原则有所不同。

（三）完全竞争市场上的生产要素需求

这里假定，完全竞争厂商只使用一种生产要素，生产单一产品，追求最大利润。厂商购买生产要素是为了实现利润最大化。这样，它就必须使购买最后一单位生产要素所支出的边际成本与其所带来的边际收益相等。

1. 使用要素的边际收益——边际产品价值

根据前面介绍的完全竞争市场的理论可知，厂商的收益函数等于产品产量与产品价格的乘积，用公式表示为：

$$R(Q) = Q \times P$$

这里，$R(Q)$，Q 和 P 分别为厂商的总收益，产量和产品价格。在完全竞争市场上，对一家厂商来说，价格是不变的，可以看作是常数。而，产品的产量又是生产要素的函数。假设完全竞争厂商使用的生产要素为劳动 L，因使用一定量的劳动要创造出一定量的产量。要素与产量之间的关系就是所谓的生产函数：

$$Q = Q(L)$$

因此，最终收益可以看作是生产要素的函数：

$$R(L) = L \times P$$

为了求得要素的边际收益，必须以要素为自变量求取导数，可以求得完全竞争厂商的使用要素的边际收益，我们称为边际产品价值，并用 VMP 来表示，它等于下式：

$$VMP = \frac{\partial R}{\partial L} = \frac{\partial Q}{\partial L} \cdot P = MP \cdot P$$

式中，$MP = \frac{\partial Q(L)}{\partial L}$ 就是要素的边际产品（或边际生产率），它表示增加使用一个单位要素所增加的产量。而上式实际表示增加使用一个单位要素所增加的收益显然就等于要素边际产品与既定的产品价格的乘积。

生产要素的边际收益取决于该要素的边际生产力。在其他条件不变的情况下，增加一单位某种生产要素所增加的产量（或者这种产量所带来的收益）就是该生产要素的边际生产力。如果以实物来表示生产要素的边际生产力，则称为边际物质产品。如果以货币来表示生产要素的边际生产力，则称为边际收益产品。

根据边际收益递减规律，在其他条件不变的情况下，生产要素的边际生产力是递减的。因此，生产要素的边际收益曲线是一条向右下方倾斜的曲线。表6-1给出了某个仅使用劳动要素的厂商的边际产品价值的部分数据。图6-1则是根据这个表中给出的数据而绘制的。图6-1中横轴表示劳动要素的数量L，纵轴表示边际产品和边际产品价值。由图6-1可见，边际产品价值曲线与边际产品曲线一样都是向右下方倾斜，但二者位置不同。

表6-1 厂商的边际产品价值

要素数量（L）	边际产品（MP）	产品价格（P）	边际产品价值（VMP）
1	10	2	20
2	9	2	18
3	8	2	16
4	7	2	14
5	6	2	12
6	5	2	10
7	4	2	8
8	3	2	6
9	2	2	4
10	1	2	2

2. 使用要素的边际成本——要素价格

成本函数是表示厂商的成本与产量之间的关系，即成本是产量的函数；同时，产量本身又是生产要素的函数。根据成本方程，若假设使用的生产要素（这里为劳动）的价格（即工资）为W，则使用要素的成本C可表示为：

$$C = W \cdot L$$

在完全竞争条件下，要素买卖双方很多且毫无差别，任何一家厂商单独增加或减少其要素的购买都不影响要素的价格，所以要素价格为常数，那么，对上式对要素进行求导，就获得使用要素的边际成本，其恰好等于要素价格，即：

$$\frac{\partial C}{\partial L} = W$$

3. 完全竞争厂商使用要素的原则

厂商使用要素的原则是利润最大化，也就是厂商使用要素的边际成本等于其边际收益，也就是边际产品价值等于要素价格，

$$VMP = W = MP \cdot P$$

4. 完全竞争厂商对生产要素的需求曲线

对前面的公式进行修改可知，$P \cdot MP(L) = W$，这里 $MP(L)$ 为边际产品，是要素的函数。由于产品价格 P 为常数，故上式确定了要素价格 W 与要素使用量 L 的一个函数关系，即确定了完全竞争厂商对要素需求的一个函数。为了说明要素需求函数的关系，我们假设一开始时，厂商的要素数量为

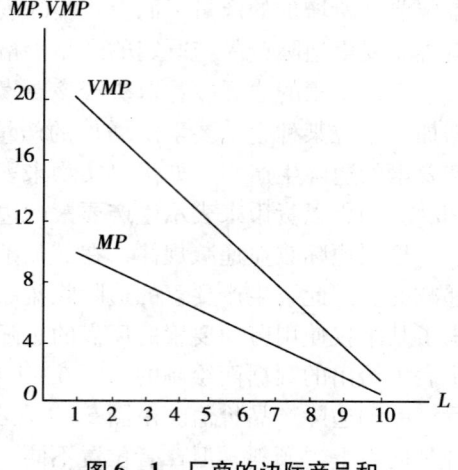

图 6-1 厂商的边际产品和边际产品价值曲线

最佳数量。现在假定要素价格 W 上升，于是有 $P \cdot MP(L) < W$。为了恢复均衡，厂商必须调整要素使用量 L，使 $MP(L)$ 及 $P \cdot MP(L)$ 上升；而根据边际生产力递减的性质，只有通过减少要素使用量才能达到这个目的。这样就得到了结论：随着生产要素价格的上升，厂商对要素的最佳使用量即需求量将下降。因此，完全竞争厂商的生产要素需求曲线与其边际产品价值曲线一样是向右下方倾斜（图 6-2）。

在完全竞争条件下，厂商对单一要素的需求曲线与其边际产品价值曲线完全重合。首先，上式左边边际产品价值已知是要素 L 的函数，它由图 6-2 中向右下方倾斜的曲线 VMP 表示；其次，如果把右边的要素价格 W 也看作是 L 的函数，则它的形状就是一条水平线，这是因为，根据要素市场完全竞争的假定，无论单个厂商如何改变要素使用量，要素价格均不受影响。于是给定一个要素价格 W_0，就有一条水平直线；最后，要素使用原则在图形上的表示就是 VMP 与 W_0 曲线的交点 E。E 点表明，当要素价格为 W_0 时，要素需求量为

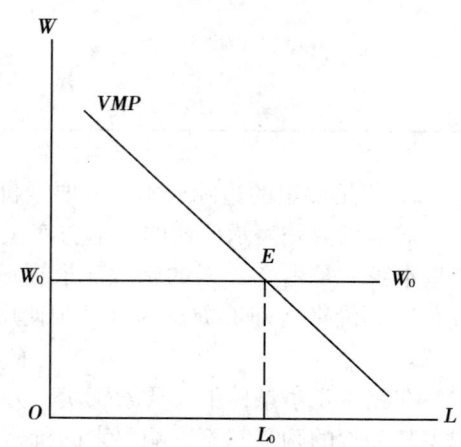

图 6-2 完全竞争厂商的生产要素需求曲线

L_0。换句话说,边际产品价值曲线 VMP 上 E 点也是要素需求曲线上的一点。同样,如果给定另外的一个要素价格,则有另外一条水平直线与 VMP 相交于另外一点。根据同样的分析即知,新的交点也是需求曲线上的一点。于是,在使用一个生产要素的情况下,完全竞争厂商对要素的需求曲线与要素的边际产品价值曲线恰好重合,如图 6-2 所示。

5. 从厂商的需求曲线到市场的需求曲线

整个行业的生产要素需求是各个厂商需求之和,也是一条向右下方倾斜的线。

(四) 不完全竞争市场上的生产要素需求

不完全竞争(即垄断竞争、完全垄断、寡头垄断)市场上,对一个厂商来说价格并不是相同的。因此,边际收益不等于价格。边际收益取决于生产要素的边际生产力与价格水平。这时,生产要素需求仍要取决于 $MR = MC$,因此,生产要素的需求曲线仍然是一条向右下方倾斜的线。这两种市场上的差别在于生产要素需求曲线的斜率不同,从而在同一生产要素价格时,对生产要素的需求量不同。一般而言,同一价格时完全竞争市场上的生产要素需求量大于不完全竞争市场。

四、生产要素的供给

生产要素有各种各样,不同种类的生产要素各有自己的特点。一般来说,可以把生产要素分为三类。第一类是自然资源,在经济分析中假定这类资源的供给是固定的。第二类是资本品。资本品是利用其他资源生产出来的,也是和其他产品一样的产品。在经济中,这一行业的产品往往就是另一行业的生产要素。因此,这种生产要素的供给与一般产品的供给一样,与价格同方向变动,供给曲线向右上方倾斜。第三类是劳动。这种生产要素的供给有其特殊性,我们在工资理论中再详细介绍。这里我们谈一谈生产要素供给的一般性问题。

前面分析了要素的需求,即在不同要素价格条件下,厂商对要素的需求数量。按照马歇尔对要素价格的分析,它和产品市场一样,也应该是由需求方与供给方共同来决定的。与分析厂商的利润最大化一样,研究要素的供给特点,即是从消费者的效用最大化入手。

(一) 要素所有者、最大化行为和供给问题

要素所有者可以是生产者,也可以是消费者。生产者提供"中间要素",消费者提供"原始生产要素"。生产要素所有者为消费者,其行为目的是效用最大化,我们要从消费者的效用最大化行为出发来建立起要素供给量与要素价格之间的关系。

所谓要素供给问题也就是:消费者在一定的要素价格水平下,将其全部既定资

源在"要素供给"和"保留自用"两种用途上进行分配以获得最大效用。

(二) 生产要素的供给原则

1. 效用最大化条件

要获得最大化的效用必须满足的条件：作为"要素供给"的资源的边际效用要与作为"保留自用"的资源的边际效用相等。

2. 要素供给的边际效用

消费者将生产要素供给市场可以获得收入，这种收入可以给消费者带来效用，要素供给者通过收入与效用相联系。假设要素供给增量为 ΔL，由此引起的收入增量为 ΔY，进而效用增量为 ΔU，则：

$$\frac{\Delta U}{\Delta L} = \frac{\Delta U}{\Delta Y} \times \frac{\Delta Y}{\Delta L}$$

取极值可得：

$$\frac{dU}{dL} = \frac{dU}{dY} \times \frac{dY}{dL}$$

上式表示要素供给的边际效用等于要素供给的边际收入与收入的边际效用的乘积。

在完全竞争市场上，生产要素供给者不会影响要素的价格，故生产要素的边际收入显然就是生产要素的价格，则上式可写为：

$$\frac{dU}{dL} = W \times \frac{dU}{dY}$$

3. 自用资源的边际效用

自用资源的情况稍微复杂，它既可以提供间接效用，也可以提供直接效用。为了分析的简便，我们只考虑自用资源的效用都是直接的。若用 l 表示自用资源数量，则自用资源的边际效用就是效用增量与自用资源增量之比的极限值 dU/dl，表示增加一单位自用资源所带来的效用增量。

4. 生产要素供给原则

由以上分析可知：不完全竞争条件下的要素供给的效用最大化条件是：

$$\frac{dU}{dl} = \frac{dU}{dY} \times \frac{dY}{dL}$$

完全竞争条件下的要素供给的效用最大化条件是：

$$\frac{dU}{dl} = \frac{dU}{dY} \times W$$

若考虑收入的价格为 W_y，则显然有 $W_y = 1$。于是上式可写为：

$$\frac{\mathrm{d}U/\mathrm{d}l}{\mathrm{d}U/\mathrm{d}Y} = \frac{W}{W_y}$$

上式左边为资源与收入的边际效用之比；右边则为资源和收入的价格之比。这与产品市场分析中的效用最大化公式是完全一致的。

五、需求和供给决定要素价格

与产品的价格是由产品的供给和需求共同决定的一样，生产要素的价格也是由生产要素的需求和供给共同决定的。但由于厂商对要素的需求取决于人们对产品的需求，要素市场与产品市场具有相互依赖性。因此，要素价格取决于要素的供求，而要素的供求又取决于产品市场。如果产品市场面临萧条，生产下降，势必降低对要素的需求，影响要素的价格。反之，要素价格也会影响到产品价格，如果要素价格上涨，导致边际成本提高，也会引起产品价格上涨。所以对要素价格决定的分析要比对产品价格决定的分析复杂一些。

案例1：

一场关于食品、石油和水的争夺战

今年的达沃斯世界经济论坛气氛有些不妙。今年的主题是"合作创新"。在新一轮的资源争夺战中，竞争和创新同样重要。食品和能源价格飞涨的同时，从非洲到澳大利亚，供水也日益上升成一个重要问题。这3种基本商品——食品、石油和水的问题也成为达沃斯的重要议题。全球化引发了所有这些变化。国际石油的价格在过去12个月上涨了80%，2007年全球食品价格上涨了1倍，这是由短期原因造成的：澳大利亚大旱。但是长期来讲，能够引起食品价格攀升的重要原因就是中国和印度的财富增长。城市化和工业化也引起了水需求的增长，尤其是在气候变化扰乱了水供给的情况下。中国的降雨量正在北移，长江的水位在急剧下降，世界上其他江河也面临着同样的问题：澳大利亚的默里，美国的科罗拉多州，还有西班牙和葡萄牙。商家们预料这一问题将越来越严重。道氏化学公司主席 Andrew Liveris 在达沃斯会议上说："水就是21世纪的石油。"食品、石油和水的问题是互相交织的。美国对石油替代品的追求导致大量玉米用于生物燃料提炼。这使得用于制作食品的玉米减少，从而推高了食品的价格。生物燃料的提炼也是一项水密集型的活儿。对种植粮食的土地的需求增加，导致巴西森林面积锐减，这可能加剧全球变暖，也为全球水供应产生了压力。与食品、石油和水短缺相伴的，是政治冲突可能性的增加。联合国秘书长潘基文在达沃斯会议上说，水资源短缺助长了达尔富尔冲突。雷曼兄弟全球国家风险主管 Jami Miscik 指出一些由食品、石油价格攀升而导致的政治紧张事件：2007年夏天，墨西哥玉米粉价格连续攀升之后发生了暴动；印度尼西亚上个月的大规模抗议活动就是因为大豆价格飞涨……所有这些例子都局限于一国之内，但是食品和石油也可能引起国与国之间的冲突。达沃斯会议讨论了在南极开采石油和天然气的问题，据说军队在这一地区的活动开始增加，8个国家其中包括俄罗斯、美国、加拿大和挪威都以研究南极冰雪融化问题为幌子，开始准备争夺燃料了（金融时报，2008-02-05）。

案例思考：
从生产要素理论分析上述新闻背后的经济学问题。

第二节 工资的决定

一、劳动的需求

（一）工资的性质与种类

工资是劳动力所提供的劳务的报酬，也是劳动这种生产要素的价格。劳动者提供了劳动，获得了作为收入的工资。

可以从不同角度把工资分为不同的种类。从计算方式看，可以分为按劳动时间计算的计时工资与按照劳动成果的计件工资。从支付手段看，可以分为以货币支付的货币工资和以实物支付的实物工资。从购买力来分，可以分为按货币单位衡量的名义工资（或称货币工资）与按照实际购买力来衡量的实际工资。

（二）劳动的需求

厂商对劳动的需求取决于多种因素，但劳动的需求主要还是取决于劳动的边际生产力。劳动的边际生产力是指在其他条件不变的情况下，增加一单位劳动所增加的产量。劳动的边际生产力是递减的。厂商在购买劳动时要使劳动的边际成本（即工资）等于劳动的边际产品。如果劳动的边际产品大于工资，劳动的需求就会增加，如果劳动的边际产品小于工资，劳动的需求就会减少。因此，劳动的需求曲线是一条向右下方倾斜的曲线，表明劳动的需求量与工资成反方向变动。可用图6-3来显示劳动的需求曲线。

在图6-3中，横轴 OL 为劳动的需求量，纵轴 OW 代表工资水平，D_L 为劳动

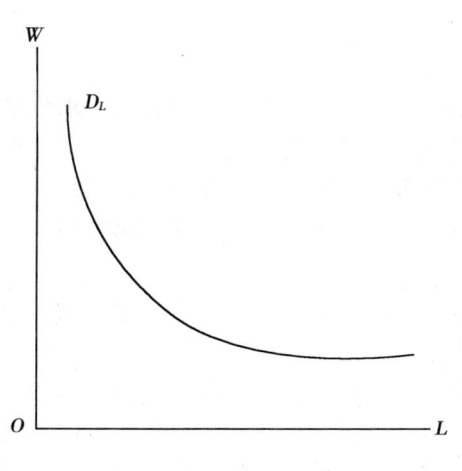

图 6-3 劳动的需求曲线

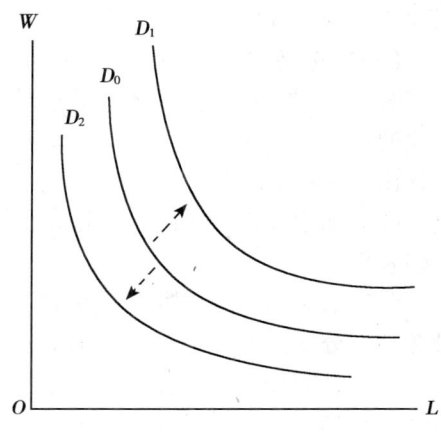

图 6-4 劳动需求曲线的移动

的需求曲线。

（三）劳动需求曲线的移动

劳动需求曲线的位置取决于三个因素：企业产品的价格；其他投入要素的价格和技术。

在其他条件不变的情况下，企业产品的价格越高，对劳动的需求量越大。产品价格通过对边际收益产量的影响而影响劳动的需求。产品价格高就会增加边际收益，这就增加了劳动的边际收益产量。企业产品价格的变动导致企业劳动需求曲线的移动。如果产品价格上升，则对劳动的需求增加，劳动需求曲线向右上方移动，如图 6-4 所示，劳动的需求曲线从 D_0 移动到 D_1。反之，劳动需求曲线向左下方移动，如图 6-4 中劳动的需求曲线从 D_0 移动到 D_2。

后两个影响劳动需求的因素对劳动需求的影响主要不是在短期中，而是长期中。短期劳动需求是在企业的资本量不变，而只有劳动为可变投入时工资率与劳动需求量之间的关系。长期劳动需求是当所有投入都可以变动时，工资率与劳动需求之间的关系。要素相对价格的变动，诸如劳动与资本相对价格的变动，引起要素之间的替代，即相对价格低的要素代替了相对价格高的要素。因此，如果使用资本的价格相对于使用劳动的价格下跌，企业就要用资本替代劳动，资本需求量增加而劳动需求量减少。

此外，影响劳动的边际产量的技术变化也会影响劳动需求。例如，电脑排版技术的发展就降低了排字工人的边际产量和需求量。同时，这种技术进步提高了电脑工程师的边际产量和需求量。但只有在长期中企业得以调整所有要素并把新技术运用到其生产过程中时，这种影响才会发生作用。

（四）劳动需求弹性

劳动的需求弹性衡量劳动需求量对工资率的反应程度。其计算方式与需求价格弹性的计算方式相同。劳动的需求弹性等于工资率变动的百分比除劳动需求量变动百分比。劳动需求弹性取决于企业生产的商品的需求弹性以及企业总产量曲线的性质，即劳动边际产量递减的快慢。但是，影响劳动需求的短期与长期需求的因素有某些差别。

劳动的短期需求弹性是在只有劳动投入量变动时工资率变动百分比除劳动需求量变动百分比的值。劳动的短期需求弹性取决于三个因素。

第一，劳动的密集性。生产某种商品中劳动的比例，即生产过程中劳动的密集程度，影响劳动的需求弹性。假定劳动成本占某种商品总成本的90%，在这种情况下，劳动成本变动10%就会引起总成本变动9%。相反，如果劳动成本占总成本的10%，在这种情况下，劳动成本变动10%就会引起总成本变动1%。在产品的需求弹性为既定时，产量变动的百分比越大，总成本变动的百分比越大，价格变动的百分比也越大。产量变动越大，劳动投入的变动也越大。因此，总成本中劳动的比例越大（密集度越高），劳动的需求也越富有弹性。

第二，劳动边际产量曲线的斜率。劳动边际产量曲线的斜率取决于生产技术。在某些生产中，边际收益递减很快。例如，一个公共汽车司机的边际产量很高。但同一辆车上第二个司机的边际产量几乎为零。在另一些生产中，边际产量是很稳定的。例如，雇用第二个清洁工在1小时能擦的窗户几乎比雇用第一增加了一倍，第二个清洁工的边际产量几乎与第一个相同。边际产量曲线越陡峭，边际收益产量对劳动投入变动的反应越大，劳动需求量对工资率变动的反应越小，从而企业对劳动的需求也就越缺乏弹性。

第三，产品的短期需求弹性。如果工资率变动了，用这种工资率变动了的劳动生产的商品的供给也会改变。供给的变动引起该商品价格与需求量的变动。对商品的需求弹性越大，对商品与生产商品的劳动的需求量变动也越大，从而劳动的需求也就越富有弹性。

长期的劳动需求弹性取决于劳动密集程度和长期的产品需求弹性。此外，还要取决于资本对劳动的替代程度。在生产中，资本越易于替代劳动，长期对劳动的需求越富有弹性。例如，在汽车装配线上可以用机器人代替工人，情况是这样。另一方面，要用机器人来代替新闻记者就很困难。在长期中，资本越易于替代劳动，企业对劳动的需求越富有弹性。

二、劳动的供给

劳动的供给主要取决于劳动的成本,这种劳动的成本包括两类。一类是实际成本,即维持劳动者及其家庭生活必需的生活资料的费用,以及培养、教育劳动者的费用。另一类是心理成本。劳动是以牺牲闲暇的享受为代价的,劳动会给劳动者心理上带来负效用,补偿劳动者这种心理上负效用的费用就是劳动的心理成本。

劳动的供给有自己的特殊规律。一般来说,当工资增加时,劳动会增加,但工资增加到一定程度后如果再继续增加,劳动不但不会增加,反而会减少。这是因为,工资收入增加到一定程度后,货币的边际效用递减,不足以抵消劳动的负效用,从而劳动就会减少。可以用表6-2和图6-5劳动的供给曲线来说明。

表6-2 劳动的供给

工资(元/小时)	劳动供给量(小时)
6	1 500
8	2 000
10	2 500
14	2 500
18	2 100
20	1 500

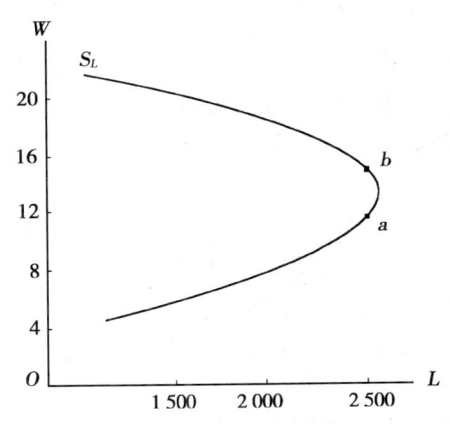

图6-5 劳动的供给曲线

在图6-5中,横轴OL代表劳动供给量,纵轴代表工资水平,S_L为劳动的供给曲线。在a点之前,劳动的供给量随工资增加而增加,在a到b点之间,工资增加而劳动供给量不变,这是一个短暂的过渡。b点之后,工资增加,而劳动供给量减少,这时的供给线称为"向后弯曲的供给曲线"。

劳动这种要素的供给曲线之所以向后弯曲,取决于收入效应与替代效应的共同作用。

下面对此进行简要的分析说明。

1. 劳动和闲暇

劳动供给问题涉及消费者对其拥有的既定时间资源的分配。在每天固定的24小时之中,有一部分必须用于睡眠而不能挪为它用。剩余部分是消费者可以自由支配的时间资源。除必须的睡眠时间和劳动供给之外的全部活动时间为闲暇时间。例如，用于吃、喝、玩、乐即各种消费活动的时间。劳动供给问题则可以转化为消费者如何决定其固定的时间资源在闲暇和劳动供给两种用途上的分配。消费者选择一部分时间作为闲暇来享受，其余时间作为劳动供给。闲暇直接增加了消费者效用，劳动供给则可以带来收入。就实质而言，消费者是在闲暇和劳动收入之间进行选择。或者更一般地说，是在自用资源和收入之间进行选择。劳动的供给反映的是劳动量与工资水平的依存关系，通常是指在一定的工资水平上，劳动者愿意而且能够提供的劳动时间。如果把劳动者的时间分成劳动和闲暇两部分，那么，对劳动者来说，劳动供给决策实质上是他把有限的时间在劳动和闲暇之间进行合理配置的问题。我们可以将劳动供给看成是闲暇需求的反面。因为在时间资源总量给定的情况下，劳动供给的增加就是闲暇需求的减少；反过来也一样。这就是说，劳动供给与闲暇的需求存在着反方向变化关系。我们可以把工资视为闲暇的机会成本或是闲暇的价格。因此我们现在就可以用闲暇需求来解释劳动供给。我们知道，正常物品的需求曲线之所以向右下方倾斜是因为受到替代效应和收入效应的影响。同样，闲暇的需求也受到替代效应和收入效应的影响。

2. 替代效应

劳动能够获得收入，但又必须以丧失闲暇和享乐为代价；反之，闲暇可以得到享乐，但却要以牺牲所能带来的收入为代价。因此，工作所带来的收入与闲暇的享乐互为成本；或者说工作能带来的收入成为闲暇的价格。当工资上升时，闲暇的机会成本或闲暇的价格提高，会使得劳动者用劳动时间的增加来代替闲暇时间的减少，从而扩大劳动供给量，这就是工资的替代效应。工资的替代效应使劳动供给量与工资成相同方向变动。

3. 收入效应

工资上升使劳动者更加富裕，增强了劳动者购买昂贵的闲暇的经济能力，扩大了劳动者的闲暇要求，从而使劳动供给减少，这种效应称为工资的收入效应。工资的收入效应使劳动供应量与工资成反方向变动。

4. 替代效应和收入效应的共同作用

随着闲暇价格的上升，闲暇需求量究竟是下降还是上升取决于两种效应的大小：替代效应大于收入效应时，闲暇需求量随着工资的增加而减少；当收入效应大于替代效应时，闲暇需求量随着工资的增加而增加（劳动供给曲线向后弯）。通常当劳动的价格总体来说比较低时，这时随着劳动价格的增加，闲暇物品变得比较昂贵，消费者就用相对而言比较便宜的收入的消费来替代较为昂贵的闲暇的消费，这时的替代效应是主要的，收入效应要小于替代效应，但闲暇价格变化的有时也会超过替代效应。当工资处于较高水平，此时工资上涨引起的整个劳动收入增量就会很大，从而可以超过替代效应。因此供给曲线在较高的工资水平上开始向后弯曲。所以，由于替代效应和收入效应的共同作用，劳动的供给曲线是"向后弯曲的供给曲线"。

此外，劳动的供给还取决于人口增长率、劳动力的流动性、移民的规模等因素。

三、均衡工资的决定

劳动的需求与供给共同决定了完全竞争市场上的工资水平。将所有单个消费者的劳动供给曲线水平相加，即得到整个市场的劳动供给曲线。尽管许多单个消费者的劳动供给曲线可能向后弯曲，但劳动的市场供给曲线却不一定也是如此。在较高的工资水平上，现有的工人也许提供较少的劳动，但高工资也吸引进来新的工人，因而总的市场劳动供给一般还是随着工资的上升而增加，从而市场劳动供给曲线仍然是向右上方倾斜的。由于要素的边际生产力递减和产品的边际收益递减，要素的市场需求曲线通常总是向右下方倾斜。劳动的市场需求曲线也不例外。将向右下方倾斜的劳动需求曲线和向右上方倾斜的劳动供给曲线综合起来，即可决定均衡工资水平，可用图6-6说明这一点。

在图6-6中，劳动的需求曲线D_L与劳动的供给曲线S_L相交于E，这就决定了工资水平为W_0，这一工资水平等于劳动的边际生产力。这时劳动的需求量与供给量都为L_0。因此，均衡工资水平由劳动市场的供求曲线决定，且随着这两条曲线的变化而变化。一般认为，当劳动的需求大于供给时，工资会上升，从而增加劳动的供给，减少劳动的需求；当劳动的需求小于供给时，工资会下降，从而减少劳动的供给，增加劳动的需求。正如价格的调节使物品市场实现供求相等一样，工资的调节也使劳动市场实现供求相等，并保证充分就业。

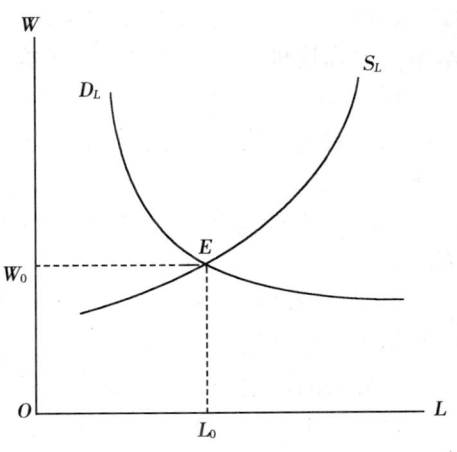

图6-6 均衡工资的决定

不完全竞争是指劳动市场上存在着不同程度的垄断。这种垄断有两种情况，一种是劳动者对劳动的垄断，即劳动者组成工会，垄断了劳动的供给；另一种是厂商对劳动购买的垄断。当然，这两种情况的结合就是双边垄断，即卖方与买方都有一定的垄断。在不完全竞争的市场上，工资可能高于或低于劳动的边际生产力。这里我们主要分析工会的存在（即劳动市场上卖方垄断）对工资决定的影响。

四、工会对工资的影响

工会影响工资的方式主要有三种：

1. 增加对劳动的需求

在劳动供给不变的条件下，通过增加对劳动的需求的方法来提高工资，不但会使工资增加，而且可以增加就业。工会增加厂商对劳动需求的方法最主要的是增加市场对产品的需求，因为劳动需求是由产品需求派生而来的。增加对产品的需求就是要通过议会或其他活动来增加出口，限制进口，实行保护贸易政策。在增加对产品需求这一点上，工会与企业是共同的。

2. 减少劳动的供给

在劳动需求不变的条件下，通过减少劳动的供给同样也可以提高工资，但这种情况会使就业减少。工会减少劳动供给的方法主要有：限制非工会会员受雇，迫使政府通过强制退休、禁止使用童工、限制移民、减少工作时间的法律等。

3. 最低工资法

工会迫使政府通过立法规定最低工资，这样，在劳动的供给大于需求时也可以使工资维持在一定的水平上。最低工资法规定的最低工资，能使工资维持在较高的水平。但在这种工资水平时，有可能出现失业。

4. 工会影响工资决定的限制条件

工会对工资决定的影响是有一定限度的。从劳动的需求来看要受到三种因素的影响：

第一，产品的需求弹性。劳动的需求也是一种派生需求，取决于对产品的需求。

第二，劳动在总成本中所占的比例。

第三，劳动的可替代性。

从劳动的供给来看，也要受到以下三种因素的影响：

第一，工会所控制的工人的多少。

第二，工人的流动性大小。

第三，工会基金的多少。

从西方国家的历史与现实来看，工会在维护工人权益方面还是起了重要作用的。

五、最低工资

在完全竞争市场里,我们曾用供求理论说明最低工资一般会减少就业。但是,如果企业是一个买方垄断者,最低工资法就可以既提高工资又增加就业。

图 6-7 说明了买方垄断时的最低工资。

在图 6-7 中,雇佣 50 小时劳动时,工资为每小时 5 元。假定政府通过了最低工资法,规定了最低工资为每小时 7.5 元,企业可以在每小时 7.5 元或以上来雇佣工人,但不能在 7.5 元以下雇佣工人。现在买方垄断者面临着有无限弹性的劳动供给,在工资为每小时 7.5 元时,雇佣劳动量达到 75 小时。在 75 小时以上,每多雇佣 1 小时劳动工资就要高于 7.5 元。由于在雇佣 75 小时时,工资固定为 7.5 元,所以劳动的边际成本在 75 小时时一直是 7.5 元。超过 75 小时,劳动的边际成本就要大于 7.5 元。为了实现利

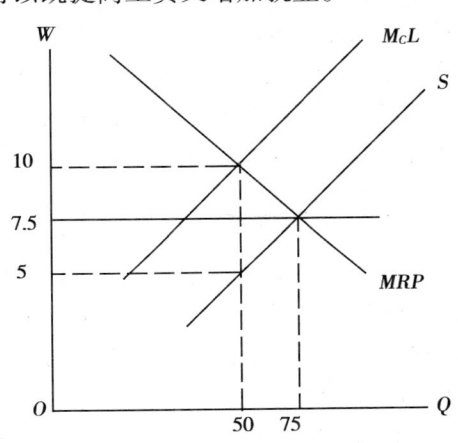

图 6-7 买方垄断时的最低工资

润最大化,买方垄断者要使劳动的边际成本等于其边际收益产量,也就是说,买方垄断者在工资为每小时 7.5 元时雇佣 75 小时。但最低工资法使劳动供给有无限弹性,并使在企业雇佣 75 小时劳动量之前劳动的边际成本和工资相等。在就业水平高于 75 小时,最低工资法并不影响劳动供给曲线或劳动的边际成本。最低工资法成功使每小时工资提高 2.5 元,就业水平增加了 25 小时。

现在我们再分析买方垄断与工会之间的关系。在以前的分析中,我们发现市场如果只有 1 个卖者,他可以决定市场的价格。现在我们研究了买方垄断,即市场中只有 1 个买者,它也可以决定价格。假设工会在这种买方垄断市场上活动。工会也与垄断者一样。它控制了劳动供给,并像一个劳动卖方那样行事。如果工会(垄断卖方)面对一个垄断买方,这种情况就是双边垄断。双边垄断时,工资由双方的协议决定。我们来分析这个过程。

在图 6-7 中,我们说明了,如果买方垄断者自由决定工资水平与就业水平,那么,它在工资为每小时 5 元时雇佣 50 小时劳动。如果代表工人的工会可以把就业量维持在 50 小时的水平上,但要获得雇主可以接受的最高工资,那么,这种工资就是每小时 10 元,也就是说,工资将等于劳动的边际收益产量。如果买方垄断者与工会就工资水平进行谈判,那么,结果就是工资在每小时 10 元(工会可以得

到的最高工资）与 5 元（企业支付的最低工资）之间。

实际的谈判结果取决于在工资水平谈判破裂时各方对对方进行报复的成本。企业可以停业并解雇工人，工会可以组织工人罢工。各方都知道对方的力量，也知道不同意对方的要求会有什么样的损失。如果双方力量相等，而且都认识到这一点，那么，双方就会消除分歧，达成妥协，将工资确定为每小时 7.5 元。如果一方的力量比另一方强大，而且双方都了解这一点，那么，最后的工资水平就会有利于强大的一方。一般情况下，不用罢工或停业就可以达成妥协，威胁就足以使双方妥协。仅当某一方判断失误时，才会发生罢工或停业。

六、工资差异

无论是完全竞争性市场，还是完全垄断性市场，都客观存在两方面的问题：一是各个工人之间的工资存在差别，即使在不存在工会垄断的情况下也是如此；二是存在工人偷懒。从而需要恰当的约束和激励。

1. 工资差别

所谓工资差别，是指具有相似的教育背景和工作经历的各类工人之间的工资差异。经济学认为，工资差别主要有补偿性工资差别、效率性工资差别以及歧视性工资差别等。

（1）补偿性工资差别。工资差别可能与职业性质的差别有关。一份工作除了货币特征外，还具有非货币特征，其中包括工人享有的自主程度、人工承担的风险以及工作的乐趣等。厂商会根据这些非货币特征的诱人和不诱人之处调整工资，为一个工作不合意的工人进行补偿。这种因职业性质不同而产生的、为补偿工人承受的不合意所形成的工资差别，就是补偿性工资差别。

工作乐趣很少，需要经常加班或者工作地点不方便，如采矿工人的补贴，夜班工人的附加工资等等。

凡是涉及工作环境差、神经紧张、风险责任大、缺乏自主性、社会地位低微等的工作，都在某种程度上需要提供补偿性工资差别，以平衡由此原因导致的对工作的规避厌恶情绪。

（2）效率性工资差别。工资差别还可能与工人个人之间生产效率的差别有关。有些工人的生产率较其他人高得多，甚至在具有相同经历和相同教育的人中也是如此。基于个人生产效率差别而形成的工资差别被称为效率性工资差别。

一些人的生产效率就是比其他人高 $\begin{cases} \text{天生能力上的差别} \\ \text{学校教育和后天学习能力上的差别} \\ \text{个人努力和品质特征的差别} \end{cases}$

(3) 歧视性工资差别（偏见、裙带关系等因素）。除补偿性和效率性工资差别外，还存在歧视性工资差别。歧视性工资差别，是指因年龄歧视、种族歧视、性别歧视以及职业歧视所形成的工资差别。在国外，在具有类似教育背景、工作经历和大致相同的生产率情况下，通常上年纪工人的工资低于中青年工人，黑人的工资低于白人，女工的工资低于男工。近年来，上了年纪的工人、黑人和妇女在工资上的不利地位在逐渐好转，人们关注的焦点已转到歧视社会地位较低的阶层，这个阶层很少有机会得到收入更好的工作，造成歧视性的工资差别。

(4) 信息不完全的工资差别。找工作（搜寻）要花时间（成本），正如一家商店对某件商品的售价低于另一家商店一样，一家厂商完全可能比另一家厂商以更低的工资来雇佣员工，但是寻找工作的人可能会不知道（保姆、钟点工）。

(5) "声誉租金"：明星们的巨额收入。乔丹、罗纳尔多、贝克汉姆、帕瓦罗蒂。这些明星的工资这么高，是因为他们具有某种特殊的才能，提供一些别人没有的技巧。例如乔丹，他能够空中飞跃，变换方向，挺腰上篮，这样的才能除了他在世界上找不出第二个，所以人人都喜欢看他打篮球。但这些才能和技巧主要是与生俱来的，表现在身高、体能、外貌、嗓音等方面，可以说是一种天赋。这种天赋才能产生的工资差异，可以成为"租金"工资。租金工资主要存在于体育、文艺、娱乐领域，因为顶尖明星的表演可以通过媒体传播而让成千上万的人同时观看。每个观众只要付出不多的费用，就能构成他们巨大工资收入。

2. 工资激励

除非机器出故障，它们总是按照人们所要求的那样去工作。而工人毕竟不同于机器，在缺乏约束和激励的情况下，工作的偷懒是普遍存在的。为了使工人充分有效地生产，而不是松松垮垮地工作，实行计件工资和效率工资是两种重要的制度选择。

计件工资制度是指工人从所生产的每件产品或所完成的每项生产任务取得报酬的支付制度。在计件工资制度中，具有更高生产率的工作获得更高的报酬，生产效率更低的工作获得的报酬更低。应该说，计件工资能提供促使工人努力工作的恰当激励。然而，完全实行计件工资制度存在一些实际障碍：一是工人在计件工资制度中要承担很大的风险。比如某个工人因病休假一周，那么该工人在那一周就没有收入。二是雇主不能确切地衡量工人所完成工作的数量和质量。通常情况下，即使生产的数量容易衡量，工作的质量也不好评价，工人只有追求数量的激励而缺乏追求质量的激励。正因为这个障碍，以计件工资作为主要收入形式的美国工人较少，完全以这种形式取得收入的工人数量则更少。

在完全竞争的劳动市场上，所有的工人都有同样的生产率并得到同样的工资，所有愿意工作的人都会在等于他们边际产出的工资水平上找到工作。即使他们被某个雇主解雇，也能够在其他地方以相同的工资就业。此时，工人存在偷懒的刺激。为了得到员工的忠诚和高质量的工作并减少工人跳槽，厂商必须向工人支付比他们在其他地方所得报酬更高的工资。在这个工资水平上，由于偷懒而被解雇的工人就面临工资降低的风险。如果工资的差别足够大，工人就会被吸引到进行有效的工作上来。这种可以避免偷懒、刺激工人有效地生产的高工资就称为效率工资。

案例2：
国内商学院招生再度提价

要买房趁早买，要读书也趁早读。就在2007年一波波的涨价声尚未完全退去的时候，终于又传出了商学院学费大幅上涨的消息。商学院新一轮的学费上涨幅度平均接近10%。例如，著名的中欧国际工商学院的EMBA学费由30.8万元涨到了33.8万元，MBA由16.9万元涨至18.6万元；国内的另外两家著名商学院也是水涨船高，清华经管的EMBA学费由29万元涨至33.6万元，MBA学费由8万元涨至9.8万元；北大光华的EMBA也由29万元涨至32.8万元，MBA则由8万元升至9.5万元。三大名牌院校既然如此，其他二线院校也不甘寂寞，各地的知名商学院纷纷提高了自己的学费价格，其中尤以人大商学院的涨幅惊人，其EMBA学费由20万元一跃至28万元，升幅近四成，该校有关人士的解释是：几年来各家商学院的EMBA学费连续上调了几次，但人大商学院一直没调过，这次上涨有很大"补涨"成分。涨价几乎成为近几年内地商学院的家常便饭，特别是对EMBA来说，就近几年的情况来看，中欧、北大光华、清华等名列中国商学院Top10院校的EMBA学费年年在涨，只不过今年涨的幅度有些大就是了。谈到几年学费上涨的原因，各家商学院都或多或少地谈到了CPI指数上涨、案例开发费用上升等几项。不过，商学院的教授们更多地认为引发今年学费大幅上涨的主要因素并不是物价指数的上行，更主要的是因为学费上涨是一个大趋势，物价因素起到了助推的作用。作为业界知名人物，中欧国际工商学院梁能先生日前表示，他不赞成涨价这个提法。他认为，就中国的商学教育而言，其学费水平远远低于国际商学院水平，同时也低于国内顶级商学院教学的全成本。这位商学界知名教授还表示说，中欧就是一个典型的例子，现时中欧和世界顶级商学院一起争夺教师资源，但学费仅为它们的1/3左右。多位商学院人士此前表示，从目前形势看，MBA涨价已经成为未来几年全球商学教育界的趋势，就内地而言，今后几年还会涨，一般来说年涨幅应在5%~10%。涨价并没有影响报考者的热情。对于中欧、清华经管等院校来说，其 EMBA 招生计划均早已完成。而在 MBA 方面，中欧 MBA 主任李媛媛介绍，2008 年该校招生已经启动，从截止 2007 年 11 月 28 日的第一轮报名人数来看，同比增长了 40%。商学院人士分析称，中国内地 MBA 报考热情回暖源自近年 MBA 学生毕业后薪水增长快速，投资回报率迅速上升。据了解，受益于内地的经济高成长，对一些名校 MBA 毕业生来说，他们毕业后的薪水涨幅已在全球调查中名列前茅。

案例思考：
从中国经济发展的角度来分析国内商学院招生再度提价的原因。

案例 3：

券商开价"抢人"顶尖研究员 3 年 1 000 万

2008 年新年伊始，券商研究所之间的人才大战呈现出愈演愈烈的态势。日前，一家中等规模的券商对业内某顶尖分析师开出了 3 年 1 000 万元外加股权激励的优厚薪酬待遇，平均算下来日薪接近 1 万元。"国内券商的收入大多来自经纪业务，所以分析师的年薪大多是一次性收入，经纪业务的好坏要看市场行情，三年内的市场状况谁也说不准，一下子给出这样的待遇，还真是大手笔。"一位知名券商研究所分析师对记者表示。此前有消息称，国内某知名券商已对某顶尖分析师开出了 120 万元的年薪，但此后这一薪资水平很快被另一家中型券商改写为 150 万元，时隔不久，最佳分析师年薪记录再度被"3 年 1 000 万"的条件打破，按照这一水平，得到这一待遇的分析师在未来 3 年内，平均每天都能够入账近万元。据记者了解，不同规模券商分析师的年薪水平差异很大，2007 年位于"第一梯队"的大券商顶级分析师年薪大多在 200 万到 300 万元之间，中等券商给出的价码则在 50 万到 120 万元左右，在小型券商供职的顶级分析师可能只能拿到大券商顶级分析师年薪的一个零头。不少业内人士表示，受益于 2007 年的牛市行情，券商分析师的薪酬水平相比前几年已经有了数倍乃至十数倍的增长，但同外资券商相比，国内分析师的待遇还是普遍偏低。"即使真的是 3 年给 1 000 万，与外资券商分析师的年薪也还是不可比。"一位分析师对记者说。相比榜上有名的"高价"分析师，大部分普通分析师的薪资水平并没有想象中的优越，"别说 3 年 1 000 万元，我 3 年可能连 100 万元都拿不到。"一位供职于某大型券商研究机构的分析师对记者表示，而另一家中型券商给新进研究生学历分析师开出的月薪仅在 5 000 元左右。"明星分析师无论在从业资历、市场敏感度上，还是在人脉资源、市场号召力上都是刚入行的分析师没法比的。"一位业内人士认为，仅就工作本身来说，一位分析师几百万的年薪确实存在一定"泡沫"，但放在整个市场的供需环境中，明星分析师相比普通分析师来说有这样的"溢价"也就不难理解了。牛市里赚得盆满钵满的券商体面地拿出大把资金在"人"上下功夫，而"明星分析师"的噱头也为券商叫价的愈演愈烈提供了理由。某知名券商研究机构负责人表示，除了对人才的渴望，"明星分析师"的品牌效应也是不少券商十分看重的，"各家分析师，怕就怕在一个'比'字。"上述负责人说，券商报告主要提供给机构投资者，有被业界广泛认同的分析师加盟，不但会为券商带来直接的经济效益，还会使券商在名声上获得丰收。然而，"垂涎"高价分析师的券商有他们的谋划，安于合理使用"平价"分析师的券商们也有自己的想法，几位中型券商研究所所长不约而同向记者表示，"明星分析师"毕竟是凤毛麟角，如何抉择还要看券商的不同定位，一流券商应该也必须花重金留下一流的研究人员，但对定位于市场跟随者的券商而言，花费太大代价去吸引明星分析师就大可不必。近年来，券商在分析师上的价格战使分析师的流动性越来越大，大多数券商研究员的平均供职年限仅在2到3年左右，对于这样的高更换率，不少券商开始向制度化用人方式寻求帮助，"与其花费重金留人，不如建立一套有效的培训制度，这样即使在人员流出的时候，也能用规范和流程化培训将新进的分析师培养到目标水平。"而实际上，这样的说法已经成为了不少券商研究部门的现实选择（中国证券报，2008 - 2 - 12）。

案例思考：

从近年中国金融业的高速发展分析金融分析师高薪的原因。

第三节 租金、利息和利润

一、土地租金

说到土地市场问题，我们首先要有一点了解的就是，经济学上所说的土地，通常代指一切自然资源，即是"原始的和不可毁灭的"各类自然资源，准确一点可以说自然资源有两个特点：一是不能被生产出来，二是数量不变，这一数量不变是指既不能增加也不能减少，所以从供给这个角度来看，自然资源即土地的供给总是固定不变的。

(一) 土地的供给曲线

土地的供给数量总是固定不变的,那么,作为土地所有者的消费者个人来说,一定时期之内一个人所拥有的土地数量也是固定不变的,消费者个人追求自身的效用最大化,个人土地供给问题实际上就是消费者如何将既定数量的土地资源在保留自用和供给市场这两种用途上进行分配以获得自身最大的效用。

对一个人来说,通常自用的土地数量只是极小的一部分,如果不考虑这一自用的数量,或者将土地自用的边际效用看作是零,则土地的供给数量就与土地价格无关,表现在几何上,就是土地的供给曲线垂直。当然我们这里所说的土地的价格是指土地的服务价格,也称之为地租。

如果纵坐标用地租表示,横坐标用土地的供给数量表示,则在这样的坐标图上,土地的供给曲线就是垂直于横轴的直线。如图 6-8 所示的直线 S_N 就是土地的供给曲线。同样道理,如果将市场上所有个人的土地供给曲线水平相加所得到的整个市场的土地供给曲线也是一条垂线。

(二) 土地市场的均衡与地租的决定

有了土地的供给曲线,有了前面所讲的要素需求曲线,将这两条曲线结合起来,我们就可得到土地市场的均衡,相应的也就得到了土地的均衡价格即地租。如图 6-8 所示,两条线相交的交点即为均衡点,该点对应的纵坐标 R_0 即为均衡地租。

根据上述地租决定理论,可以给出一个关于地租产生的解释。假设一开始时,土地供给量固定不变为 S_N,对土地的需求曲线为 D_N,从而地租为 R_0;现在由于技术进步使土地的边际生产力提高,或由于人口增加使粮食需求增加,从而地租开始出现。因此,可以这样来说明地租产生的原因:地租产生的根本原因在于土地的稀少,供给不能增加;如果给定了不变的土地供给,则地租产生的直接原因就是土地需求曲线向右移动。

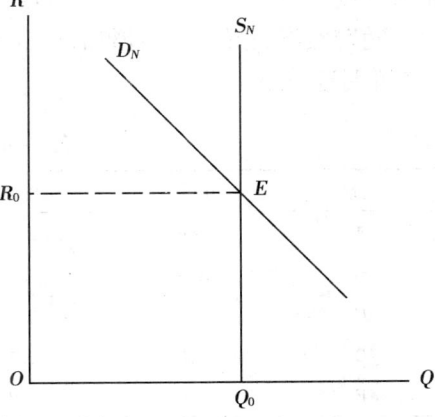

图 6-8 土地市场的均衡

(三) 级差地租的形成与决定

以上关于地租的决定实际上假设所有的土地都具有同样质量,没有考虑不同土地在肥沃程度,地理位置等方面的差别。但实际上,土地在肥沃程度与地理位置的差别是相当大的,而且这种差别对地租的形成也有相当大的影响。由于土地在肥沃程度，地理位置等方面的差别而引起的地租在经济学上称为级差地租。

我们可以用表6-3来说明级差地租的形成与决定。

表6-3 级差地租的形成

土地	产量	价格	总产值	生产成本	级差地租
A	200	2	400	200	200
B	180	2	360	200	160
C	150	2	300	200	100
D	100	2	200	200	0
E	80	2	160	200	-40

表6-3中，A、B、C、D、E是5块肥沃程度不同的土地。在使用的其他生产要素相同，从而支出的生产成本相同的情况下，各块土地的产量不相同。在市场上，农产品的市场价格是相同的，从而各块土地的总产值（即总收益）就不相同。这样，A、B、C三块土地由于条件好，产量高，就分别产生了200、160和100的地租，这种地租就是级差地租。D块土地没有级差地租，被称为"边际土地"。E块土地连生产成本也无法弥补，不会被利用。由此可以看出，级差地租是由于土地肥沃程度（或地理位置）的不同而引起的。

随着经济发展，人口增加，农产品价格上升，级差地租也会增加。可用表6-4来说明这一点：

表6-4 级差地租的变动

土地	产量	价格	总产值	生产成本	级差地租
A	200	2.5	500	200	300
B	180	2.5	450	200	250
C	150	2.5	375	200	175
D	100	2.5	250	200	50
E	80	2.5	200	200	0

在表6-4中可以看出，当价格上升到2.5元时，A、B和C三块土地的级差地租分别增加到300、250和175，D块土地有了级差地租50，而E块土地收支相抵，成为可以利用的边际土地。可见，随着经济的发展，级差地租也在增加。

(四) 准地租与经济租

1. 租金

地租是当土地供给固定时的土地服务价格，因而地租只与固定不变的土地有关。但在很多情况下，不仅土地可以看成是固定不变的，而且有许多其他资源在某些情况下，也可以看成是固定不变的，例如某些人的天赋才能，就很有些像土地一样，其供给是固定不变的。这些固定不变的资源也有相应的服务价格。这种服务价格显然与土地的地租非常相似。为与特殊的地租相区别，可以把这种固定不变的一般资源的服务价格叫做"租金"。换句话说，地租是当所考虑的资源为土地时的租金，而租金则是一般化的地租。

2. 准租金

租金以及特殊的地租均与资源供给固定不变相联系。这里的固定不变显然对（经济学意义上的）短期和长期都适用。但是，在现实生活中，有些生产要素尽管在长期中可变，但在短期中却是固定的。例如，由于厂商的生产规模在短期内不能变动，其固定生产要素对厂商来说就是固定供给：它不能从现有的用途中退出而转到收益较高的其他用途中去，也不能从其他相似的生产要素中得到补充。这些要素的服务价格在某种程度上也类似于租金，通常被称为"准租金"。正式的定义为：所谓准租金就是对供给量暂时固定不变的生产要素的支付，即固定生产要素的收益。

准租金可以用厂商的短期成本曲线来加以分析。如图 6-9，产品价格为 P_0，产量为 Q_0。则总可变成本面积为 $OGBQ_0$，而 GP_0CB 就是准租金。它等于总固定成本与经济利润之和。当经济利润为零时，准租金等于总固定成本。当厂商亏损时，准租金小于总固定成本。

3. 经济租金

经济租金指支付给生产要素的超额报酬，以及报酬中超过为得到要素的某种服务而必须支付的最低报酬部分，称为经济租金。如图 6-10，图中 R_0AE 为经济租金。因为，要素全部收入为 OR_0EQ_0，要素所有者提供 Q_0 量要素所愿接受的最低要素收入是 $OAEQ_0$。因此，去掉 R_0AE 部分也不会影响要素的供给量。所以，R_0AE 部分为经济租金。

经济租金的大小取决于要素供给曲线的形状。供给曲线越陡，经济租金越大。当供给曲线垂直时，全部要素收入均变为经济租金，它恰好等于租金或地租。

准租金与经济租是不一样的，准租金仅在短期内存在，而经济租在长期中也存在。

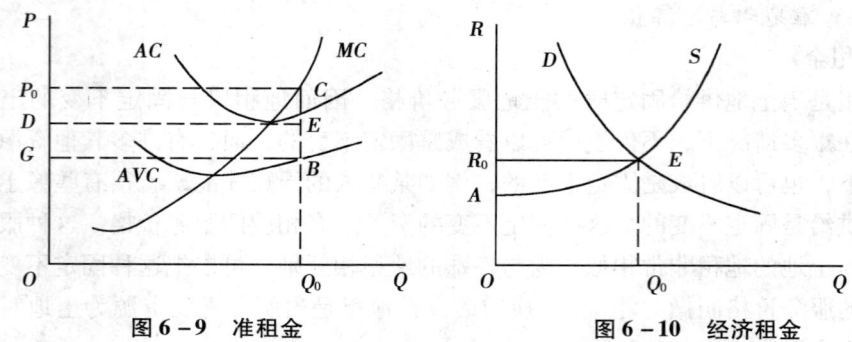

图 6-9 准租金　　　　图 6-10 经济租金

二、利息

(一) 利息理论

资本的特点可以概括如下：第一，它的数量是可以改变的，它可以通过人们的经济活动生产出来；第二，它之所以被生产出来，其目的是为了以此而获得更多的商品和劳务；第三，它是作为投入要素，即通过用于生产过程来得到更多的商品和劳务的。

根据这些特点，我们可以将资本定义为：由经济制度本身生产出来并被用作投入要素以便进一步生产更多的商品和劳务的物品。例如，一台机器、一幢建筑物在市场上可按一定价格出售；另一方面，资本也与土地和劳动等其他要素一样，可以在市场上被租借出去。

因此，作为生产服务的源泉，资本本身具有一个市场价格，即所谓资本价值。利息是资本这种生产要素的价格。资本家提供了资本，得到了利息。利息与工资计算的方式不同，它不是用货币的绝对量来表示，而是用利息率来表示，利息率是利息在每一单位时间内（例如一年内）在货币资本中所占的比率，是货币资本的价格。

可以这样说，利息是资本所有者要求支付的、而资本使用者又愿意和能够支付的资本要素价格。这里就存在两个经济问题：一个是为什么资本所有者要求对资本支付利息？二是资本使用者为什么又愿意和能够为资本支付利息？对此，经济学家用时间偏好和迂回生产理论进行阐释。

1. 时间偏好与利息

在经济学上，厂房、机器及其他生产工具等资本品就是资本，它是生产出来但未作消费之用而被作为生产要素投入的物质资料。实际上，资本是由资本所有者放弃现期消费而选择未来消费形成的。因此，资本利息被认为是对要素所有者牺牲现期消费的一种经济补偿。

要素所有者延期消费为什么要求得到利息补偿呢？经济学认为，人们具有一种时间偏好，即在未来消费与现期消费中，人们是偏好现期消费的，从而同一物品未来的效用总是低于现期的效用。究其原因主要有三：一是人们预期未来的物品稀缺性会减弱；二是人们认为人生短促，也许自己活不到享受未来物品的时候；三是人们不太重视未来的欢乐和痛苦，习惯于低估未来的需要、低估满足未来需要的物品的效用。时间偏好的存在，决定了人们总是偏好现期消费的。一旦人们放弃现期消费而把它变成资本，就应该得到利息以作为补偿。

2. 迂回生产与资本净生产力

利息是资本使用者支付给资本所有者的。资本使用者之所以愿意并能够支付利息，是因为资本净生产力能够提高使用者的经济效率，生产出包含利息在内的更大收益。

经济学认为，现代生产方式的基本特点就在于迂回生产，即人们先生产机器设备和生产工具等资本品，然后再利用这些资本品去生产消费品。迂回生产能够提高生产效率，而且迂回的过程越长、生产效率越高。比如，人们最初直接依靠人力和畜力栽种粮食，生产效率很低。现在，人们先发生了生产农用机械的机器设备，然后再使用这些设备去制造联合收割机等农用机械，最后用这些农用机械去种植农作物，生产效率大大提高。迂回生产的高效率，使得资本使用者获得的收益，除了补偿资本价值外，还能获得一个额外的余额。这个余额与资本原值的比，就是资本净生产力，又称为资本净生产率。因此，资本净生产力是资本利息的源泉。

（二）利率的决定

利息率取决于对资本的需求与供给。资本的需求主要是企业投资的需求，因此，可以用投资来代表资本的需求。资本的供给主要是储蓄，因此，可以用储蓄来代表资本的供给。这样就可以用投资与储蓄来说明利息率的决定。

企业借入资本进行投资，是为了实现利润最大化，这样投资就取决于利润率与利息率之间的差额。利润率与利息率的差额越大，即利润率越是高于利息率，纯利润就越大，企业也就越愿意投资。反之，利润率与利息率的差额越小，即利润率越接近于利息率，纯利润就越小，企业也就越不愿意投资。这样，在利润率既定时，利息率就与投资成反方向变动，从而资本的需求曲线是一条向右下方倾斜的曲线。

人们进行储蓄，放弃现期消费是为了获得利息。利息率越高，人们越愿意增加储蓄，利息率越低，人们就越要减少储蓄。这样，利息率与储蓄成同方向变动，从而资本的供给曲线是一条向右上方倾斜的曲线。

利息率是由资本的需求与供给双方共同决定的。可用图来说明利息率的决定。

在我们这里所谈到的资本的供给及资本市场的均衡就是指在什么样的利率下的资本的供给以及资本市场供求均衡时的利率水平。

1. 资本的供给曲线

资本的数量是可以改变的,它可以被人们的经济活动创造出来,这是资本与土地和劳动的一个根本区别。正是这个根本区别,使得资本的供给问题完全不同于土地和劳动的供给问题。

资本来自于人们的投资,所以,讨论资本的供给问题,实际上首先需要讨论人们的投资,而投资来自于人们的储蓄,这就又要求我们讨论储蓄决策,这实际上又是人们的长期消费决策,消费的另一方面就是储蓄。

由于资本来自于人们的投资,而在短期内资本存量是不变,但长期的资本存量可变,所以资本的供给曲线就是在短期内是垂直于横轴的,而在长期内这样的垂直线又是可以左右移动的。它的左右移动代表着长期资本存量的减少或增加。

2. 资本市场的均衡与利息的决定

由于资本数量在短期中为既定的,资本的短期供给曲线是一条垂直于横轴的直线,但长期是可变的。如图 6-11 所示。

图 6-11 中的利率为 r_1,资本数量为 Q_1 的组合是资本市场的短期均衡状态。从长期来看,它可能均衡,也可能不均衡。这是因为,在短期均衡的利率与资本数量上,一方面,利率 r_1 决定了储蓄(从而也是投资)的数量,另一方面,短期资本存量 Q_1 决定了折旧的资本数量。如果由利率 r_1 和资本数量 Q_1 所决定的储蓄和折旧并不相等,就会出现不等于零的净投资。从而资本存量就会随之发生变化。

从上面的分析可以看出,在资本市场上的短期均衡并不一定是长期的均衡,只有在

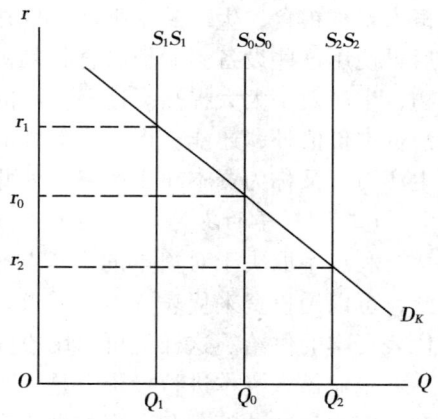

图 6-11 资本市场的均衡

短期与长期同时存在均衡时,资本的短期供给曲线才是稳定的,而长期也才是均衡的。

还可以用可贷资金的需求与供给来说明利息率的决定。可贷资金的需求包括企业的投资需求、个人的消费需求与政府支出的需求,可贷资金的供给包括个人与企业的储蓄,以及中央银行发行的货币。可贷资金的需求与利息率成反方向变动,可贷资金的供给与利息率成同方向变动。可贷资金的需求与供给决定利息率的原理和

投资与储蓄决定利息率相同。

应该注意的是,这里所说的由资本供求关系所决定的利息一般称为"纯利息",它反映了资本的净生产力。包括风险收入在内的实际收取的利息称为借贷利息。这两种利息在量上是有差别的。

(三) 利息在经济中的作用

在经济中,通过利率的调节作用,资本市场实现了均衡。这也是价格调节经济的作用之一。因为利率是资本的价格,它所调节的是资本市场。这种调节作用就在于当资本的需求大于供给时,利息率会上升,从而减少资本的需求,增加资本的供给。当资本的需求小于供给时,利息率会下降,从而增加资本的需求,减少资本的供给。所以,利息率的调节会使资本市场处于均衡状态。

从利息率的这种调节中可以看出,利息在经济中具有十分重要的作用。

首先,利息的存在可以鼓励少消费,多储蓄。其次,利息的存在可以使资本得到最有效的利用。此外,企业在支付利息的情况下就要更节约、更有效地利用资本。因此,利息的存在是刺激企业有效地利用资本的最好手段。最后,当一个社会出现了通货膨胀时,提高利息率可以压抑对可贷资金的需求,刺激可贷资金的供给,从而制止通货膨胀。利用利息率来调节经济是很重要的。

三、经济利润

在经济学上,一般把利润分为正常利润与超额利润。

(一) 正常利润

所谓正常利润,是指厂商维持生产经营正常进行所必须得到的最低额外报酬。一般而言,要保证厂商继续正常生产,至少企业的生产成本耗费要得到全部补偿。因此,厂商获得的收益除了补偿显成本或会计成本之外,还要补偿厂商的隐含成本。如果厂商的收益不能充分补偿其隐含成本,理性的厂商就不会继续正常生产,因而赚取相当于隐含成本数额的收益,就成了厂商维持正常生产的最低额外报酬。从这个意义上说,正常利润就是厂商获得的用来补偿隐含成本的那部分收益。经济学把这部分收益看做利润,是因为从日常习惯和会计核算来看,隐含成本并非真正意义上的成本,它也不需要进行现实的货币支付,与隐含成本相当的那部分收益计入会计利润之中,从而具有利润的性质。

在完全竞争市场中,厂商作为价格接受者可以自由进出市场,厂商之间的竞争会使市场价格降低到平均成本水平,每个厂商都只能获得正常利润。而在完全垄断市场中,厂商是价格的制定者,其市场价格高于平均成本,它不仅得到正常利润,还能获得超过正常利润的经济利润。因此,正常利润也可定义为完全竞争厂商即使在长期也能得到的那部分利润。

完全竞争市场,实质上是一个竞争不争的市场。在这个市场上,没有经营风险,没有创新动力,也没有垄断因素。在这样一个完全确定的静态市场中,厂商得到的正常利润不可能产生于风险、创新和垄断,而是企业家才能的报酬。在经济学家看来,企业家才能是指厂商综合组织和管理生产要素的能力,正常利润就是由企业家才能的供给和需求决定的。实际上并不是每个人都具备企业家才能,只有那些有管理天赋和丰富管理经验的、又受过良好教育的人才具备企业家才能。因此,企业家才能的生产成本很高,市场供给很小;另一方面,企业家才能是合理配置各种生产要素的决定性因素,其市场需求很大。企业家才能的供求特点,决定了正常利润水平较高。这就是厂商利润和企业家收入远远高于一般劳动者工资的重要原因。

(二) 超额利润或经济利润

超额利润是指超过正常利润的那部分利润,又称为纯粹利润或经济利润。只有在动态的社会中和不完全竞争条件下,才会产生这种利润。动态的社会涉及创新和风险。不完全竞争就是存在垄断。因此,我们就从这三个角度来分析超额利润的产生与性质。

1. 创新与超额利润

创新是指厂商把新发明引入经济领域,对生产要素进行重新组合的活动。它包括开发和研究新产品、采用新的生产技术和生产方法、开拓新的产品市场、获得生产要素的新来源以及运用新的企业组织形式等多方面的内容。

创新使一个厂商能够获得优于其他厂商的市场需求条件和成本条件,从而获得超过正常利润的超额利润。开发和研究一种新产品,既可以创造和满足新的市场需求,还可以使厂商以一个满意的价格销售产品,从而增加收益和利润。美国电报电话公司的研究机构贝尔实验室对激光和晶体管的研究开发,使得该公司得到了远远高于一般利润的超额利润。采用新的生产方法和企业组织形式,可以大大提高生产效率和管理效率,明显降低生产经营成本,厂商因此也能得到更多的利润。比如现代化生产中大量使用的模糊控制和机器人操作就是生产方法上的创新,而股份公司制则是企业组织形式上的创新。获得一种原料的新来源,厂商不仅能够克服生产中原料的限制而扩大产量,而且还能降低生产成本,从而获得更高水平的利润。开辟新的市场同样可以通过扩大需求和提高价格而获得超额利润。

在完全竞争市场,任何创新都会被他人模仿,因而一项创新只能为企业带来短期利润。随着他人的仿效,这部分利润就会消失。厂商只能在不断的创新中才能获得利润收入。同时,厂商的创新并非都能创造超额利润,只有那些符合市场需要的有效创新才能带来创新收益。从这个意义上讲，因创新而得到的那部分报酬也是不确定的，具有相当大的伸缩性。

创新是社会进步和发展的源泉和动力，厂商因创新而获得经济利润是合理的，是社会对创新的必要奖励。

2. 承担风险的超额利润

经济利润是收益与经济成本之差，是厂商获得的超过正常利润那部分利润。一般认为，由于市场信息和竞争的不完全性，厂商的生产总是在存在风险、创新和垄断的条件下进行的。因此，经济利润可能与厂商的风险决策能力、生产创新能力和市场垄断力相关。

风险是指厂商决策所面临的亏损可能性。任何决策总是面向未来的，而未来是不确定的，因而企业决策总存在的风险。风险有可分散风险和不可分散风险两种，可分散风险，也称为非系统风险，它是指厂商能够通过投资于许多项目，东方不亮西方亮，如持有许多公司股票或向保险公司投保而分散的风险，比如火灾、失窃、工伤事故等风险。可分散风险并非真正意义上的风险，也不是经济学上要分析的风险，经济学着重要考虑的是不可分散风险，不可分散风险，又称为系统风险，它主要是因市场活动的不确定性而可能带来的损失。比如，厂商因存在破产的可能性而不能履约的违约风险，由于产品需求、要素供给以及竞争对手行业的不确定性可能带来的损失等。上述风险的存在，没有可能通过多样化投资和投保来分散和消除。对于这类风险，像通用汽车公司和高盛银行这样的大企业也无法完全避免。

风险普遍存在，使得厂商生产经营某项目的期望收益与确定性收益不一致。一般而言，风险越高，期望收益和风险收益就越大；风险越低，期望收益和风险收益就越小。为了鼓励厂商从事风险经营活动，就必须为它承担这种风险提供一定的报酬，使成功的风险决策能获得利润收入。这个利润收入实际上就是厂商获得的风险收益。成功的风险决策能为厂商带来利润，但失误的风险决策将给厂商造成亏损，因而风险收益具有强烈的不稳定性，它可能为正值，也可能为负值。

理性的厂商都尽可能地规避风险，但许多具有风险的生产经营对消费者、企业和社会都是相当有益的。因此，厂商获得因承担风险而产生的经济利润是合理的。

3. 垄断的超额利润

厂商获得的经济利润，部分是风险补偿，部分是创新奖励，还有部分是垄断利润。垄断利润是指因市场竞争的不完全性而产生的超额利润，也就是由于垄断而产生的超额利润。

垄断利润来源于垄断力，所谓垄断力是指当厂商提高价格时，其顾客不会流失或销售量不会减少的程度。实际上，垄断力就是厂商控制市场价格的能力。垄断力的形成原因主要有四个方面：一是源于行政或立法限制。比如在17世纪英国政府授予东印度公司与印度进行贸易有垄断权、18世纪法国的盐业垄断厂商拥有的对盐的专卖权以及由政府认可的授予发明人的专利权。二是源于规模经济和自然的限制。电力、天然气、铁路运输和长途电话都是自然垄断的典型例子。三是源于厂商采用诸如掠夺性定价、限制性定价和多余生产能力示意等市场策略，从而阻止新厂商进入所形成的垄断力。美国微软公司就是依靠所占有的桌面操作系统的优势而强迫个人电脑厂商与其签署长期合作定价协议而遭受至今未完全了结的反垄断法诉讼的较为典型的例子。四是源于一些关键性投入要素的限制。比如特有的自然资源、技术秘密、产品配方甚至关键性的信息。可口可乐公司就是依靠其独有的饮料配方长期独霸全球饮料市场的一个典型例子。

在垄断市场上，厂商正是凭借其垄断力获得垄断利润的。垄断利润可分为卖方垄断利润和买方垄断利润。卖方垄断利润是指厂商通过对某种产品出售权的垄断，抬高商品卖价以损害消费者而取得的利润。垄断厂商的短期均衡和长期均衡、垄断竞争厂商的短期均衡以及寡头垄断条件下的经济利润就是这种垄断利润。与此不同，买方垄断利润是指厂商通过对产品或要素购买权的垄断，压低收购价格以损害生产者利益而取得的利润。

垄断利润不是来自于风险决策和生产创新，也不是作为一种投入要素的企业家才能的报酬，而是来自于对产品消费者和要素所有者的"剥削"收入。因此，垄断利润的获得是不合理的，社会应该对此进行积极限制和有效调节。反垄断法的出台就是基于这一目的。现在，反垄断法已经成为支持现代经济正常运行一部不可或缺的关键法律文件。

（三）利润在经济中的作用

经济学家认为，利润是社会进步的动力。这是因为：第一，正常利润作为企业家才能的报酬，鼓励企业家更好地管理企业，提高经济效益。第二，因创新而产生的超额利润鼓励企业家大胆创新，这种创新有利于社会的进步。第三，因风险而产生的超额利润鼓励企业家勇于承担风险，从事有利于社会经济发展的风险事业。第四，追求利润的目的使企业按社会的需要进行生产，努力降低成本，有效地利用资源，从而在整体上符合社会的利益。第五，整个社会以利润来引导投资，使投资与资源的配置符合社会的需要。

案例 4：

国际金价波动揭示投资风险

美国次贷危机余波未息，美联储不得不紧急降息刺激经济，国际金价近期也别无选择地坐上了"过山车"。2008年2月12日下午16：00，国际金价报923.9美元/盎司。而在短短1个月里，国际金价最高到达936.8美元/盎司，最低为849.5美元/盎司，其翻云覆雨的表现，让新入行的黄金投资者尝到了风险的味道。此番震荡之前，金市一直都是艳阳天。国际金价的直线上升，让黄金投资似乎成了一桩稳赚不赔的营生。商家接连推出金瓜子、金币、金条、金砖、原料金……昔日豪门大户手中金灿灿的玩物，飞入寻常百姓家，让不少投资者激动不已。"黄金投资热在北京表现得尤其明显。"中国黄金协会副会长侯惠民告诉记者，2007年，黄金的销售量比2006年增长了30%，明明白白地透出投资黄金的热度。他表示，中国人历史上就喜好黄金，现在生活水平提高了，黄金收藏自然热情高涨。但他也再三提醒，国际金价从2001年重拾升势以来，目前价格已属高位运行。"投资黄金有很多注意事项要提前弄明白。"西汉志国际黄金公司总裁黄汉君接受记者采访时表示，投资者投资黄金时除了要关注国际金价的风云变幻之外，还要明白一些常识，例如何时交易比较合适、差价是多少才可获利等。是投资就会有风险，实物黄金投资不如纸黄金安全，但纸黄金投资也并非一桩稳赚不赔的买卖。侯惠民明确表达了自己的观点：一个家庭如果有闲钱，可以少量投资实物金，但不能超过家庭闲置资金的一半。因为黄金最大的作用是对冲信用危机，但出售时往往会遇到各种各样的问题。记者采访到的一位银行理财师表示，均衡配置是家庭理财必须遵循的原则，家庭可以投资黄金，但用于此项的投资比重不能太大。目前，黄金虽有升值预期，且具有保值作用，但价格也在不断波动，把所有鸡蛋放到一个篮子里总归是不保险的（京报网，2008-02-13）。

案例思考：

应用地租理论来分析金价波动对纸黄金投资的风险。

案例 5：

作为"阳光运动"的高尔夫，在口国出现了大面积"蔫草"

2008年1月12日下午，一场"红色盛宴"在观澜湖世界杯球场中的高尔夫大宅内举行。这次活动精英云集，来宾包括来自渣打银行、凯迪拉克车行、彩云红茶业，以及深圳最大的进口葡萄酒经销商——夏桑园酒业等品牌的精英人士。"红绚"的水上音乐表演，"红醇"的顶级红酒品鉴，"红魅"的高尔夫大宅PARTY和"红炫"的凯迪拉克跑车试乘,以及"红运当头"的获奖者,高球、艺术和奢华生活,现场无处不在的"红"元素刺激着来宾的感官。在"新年红"的背后,观澜湖的会籍又涨价了。2008年1月15日,之前售价为128万元的特许钻石会籍被调高到了168万元,上调幅度超过了30%。过去一年时间里,观澜湖三次上调了特许钻石会籍价格。作为吉尼斯世界第一大球会观澜湖,于2006年获得了连续12年高尔夫世界杯的举办权,使得观澜湖会籍成为市场追捧的对象。2007年3月、6月,观澜湖的特许钻石会籍价格分别调整到了113万和128万元。观澜湖会籍有特许钻石、钻石、金卡和绿宝石等四种。特许钻石会籍是最高级别的会员待遇,不仅可以自由使用观澜湖12个国际锦标级球场,以及50亿元投资带来的全部配套休闲设施,还可在订场时限、会员权益等方面享受独特的礼遇,如独享北戴球场、免交月费、打球时可带7名嘉宾等。而且,观澜湖从来就是世界级球星乐于造访的地方,特许钻石会员还可以获得与大师们切磋的机会。"荣耀"成为观澜湖会籍的代名词。北京的华彬庄园也在涨。2007年底,华彬的会籍价格已由35万美元提到了40万美元。"华彬不是在卖会籍而是在卖金条。"华彬庄园定位于顶级球会,其会籍价格每年都在往上调整。华彬的会籍价格之所以可以卖得这么高,是因为它是在卖会籍背后的资源,而不是在卖会籍本身。华彬集纳了目前各领域内的领军人物和精英人士,会籍背后的巨大商务价值才是会籍的价值所在。"智赢盛世首席顾问、华彬项目组负责人黄焱说。不过,黄焱并不认同国内众多球会跟着观澜湖和华彬庄园这样的高端球场,一起盲目涨价,因为这样很可能会带来恶性循环。观澜湖会籍大幅上涨的原因,并不仅仅是因为会籍资源紧缺与高尔夫的群体快速膨胀出现的供求紧张,而在于其背后的品牌价值。国内的大多数球场与之相比还有很大距离。"华南地区的球场会籍价格曾经历严重跳水,其导火线就是由于很多球场定位不清晰的情况下盲目涨价。如果支撑点不够,盲目提价会导致会籍难以卖动,而球场在会籍席位招满之前最主要的经济来源就是入会费,一旦会籍卖不动,必将导致财务赤字,球场运营艰难、服务质量下降、老会员投诉,球会一旦把持不住,开始降价,老会员就想将会籍脱手,导致二手市场泛滥,从而会籍贬值。"黄焱说。土地资源稀缺,球会容积率,高尔夫的群体快速膨胀,这些可能都是会籍价格上涨的原因。但价格上涨只是一个表象,对于中国500多家球会而言,横亘在面前的却是一个待解的经营困局。中国高尔夫的行业问题隐患已是公开的秘密。中国的高尔夫,自从被引进的那一刻开始,就深深地烙上了"中国特色"的印记。因这"中国特色",中国高尔夫发展不可避免地要面对当前的困局与瓶颈。不可否认，今天困局的形成有中国国情的深层原因，而行业人士对这"中国特色"的认识及重视程度不够不深也令这困局愈演愈烈。这就导致了第一个困局——模式之困。然而现实并没有给投资商们以丰厚的回报。会籍价格的日益缩水，会员制球会的逐步对外开放，已经让中国原有的纯会员制球会的模式受到了严重的冲击。于是，原有的所谓的会员制球会在会籍销售业绩不理想的状态下，试图通过接待散客来提高经营性收入，从而拉升球会整体的经营收入。但是，又不得不面对接待散客后，会籍价值缩水更为严重，甚至根本卖不出会籍的无奈。靠现有的消费人群，靠打球的经营收入，根本无法满足投资者快速收回投资的目标与初衷。"这是中国目前大部分球会的模式，也是大部分球会所面临的无奈与尴尬。"很多球会的混合式经营，给一部分正在坚守纯会员制的球会也带去了不少的冲击。打球的人都不购买会籍，购买会籍的都不是打球的人成为一种态势。于是，纯会员制的球会也在高端定位上忍受着孤独。一方面，来自于高端会籍的销售困境，很大一部分的高球爱好者们都成为散客人群，会籍销售的压力剧增。另一方面，来自于球会本身的经营收入压力，会员数量的有限以及高端人群本身的打球频次的不足，给球会日常的运营收入带来了不小的压力。很多球会也在犹豫着是否继续在纯会员制球会的模式上继续孤独守候。相关资料表明，目前国内大部分的球场本身（除去房地产等相关产业）要取得盈利是比较困难的。实际上许多球场都处于亏损状态，就当前国内大部分的球场的经营状况而言，能做到"收支平衡"就是一件不容易的事情。以广东省为例，2004年广东的46座球场，有34座球场连续亏损，亏损率达到73%。黄焱谈到的第三个困局是品牌之困。"我们曾经在服务观澜湖时，就感慨过'高尔夫的品牌规划，一个字：难。'不用多说别的，首先试试从营销角度去说清楚'高尔夫是什么'，你就能感觉到：麻烦已经开始。"球会都知道要做品牌宣传，但是不知道说些什么，给目标市场传递什么，什么才是球会的准客户们所关心的。"球会千篇一律的品牌推广就是在卖环境、卖球场硬件、卖球场设计，这既不是球会的差异化的独有价值定位，更不符合人群的差异化需求。"上述困局，已经使得绿意盎然的高尔夫在中国出现了大面积的"蔫草"迹象。黄焱说，中国高尔夫产业恶性的、低水平的竞争与发达西方国家成熟的经营管理体系形成鲜明对比，当前中国的高尔夫高端人才与发达国家相比也存在巨大差距。以美国佛罗里达州为例，佛罗里达拥有堪称世界最密集的高尔夫球会，一个小时车程内有高尔夫球场170余个，然而高密度的球场并没有因竞争激烈

> 而消亡，反而经营得各具特色，产业的高端经营与管理为佛罗里达带来了丰厚利润。中国目前拥有高尔夫球场500家，相比之下没有佛罗里达的高密度分布，也没有佛罗里达激烈的行业竞争，可是中国的高尔夫球会生存质量却非常不乐观。佛罗里达的例子印证了一个事实，那就是高端的经营管理既是一种强有力的同业竞争手段，同时更是一种不容忽视的赢利模式。科学化经营和精英化的管理模式将是中国未来5年亟待解决的问题。"高端经营管理人才匮乏导致了中国高尔夫产能的低下，行业精英化管理在5年之内成为中国高尔夫经营模式的主流已经是定势"（财经时报，2008-02-02）。
>
> **案例思考：**
> 从地租理论的角度分析中国高尔夫经营困境的原因。

第四节 收入分配

一、收入分配平等程度的衡量

洛伦斯曲线是用来衡量社会收入分配（或财产分配）平均程度的曲线。

如果把社会上的人口分为五个等级，各占人口的20%，按他们在国民收入中所占份额的大小可以作出下表6-5所示。

表6-5 洛伦斯曲线

级别	占人口的百分比	合计	占收入的百分比	合计
1	20	20	6	6
2	20	40	12	18
3	20	60	17	35
4	20	80	24	59
5	20	100	41	100

根据表6-5可以作出下图6-12：

在上图6-12中，横轴 OP 代表人口百分比，纵轴代表收入百分比。OY 为45°线，在这条线，每20%的人口就得到20%的收入，表明收入绝对平等，称为绝对平等线。OPY 表示收入绝对不平等，是绝对不平等线。根据上表所作的反映实际收入分配状况的洛伦斯曲线介于这两条线之间。洛伦斯曲线与 OY 越接近，收入分配越平等。洛伦斯曲线与 OPY 越接近,收入分配越不平等。如果把收入换成财富,洛伦斯曲线反映的就是财富分配的平均程度。

根据洛伦斯曲线可以计算出反映收入分配平等程度的指标,这一指标称为基尼系数。

计算基尼系数的公式为:

$$基尼系数 = \frac{A}{A+B}$$

这里,A 代表实际收入线与绝对平均线之间的面积,B 代表实际收入线与绝对不平均线之间的面积。

实际基尼系数总是大于零而小于一。基

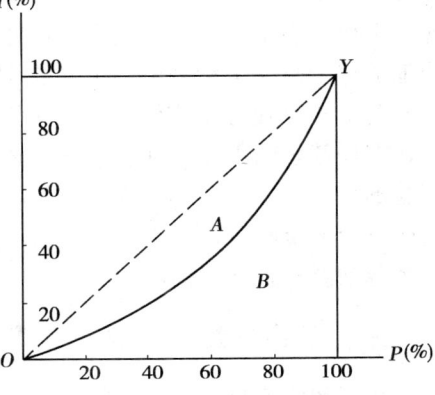

图 6-12 洛伦斯曲线

尼系数越小,收入分配越平均;基尼系数越大,收入分配越不平均。按国际上通用的标准,基尼系数小于 0.2 表示绝对平均,0.2~0.3 表示比较平均,0.3~0.4 表示基本合理,0.4~0.5 表示差距较大,0.5 以上表示收入差距悬殊。

运用洛伦斯曲线与基尼系数可以对各国收入分配的平均程度进行对比,也可以对各种政策的收入效应进行比较。作为一种分析工具,洛伦斯曲线与基尼系数是很有用的。从现实来看,世界各国对基尼系数的运用并不完全一致。很多国家都是把它与其他因素结合起来,综合判断收入差距。在不少国家,基尼系数都有不同的标准和界线。总的来说,基尼系数只可参考,不能绝对化。

二、收入不平等的原因

在现实经济生活中,收入不平等是客观事实。引起这种收入不平等的原因主要有几个方面:

(1)由历史原因所决定的初始财产分配状态的不平等 财产的集中,一般是通过以往的高收入的积蓄、持有普通股票或不动产取得的投机收入、发现大量的天然资源、新产品和新工艺的发明等来实现的。由于财产的拥有具有无限性和可继承性,因而使得财产的拥有量成为决定收入不平等的重要因素。

(2)来自于劳动力的差异 即能力(智能和体能)的不同,由此决定了具有不同能力的劳动者的收入的差距。此外,特殊行业和危险部门具有较高的报酬率,甚至运气也有收益,例如找到一项能够充分发挥能力的合适的工作。这些因素也是造成收入不平等的原因。

(3)由要素报酬率的不平等造成 这是由于在现实经济生活中,大致相同的各种生产要素的相对供给量、健全的市场体制和要素安全自由流动等条件，很难在现实中得到满足。例如，政府的最低工资法和工会的集体谈判可能会使已就业工人的工资高于由完全竞争市场决定的均衡工资率；地理上或专业上的固定性，会阻碍生产要素转移到可能获得更高收入的经济部门等。所以各种要素之间的相对非均衡性和市场竞争的不完全性会阻止生产要素获得自己边际生产力的价值，导致要素报酬的不平等，从而引起收入分配的不平等。此外，种族歧视、性别歧视或年龄上的歧视也会严重阻碍许多工人得到自己全部边际价值产品；而经济衰退和失业则会使许多劳动者根本无任何收入。

三、平等与效率的取舍

平等和效率是社会追求的两大目标。效率的高低关系着一国的经济增长，社会公平与否则关系着社会的稳定。

经济学中所说的效率，也称经济效率，是指对资源利用的有效性。高的经济效率表示对资源的充分利用或能以最有效的方式进行生产；低的效率表示对资源的利用不充分或未能以最有效的方式进行生产。

收入分配一般有三种标准：第一个是贡献标准，即按社会成员的贡献分配国民收入。这种分配标准能保证经济效率，但由于各成员能力、机遇的差别，又会引起收入分配的不平等。第二个是需要标准，即按社会成员对生活必需品的需要分配国民收入。第三个是平等标准，即按公平的准则来分配国民收入。后两个标准有利于收入分配的平等化，但不利于经济效率的提高。有利于经济效率则会不利于平等，有利于平等则会有损于经济效率，这就是经济学中所说的平等与效率的矛盾。

在现实生活中，如果一国过于注重社会公平目标的实现，对个人收入的调节力度过大，选择平等程度较高的社会福利制度，由于扼杀了要素所有者的积极性，他就可能不得不以牺牲效率进而以牺牲经济增长为代价，欧洲国家中有过这样的先例。在我国传统的计划经济体制下，个人收入分配实行的是平均主义的大锅饭、铁饭碗，不承认生产要素的贡献，这虽然在最大程度上实现了社会公平，但也在极大程度上丧失了效率：劳动者没有劳动的积极性、主动性和创造性，资本不能向效率高的部门流动，土地及其他资源无法得到有效的利用，资源配置效率低下，从而严重地影响了我国的经济发展。相反，一个社会如果片面注重效率，放任市场机制对经济进行自发调节而不惜牺牲社会公平，其结果必然会影响社会的稳定，反过来也会在一定程度上影响经济效率。由于经济效率与社会公平之间存在着替代关系，因此，如何正确地处理这两大社会目标的关系，是每个国家都面临的现实问题。

四、反贫困政策

市场经济中收入分配的不平等,主要源于社会成员提供的生产要素的质和量的差异,以及由市场形成的各种要素报酬率的差异。因此,反贫困政策着眼于对决定收入分析的各种主要因素的调节。

(一) 产品价格和收入决定均等化政策

1. 最低工资制

最低工资制即由政府立法规定劳动报酬的最低线。在因劳动力相对较多而使劳动力市场处于买方垄断的情况下,最低工资制度的实施能够有效地消除资本对劳动的"剥削",而不会影响企业现有劳动的雇佣状况,而且还有利于淘汰借助低工资生存的低效率企业,有利于资源配置的改善和整个经济效率的提高。然而,最低工资制度的实施也可能使设定的最低工资率高于由完全竞争的市场所决定的要素报酬率,从而造成部分劳动者的失业。因此,必须相应地实施人力资本政策与社会保障政策。

2. 价格支持政策

价格支持政策是指政策将某些特定行业,特别是农业中的产品价格维持在由市场供求关系所决定的价格水平以上,以防止该产品价格的下降,维护该产业劳动者的收入水平。价格支持政策实际上是生产者和消费者在利益和价格方面的再分配,因而有利于收入分配的平等,同时也有利于维持这些特定行业的生存,但其负面影响则在于:它可能使这些行业放弃提高效率的努力,同时也可能导致资源流动受阻,妨碍产业结构的合理调整,影响资源的最优配置。

3. 价格补贴政策

价格补贴政策是指将生活必需品的价格维持在较低的价格水平上,以保证低收入者的生活。但为此就需要对这些产品的生产者提供一定的价格补贴,以弥补产品价格和生产成本之间的差额。这种补贴显然也不利于资源的优化配置,因为这种资源向低边际生产力用途的转移不利于包括低收入者在内的全体社会成员收入水平的提高。

(二) 收入再分配政策

收入再分配政策是指政府运用财政政策进行收入的再分配,以使国民收入从高收入阶层向低收入阶层转移。其内容包括两个方面:

1. 有利于低收入阶层的政策支出政策

它包括向低收入者提供社会保障和社会福利以及向低收入阶层提供政策救济和带福利性质的公共服务等,其核心则是建立完善的社会保障制度。其作用不仅在于能提高低收入阶层在国民收入中的分配份额，促进收入分配的平等化，而且能够在人们由于某种原因无法靠自己力量维持生计时，保障其最低生活水平；同时它通过向社会分散风险的办法来避免或减轻因意外原因如疾病、失业、灾害等导致的伤害。

2. 有利于低收入阶层的税收政策

与收入分配再分配有关的税种，包括个人所得税、消费税、财产税和利润税等。其中与再分配有关的税种主要是个人所得税和消费税。作为直接税的个人所得税具有累进性税率结构以及对低收入者的免税特质，因此被视为是最有效的收入再分配工具；因为一般高收入者才购买的奢侈品税率相对较高，而低收入者购买的大众化商品税率则相对较低，甚至为零，因此消费税也能在一定程度上减小社会成员的收入差距。但是个人所得税和消费税都实际上是或类似于是对劳动课税，因此它无助于人们增加劳动的供给，这就可能对资源配置带来一定影响，从而影响经济的效率。

3. 收入源泉均等化政策

为了缓解收入分配的不平等，除了上述政策措施外，还必须对形成收入差距的初始因素进行政策调节。其内容主要包括两项：一是劳动收入源泉的均等化，包括机会均等和权力均等。机会均等主要是指每个社会成员接受教育的机会均等化，以促进人力资源向能够获取较高收益的职业移动，从而缓解劳动收入的不平等。权力均等化是指消除各种非经济的歧视因素，以达到各种收入机会的平等。它有利于缓解由于社会不公平所导致的收入不平等。二是收入源泉的均等化。如前所述，财产拥有的不平等是导致收入分配不平等的重要因素，而其根据在于财产的拥有具有无限性和继承性。从收入源泉均等化的角度看，财产继承制度给予继承者与生俱来的财富支配权是有欠公正和不尽合理的。因此，实际累进性遗产税制度，既可以实现调节收入分配的目的，又可以防止因遗产税的征收不合理而导致的储蓄下降和劳动意愿的低下。

反贫困政策的必要性与所引起的问题，又一次提出了平等与效率的矛盾。如何解决这一问题，已成为经济学的中心之一。

案例 6：

垄断业员工工资该不该涨，全员提薪依据是什么

与石油商"逼宫"成品油涨价、"哭穷"讨补贴一样的命运，近两天爆出全员提薪消息的石油巨头中石化，遭到了舆论质疑声的"棒打"。垄断业员工的工资该涨还是不该涨？这的确是个问题。而关键是，应该为决策找到一个合理的依据。那么，中石化全员工资上涨的依据究竟是什么？如果依据的是 2006 年劳动

和社会保障部副部长步正发所披露的数据,即便垄断行业薪金水平从此休眠几年,其他行业仍是赶不上的。数据显示,电力、电信、金融、保险、水电气供应等行业职工的平均工资,是其他行业职工平均工资的2到3倍,如果再加上工资外收入和职工福利待遇上的差异,实际收入差距可能在5到10倍之间。但如果依据的是国资委提供的统计数据,中石化这样的垄断企业涨工资完全就是顺理成章了。国资委给出的数据是,2006年,国有企业职工年平均工资4.16万元,垄断企业90%的职工工资不到5万元。以中央企业而论,没有一家企业年平均工资超过10万元,而且只有一至两家收入超过5万元,99%的央企年均工资都在5万元以下,甚至可以得出"近年来垄断行业工资增长率低于竞争行业"的结论。两个不同版本的数据,令人迷惑不解。而作为外人,我们只能靠常识和直觉作个判断。首先是信源,一般而言,来自第三方的观点会比关联方更可信。在这个问题上,劳动和社会保障部更接近为独立的第三方,而作为100多家国企"老子"的国资委,其"护犊"情结只能说天经地义。其二,工资和福利有着不同内涵。我们理解,中石化员工可以抱怨"基本工资没涨",但它并不能说明总体收入没涨,在垄断行业,"低工资"和"高福利"常常并存并生。从这个角度来看,倒是应该鼓励所有的公司都上市,鼓励它们在透明操作原则下和媒体的监督下,在阳光下实现对工资薪金的合理调控。但现实的情况仍然会让人担忧:如果垄断企业可以通过"撒娇"或是"逼宫"来实现涨工资,那么同样承担着物价上涨压力的普通公众,要依靠何种力量来实现工资上调呢(北京晨报,2008-1-16)。

案例思考

从平等与效率角度分析上面对垄断业员工薪酬上涨的思考。

案例7:

一个农民变市民的工资"路线图"

2008年的第一个月,在青岛打工17年之后,来自山东沂南县农村的皮进军拿到了平生最高的一笔月薪:7 378元。这超过他刚进城打工时月收入的20倍。皮进军17年的工资收入"路线图",反映了他从一名农民轮换工到合同制工人、再到获得城市户口的命运变迁,折射城市对农民工从"经济上接纳、体制上排斥"到"政治上尊重、政策上扶持"的社会进步。1991年秋,皮进军离开沂蒙山区,带着父亲从邻居家借来的150元"劳务输出保证金",进入青岛港成为一名煤炭装卸工。当年10月,他拿到了第一个月的工资:330元。皮进军说:"我留了150元自己日常开销;其余180元让人捎给父母,其中150

元还债，30元叮嘱父母买点好吃的。"由于青岛港实施向装卸一线工人倾斜的分配政策。1993年初时，皮进军的月工资达到700元。1997年，皮进军当上了散杂货作业区的一名装卸班长。此后的六七年里，他的月薪保持在1 000元至1 500元之间。皮进军坦言，他到青岛港这样的大单位打工是幸运的，那时候更多的老乡仍饱受"欠薪"之苦。他有个老乡曾在一家名为"厚实饭馆"的酒店干厨师，一年只开了两个月工资，老板天天说涨工资，结果到年底卷铺盖跑了。还有许多干建筑的老乡，讨薪就跟"吃饭"一样平常，伤透了心。2004年，青岛港出了个金牌工人许振超，屡破世界纪录的"振超效率"声名远扬。此时青岛港装卸一线有6 000余名农民工，但还没有以农民工名字命名的员工品牌。皮进军想创造奇迹。他发动全班农民工苦练绝活。经反复实践，皮进军对散货装卸灌包的几大关键工序进行了改进，效率大大提高。以化肥为例，每灌装一包的时间由原来12秒降到9秒，一个班下来可以多干350吨。在此基础上，他带领全班几乎包揽了公司氧化铝、硫磺、大豆等散货灌包的最高效率。当年10月，皮进军作为唯一的农民工代表，被青岛港授予"进军灌装"品牌。这一年，在青岛港出台的增资改革文件中，首次给农民工增设"荣誉称号激励奖"和"积累贡献奖"。为此，在皮进军2005年1月的工资单上，分别增加了每月80元的"岗位激励奖"和每月100元的"积累贡献奖"。皮进军永远忘不了一个日期：2005年3月2日，他和另外107人成为青岛港首批转为合同制工人的农民工。这是青岛港针对农民工的一项重大改革，目的是让农民工一起分享港口"快速成长的收益"。此时农民工已占青岛港员工的1/3。这意味着农民工可以通过努力冲破"永远是临时工"的宿命，在收入和保障上与城市工站在"同一起跑线"。转为合同制工人后，皮进军的工资单一下子"拉长"了，新增了许多收入科目。如每月50元的交通补贴、50元的就餐补贴等。同时单位每年为其缴纳五项保险费用近4 000元，解除了社会保障的"后顾之忧"。此时，皮进军的月收入已超过3 000元。2006年2月，青岛港首次提出从农民工中选拔基层干部，皮进军脱颖而出，成为青岛港首批当"官"的农民工干部，走马上任大港分公司装卸二队副队长。从此，皮进军带领包括部分城市工在内的300多名员工，登上了更加广阔的成长舞台。2007年4月28日，35岁的皮进军从青岛市委书记阎启俊手中接过了一本大红的青岛市居民户口簿。这时候，皮进军的月工资已达到4 500元左右。2008年1月，领到7 378元月薪的皮进军显得从容淡定。问起他的期盼，皮进军说，政府已为农民工兄弟考虑了很多很多，下一步，他盼望农民工的住房保障问题能够进入国家政策考虑的视野。

案例思考：
从上述新闻评述我国收入分配政策的发展与进步。

案例8：

个人所得税起征点的调整

2008年3月1日起，个税起征点从原来1 600元提高到2 000元。尽管民间对起征点的期许也许远不止2 000元，各界对个税征收的方法争论不断，个税改革也绝不仅仅是起征点的调整所能涵盖，但是，个税起征点从2005年提高之后仅时隔短短两年再次提高，征税的及时调整体现的是政府注重民生、以人为本的精神。自2005年底个人所得税起征点调整之后时隔两年，中国最高立法机关再度对个人所得税法作出修改。从2008年3月1日起，个人所得税起征点将从现在的1 600元/月上调至2 000元/月。这是继2007年8月15日储蓄存款利息税由20%调减为5%之后，国家减轻居民赋税的又一重要举措。此轮提高个税起征点的呼声再起的一个重要背景当然是日渐严峻的通货膨胀形势。全年4.7%的物价涨幅创下了近10年的新高，更要命的是，与普通百姓日常生活密切相关的食品等价格今年以来累计上涨幅度大多已超过20%，相形见绌的收入涨幅再加上不堪重负的高房价，物价上涨对普通百姓尤其是低收入家庭影响甚大。个税起征点的上调就显得尤为迫切。近两年来，居民的生活消费支出和物价指数明显上涨。2005年年底，个人所得税起征点从800元调整到1 600元。按照当时的测算，调整之后，工薪阶层纳税人数占总人数的比例从六成降至三成。据有关部门测算，把减除费用标准提高到2 000元以后，预计在2008年，工薪阶层有70%左右的人不需要负担个人所得税。2007年10月份召开的中共十七大提出，要实行有利于科学发展的财税制度。协调发展、关注民生成为十七大之后中国财税发展的新走向。近10年来，中国税收收入年均增长率超过20%，一直保持较高幅度的增长，大大超过国民经济的增长速度。根据财政部最新统计，预计2007年我国财政收入将超过51 000亿元，增收超过30%。据介绍，如果减除标准从1 600元上调到2 000元，我国年税收总体减收幅度将达到300亿元左右。个税起征点的调整，说白了就是国家财政和个人收入的利益重新分配。国家底子厚了，就应该通过减税来实现藏富于民。国强不一定民富，民富则一定国强，这是被多个国家的实践证明了的经验。经过多年的高速发展，我国的税收近年来屡创新高。而与此同时，住房、医疗、教育消费却让普通百姓不堪重负，再加上今年以来物价持续上涨，老百姓的生活压力更大。在这样的背景下，减税已经成了一种势在必行的选择，并且，国家也完全有这个实力来实行减税。单纯提高起征点并非万全之策。除此之外，能否以家庭为单位征收、分地区确定不同的起征点等也成为公众关注、热议的话题。2007年的全国两会上，广东省政协委员陈开枝曾举例说：两对夫妇，总收入都是3 000元，一对夫妇，妻子失业，丈夫月收入3 000元，其中的1 400元要按比例缴个人所得税；而另一对夫妇各收入1 500元，则不需要缴税。同样收入，同样家庭，缴税数额却不相同。2007年，我国就业者人均负担的消费支出约为19 030元，月平均1 586元。这只是一个平均数。正所谓庙有富庙穷庙，富庙里面也有穷和尚。而且，因为富庙里头生活成本高，那里的穷和尚日子可能更不好过。来自国家统计局的数据显示，各地居民消费水平差异很大，作为"富庙"的一线大城市，生活成本远高于其他地方。以2005年为例，消费水平最高的上海是18 396元/年，按人均负担1.9个人的话，相当于每个就业者要负担的消费为2 913元/月，是消费水平最低的省份的6.1倍。正是有鉴于如此巨大的差异，有关民意调查显示，82.5%的公众反对个税起征点一刀切。"对费用减除标准做临时的修改固然重要，但进行更深程度个税改革更重要。"列席全国人大常委会的全国人大代表缪昌文说。他认为，目前税法规定的超额累进税率不够科学，应调整简化级距，可避免对个税起征点的频繁调整，同时还能减少中等收入阶层的税负。当前我国居民收入差距拉大，除了反映在工资、薪金收入之上外，还有很大部分都反映在财产性收入方面。有些居民虽然工资、薪金所得有限，但是在财产性收入方面却增长很快。所以，有关部门在修改个人所得税法的时候，也要考虑适当修改个人所得税法的结构，针对财产性收入设计科学的纳税标准，从而使个人所得税法真正实现调节居民收入的目的（大地，2008-01-01）。

案例思考：

从收入与分配理论分析个税起征点提高的重要意义。

第五节 一般均衡和福利经济学

前述探讨的产品价格决定和要素价格决定都属于局部均衡分析。局部均衡的特点是假设一个市场价格变动对其他市场价格没有显著影响的条件下，分析供求和价格之间的关系或者均衡状态。而现实中的市场是相互联系、相互制约的各种不同市场组合成的统一的大市场,这就要进行一般均衡分析,要将所有相互联系的各个市场看成一个整体来加以研究,在一般均衡的分析中,单个市场不是孤立的,而是相互影响的。一般均衡的目标是经济效率最优,即经济福利最优。

一、局部均衡与一般均衡

(一) 局部均衡

局部均衡是在假定其他市场条件不变的情况下,孤立地考察单个市场或部分市场的供求与价格之间的关系或均衡状态,而不考虑它们之间的相互联系和影响。前面几章讨论的内容均属于局部均衡范畴。

(二) 一般均衡

一般均衡是指在承认供求与市场上各种商品价格和供求关系存在相互关系和相互影响条件下,所有市场上各种商品的价格与供求的关系或均衡状态。当整个经济的价格体系恰好使所有商品的供求都相等时,市场就达到了一般均衡。

二、经济福利的最优——帕累托最优标准

一般均衡的目标是经济效率最优,也就是经济福利的最优。在评价经济效率时,经济学家通常采用的是帕累托最优标准。

帕累托最优标准为:在其他条件不变的情况下,如果某一经济变动改善了一些人的状况,同时又不使另一些人蒙受损失,这个变动就增进了社会福利,称为帕累托改进;在其他条件不变的情况下,如果不减少一些人的经济福利,就不能改善另一些人的经济福利,就标志着社会经济福利达到了最大化状态。可以说,帕累托最优状态是不存在帕累托改进的资源配置状态。要想实现整个社会福利的最大化,必须同时满足交换的帕累托最优、生产的帕累托最优和交换与生产帕累托最优的三个条件。

(一) 交换的帕累托最优条件(消费者福利最大化)

交换的帕累托最优状态是指当社会生产和收入分配状态既定的条件下,通过产品在消费者之间的交换,使得交易者达到最大效用的状态。

按照帕累托的理论,交换的帕累托最优条件:消费者各自拥有商品的组合达到这样一种状态,即任何一种改变都不可能使任何一个人的状况变好或不变,而不使另一个人的状况变坏。也就是说,只要这种改变还能使一方的景况得到改善,而不会损害另一方,就没有实现交换的帕累托最优。

下面我们先用埃奇沃斯盒状图来描述这种一般均衡的实现过程。埃奇沃斯盒状图,名字取自英国数理经济学家埃奇沃斯(Francis Y·Edgeworth),是一种图示方

法，用来解释两个经济主体如何在自愿交易中获利。为了分析问题的方便，我们假设社会上只有两个人（甲和乙），只有两种产品（X 和 Y），从而分析交换的帕累托最优化或消费者福利最大化的实现。这两个人的无差异曲线如下图 6-13 所示。

根据无差异曲线的特征可知，要想实现交换的帕累托最优，即消费者效用达到最大，从图 6-13 艾奇沃斯盒状图中可知，当甲消费者的无差异曲线与乙消费者的无差异曲线相切时，消费者效用达到了最大，如图中 E 点。E 点无论向哪个其他组合点方向移动，都会对甲或者乙造成不良影响，如 A 点。因

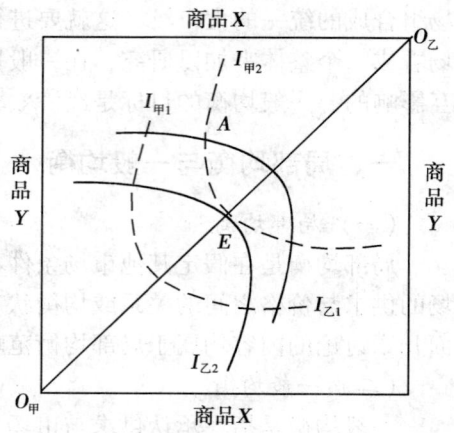

图 6-13 交换的帕累托最优

此，两个消费者的无差异曲线的相切点均是交换的帕累托最优组合点。由于无差异曲线有无数条，因此切点也有无数个，把这无数个切点连接起来就形成了交换契约曲线，又叫交换效率线，即图 6-13 中的 $O_甲 O_乙$。

由此可见，交换的契约曲线或交换效率线就是无数个交换的帕累托最优组合点的轨迹。契约曲线表明沿着这条曲线变动，均能满足消费者效用最优化。

由前面我们知道，边际替代率 MRS 是无差异曲线斜率的绝对值，因此，可以得到，交换的帕累托最优条件为：

$$MRS_{XY}^{甲} = MRS_{XY}^{乙} = -\frac{P_X}{P_Y}$$

要使两种商品在两个消费者之间的分配达到帕累托最优状态，则对这两个消费者来说，这两种商品的边际替代率必须相等。

（二）生产的帕累托最优条件（生产者效率最优化）

生产的帕累托最优状态是指在技术与社会生产资源总量既定的条件下，通过要素在生产者之间的分配，使得生产者产量最大化的状态。

按照帕累托的理论，生产的帕累托最优化的条件是：生产者的生产要素组合达到这样一种状态，任何一种改变都不可能使任何一种生产要素的产出增加或不变，而不使另一种生产要素的产出减少。也就是说，只要这种改变还能使一种生产要素的产出增加，而不使另一种生产要素的产出减少，就没有实现生产的帕累托最优。由此可见，生产的帕累托最优化实际上就是实现了总的产出达到最大。

下面用图形来分析生产的帕累托最优化或生产者效率最大的实现问题。假设一

个社会只有两种生产要素（A 和 B），只有两个生产企业（X 企业和 Y 企业），各自生产一种商品，分别为商品 X 和商品 Y，两种商品的等产量曲线如图 6-14 所示：

根据等产量曲线的特征可知，要想实现生产的帕累托最优化，从图 6-14 可知，当 X 企业的等产量线与 Y 企业的等产量线相切时，生产效率达到了最大，如图中 E 点。E 点无论向哪个其他组合点方向移动，都会造成企业 X 或者企业 Y 的产出减少，如 D 点。因此，两个生产者的等产量曲线的相切点均是生产的帕累托最优化组合点，由于等产量线有无数条，因此切点也有无数个，把这无数个切点连接起来就形成了生产契约曲线，又叫生产效率线，即图 6-14 中的 $O_X O_Y$。由此可见，生产契约曲线或生产效率线就是无数个生产的帕累托最优化组合点的轨迹。契约曲线表明沿着这条曲线变动，均能实现两种商品产出组合的最优化。

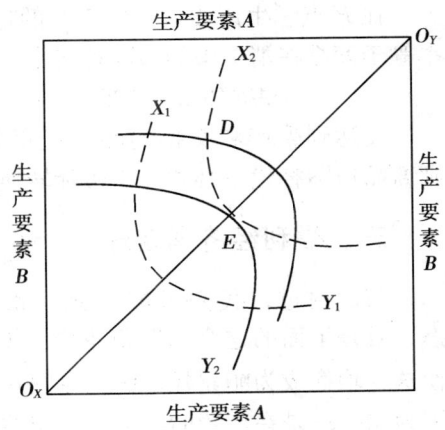

图 6-14　生产的帕累托最优

由前面我们知道，边际技术替代率 MRTS 是等产量曲线斜率的绝对值，因此，可以得到，生产的帕累托最优条件为：

$$MRTS_{AB}^{X} = MRTS_{AB}^{Y} = -\frac{P_A}{P_B}$$

要使两种生产要素在两个生产者之间的分配达到帕累托最优状态，则对这两个生产者来说，这两种要素的边际技术替代率必须相等。

（三）生产和交换的帕累托最优条件

要想实现社会福利的最大化，必须同时满足消费者福利最优化和生产者效率最优化，那么意味着要将两者结合起来考虑。

为了将两者结合起来，首先要将最优生产条件的契约曲线转化为两种商品的生产转换线，又称生产可能性边界。生产可能性边界是指在社会资源既定的条件下，生产两种商品的最大组合点的轨迹，如图 6-15 所示。生产可能性曲线是凹向原点的，说明从用一种产品的生产来替代另一种产品的生产的机会成本逐渐增加。用生产可能性曲线斜率的绝对值来表示这种机会成本，这个值叫做边际转换率 MRT，它可以表示为：

$$MRT_{XY} = -\frac{dY}{dX}$$

在一定时期，实现社会福利最大化的点就是 P 点。

在 P 点，生产要素在生产中的边际转换率等于商品在消费中的边际替代率，于是：

$$MRTS_{XY} = MRS_{XY}$$

要达到生产和交换的帕累托最优状态，则商品边际替代率必须等于边际转换率。

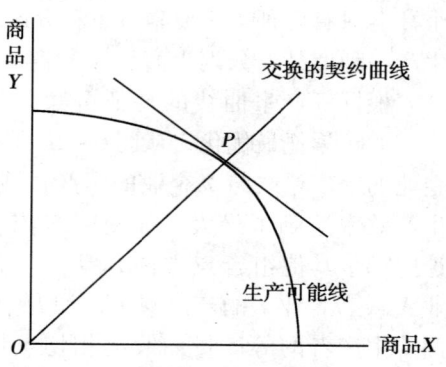

图 6-15　生产和交换的帕累托最优

三、福利经济学定理

前面说过，我们可能达到一般均衡状态，可是下面的这个问题很重要，就是如何使这一均衡成为帕累托最优。在图 6-15 中我们知道，均衡点是帕累托最优配置。因为均衡点是在契约曲线上，而契约曲线上的点都是帕累托最优配置的。即完全竞争的市场经济的一般均衡都是帕累托最优的，这就是福利经济学第一定理。

下面，我们来证明这一结论。

用 (X_a^*, Y_a^*) 和 (X_b^*, Y_b^*) 来表示一般均衡的配置。

假设有另外一个帕累托较优配置为 (X_a, Y_a) 和 (X_b, Y_b)，

这样我们有：$(X_a, Y_a) \phi (X_a^*, Y_a^*)$

$$(X_b, Y_b) \phi (X_b^*, Y_b^*)$$

初始禀赋是对于 a 来说是 (X_a^0, Y_a^0)，对于 b 来说是 (X_b^0, Y_b^0)。有供求平衡有，

$$X_a + X_b = X_a^0 + X_b^0$$
$$Y_a + Y_b = Y_a^0 + Y_b^0$$

实际上，这样的配置是不存在的。

设均衡的价格为 (P_x^*, P_y^*)，这时 A 选择了 (X_a^*, Y_a^*) 而不是 (X_a, Y_a)，说明在此价格下，A 买不起 (X_a, Y_a)，即

$$P_x^* X_a + P_y^* Y_a > P_x^* X_b^0 + P_y^* Y_b^0$$

对于 B，也一定有，

$$P_x^* X_b + P_y^* Y_b > P_x^* X_b^0 + P_y^* Y_b^0$$

将以上两式相加，得到：

$$P_x^* (X_a + X_b) + P_y^* (Y_a + Y_b) > P_x^* (X_a^0 + X_b^0) + P_y^* (Y_a^0 + Y_b^0)$$

再根据供求平衡式，得到

$$P_x^* (X_a^0 + X_b^0) + P_y^* (Y_a^0 + Y_b^0) > P_x^* (X_a^0 + X_b^0) + P_y^* (Y_a^0 + Y_b^0)$$

显然这是不可能的。由此可知，假设存在另一个帕累托较优的配置是不可能的。

福利经济学第一定理保证了竞争市场可以使贸易利益达到最大，即一组竞争市场所达到的均衡分配必定是帕累托有效配置。在完全竞争条件下，市场竞争能够通过价格有效率的协调经济活动，从而配置有限的稀缺资源。

另外一个相反的问题是，如果给定了一个帕累托最优配置，可不可以通过完全竞争的市场机制来达到这一配置？这就是我们所说的福利经济学第二定理。

福利经济学第二定理就是说任何一个帕累托最优配置都可以从适当的初始配置出发，通过完全竞争市场实现。第二定理表明市场经济可以实现反映社会意愿的任何一个帕累托最优配置。这在政策方面的启示实际上是要求政府不必用干预市场的方法来达到政策目的，而可以通过再分配的方法来达到同样的目的。因为市场收到政府的干预就会导致价格的扭曲而改变了实际决策行为，造成效率损失。

本章小结

要素市场与产品市场是相互联系、相互依存的。但要素市场有其与产品市场不同的特征。厂商使用要素的原则是利润最大化，也就是厂商使用要素的边际成本等于其边际收益，也就是边际产品价值等于要素价格。生产要素有各种各样，不同种类的生产要素各有自己的供给特点。生产要素的价格也是由生产要素的需求和供给共同决定的。劳动的需求与供给共同决定了完全竞争市场上的工资水平，将劳动需求曲线和劳动供给曲线综合起来，即可决定均衡工资水平。土地的供给数量总是固定不变的，结合土地需求曲线，就可得到土地市场的均衡，相应的也就得到了土地的均衡价格即地租。利息率取决于对资本的需求与供给。资本的需求主要是企业投资的需求，资本的供给主要是储蓄。利息率是由资本的需求与供给双方共同决定的。洛伦斯曲线是用来衡量社会收入分配（或财产分配）平均程度的曲线。根据洛伦斯曲线可以计算出反映收入分配平等程度的指标，这一指标称为基尼系数。运用洛伦斯曲线与基尼系数可以对各国收入分配的平均程度进行对比，也可以对各种政策的收入效应进行比较。进行一般均衡分析，要将所有相互联系的各个市场看成一个整体来加以研究。一般均衡的目标是经济效率最优，即经济福利最优。在评价经济效率时，经济学家通常采用的是帕累托最优标准。要想实现整个社会福利的最大化，必须同时满足交换的帕累托最优、生产的帕累托最优和交换与生产帕累托最优的三个条件。完全竞争的市场经济的一般均衡都是帕累托最优的，这是福利经济学第一定理。福利经济学第二定理就是说任何一个帕累托最优配置都可以从适当的初始配置出发，通过完全竞争市场实现。第二定理表明市场经济可以实现反映社会意愿的任何一个帕累托最优配置。

关键术语

引致需求　边际产品价值　边际生产力　向后弯曲的供给曲线　级差地租　准租金　经济租　资本净生产力　经济利润　洛伦斯曲线　基尼系数　局部均衡　一般均衡　帕累托最优标准　帕累托改进　边际转换率　福利经济学第一定理　福利经济学第二定理

复习题

（1）厂商使用生产要素的一般原则是什么？
（2）生产要素的供给原则是什么？
（3）劳动的供给曲线为什么向后弯曲？
（4）如何运用洛伦斯曲线和基尼系数衡量收入分配平等程度？
（5）帕累托最优的三个条件是什么？
（6）什么是福利经济学的第一定理和第二定理？

第七章 市场失灵及其校正

前述各章节的内容主旨在于论证市场——"看不见的手"是如何发挥作用的，然而，现实经济生活中，市场并不总是有效的，在解决有些经济问题比如污染上，市场并不能充分发挥作用甚至无用。市场并不总是能够有效地配置资源的这种情况被称为"市场失灵"。

本章将结合经济生活中的案例主要讨论市场失灵的几种情况：垄断、外部性、公共物品和不完全信息，并且探讨相应的微观经济政策。在市场失灵的领域，政府发挥的作用就越来越重要，不过这并不意味着在这些领域总是需要政府干预。除了利用政府行为解决市场失灵外，还可以采取一些其他的经济或制度措施来解决市场失灵问题。

第一节 垄断

一、垄断与低效率

（一）垄断

垄断（Monopoly），又称独占或独卖，即市场上只有一家供货者。垄断一词的原意是排他性的销售权利。从经济学的观点看，一个垄断者的关键特征就是在某种程度上具有市场影响力。与竞争市场中厂商是价格接受者不同，垄断厂商是价格制定者。因此，市场的需求曲线就是垄断生产厂商所面临的需求曲线，如图7-1所示，是一条向右下方倾斜的线。事实上，只要市场是不完全竞争的，厂商所面临的需求曲线就是向右下倾斜的。若其他条件不变，垄断程度越高，厂商面临的需求曲线越陡峭，相反，竞争程度越高，厂商面临的需求曲线越平缓。

垄断产生的原因主要是生产的物质技术条件、人为因素及自然条件等，所以自由的市场经济不可避免地会产生垄断。

（二）垄断导致低效率

一般来说，出于利润最大化目的，垄断厂商会实行高价格、低产量的政策。从这个角度而言，垄断就会带来低效率。下面就该问题进行分析。为了便于分析，我们借助于下图进行讨论。图7-2中，横轴表示产量，纵轴表示价格。曲线D和

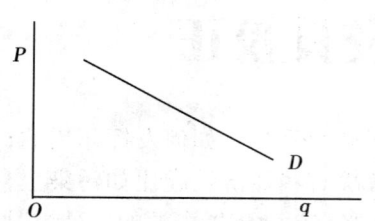

图 7-1 垄断生产厂商临的需求曲线

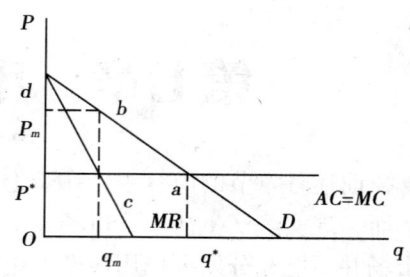

图 7-2 垄断和低效率

MR 分别为该厂商的需求曲线和边际收益曲线。与此同时，假定平均成本和边际成本相等且固定不变，即 $AC=MC$。垄断厂商的利润最大化条件是：边际成本等于边际收益（$MC=MR$）。因此，垄断厂商的均衡点为（P_m, q_m）。显然，垄断价格 P_m 高于边际成本 MC。

上述垄断厂商的利润最大化状况并没有达到帕累托最优状态。如图 7-2 所示，在点 b，从全社会（或全部消费者）的角度看，消费者愿意支付的单位产品价格超过了生产者的单位成本，它的经济含义在于：消费者愿意为增加额外一单位产量所支付的数量超过了生产该单位产量所引起的成本。因此，存在有帕累托改进的余地。换言之，存在这样一种情况使得垄断厂商和消费者都变好。

既然垄断产量和垄断价格不满足帕累托最优条件，那么，帕累托最优状态在什么地方达到呢？帕累托最优位置在点 a，在那里，产品价格等于边际成本，也就是说消费者为额外消费一单位的愿意支付价格等于生产该额外产量的成本。此时，对应的产量为 q^*，价格为 p^*。在这一点上，垄断厂商的利润损失为四边形 $P_m P^* cb$，整个社会的福利却增加为 $P_m P^* ab$，即消费者剩余增加值。这样，即使弥补了垄断厂商的全部利润损失以后，消费者剩余仍增加了三角形 bca 部分。

理论上如此，但是在实际中，均衡产量很难发生在帕累托最优状态上。原因在于，垄断厂商和消费者之间以及消费者本身之间难以达成相互满意的一致意见。例如，垄断厂商和消费者之间在如何分配增加产出所得到的收益问题上可能存在很大分歧，以至无法达成一致意见。实际上得到的通常便是无效率的垄断情况。

因此，垄断厂商的市场均衡明显不符合社会帕累托标准。其后果是：过少的资源被配置在垄断市场，反过来，相对过多的资源被配置在其他非垄断市场。我们假定，一个社会有两个生产者——食品生产者和服装生产者，其中，食品生产者拥有垄断势力。因此，食品生产者选择边际收益与边际成本相等的产出量，并以比竞争性市场更高的价格出售较少的产出。较低的产出意味着食品生产的边际成本较低。

同时，多出来的生产投入品将被配置到生产服装上去，从而使得服装生产的边际成本上升。结果，边际转换率会下降，结果是生产出太少的食品和太多的服装，出现经济的无效率。

只要市场不是完全竞争的，只要厂商面临的需求曲线不是一条水平线，而是向右下方倾斜，则厂商的利润最大化原则就是边际收益等于边际成本，而不是价格等于边际成本。当价格大于边际成本时，就出现了低效率的资源配置状态。而由于协议的各种困难，潜在的帕累托改进难以得到实现，于是整个经济便偏离了帕累托最优状态，均衡于低效率之中。

二、垄断的社会福利代价

垄断的存在，阻碍了自由竞争和市场机制的作用，给社会经济带来了一系列弊端，主要表现在：

（一）降低经济效率

根据传统的经济理论，从前面的分析中我们看到，与完全竞争市场相比，在垄断市场上厂商生产较少的产量，索要较高的价格，因而，垄断造成社会福利无谓的损失。如图7-2所示，在完全竞争情况下，厂商的产量为 q^*，价格为 p^*，消费者剩余为 adp^*，由于厂商的经济利润为零，因而总的社会经济福利，即生产者利润加消费者剩余，也为 adp^*。在垄断的条件下，厂商的产量为 q_m，价格为 p_m，消费者剩余为 bdp_m，厂商的经济利润为 bcp^*p_m，总的社会经济福利为 bcp^*d。二者相比，垄断条件下的总经济福利下降了区域 abc。

（二）垄断容易导致寻租活动

我们将分析的重点从垄断结果转移到获得和维持垄断的过程时，在无谓的损失之外还包括非生产性寻租活动。一方面，由于垄断可以使厂商获得更多的利润，因而为了保持这种超额利润，垄断厂商的往往会采取各种形式的维持垄断的措施。其中包括游说政府制订更有利于自身的政策。这种为了寻求额外的利润而进行的活动被称为寻租行为。寻租不仅要花费成本，而且会滋生政府腐败。

（三）垄断容易形成"X非效率"

另一方面，对厂商来说，垄断容易形成"X非效率"。莱本斯坦（H. Leibenstein）认为，在垄断企业的大组织内部，存在着资源分配的非效率性，即"X非效率"[①]。这主要是因为，一般来说，能获得垄断利润的企业组织庞大，

---

① 请参见：H. Leibenstein (1966), Allocation Efficiency versus X - inefficiency, American Economic Review, June, 1966；罗杰·弗朗茨. X效率：理论、论据和应用. 上海：上海译文出版社，1993.

面临的市场竞争威胁很小，因此，企业内各利益集团追求各自集团利益的行为与企业整体目标不合，致使企业的效率下降。具体来说，"X 非效率"主要体现在三个方面：（1）企业内不同集团的利益目标的不一致。企业是由股东、职业经理、一般雇员等不同集团共同组成。当企业处于垄断地位时，企业没有外在竞争压力，内部各集团的行为目标就会发生分化，追求各自利益的最大化，从而导致企业效率的下降。尤其是企业经理层，存在过高的代理成本，他们可能会不顾企业效率而单纯追求企业规模的扩大等。（2）二是由于企业经济效益与每个职工工作努力程度的关系模糊，导致激励机制弱化。（3）三是由于管理层次增加，信息沟通的速度和质量下降，从而导致组织、管理费用增加。

（四）垄断与技术创新

有的西方经济学家认为，一旦垄断形成后，竞争的压力就大大减少了，从而推动技术创新的动力也相应减弱。由此大多经济学家认为，垄断是缺乏效率的，建议政府采取反垄断政策。但也有经济学家认为，在有潜在外部竞争压力时，垄断厂商为了维护垄断地位，会不断地进行技术创新，通过技术上的不断革新来阻止其他厂商进入，这种现象在现实经济生活中是存在的。

三、反托拉斯政策和管制

（一）反托拉斯政策

尽管许多国家已通过了反托拉斯法令，并有积极的反托拉斯行动计划，但第一个就垄断企业和垄断化通过国家立法的国家是美国。诚然，早在1890年通过谢尔曼（Sherman）法之前，英国习惯法已在用于处理某些此类事项。但是，美国在反托拉斯立法、实施和研究方面曾经并仍然居于领先地位。本书将集中讨论反托拉斯经济学的发展和美国在实施反托拉斯法方面的有关变化。

美国反托拉斯法中的垄断含义不仅包括完全垄断，还包括寡头垄断；不仅包括实垄断，还包括垄断倾向。美国政府反垄断的工作可追溯到19世纪末。1890年，美国通过了第一部反垄断法——谢尔曼法。在此后的100多年间，美国国会又通过了一系列补充性法案来加强反垄断工作，主要法案有谢尔曼法（1890）、克莱顿法（1914）、联邦贸易委员会法（1914）、罗宾逊—帕特曼法（1936）、惠特—李法（1938）、塞勒—凯弗维尔法（1950）。这些法律构成了美国政府反垄断的基础。根据司法部反垄断局的介绍，美国的反垄断法适用于几乎所有行业和公司。美国的反托拉斯法的主要内容：限制贸易的协议或共谋、垄断或企图垄断市场、兼并、排他性规定、价格歧视、不正当竞争、欺诈行为。美国政府实施反垄断法的最终目的是"通过促进市场竞争来保护经济自由和机会"。

美国反托拉斯法的执行机构是联邦贸易委员会和司法部反托拉斯局。前者主要反对不正当的贸易行为,后者主要反对垄断活动。反托拉斯法又称为反垄断法,是政府反对垄断及垄断行为的重要的法律手段。许多发达国家都有反垄断法。

(二) 管制

对垄断采取的另一种可供选择的矫正手段是对垄断厂商实行管制,管制的措施主要包括对垄断价格和垄断数量的管制,或者价格和产量的双重管制,税收或补贴以及国家直接经营。其中,对垄断价格和垄断数量的管制较为典型,因而这里仅讨论这种情况。

1. 对垄断厂商的管制

为了便于分析,我们借助于图7-3来进行讨论。$D = AR$ 为厂商面临的需求曲线,MR 为厂商的边际收益曲线,AC 和 MC 分别为厂商的平均成本和边际成本曲线。这里需要指出的是,该图中的 $MC \neq AC$,是针对一般情形而言,前面的分析只是为了简化起见而假定 $MC = AC$。首先考虑不存在政府管制的情况。依前述分析类推可知,垄断厂商在利润最大化条件下决定生的垄断产量为 q_m,垄断价格为 P_m。此时,垄断造成了低效率,因而需要政府进行管制。现在考虑政府对垄断厂商实行价格管制的情况。

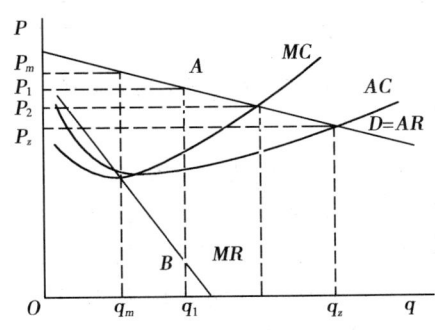

图 7-3 对垄断厂商的管制

假定政府将垄断厂商的商品价格定为 P_1,那么厂商利润最大化所导致的结果是什么呢?这里需要特别强调的是,由于政府价格管制只涉及垄断厂商商品的售价,换言之,改变厂商的收益曲线,而不会改变垄断厂商的成本曲线。垄断厂商要使得利润最大化,则必须使边际成本等于边际收益。当价格为 P_1 时,垄断厂商所面临的需求曲线变为 P_1AD,与此同时,在产量0到产量 q_1 上,垄断厂商的平均收益曲线与边际收益曲线重合,均为 P_1A。因而,利润最大化时的产量为 q_1。此时,价格等于边际成本,所以实现了帕累托最优。当产量超过 q_1 时,垄断厂商的平均收益曲线仍为 AD,边际收益曲线仍为 BMR,厂商所面临的市场价格小于政府管制价格,因而政府管制价格对垄断厂商的平均收益曲线不产生影响。显而易见,在政府管制价格的调节下,垄断厂商在产量达到 q_1 时由垄断而造成的损失已经大为减少,并且仍可得到部分经济利润,如图中所示平均收益曲线超过平均成本的那部分。

现在的问题是,政府应将价格定在何处才能消除因垄断而造成的损失?显然,将价格定在垄断厂商边际成本与边际收益相等的水平时,即管制价格等于边际成本,因为这是完全竞争所达到的状况。此时,资源配置不存在帕累托改进。如图 7-3 所示,政府将管制价格定在 P_2 时。

2. 对自然垄断厂商的管制

上述讨论针对的是垄断厂商平均成本具有向上方倾斜的情况(平均成本曲线是 U 形),但并不所有的垄断厂商所面临的情况,譬如说自然垄断型产业。在各行业中,规模经济在很大的产量范围内存在,以至于相对于市场需求所决定的范围而言,随着产量增加,厂商的平均成本是递减的。下面来讨论这种情况。如图 7-4 所示,当政府不进行价格管制时,利润最大化时垄断厂商的产量和价格分别为 P_m 和 q_m。显然,此时的价格过高,产量过低,因而导致了社会福利损失。当政府进行价格管制时,应如何定价呢?

如果价格定为 P_c 时,产量为 q_c,资源配置最为有效率,达到帕累托效率。但这时出现一个问题,那就是垄断厂商的平均收益小于平均成本,从而出现亏损,进而导致该厂商退出市场。否则,政府必须对其进行补贴。如果把价格定为 P_1 时,则垄断厂商不至于亏损,而且又增加了社会福利,因而政府应把管制价格定在 P_1 的水平。

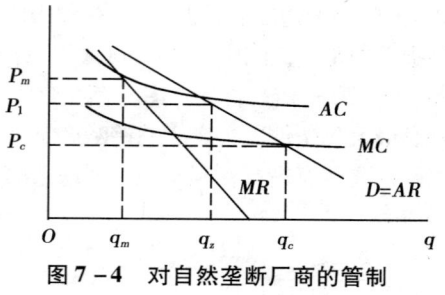

图 7-4 对自然垄断厂商的管制

案例 1: 一些供排水公司利用自身垄断地位,强制规定用户从供排水公司购买水表,更有甚者,强制规定依水管子直径按日对用户收取底数费,这就意味着强行制定最低用水量,若用户用水量超过该基数的按实际用水量收取,若没有达到基数的用户必须按基数收费。这就是典型的利用垄断地位实施"多补少不退、强买强卖"的行为。按照这个规定,即使一滴水也没有用户(比如长期外出的用户)一滴水也未用,也要按基数缴纳费用。长此以往,供排水公司额外所获得的利润是相当可观的。这种垄断行为还可能导致资源配置不当,形成资源浪费。例如,那些用水量原本可以低于规定最低用水量的住户,可能会故意多使用水以使其达到最低用水量,这就造成了资源的浪费。

其他领域也存在不少垄断现象,如一些供电公司限定用户必须使用或更换制定品牌的电度表并收取高额安装费;住房开发商未经业主同意强制装某品牌的防盗门以及煤气灶等。

案例思考: 垄断对不同经济当事人以及整个社会有什么影响?

第二节　外部性

一、外部性及其分类

（一）外部性定义

截至现在为止，我们的分析一直隐含了这么一个假定，即单个经济行为主体在进行生产或消费决策时，无需顾及其他经济行为主体。换个角度来说，经济行为主体之间的影响是通市场而联系在一起的。这里我们将放松假定，分析在实际经济活动中，生产者或消费者的活动对其他生产者或消费者带来的非市场性的影响，这种影响就是所谓的外部性（Externality），亦称外部效应或溢出效应。

（二）外部性的分类

这种影响可能是有益的，也可能是有害的。有益的影响称为外部经济性，或正外部性，此时经济活动私人利益小于社会利益，私人成本高于社会成本；有害的影响称为外部不经济性或负外部性，此时经济活动私人利益大于社会利益，私人成本低于社会成本。

外部性的最主要特征是存在人们关注但又不在市场上出售的商品，是伴随着生产或消费活动而产生的，带来或是积极的影响，或是消极的影响。所以，可以把外部性分为生产的外部经济性、消费的外部经济性、生产的外部不经济性和消费的外部不经济性4种类型。

1. 生产的外部经济性

当一个生产者采取的经济行为对他人产生了有利的影响，而自己却不能从中获得利益时，便产生了生产的外部经济。果园主扩大果树面积会使养蜂者受益，养蜂者而无须向果园主支付费用。

2. 消费的外部经济性

当一个消费者采取的行为对他人产生了有利的影响，而自己却不能从中得到补偿时，便产生了消费的外部经济性。例如，有人在自己花园里种植花草树木时，路人得到了美感并可能使附近的房地产价值升高。外部不经济性是外部性的一个方面。

3. 生产的外部不经济性

当一个生产者采取的行为使他人付出了代价而又未给他人以补偿时，便产生了生产的外部不经济。在环境保护领域，更多见到的是环境外部不经济性。例如，假设一条小河的流域内只有一个造纸厂和一个游乐场,造纸厂在河上游,游乐场在河下游,造纸厂向河流排放废水会导致游乐场收入减少。

4. 消费的外部不经济性

当一个消费者采取的行为使他人付出了代价而又未给他人以补偿时,便产生了消费的外部不经济。当一个消费者在公众场合吸烟时,会影响他人的健康,但他并不因此而向受害者支付任何补偿。

二、外部性对资源配置的影响

外部性的存在会造成的私人成本和社会成本,以及私人利益和社会利益的不一致,这无疑导致资源的配置不当。在完全竞争条件下,如果某种产品的生产产生了外部经济,则其产量将可能小于社会最优的产量。如果某种产品的生产会产生外部不经济,则其产量将可能超过社会最优的产量。换言之,当存在外部经济效果时,完全竞争的市场不能保证个人追求自身利益最大化的行为,同时能够使社会福利趋于最大化。市场机制在配置资源上的这一缺陷表明,需要由政府对市场机制加以干预,以弥补市场调节的缺陷。从资源配置的角度分析,外部性是表示当一个行动的某些效益或费用不在决策者的考虑范围内时所产生的一种社会低效率现象。无论是外部经济性或外部不经济性,都是一种低效率的社会资源配置状态。

由于外部性并不反映在市场价格中,因而它们将成为经济低效率的来源之一。为了明白上述结论,下面我们以生产的外部不经济性为例来说明外部性对资源配置的影响。假定某造纸厂 A 生产一定数量的纸 U,同时也排放一定数量的废水 W 到河中,且不需要考虑进行补偿或付费。然而,下游某养殖场 B 因废水的影响却遭受损失。进一步假定,造纸厂 A 的成本函数为 $C_A(U_A, W)$,其中,U_A 表示造纸厂生产纸的数量,W 是表示造纸厂排放废水的数量。养殖场 B 的成本函数为 $C_B(Q_B, W)$,其中 Q_B 表示养殖场生产鱼的数量,W 表示废水数量。此处之所以将 W 放入 C_B 成本函数,是因为排放废水影响养殖场的生产成本变动。$\partial C_A/\partial W \leqslant 0$,表示排放废水的增加将会使造纸厂的生产成本下降;$\partial C_B/\partial W \geqslant 0$,表示排放废水的增加将会使养殖场的生产成本增加。该情况至少在一定范围内适用。

造纸厂与养殖场的利润最大化问题分别是:

$$\max P_U U - C_A(U_A, W)$$
$$\max P_Q Q - C_B(Q_B, W)$$

其中,P_U 与 P_Q 分别表示纸和鱼的价格。分别求得造纸厂与养殖场的利润最大化条件。

(1)造纸厂利润最大化的必要条件是:

$$P_U = \frac{\partial C_A(U_A, W)}{\partial U}$$

$$0 = \frac{\partial C_A(U_A, W)}{\partial W}$$

(2) 养殖场利润最大化的必要条件是:

$$P_Q = \frac{\partial C_B(Q_B, W)}{\partial Q_B}$$

需要说明的是，造纸厂可以选择废水排放量的大小，而养殖场只能被动接受造纸厂所排放的废水量，因而造纸厂利润最大化的条件有两个，而养殖场利润最大化的条件只有一个。

上述条件的经济含义指：在利润最大化点上，生产者生产产品的价格等于该产品的边际成本。对于造纸厂来说，它生产纸和废水两种产品，由于废水的价格假定为 0，根据利润最大化的条件说明，直到造纸厂排放废水的边际成本等于 0 之前，废水的排放会继续下去。由此可以看出，造纸厂在实现利润最大化目标时，仅考虑纸的生产成本，并没有考虑因废水排放而带给养殖场的成本，而后者就是生产纸的一部分社会成本。对此，需要进行校正。

为了更形象地说明问题，我们下面用图形来分析。图 7-5 反映了造纸厂在完全竞争性市场中的生产决策。横轴表示造纸厂的产量，纵轴表示生产成本或产品价格。MC_H 曲线表示造纸厂的边际成本，假定纸的价格为 P_1，厂商面临的产品需求曲线为 D。该厂商的利润最大化均衡点为 A，此时边际成本等于边际收益，最优产量为 q_1。当造纸厂在生产时，给下游的养殖场带来了负面影响，从而增加了外部成本，我们称之为边际外部成本（MEC）。MC_S 表示边际社会成本，由两部分组成，其一，边际生产成本，其二，边际外部成本，即 $MC_S = MC_H + MEC$。显然，从社会的角度而言，该厂商的生产均衡应该在价格等于边际社会成本的 B 点，最优生产规模为 q^*。综上所述，该厂商由于没有考虑废水排放对下游养殖场造成的危害而生产的纸的太多。

三、外部性的市场校正：科斯定理

私人市场在解决外部性问题的有效性如何？经济学家罗纳德·科斯（Ronald Coase）在 1960 年发表的《社会成本问题》一文中提出了私人市场可以有效地解决外部性问题的著名论断。该论断后来被斯蒂格勒和其他许多经济学称为"科斯定理"。

1. 科斯定理

关于科斯定理，西方学者有多种说法，一般认为该定理可表述为：在市场交换中，若交易成本为零，那么产权对资源配置的效率就没有影响。根据科斯定理，如果私人各方可以无成本地就资源配置进行协商，那么，私人市场就将总能解决外部性问题，并有效地配置资源。

科斯定理认为①，外部影响之所以导致资源配置失当是由于产权不明确，如果产权明确，且得到充分保障，有些外部影响就不会发生。在解决外部影响问题上不一定要政府干预，只要产权明确，市场会自动解决外部性问题。因此，科斯定理宣称，只要交易费用为零，不论产权归谁，自由的市场机制总会找到最有效率的办法，从而达到帕累托最优状态。

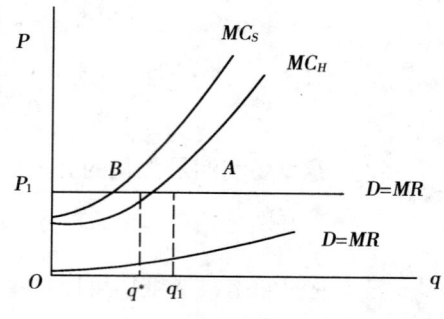

图 7-5 外部性不经济性对资源配置的影响

2. 科斯定理的案例

再次以上述河流被污染事件为例。如果下游的养殖场对河流拥有所有权或使用权，有权力免受河流污染造成的损失，那么，当它发现遭受外部不经济性时，马上会通过行动方（造纸厂）；如果造纸厂不采取行动消除污染，游乐场就会要求当局执行所有权的规定。这样，造纸厂将被强制要求把污染水平削减到零，由此付出最大的代价。实际上，此时造纸厂会提出补偿受害方的建议以免受起诉，以使游乐场接受一定水平的污染，并使自己给予受害方的补偿小于把污染削减为零的处理费用。一般来说，对于一定的外部不经济性水平，行动方将愿意支付不大于其消除污染所需费用的补偿，而受害方将愿意接受不小于其消除（或忍受）污染所需费用的补偿。这时，行动方与受害方之间的补偿交易将会达到一个均衡状态，也是高效率的状态。

科斯定理还给出了消除外部性的第二个途径，规定受害方没有免受外部不经济性的权力，除非它愿意购买这种权力。就上述例子来说，假设造纸厂拥有河流所有权或使用权，有利用河流排放并净化废水的权力，而游乐场没有要求造纸厂削减污染或给予补偿的权力。这时，受害方或是忍受外部费用或污染，或是出钱诱使行动方减少外部不经济性水平。实际情况将是，受害方愿意支付一笔不大于消除外部不经济性的费用给行动方用于减少外部不经济性，行动方也愿意接受一笔不小于消除外部不经济性所需费用的资金，用于减少外部性。

---

① 关于科斯定理，大致的意思便是如此，科斯本人并没有对该定理加以精确的证明，仅仅使用了类似上述的数字例子加以说明。

可以看出，这两种途径的区别在于产权界定不同，规定受害方有权力免受外部不经济性或受害方没有权力免受外部不经济性。但是，只要明确产权，消除外部不经济性的最终交易结果是相同的。这样，上面所说的资源配置的"市场失灵"问题，其根源在于"产权结构失灵"。通过产权的重新界定和权力交易这样一个综合性的市场手段，在理论上可以解决资源配置的"市场失灵"问题。

总之，科斯定理试图说明私人经济主体可以解决他们之间的外部性问题。无论最初的权利如何分配，有关各方总可以达成一种协议，在这种协议中每个人的状况都可以变好，而且结果是有效率的。

四、针对外部性的公共政策

尽管科斯定理的逻辑完美而富有吸引力，但是私人经济主体经常并不能解决外部性所引起的所有问题。只有参与方在达成和实施协议中没有麻烦时科斯定理才会起作用。但事实上，即使对多方有利的协议也并不总是能够达成。因而，政府的公共政策就成了必要。通常，解决外部性的基本思路是外部影响内在化。主要政策手段包括：

1. 庇古税和补贴

政府可以通过对那些有外部不经济性的行为征税，与此同时，补贴那些有外部经济性的行为，以使外部性内在化。用于对付外部不经济性影响的税收被称为庇古税（Arthur pigou）。但是，如何制定征税或补贴标准呢？从理论上来说，对造成外部不经济的家庭或厂商实行征税，其征税额应该等于该家庭或厂商给其他家庭或厂商造成的损失额，从而使该家庭或厂商的私人成本等于社会成本。对于造成外部经济的家庭或厂商，政府应给予补贴，其补贴额应该等于该家庭或厂商给其他家庭或厂商带来的收益额，从而使该家庭或厂商的私人利益和社会利益相等。

与管制相比，经济学家们普遍更倾向于庇古税。为了更好地说明问题，我们来看下面的例子。假设某地有一造纸厂和化肥厂，它们每家都要排放 4 000 吨的废弃物。现在，当地环保部门试图控制他们的排放量，以改善环境，并为此而设计了两种办法：其一，管制政策，即环保部门命令每家厂商只能排放 2 000 吨的废弃物；其二，征收庇古税，即对每个厂商征收每吨废弃物 2 万元的税收。

在大多数经济学家看来，在减少污染总水平上，管制政策与征收庇古税二者同样有效。因为环保部门可以把税收确定在某一适当水平，从而使得每家厂商的排放废弃物量与环保部门所期望的管制量一致。经济学家之所以偏爱税收，主要原因在于它在减少污染上更有效率。虽然管制可以要求每个厂商减少相同量的废弃物，但这并不是最佳的办法。一种完全可能的情况是，化肥厂减少污染的成本比造纸厂低。其结果是，化肥厂对税收的反应是大幅度地减少污染，以少纳税，而造纸厂则减少的污染要比化肥厂少，与此同时，交纳的税多。反之亦然。换句话来说，庇古税实际上起到污染定价的权利。与市场把物品分配给那些对物品评价最高的消费者一样，庇古税把污染权分配给那些减少污染成本最高的工厂。总而言之，通过征收庇古税，环保部门可以最低的成本达到所规定的染污水平。

此外，经济学家还认为，当管制政策制定后，那么厂商的废弃物排放量一旦达到2 000吨后，就没有理由再减少排放量。而税收则可以激励厂商开发更为先进的技术，以减少废弃物排放量，从而减少厂商所支付的税收量。

2. 企业合并

企业合并是解决外部性问题，使资源配置符合帕累托效率的另一种办法。无论是外部经济还是外部不经济的厂商，政府如果把这两个厂商合并或两个厂商自愿合并，则外部性就"消失"了或被"内部化"了。合并后的厂商为了自己的利益，使生产确定在 $MR = MC$ 水平上，容易实现资源配置的帕累托最优状态。

3. 明确产权

明确产权的措施的思想来源于以科斯为代表的产权学派经济学家。在许多情况下，外部性导致资源配置失当，多是由产权不明确造成的。如果产权完全确定并能得到充分保障，就可杜绝一部分外部性发生。因为在产权明确的条件下，通过市场交易就可以解决一部分外部性问题。以造纸厂排放污水所造成的外部不经济性为例。假定政府给予下游养殖场不受污染的权利。如果上游的造纸厂想把污水排放到河中，则需要同下游的养殖场协商，将这种权利购买过来，从而让造纸厂承担了污染成本。

前两个政策强调政府的作用，而后一个政策则强调依靠市场本身解决外部性问题。

案例2：

机场内商品的价格

在浦东机场，一碗吃不饱肚子的"烧肉拉面"，没什么特别用料，就卖了45元。而与此同时南京路附近一家豪华面馆吃这种面，也就20元出头。无独有偶，据《华商报》报道，有人在西安咸阳国际机场也亲身体验到，餐饮价格贵得没边没谱：一碗牛肉面38元，一碗炸酱面38元，一碗水饺38元，一碗馄饨35元，而这些食品在普通店里只卖几元钱。2元多的一瓶500毫升可乐，在机场餐厅变成了10元，一杯普通的柠檬茶，要价30元。其实不只是这两家机场的商品价格特别贵，各在机场的情况大都如此。

在乘坐飞机越来越大众化、机票天天喊打折的今天，机场餐饮收费为何居高不下？目前各大城市的机场多设在郊区——"前不着村、后不着店"。因此机场所辖范围内，自然形成了一个餐饮业垄断经营的圈子。旅客在机场待机或滞留期间，除非是自备干粮酒水，否则，就只能到机场商店消费。换言之，机场餐饮等商店本来就具有"只此一家，别无分号"的经营条件。

不过，这种情况从2004年起在某些地方开始改变。广东省广州市新出台的《新机场候机楼商业价格管理暂行规定》中增加了关于最高限价方面的内容。最高限价原则主要是针对零售商品、餐饮类服务价格、品牌店商品价格，不得高于其在广州市中心设立的同一品牌店价格。记者在候机楼内检查发现物价确实有所调整，在一个水果店，发现罐装可乐只卖3块，甚至比市区部分地方的价格还便宜。但水果的价格则普遍比市区的要贵一点，据有关人士解释，这是因为水果比较容易腐烂，而且运输不方便。

此外，专卖店、首饰店等也明确向媒体表示，他们实施全市等价，有的甚至要机场分店推出优惠，以吸引旅客在候机的同时进行购物（《信息时报》，2004-08-12）。

案例思考：

机场餐饮等商店的垄断经营以及政府实施最高限价分别对消费者和经营者的福利有何影响？

案例3：

塑料袋应该由谁买单

一个不争的事实是，塑料袋的使用给人们带来了诸多方便。不论大商场、超市或集市，以及各种小商店，都会主动提供免费塑料袋，这似乎商家与消费者两厢情愿。仔细分析可以发现，其实不然。由于塑料袋不易降解，而且容易飘散，这给垃圾回收、运输带来了许多麻烦，因而容易造成环境污染。

对于厂商来说，塑料袋生产成本较为低廉，从这个意义上来，私人成本较低。但是，这却给环境造成了较大的污染，即导致了较高的社会成本。为了响应环保号召，曾有个别超市宣布对塑料袋收取少量费用，以减少塑料袋的使用量。但是，这却遭到许多消费者的反对。他们认为商家在赚取利润的同时，应该向消费者提供免费塑料袋，以方便消费者。

案例思考：

此案例反映了消费者便利与环境保护的冲突，尽管人人都知道塑料袋造成环境污染，但是为图方便人们仍然大量使用塑料袋。如何有效地解决这种冲突？

第三节 公共物品

一、公共物品的特征与类型

（一）私人物品和公共物品

市场并不是在提供所有物品方面都是有效的，在提供公共物品方面，市场就变得无效了。现实经济生活中的物品绝大部分是私人物品（Private goods）——消费者从市场上所购买的各种商品或劳务。确切地说，私人物品（Private goods）是指所有权属于个人物品，是具备竞争性和排他性，能够通过市场机制达到资源优化配置的产品。一个人使用或消费私人物品意味着他人不能同时使用或消费该物品。例如，一双鞋不可能同时供两个以上的人穿在脚上。私人物品的这种排他性也称之为消费上的"竞争性"。市场机制运行良好是以私人物品为基础的。具有私人物品属性的资源要实现最佳的配置效率，主要应该在明确界定的产权束和相应的立法保障的基础上，利用市场机制交易来实现的。

其余一部分是公共物品（Public goods）——指具有非竞争性和非排他性，不能依靠市场机制实现有效配置的产品。具体来说是指这样一类物品，它一旦提供出来，生产者就无法排斥那些不为物品付费的个人使用，或者排他的成本过高以至于变得难以实现。公共物品在消费或使用上是不排他的，每个人对公共物品的消费，均不会造成其他人消费的减少。公共物品的自然属性或技术属性决定了要排斥某些人使用或消费公共物品一般是不可能的，或者说排他的费用太高。生活中公共物品同私人物品一样不可缺少，诸如国防、警察、公交运输、广播电视等无一例外地直接影响着人们的日常生活。公共物品所具备的非排他性导致公共物品存在着外部性问题。

（二）公共物品的特征

私人物品具有竞争性（Rivalry）和排他性（Exclusiveness），而公共物品具有非竞争性（Nonrivalness）和非排他性（Nonexclusiveness）。

1. 非竞争性

私人物品的重要特性之一是具有竞争性，即一个人对某物品的消费会减少其他人对该物品的消费量。例如面包，在面包数量既定的情况下，A 多消费一个面包，B 可消费的面包数量就减少一个。因此，私人物品有时又被称为减少性物品。

与私人物品不同，公共物品具有非竞争性，即公共物品消费上的共享性，即一个人对某物品的消费不减少别人对该物品的可用量。例如公路上的天桥，张三从天桥上经过并不减少李四或其他人对天桥的消费,同一座天桥可以由多人使用。

2. 非排他性

私人物品的另一重要特性是具有排他性,即私人物品的产权是属于某个人而不属于他人。一个人一旦购买了某种私人物品,他就可以排除其他人使用该物品。

与私人物品具有排他性相反,公共物品具有非排他性,即公共物品的产权是属于社会的而不属于个人,不能把某公共产品产权所属范围的任何人排除在消费该物品之外。

公共物品的非竞争性和非排他性决定了消费者不用出钱也可以消费;而另一方面,公共物品的生产并不因为这两个基本特性而不需要成本,相反,公共物品的生产所需要的成本往往是相当高的。这样,如果仅仅依靠市场调节,公共物品就不会有交易以及相应的交易价格,也就没有厂商愿意生产公共物品,从而出现市场调节无法提供足够的公共物品的现象即公共物品供小于求的资源配置失误。这种资源配置失误就是公共物品的存在引起的市场失灵。

(三) 公共物品的类型

根据非排他性和非竞争性的程度来看,公共物品可分为:

(1) 同时具有非排他性与非竞争性的纯公共物品,如路灯、外交、国防、治安、法律制定,等等。每个人都受国防、法律等的保护,不能把任何一个人排除在外。

(2) 具有非排他性但具有竞争性的物品。某个人对这类物品的使用并不排除其他人的使用,但是会减少其他人的消费数量或使用空间。例如城市里一条拥挤的街道,任何人都可以使用这条街道,但是一个人或一些人的使用会减少其他人的可用空间。上下班交通高峰期时,一辆汽车使用拥挤的马路并不排除另一辆车使用同一条马路,但是其对马路的使用减少了其他车辆的使用空间。这类物品也被称为"共有资源",是属于一定范围内所有人共有的,但是一个人多使用1单位其他人可使用的数量就减少一单位,如公海捕鱼,一个渔夫捕到1条鱼,其他渔夫可捕鱼的数量就减少1条。

(3) 具有排他性和非竞争性的准公共物品。这类物品的使用把一些人排除在外,但是有权使用这类物品的人相互之间是非竞争的,如加密的电视、广播或某一特定范围的公共物品。只有那些有使用权限的人才能观看加密的电视、广播,而在有这种权限的人们之间不存在竞争性。另外一个典型的例子就是教育的消费,在某一学校以外的学生被排除在该校的教育之外,而该校内部的学生可以随意享用教育消费而不影响校内其他人对教育的消费。美国学者布坎南(Buchanan,1964)将这类物品称为俱乐部物品(Club goods)。

二、搭便车问题

星期一早上,你准备乘公共汽车去上学,正巧碰见一熟人开车将路过你的学校,于是你便搭乘他的车到学校去。在这个行为中,你乘坐了熟人的车,但是你并不需要向他支付费用,这种行为被称为"搭便车(Free-rider)"。经济学将其借用过来表示一类行为,即某人不进行购买而消费某种物品的行为。

不管是私人产品还是公共产品,搭便车现象在很多地方都存在着,但是在公共产品领域搭便车问题尤其普遍。搭便车问题(Free-rider problem)是指某些个人(搭便车者)虽然参与了公共产品的消费,但却不愿意支付公共产品的生产成本,完全依赖于他人对公共产品生产成本的支付。例如,路灯的消费,从路灯下路过的人都享用了路灯的照明,但是几乎每个人都不愿意承担修建路灯的成本,而是希望其他人修建好路灯,自己使用就是了。

之所以存在"搭便车"问题,是因为搭便车的客体(即这里的公共物品等)的消费没有排他性,因此,人们便有一种搭便车的激励——不用付出成本却能得到收益或获得效用。这种非排他性实际上是生产的一种外部性。假设现在有某个人或政府出钱修建了路灯,一个人从路灯下路过并不妨碍或排除其他人从路灯下路过,而且也没有人向路过者收费。

搭便车问题或生产的外部经济导致供给太少甚至没有,即私人不愿意提供这种物品,这就产生了典型的市场失灵,即市场机制不可能自发产生公共物品的供给。然而,这些物品又是一个国家或社会所必需的,如国家安全、社会稳定等。如果缺乏这些公共物品,一个社会的生产和消费便要受到相应的不良影响。

在仅仅依靠市场机制无法解决这个问题时,只有国家或者政府来解决公共物品的供给问题。因为公共产品的消费过程中不存在一种类似竞争市场的协调激励机制,从而难以避免搭便车问题的产生,由政府集中计划生产并根据社会福利原则来分配公共物品就成为解决搭便车问题的惟一选择了。政府通过征税的办法来获得修建公共物品的资金,以解决对公共物品只消费不购买的搭便车问题,但也可能导致一部分人对公共物品只购买而不消费。

案例 4:

政府埋单免费公交能开多远

福建石狮开通 5 条免费公交线路,引起公众极大关注和争议。

8 月 1 日,福建石狮市开通了 5 条覆盖主要城区的免费公交线路,任何人乘坐这些线路上的 22 辆公交车均可免费。免费公交如何维持正常运转?是否破坏了市场秩序？实行该举措的真正原因何在？石狮免费公交留下一串问号……

试营运百余天时机成熟。

"免费公交不是一时心血来潮，可以说是酝酿已久了。"石狮市交通局局长黄成祖一再说明，其实从4月18日，石狮市就开始尝试免费公交了，当时开通了石狮中心客运站往服装城的免费公交线路，受到了市民的普遍欢迎。

免费线路试营运一段时间后，他们根据出现的相关问题，总结经验，认为在市区实行免费公交的时机已基本成熟。7月17日，石狮交通局向石狮市政府提交了《关于在市区部分区域试行开通免费公交线路的初步方案》，详细说明5条免费公交线路及其运作模式。按照方案，这些免费公交车每年需要投入约460万元，主要靠车身广告收益、企业冠名赞助以及政府财政适量补贴等方式筹集。

"秀"政绩还是办实事？

开通免费公交目的何在？这个疑问始终没有解开。一个事实是，5条免费线路中3条从服装城首发。此前，由于石狮服装城是一个新建的大型物流和交易市场，很多乘客不愿意在此站下车。黄成祖说，此次开通城区免费公交其实是一个不得已的办法。从7月15日起，厦、漳线客车已改由服装城客运站卸客，如果没有免费车接，把旅客扔在那里不管了是不行的，那样可能会把石狮的形象搞得很坏。免费公交在改变市民出行方式的同时，更重要的是带动了石狮服装城的人气。

主管交通工作的副市长肖汉辉表示，如果免费公交效果良好，将来还要进一步扩大。免费公交还能产生一种广告效应，大大提高石狮知名度。

城区公共交通格局受冲击。

免费公交的出现，对当地公共交通的出现会产生什么影响呢？林国忠认为，免费公交推行后，更多的人将会选择坐免费公交，这对当地5 000多辆"摩的"和200多辆出租车来说，肯定会带来很大的冲击。

此外，5条免费公交与已开通的十几条收费公交线路在石狮市区的主要路段都有重复现象，有些线路重复的距离还很长，这对收费公交显然也影响很大。林国忠表示，肯定会使公交公司的营业额下降，在免费公交开通之后，公交公司正在对其进行详细的论证，研究对收费线路进行调整，尽量减少路段重复①。

---

① 网易网站. http：//auto. 163. com/05/0812/07/1QUI7KL90008171C_ 2. html. 2006年8月9日访问. 原载郑州晚报.

> **案例思考：**
>
> 　　免费公交的开设无疑会吸引很多人"搭便车"，那么免费公交如何维持正常运转？这项举措能够长期维持吗？是否可供其他地区借鉴？是否破坏了市场秩序？实行该举措的真正原因何在？免费公交对当地经济和政府有什么影响？

三、公地悲剧

哈丁1968年在《公地的悲剧》中设置了这样一个场景：一群牧羊人一同在一块公共草场放牧。草场是公共的，而羊群是牧民私有的，因而放羊的收益也归牧羊人私人所有。显然，这个牧场是不具有排他性的，但却具有竞争性，一个牧羊人想多养一只羊以增加个人收益，但在草场上羊的数量已经太多的情况下，再增加羊的数目，将使草场的质量下降，如果要使草场质量保持不变，那么其他牧羊人就必须减少羊群数量。牧民将如何取舍？如果每人都从自己私利出发，肯定会选择多养羊获取收益，因为草场退化的代价由大家负担。每一位牧羊人都如此行动时，最终会使草场由于长期过度放牧而日益退化。这就是经济学者常说的"公地悲剧"，指公共资源被过度使用从而造成灾难性的后果的现象。

公地悲剧在经济生活中是很普遍的，例如公共场所的"脏、乱、差"、一些企业随意使用老字号（如"重庆火锅"、"水煮鱼"等）、旅游公司组团免费参观著名高校等等，最后造成公共场所几乎没法使用、老字号"牌子"被"砸"、高校正常秩序受到干扰或草地被破坏等"悲剧"。之所以公地悲剧如此普遍，是因为这些场所、老字号或学校至少在某些方面的活动中是没有排他性的，谁都可以从中受益而不需承担成本。在可以不顾及其所造成的社会成本的情况下，只要个人的边际收益大于等于个人的边际成本，个人都会无限的使用公共资源，最终酿成"公地悲剧"。

四、公共物品最优数量的收益—成本分析

在公共物品领域存在市场失灵，也就是说公共物品的生产和消费不能由市场上的个人决策来决定。能够解决这个问题的最佳主体就是政府，由政府来承担起提供公共物品的任务，政府确定是否应该生产某公共物品以及生产数量。

经济学中分析私人物品最佳数量决定的一个方法是收益—成本分析方法，这个方法也可用于公共物品的最有生产数量。不管是私人物品还是公共物品，其最优数量的确定原则都是边际收益等于边际成本，但是二者之间也是有区别的：私人物品的最优数量的原则是每个消费者的边际收益等于边际成本相等；私人物品的最优数

量的原则是每个消费者的边际收益之和等于边际成本相等。

为了分析的方便,假设经济社会中只有甲和乙两个人,图 7-6 中带有下标 1 的变量代表甲的对应指标,带有下标 2 的变量代表乙的对应指标。图中的纵轴代表价格、边际收益或边际成本,横轴代表物品数量,D 代表需求,S 代表供给。

首先考察私人物品的最优数量的决定,参见图 7-6(a)。直线 D_{p1} 为甲的需求曲线,他的边际收益曲线为 MR_{p1},MC_p 为该私人物品的边际成本。注意私人物品的消费具有竞争性,消费者每多消费一单位的私人物品,便会引起该物品成本的增加。根据前述章节的相关原理可知,甲的最优消费点在 MR_{p1} 和 MC_p 的交点处,其最优消费数量为 Q_{p1},在这个消费水平上,他愿意支付的价格为 P_0。类似地,直线 D_{p2} 为乙的需求曲线,她的边际收益曲线为 MR_{p2},乙的最优消费点在 MR_{p2} 和 MC_p 的交点处,其最优消费数量为 Q_{p2},在这个消费水平上,他愿意支付的价格也为 P_0。由于消费的是私人物品,市场需求曲线是甲和乙的需求曲线的水平加总,整个市场的边际收益曲线为 MR_p,MR_p 和 MC_p 相交对应的数量即为该私人物品市场供给的最优数量。因此,私人物品最优数量的确定原则为:每个消费者的边际收益等于其边际成本。

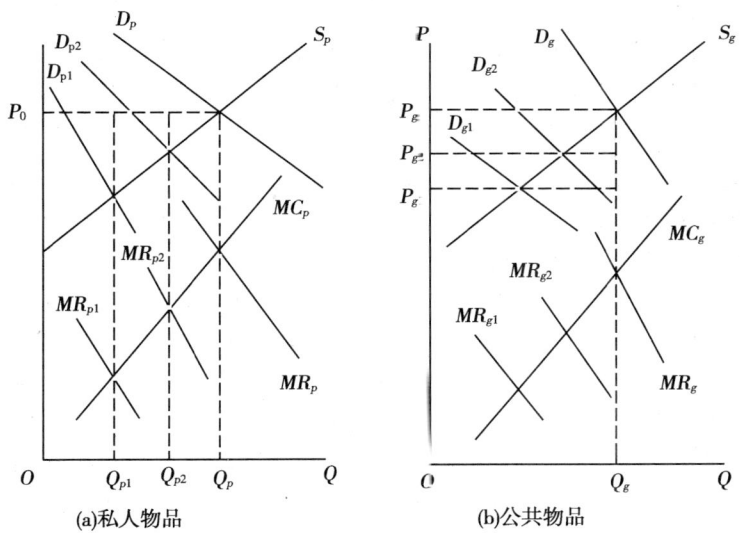

图 7-6　私人物品和公共物品的最优数

现在来考察公共物品的最优数量,参见图 7-6(b)。直线 D_{g1} 为甲对某公共物品的需求曲线,他的边际收益曲线为 MR_{g1},MC_g 为该公共物品的边际成本,但甲的最优消费点并不像私人物品那样在 MR_{g1} 和 MC_g 的交点处。类似地,直线 D_{g2} 为乙对该公共物品的需求曲线,她的边际收益曲线为 MR_{g2},乙的最优消费点也不在

MR_{g2} 和 MC_g 的交点处。为什么会这样呢？现在要注意公共物品不同于私人物品的一个重要方面——非竞争性，非竞争性意味着对于任一给定的公共物品的产出水平，增加消费者消费该产品不会引起产品总成本的任何增加，也就是说消费者人数的增加所引起的产品边际成本为零。对于特定的公共物品，每一个消费者都消费同样的数量，而该公共物品的价格却是所有消费者支付的价格的总和，对应地，公共物品的边际收益是每个消费者消费该物品的边际收益的总和。而公共物品的市场最优数量也服从边际原则，如图中所示的 MR_g 和 MC_g 的交点处的数量即为该公共物品的最优数量。因此，公共物品的最优数量的确定原则应为：每个消费者的边际收益之和等于该物品的边际成本。

五、公共选择

公共物品的存在，首先要求政府要组织集体行动进行生产以供给公共物品，而一旦有了政府或集体的行动，就产生了一个政治过程，分散的私人选择也就转化为集体的公共选择。公共产品的存在及其所导致的市场失灵充分说明了公共选择的必要性。公共选择（Public choice），是与个人选择相区别的集体选择，指通过集体行动和政治过程来决定资源在公共产品之间如何分配。所谓集体选择，就是所有的参加者依据一定的规则通过相互协商来确定集体行动方案的过程。公共选择是对资源配置的非市场决策。公共选择理论（Public choice theory），就是以经济学中"所有个人都追求自身利益的最大化"的基本假设为前提，依据自由的市场交换能使双方都获利的经济学原理来分析政府的决策行为、民众的公共选择行为及两者关系的一种理论。公共选择理论在历史上首次把政府这一政治实体纳入了经济分析的范围之内并进行系统的分析，特别注重那些与政府行为有关的集体选择问题。公共选择的先驱可以追溯到两位法国数学家 Jean-Charles de Borda（1781）和 Marquis de Condorcet（1785）。但是，公共选择理论的信贷发展，则应归源于英国北威尔士大学的经济学教授邓肯·布莱克（Duncan Black，1948）的"中位者投票定理"或"中值选民理论"（Median voter theorem）和肯尼斯·阿罗（Kenneth Arrow，1950~1951）的"不可能定理"（Impossibility theorem）。本文重点讲述集体选择的规则。

在民主政治体制下，公共产品的需求决定等公共选择，无一例外地都要通过投票才能最终得出结果。公共选择有两个基本特点：①它是建立在对消费者偏好充分了解的基础之上的；②公共物品的提供是集中做出的。其中，"多数票机制"是西方国家使用最广泛的公共投票选择的原则。

1. 集体选择的规则

（1）一致同意规则。一致同意规则（Consensus rules），又称为全体一致规则或一致同意投票规则,指的是一项集体行动方案,只有在所有参与者都同意,或者至少没有任何一个人反对的前提下才能实施的一种表决方式。在一致同意规则下,每一个参加者都对将要达成的集体决策拥有否决权。这一规则能够照顾到每一个投票人的利益,不使因任何一个人的受益而给别人带来损失,从而达到帕累托最优。例如,一些国际性组织规定:某些议案遵循一致同意规则,如果有一个成员反对,则相关议案即被否决。

由于每一个参加者都拥有否决权,任何一个有可能损害某些参加者利益的集体行动方案都会被否决,于是,一致同意规则便具有如下的优点:第一,能够充分地保证每一个参加者的利益;第二,可以避免发生"免费乘车"的行为;第三,如果能够达成协议,则协议将是帕累托最优的。一致同意规则的缺点则在于:达成协议的成本常常太大,在许多情况下甚至根本就无法达成协议[1]。

一致同意规则这种制度十分复杂且投票的时间成本和经济成本相当高。因为每一项议案或变革都要征得每一个人的同意,为了达成统一协议,全体成员不得不多次组织起来进行反复地讨论、修改和讨价还价,从而会花费很多的成本。一般情况下,投票者人数越多,代价会越高,甚至会由于超过决策所带来的好处,最终导致协议的无限期搁置或无法达成。

(2)多数投票规则。多数投票规则(Majority vote rules),是指一项集体行动方案或一项关于公共产品的协议必须得到所有参加者中的多数认可才能够得到通过或实施。这里的多数是指超过半数或超过半数之上某一比例:可以是简单多数,即超过总数的一半;也可以是比例多数,如达到总数的三分之二以上。美国国会、州和地方的立法常常使用简单多数规则,但在弹劾和罢免总统、修改宪法时,则采取三分之二的比例多数规则。

与一致同意规则相比,多数规则的更加容易达成协议,可以节约集体决策成本,在实践中也是一种最常用的投票规则。但多数规则也存在一些问题:

①它忽略了少数派的利益,少数派的利益得不到有效的实现,很可能会形成"多数人对少数人的强制"的现象。

②难以避免"收买选票"的现象。在多数规则的条件下,单个参加者的选择对最终的结果影响不大,具有可忽略性,从而一部分选民有可能不重视自己的选举权。这样,选举就有可能被某个利益集团所操纵,利益集团通过较小的代价来收买那些不重视自己选举权(打算不投票或投弃权票或无论怎样投都无所谓)的选民,让他们按利益集团的意愿投票。

---

[1] 参见高鸿业《微观经济学》第三版389页。

③最终的集体选择结果可能不是惟一的。在多数规则下,不同的投票秩序会导致不同的集体选择结果,最终使社会成员作出前后不相一致甚至可能相互矛盾的决策。假如有三个投票者(甲、乙、丙)对三个方案(A、B、C)进行投票。这里,三个选民的社会偏好已知。其中,甲认为A优于B,B优于C;乙认为B优于C,C优于A;丙认为C优于A,A优于B。如果按照简单多数制从A、B、C三个方案中任选两个,即三个人中有两个或两个以上的人支持某方案,该方案就可通过。在这种情形下,就可能(未必一定)出现一个循环现象:认为A优于B的人有2/3;认为B优于C的人有2/3;同样认为C优于A的人也有2/3。此时的投票结果完全取决于投票人凭自己的偏好对三个方案的排列次序,而不是方案本身的优劣。在最终的选择过程中,如果按照投票者对三个方案偏好的显示强度,就会产生$A > B > C > A > \cdots\cdots$如此不断的循环现象,也就是所说的投票循环现象,这就是著名的阿罗悖论(Arrow paradox)或阿罗不可能性定理(Arrow's impossibility theorem)。

(3)加权规则。所谓加权规则(Weighted voting rules),就是按某种权重(而非人数)的多少来决定集体行动方案。在一个组织中,不同成员对集体作出的贡献未必一样,有的成员贡献大一些,有的成员贡献小一些。在这个组织中,一项集体行动方案对不同的参加者也会有不同的重要性。于是,可以按照贡献的大小或重要性的不同,给投票者的意愿"加权",即分配选举的票数。当然,每次投票只能选择一个加权标准。贡献多的或相对重要的,拥有票数就较多,否则就较少。

加权投票规则承认了不同参与者之间的贡献或利益差别,根据贡献或利益差别按"重要性"程度对成员进行投票数量的分配,相对重要者拥有的票数较多,反之,则较少。在此基础上所做的多数规则选择方案,其选票是实际赞成票数的多少,而不是实际参与人数的多少。实际上就是谁的势力大,谁的发言权大,这很容易造成"强势欺压弱势"的现象。

(4)否决规则。否决规则(Veto rules),这一规则的具体做法发如下:首先让每个参加对集体行动方案投票的成员提出自己认可的行动方案,汇总之后,再让每个成员从中否决掉自己所反对的那些方案。这样一来,最后剩下的没有被否决掉的方案就是所有成员都可以接受的集体选择结果了。如果有不止一个方案留了下来,就再借助于其他投票规则(如一致同意规则或多数规则等等)来进行选择。否决规则的优点是显而易见的,因为经过这一规则筛选之后留下来的集体方案都将是帕累托最优的[①]。此法解决不了循环投票问题。

除上述规则外,还有"一致反对规则",对于一项议案,只有在一致反对的情

---

① 参见高鸿业《微观经济学》第三版390页。

况下才会不通过，即只要有一个人同意，就不能认定该议案不被通过。例如，关贸总协定（GATT）由于在争端解决机制中采用"一致同意才能通过"的原则，使得败诉方可以单方面地阻止争端解决专家小组的报告的通过，而世贸组织（WTO）采用"一致反对才能不通过"的原则，从而避免了这一问题。但是这种原则的前提是：专家小组成员的组成，必须使各方当事人没有任何反对的理由。

另外，邓肯·布莱克的"中位者投票定理"或"中值选民理论"也讲述了一种重要的投票规则。如果将赞成各项方案的选民占总选民的比率用图形表示出来是正态分布图的话，中值选民就是指正态分布中占比例最高的选民，中值选民理论对某一项议案的通过原则就是要实现中值选民利益最大化。例如对某项经济活动税率的决定中，希望税率为40%的人占总人口的10%；希望税率为30%的人占总人口的20%；希望税率为20%的人占总人口的40%；希望税率为10%的人占总人口的18%；希望税率为5%的人占总人口的12%。在这项决议中，没有哪一个税率的投票率超过50%。希望税率为20%的投票人在正态分布中的比率最高，是中值选民，也就是说中值选民希望税率为20%。这样，税率便可以确定为20%。中值选民原则适用于对同一项经济活动有多种方案的情形。但是这种情形可能形成"少数人的愿望最终代表更多人的愿望"的现象。例如，在税收的例子中，40%的人的愿望最终取代了其余60%的人的愿望。

2. 最优的集体选择规则

上节所介绍的各种集体选择规则都是各有利弊，那么，如何确定最优的集体选择规则，即按照什么样的规则来进行集体选择，才能保证所得到的结果是最有效率的？在这方面，西方公共选择理论家们提出了两个主要的理论模型。

（1）成本模型。按照这一模型，任何一个集体选择规则都存在着性质完全不同的两类成本。一类叫决策成本，指的是在该决策规则下通过某项集体行动方案所花费的时间与精力。集体决策的形成需要参加者之间不同程度不同的讨价还价。随着人数的不断增加，讨价还价行为发生的可能性将成倍增加，从而决策成本也将成倍增加。另一类是外在成本，指的是在该规则下通过的某项集体行动方案与某些参加者的意愿不一致而给他们带来的损失。当通过的某项集体行动方案与某些参加者个人的实际偏好一致时，这些参加者个人承担的外在成本就等于零；而当两者不相一致时，他们承担的外在成本就大于零。显而易见，随着这种不一致的人数和程度的增加，外在成本的总量也将增加。对于不同的集体选择规则，决策成本和外在成本的大小是不一样的。例如，与一致同意规则相比，多数规则的决策成本可能较低，因为容易作出决策，但外在成本却可能较高，因为决策的结果可能和很多人的意愿不一致。决策成本和外在成本之和叫做相互依赖成本。最优集体选择规则的成本模型的结论是，理性的经济人将安最低的相互依赖成本来决定集体选择的规则。

（2）概率模型。与成本模型不同，寻找最优集体选择规则的概率模型并不是追求社会相互依赖成本的最小化，而是力图使集体决策的结果偏离个人意愿的可能性达到最小。根据这一模型，最好的集体选择规则就是那种能使上述偏离可能性达到最小的规则。西方一些公共选择理论家证明，按照这一标准，集体选择中的多数规则是一种比较理想的规则。

3. 政府官员制度的效率

按照公共选择理论，政府官员制度是指那种由通过选举产生的、被任命的以及经过考试而录用的政府官员来管理政治事务的制度。总的来说，这种政府官员制度的效率是比较低的。主要有以下几个方面的原因：

首先是缺乏竞争。政府的各个部门都是某些特殊服务的垄断供给者。没有任何其他的机构可以替代这些政府部门的工作。由于缺乏竞争，政府部门的效率一般都比较低下。此外，由于缺乏竞争的对手，人们常常甚至无法判断政府部门的成本即每年的财政支出是否太多，或者，它们的产出即所提供的服务是否太少，即很难准确地判定政府部门的效率。

其次是机构庞大。政府官员一般不会把利润最大化（或者成本最小化）作为自己的主要目标，因为他很难把利润直接占为己有。政府官员追求的主要是规模的最大化，因为规模越大，官员的地位就越高，权力就越大，得到进一步提升的机会就越多。

最后是成本上升昂贵。政府官员会千方百计地增加自己的薪金，改善工作条件，减轻工作负担，从而不断地提高他们的服务的成本，导致浪费的极大化。

公共选择理论认为，解决政府官员制度低效率的主要途径是引入竞争机制。具体做法是：第一，使公共部门的权力分散化。分散有利于减少垄断的成分。例如，可以把过去过于庞大的公共机构分解成几个较小的、有独立预算的机构；第二，由私人部门承包公共服务的供给。由政府投资的公共服务，并不一定必须由政府来生产。例如，街道清扫、垃圾处理、消防、教育等公共服务的生产都可以实行私有化；第三，在公共部门和私人部门之间展开竞争。如果允许私人部门和公共部门一样提供公共服务，则它们之间就会展开竞争，竞争将提高公共部门的效率；最后，加强地方政府之间的竞争。地方政府的权力不仅受到公民选票的制约，而且受到居民迁移的制约。当一个政府的公共服务的成本（税收）太高而质量太低时，居民就可能迁移到其他地区去。居民的迁出会减少当地政府的税收。因此，地方政府之间的竞争也可以使它们提高效率[①]。

---

① 成本模型、概率模型以及政府官员制度的效率参见高鸿业《微观经济学》第三版390~391页。

案例 5：
"新三牧"使内蒙古草原建设速度超过退化速度

毕力贡是东乌珠穆沁旗乌里雅斯太镇达布希拉图嘎查的牧民，他的9 450多亩草场上最多时曾养过1 400多只羊。如今他的草场上只养了400多只羊和60多头西门塔尔牛。毕力贡说："多养牲畜不行，一是旗里规定草畜平衡不让多养，再者超载后草场退化等于自绝生路。"在内蒙古草原上，正在实施的禁牧、休牧和划区轮牧等"新三牧"工作，极大地转变了农牧民经营观念，保护草原开始成为不少牧民自觉的行动。

位居我国五大牧区之首的内蒙古，拥有13亿亩天然草原。为遏制草原生态退化之势，在落实完善草原"双权一制"（草原所有权、使用权和承包责任制）工作的基础上，自2000年开始，全区实施禁牧、休牧、划区轮牧以及生态建设工程。截至目前，占全区草场总面积1/6的近2亿亩草场实行禁牧，全区约1/3的草场实行了休牧，划区轮牧面积达5 500多万亩。禁牧、休牧、划区轮牧共涉及农牧民1 000多万人；涉及牲畜4 767多万头（只），为使退化严重的草原彻底休养生息，不少牧民告别了世居的驻牧地，移入城镇或移民村。

穿行在7月的草原，记者看到内蒙古西部的鄂尔多斯草原尽管今春旱情严重，但草场植被覆盖非常好。鄂尔多斯市在内蒙古率先禁牧，记者看到这里的草原已全部围栏化，大部分牧民都拥有现代化的牲畜棚圈和牧业机械化设施，人工草地建设力度很大。在过去很少能看到围栏的锡林郭勒和呼伦贝尔草原，记者也看到不少草地开始围栏封育、禁牧，草原建设保护的力度开始加大，大片的草原开始禁牧、休牧和划区轮牧，并开始实行草畜平衡制度，根据不同草场载畜量限制牧民盲目发展牲畜头数。

内蒙古各地结合当地实际对保护草原生态进行了有益的尝试。锡林郭勒盟从2002年以来全面实施围封转移工程，在牧草返青期普遍推行"春季休牧"，在植被状况相对较好的地区积极推行"划区轮牧"，在草原退化严重的地区重点推行"围封禁牧"，全盟草场实行休牧2.61亿亩，禁牧面积2 718万亩，划区轮牧面积2 157.8万亩，搬迁了4万多牧民。呼伦贝尔市从2002年开始也在全市范围内对部分退化草场实行休牧、禁牧、划区轮牧，同时加大草原建设力度。

随着禁牧、休牧、划区轮牧及退牧还草工程的实施，全区生态环境已有一定的改善，通过全区范围调查和内蒙古草原勘察设计院利用3S技术监测数据分析表明，内蒙古草原生态逐步趋于好转，草原生态建设的速度已超过退化速度。内蒙古西部地区禁牧区草场植被覆盖度由禁牧前的10%提高禁牧后的15%，产草量由每亩20公斤提高到25公斤。据自治区草原勘察设计院2002年以来对锡林郭勒盟连续三年监测结果表明,休牧区与非休牧区相比,牧草高度增加了6.5~25厘米,盖度增加了8.2%~50%。浑善达克沙地流动和半流动沙丘面积由2001年的7 120平方公里减少到目前的4 053平方公里[①]。

案例6:
英国的"圈地运动"和公地悲剧

14~15世纪的英国,有大量的公有土地存在,草地、森林、沼泽和荒地等都属于公共用地,没有固定的主人。耕地虽然有主人,但是庄稼收割完以后,也要把栅栏拆除,敞开作为公共牧场。15世纪以后,由于毛纺制呢业的发展、新航路的开辟,英国对外贸易迅速发展,这刺激了养羊业飞速发展,越来越多的羊群进入公共草场,导致草地出现退化,这就是早期的"公地悲剧"。在利润的刺激下英国的新兴资产阶级和新贵族通过暴力手段把农民从公有土地上赶走,用围栏将公共用地圈起来使其成为私有的大牧场。这就是臭名卓著的被称为"羊吃人"的"圈地运动"。后来的历史证明,"圈地运动"虽然"使大批的农民和牧民失去了维持生计的土地",但这种土地产权的确立也使草场质量变得更好了,促进了牧业、农业和农村生产力的发展,正是从此开始,英国逐渐发展为日不落帝国。

案例思考:
这两个案例所表明的公地悲剧解决的方式有哪些?不同的解决方法分别有哪些影响?除这些解决方案外,还有更好的解决方案吗?

第四节 不对称信息

一、不确定性与"柠檬市场"

(一) 信息与不确定性

1. 信息

小王计划购买一台新电脑用于学习,如果他对电脑的相关信息如价格行情、不同品牌电脑的性能特征等知之甚少,因此,他可能会买到一台"物美价高"电脑,

---

① 新华网. http://www.nmg.xinhuanet.com/zt/2005-09/01/content_5026538.htm. 2006年6月8日访问。

也可能购买到一台"物劣价高"或"物劣价廉"的电脑,这三种可能都不会令他满意。但是,如果小王对电脑的相关信息非常熟悉,他很可能购买到一台"物美价廉"的电脑。这就是说,小王所采购的电脑是否既物美又价廉取决于他所掌握的有关电脑的信息。由此可以看出,对于消费者而言,信息是一种很有价值的资源,它能够提高消费者的效用。对于生产者而言,信息同样是一种很有价值的资源,它能够帮助生产者降低成本或提高收益从而提高利润。

在经济学中,信息可以归结为包括物品(包括劳务)和生产要素的价格、质量和数量等,不同经济主体(如买方和卖方)讨价还价的能力、信誉度等知识。

信息作为一种资源在质和量方面尤其独有的特点为:

从质的方面看,和私人物品不同,信息具有非竞争性,因为一些人对信息的使用并不会减少信息的数量,信息可以同时被众多人使用;但信息也并非是公共物品,在信息公开之前,信息只能被信息拥有者使用,信息拥有者可以将信息免费公开或者转卖给其他人,一旦信息公开或被转卖,信息的原拥有者就很难阻止新的信息拥有者向其他人传播。

从量的方面看,信息无法用具体的单位来衡量,信息价值的大小也无法像一般物品那样可以直接计量。但人们可以根据信息所带来效用或利润的大小来判断信息价值的高低,如果某种信息能够增加效用或利润,我们就说该信息的价值大,反之则说该信息的价值小。在某项信息被使用之前,以其预期收益来确定的信息价值。

2. 不确定性

在本书前面分析消费者行为和生产者行为的章节中,实际上暗含了一个关于信息的假设条件:信息是完全的,即参与经济交易的各方都拥有其所从事的经济活动有关的所有变量的全部信息。在信息完全的情况下,交易各方对经济行为的结果的了解是确切无误的,未来没有不确定性。不确定性(Uncertainty)是指经济活动的当事人事先不能准确地知道自己决策的结果。在前面的例子中,如果小王购买电脑前对电脑的相关信息掌握不完全,而且市场上的电脑质量参差不齐,那么他就没有办法很快做出决定买什么品牌什么型号的电脑,或者无法确切地知道自己所选购的电脑性能是好还是不好。这样,小王就可能会面临电脑性能不好的风险。

经济生活中的不确定性随处可见,而且常常会影响人们的福利。例如,由于对播种、耕作以及收获等不同时期的天气状况不确定,农民的收益是不确定的,他们的庄稼是否丰收依赖于天气状况;由于对市场信息掌握不完全,不能确切地知道价格水平,庄稼收获以后是否能够卖个好价钱不确定;由于对四年以后的就业状况、行业发展的信息掌握不完全,大学生四年后是否能找到一份满意的工作不确定;等等。

(二) 信息不对称造成逆向选择——"柠檬市场"

1. 信息不对称

在经济交易中,交易的双方(或多方)对于同一交易所掌握的信息通常是不一样的,往往一方所掌握的信息比另一方多,掌握信息多的一方在交易中通常占有优势,而另一方则处于劣势。例如,商品买卖活动中,卖方拥有的产品的信息如产品的性能、成本等往往比买方多,人们通常所说的"买的不如卖的精"就是指卖方知道的情况比买方知道的情况多。这种情况被称为信息不对称(Asymmetric information),即市场上买卖双方所掌握的信息是不对称的,即一方掌握的信息多些,另一方掌握的信息少些。信息不对称一般有两种情况:一是市场卖方所掌握的信息多于买方,一般商品市场和要素市场上都是这种情况,如电脑、相机、衣服等的卖者比买者更了解产品的性能,劳动力的卖者比买者更了解劳动力的水平及技能;另一种情况是市场买方所掌握的信息比卖方掌握的信息更多,如保险购买者比保险公司更了解保险标的物如自己身体的状况,信用卡的购买者比提供信用的金融机构更了解自己的信用度的好坏。

从信息不对称发生的时间来看,不对称性可能发生在当事人签约之前,形成"逆向选择"问题;也可能发生在当事人签约之后,形成"道德风险"问题。

市场上买卖双方所掌握的信息一样则被称为信息对称(Symmetric information)。不过现实经济生活中这种情况很少见,买卖双方很难对产品相关信息掌握得完全一样。

2. "柠檬市场"模型

在商品和要素市场上,如果卖方知道的信息多于买方知道的信息,降低商品和生产要素价格不一定刺激消费者对该商品的需求;如果卖方知道的信息少于买方知道的信息,提高商品和生产要素价格不一定刺激生产者的供给,这就是由于信息不对称导致的市场失灵(即价格无法有效的调节供给和需求)。由于买卖双方信息不对称,质次的商品或要素会把质优的商品或要素驱逐出市场,导致市场失灵,这种现象就被称为逆向选择(Adverse selection)。

由于市场上好坏商品均存在,在信息不对称的情况下,消费者对某种产品掌握的信息往往比较少,他们无法得知到底哪些是好产品,哪些是伪劣产品,于是对该种产品产生普遍不信任,不愿意出高价买产品。而厂家或商家又不愿意在价格较低的情况下出售好产品,但低价的情况下坏产品却很容易卖出,于是好产品逐渐退出市场,而次品充斥了市场。

2001年诺贝尔经济学奖获得者乔治·阿克劳夫(George Akerlof)在1970年发表了名为《柠檬市场:质量不确定性和市场机制》的论文,提出了"柠檬原理"——旧车市场模型（"柠檬"一词在美国俚语中表示"次品"）。阿克劳夫利用这个模型说明了信息不对称的后果：信息不对称会造成交易困难，通过逆向选择导致一些市场如旧车市场（柠檬市场）消失，以至于在这些产品方面市场不再是充分有效的。市场不再充分有效也就意味着市场失灵。

在旧车市场上，旧车是不同质的，不同旧车的新旧程度、受损状况不同，因而其性能不同，因而其价值也就不相同，其出售价格也就应该是不同的。质量好的二手车应该卖高价格，质量不好的二手车应该卖低价格。然而，问题在于：旧车的主人对旧车的性能、特征拥有充分的信息。为了以较高价格出售，旧车的主人会隐瞒不好的信息。而购车者只能根据汽车的外观简单地进行猜测。这样，旧车市场上就会出现损害程度高的旧车与损坏程度低的旧车以大致相同的价格出售。这个价格会高于高损坏程度旧车的价值，但低于低损坏程度旧车的价值。因为旧车的需求者（购车者）虽然不能获得每一辆车的确切信息或分辨其确切质量，但他却能够判断旧车的总体质量或平均质量以及每种质量的车的大致概率，因此旧车需求者决不会接受最高价格。而如果价格低于高损坏程度旧车的价值，旧车的供给者就不愿意卖出旧车。假设购车者是一个风险中性者，如果他不能完全掌握旧车信息因而不能确切知道其内在价值的前提下，他愿意接受的价格也只是所有旧车按概率加权计算的一个平均值——预期价格。例如，若旧车市场上有100个卖者，每人出售一辆旧车，这样市场上共有100辆旧车。在这些旧车中，质量较好的车（好车）50辆，其出售者愿意接受的最低价格为10万元；质量较差的车（坏车）有50辆，其出售者愿意接受的最低价格为5万元。现在有100人每人欲购买1辆二手车，对质量较好的车购买者愿意出12万元购买，对次品车购买者愿意出6万元购买。如果买卖双方信息对称，即买者、卖者双方都知道欲进行交易车的质量，则旧车市场会达到供求相等的有效均衡，50辆较好的车在10万~12万元价格之间成交，500辆次车在5万~6万元价格之间成交。但现在买卖双方对旧车质量的信息是不对称的，卖者知道的信息远多于买者知道的信息，买者只知道100辆车中，质量较好的有50辆和质量较次的50辆，每个旧车购买者买好车和次车的概率为50%。因此，购车者购买一辆旧车愿意支付的购买价格为旧车的预期价格12万元×50%+6万元×50%=9万元。这样，质量较好的车能够实现的价格就低于其价值，质量较次的车能够实现的价格就高于其价值。

但是，当价格低于其内在价值时，好车的出售者不愿意按9万元的价格卖出自己的车，好车就会退出市场。当观察到一些好车退出市场时，理性的购车者会调整自己的预期，压低价格。这样旧车市场上剩下的质量较好的车由于能够实现的价格低于其内在价值也退出市场。这样的过程不断进行下去，最后市场上就只剩下质量最坏的车，那些质量稍好的车都会从市场上消失。这是格雷欣定律中劣币驱逐良币现象在商品市场中的一个版本。这种次品充斥市场、质量好的商品被驱除出市场的现象就是逆向选择造成的市场效率低下的表现，也就是阿克劳夫所称的"柠檬原理"或称次品原理。

当然，现实生活中不会出现上述过程的一模一样的情况，但在一定程度上在不同领域存在许多类似的现象。例如，在保险市场中，年纪大的人即使提高保费也难以买到医疗保险；在就业市场上，由于雇主并不清楚每个雇员的真实能力，因此付给每个雇员几乎相同的报酬，这样能力高的雇员便会跳槽到别的公司去，形成"劣剩优汰"的现象。

上述逆向选择的例子表明：在信息不对称的情况下，市场的运行可能是无效率的。因为在上述各项例子中，有买主愿出高价购买好的产品或劳务，而市场——"看不见的手"无法实现将好的产品或劳务从卖主手里转移到需要的买主手中，此时，市场是无效的即市场失灵。这种"市场失灵"具有"逆向选择"的特征，即市场上只剩下残次品，形成"劣币驱逐良币"或"劣剩优汰"的现象，而市场的竞争机制本应形成"良币驱逐劣币"或"优剩劣汰"的结果。

3. 如何克服逆向选择

现实经济生活中，非对称信息在许多领域都存在，但不一定都会产生逆向选择问题。一旦某个领域产生逆向选择问题，也不一定都需要进行行政干预。逆向选择可以通过有效的制度安排和有力措施加以排除。例如，在前边的旧车市场中，为防止出现逆向选择问题，政府或汽车行业协会可以规定旧车出售者必须向购买者发送有关旧车质量的信号，如提供旧车质量证明书、运行公里数及事故或大修次数等；还可规定销售者负责一定时间的保修期，在此期间内出现的质量问题由销售者负责一定的经济赔偿；或者汽车销售者自行做出一些可信的承诺或发出一些关于汽车质量的信号，也可以抑制逆向选择的产生。

如果拥有私人信息的一方（如旧车市场上的卖者）可以通过某种途径将其私人信号传递给没有信息或信息很少的一方（如旧车市场上的买者），或者买者可以用一些方法诱使卖者提供一些信息，交换的帕累托改进就可以实现。为了与市场均衡相一致，信号必须使得质优产品的销售者能够负担得起提供信息的成本而劣质产品的销售者不能。这样的信号使得卖主能够证明他的产品确实质量好；也使得买主足以在质优产品和质次产品之间做出区分。这样，信号的发送就允许市场比没有信号时更有效的发挥作用。

一个典型的关于克服逆向选择的模型就是信号传递模型。信号传递模型的开创者是2001年度经济学诺贝尔奖获得者迈克·斯宾塞（Michael Spence，1974）的劳动力市场模型。

劳动力市场上存在着有关劳动能力的不对称性，雇员知道自己的劳动能力，而雇主不知道或不全知道。若雇主无法区别高能力与低能力的人，在雇主发放报酬时，不论是高能力的人还是低能力的人得到的都是平均工资或者相差无几。这种状况会挫伤高能力雇员的劳动积极性，因为高能力的雇员得到报酬少于他们的边际产值，低能力的雇员得到的报酬高于他们的边际产值。如果高能力的人不愿意或者没有机会跳槽，也不愿意自暴自弃，他们会寻求某种办法，主动向雇主发出信号，使他们同低能力的人分离开来，从而使自己的工资与劳动效率一致。

什么样的信号在劳动力市场上比较有效呢？一般而言，教育水平与雇员的能力成正向变动关系，教育程度高的人往往比教育程度低的人能力更高。因此，教育传递信号具有把雇员能力分离开的功能。做同样程度的教育投资对能力低的人来说边际成本更高（例如能力越低，学会某种技能花费的时间和承受的痛苦越多），因此，能力低的人不愿意模仿能力高的人，即做出同样程度的教育投资以示意自己是能力高的人。在这种情况下，虽然存在信息不对称，劳动力市场交易中拥有信息的应聘者可通过教育投资程度来展示自己的能力，而雇主根据这一示意信号便可区别开不同能力的人。即使教育对生产率没有直接影响，但是，厂商以教育为基础发放工资仍然有利可图，因为它能吸引更高能力的人。除了发送教育程度的信号外，在日常生产活动中，雇员可以通过展示自己的口才或其他特征、加班、积极抢活干等来向雇主发送信号。

雇主也可以主动获取求职者或者雇员的信息来判定求职者或雇员的类型。比如，企业可以向求职者前雇主调查，或者对求职者进行评估和测试等，这都是获取信息的方式。

不管是信号传递还是雇主主动获取信息，都可以在一定程度上帮助雇主做出正确的雇佣决策。经济生活中，这些都是企业在招募员工时最常用的办法。信号传递对决策的有效性可能低于信息收集对决策的有效性（Terpstra，1996）。公司规模越大，越重视信息获取，都会更注重留意求职者传递的信号。

> **案例 7：**
> **广告和上市公司的过度分红行为**
>
> 如今的电视、广播、杂志等各种媒体的广告令人眼花缭乱、数不胜数，例如很多厂商不惜重金到中央电视台黄金时间做广告，一方面是为了向观众或读者传递产品信息（一般的，信息内容很好），另一方面扩大企业的宣传广度和力度，显示自己的实力，让自己从那些没有实力的企业区别开来。

在很多国家，政府对红利征税的税率比资本增值的税率更高。通常政府对红利征收两次税：一次对公司，一次对个人，而对资本增值只对个人征收一次税①。如果没有信息不对称和个人偏好不同的问题，利润再投资比分红更符合股东利益。但是，很多公司仍然热衷于分红。在信息不对称的情况下，公司的管理层毫无疑问比股民更清楚地知道公司的真实业绩。因此，业绩好的公司就采取多发红利的办法来向股民发出信号，以使自己区别与业绩不好的公司，后者所发红利很少甚至发不出红利。证券市场对分红这一信号的回应是股价上升，从而补偿了股民因为分红交纳较高的税而蒙受的损失。

案例思考：
发送信号是有成本的，企业应该如何控制发送信号的成本？

二、道德风险

"无论如何，由于这些公司的董事们是他人钱财而非自己钱财的管理者，因此很难设想他们会像私人合伙者照看自己钱财一样地警觉，所以，在这类公司事务的管理中，疏忽和浪费总是或多或少存在的。"（斯密，1776年，第700页）这句话隐含了不对称信息的另一个后果——道德风险（Moral hazard），它表明早在18世纪人们就已经意识到道德风险问题的存在。道德风险是指在当事人签约后，其中一方或几方当事人在最大限度地增进自身利益时做出不利于他人的行动。例如，在公司里，员工被录用后，公司经理或所有者不能观测到员工是否努力工作，因此员工可能存在偷懒行为，这就是劳动力使用中的道德风险。在保险行业里，投保人、被保险人或受益人可能因贪图保险金而为故意作为或不作为或故意隐藏一些信息，从而引发或扩大危险给保险人带来不必要的经济损失。

从非对称信息的内容来看，非对称信息可能是指当事人的不能被他人准确观察或臆测到的行动，即"隐蔽行动"；也可能指当事人的知识，即"隐蔽信息"。前者包括行动。因此，对这类行动订立合同是不可能的。工人偷懒就是一个典型的隐蔽行动的例子；犯罪活动也属于隐蔽性动的范畴。医生、心理咨询家、律师、修理工、经理和政治家等的服务就是典型的隐蔽信息的例子，合约签订后，服务提供方确切地知道自己所提供服务的特点和质量等信息，而被服务者无法确切地知道相关信息。例如，医生知道自己给病人所开药品的作用、是否有效等等，而病人并不知道或不能完全知道。

---

① 在中国，目前证券市场对红利双重征税，对资本增殖不征税。

道德风险的存在会扭曲当事各方的行为直接导致市场失灵，即可能导致不存在均衡状态的结果或均衡状态是没有效率的。例如在保险市场中，保险合同签订后，保险公司可能会在事故发生时寻找各种借口以避免赔付或直接拒赔；投保人或被保险人可能会故意造成某种损失或隐藏某种信息以期获得保险公司的赔付。一旦购买保险以后，保险人或被保险人就不再像购买保险之前那样谨慎的保护自己的财产。

逆向选择和道德风险都是由于经济活动的当事各方信息不对称所造成的问题，二者的区别在于：逆向选择发生在当事人签约之前，而道德风险发生在签约之后。二者未必同在一项经济活动中发生。有的经济活动在签约之前信息是对称的，但签约之后信息就不对称了；有的经济活动签约之前信息不对称，但签约之后信息是对称的；也有很多经济活动签约前后信息都是不对称的。

案例8：

小病大修，车险骗保全揭秘

于小姐于2008年2月刚买了一辆本田雅阁，上周，她在开门时不小心撞凹了一小块，因急于出差她就把车送到离家不远的汽车修理厂。该修理厂的负责人热情接待了她，并说可以为其代办向保险公司索赔事宜，让她过3天来取车就行。于小姐签好保险索赔委托书后，便安心离去。由于出差临时取消，第二天晚饭后，于小姐遛弯时就顺道去了修理厂，想去看看车的修理进度，可她意想不到的是，原本毫发未损的车前盖已被人砸得破烂不堪，就像刚发生了重大撞车事故一样。后经调查得知，原来该修理厂拿自己的"事故车"向保险公司索赔了高达数千元的保险赔款，超出了车门撞坏的赔偿金十几倍。

显然，这是一起典型的骗保案例，现实生活中很多车主也都有过类似的遭遇。然而，这只是冰山一角。

维修厂拿骗保当赢利点。

在众多的车险骗保行为中，汽车维修厂故意欺瞒车主，利用客户委托其索赔的机会，在修理过程中"偷梁换柱"向保险公司索要高额保险赔偿金，赚取差价的行为尤为严重，占全部骗保宗数1/3以上。骗保甚至成为不少维修厂除正规维修外的第二赢利点。

有业内人员告诉记者，由于许多车辆投保人在车辆发生损坏事故送到维修厂后，为了图省事而委托维修厂代为向保险公司索赔修理费用，因此，有些不良维修厂看到有空子可钻，向客户承诺可进行"一条龙"服务，只要客户把车拿来维修，就可从修理到索赔等一切事宜都搞定。但这些维修厂接到客户的受损车辆后，就会用较低档的材料为客户修理，却以高档材料的价格向保险公司索赔。又如保险杠损坏程度严重，应重新更换的，但维修厂却只是把它修复了一下，索赔时就按更换新保险杠的价钱申报……对这些"手脚"，车主在拿车时往往是一无所知，还以为这样修车真的很"方便"。

更有甚者，有的维修厂会告诉拿车来修的车主，"这车要修两三天，修好后通知你来取车就行了。"本来车辆可能只是磕磕碰碰的一些小问题，但是这些修理厂却会趁车主不在场之机，故意砸烂车的玻璃或车盖，再拍下照片向保险公司按严重损坏程度的标准索赔，然后用低质量的材料再重新修复，让车主取车时毫无察觉，从而达到骗取高额保险赔偿金的目的。

而一旦被发现，负责人都会振振有词地说："反正维修费是保险公司出的，又不用你们出。"也有人会略现无辜地表示，"这个行业大家都这样做，不这样，哪里来那么多活儿？"

认证难滋生骗保专业户。

尽管保险公司对骗保深恶痛绝，但由于很难通过法律进行认定和制裁，骗保行为十分猖獗。

我国《刑法》第一百九十八条对"保险诈骗罪"做出了详细界定。然而，在实际操作中，通过法律手段，对保险诈骗特别是小额诈骗进行惩治有些困难，一保险律师告诉记者说："保险诈骗往往是多方串谋，被发现的难度比较大。由于在法律上，1万元金额以下的可疑'保险诈骗'从法律上来说还够不上'保险诈骗罪'的罪名"。所以，经常会有些修车厂在1万元以下做手脚。

为骗取保险公司赔偿金，甚至有人走上了骗保的职业队伍。"骗保专业户"会想尽办法通过各种渠道和方式来达到目的。

有的是伙同修理场，赚取定损差价。目前，市场上汽车配件的价格，高达十几甚至几十倍的悬殊。有人就与修理厂勾结，频繁地制造事故。而每次事故后都拿保险公司以正厂件为标准赔付的钱，给车安上拆车件，这两者之间不小的差价就落入了个人口袋。

也有的是冒名顶替。亲朋好友中，很有可能出现同款车型。因此，部分人就会选择套保险的手段，只投保一辆车，在出现事故后上演调包计。在想尽办法蒙混过验车关就得逞了。

还有人是非保险责任装成保险责任。很多车主都没有投全险，这样在出现未投保险后，很多人会伪造现场，将事故原因归于某投保保险责任中以骗取保费。

此外，也有人会选择一辆接近报废年限的车型出险，而该车型保有量在当地非常有限，配件的价格十分昂贵。他们就会利用该车进行频繁事故诈骗。

还有其他花样百出的手法。

理赔员吃完客户吃老板

在骗保过程中，理赔员起着至关重要的作用。不过，作为车主与保险公司的中间人，很多理赔员并没有起到桥梁的作用，而是蒙了客户蒙公司。

在出现一般车险事故后，有些理赔员会找各种理由故意拒赔或少赔，然后以获得部分提成的条件满足你超出实际的理赔要求，如果你答应的话，他就可以从你手中获得一笔额外的收入。

同时，他在理赔过程中，也会伙同修理厂，赚取定损的差价。如果车主对定损金额不满意，通常定损员会向车主承诺：如果你觉得定损金额不足以修好车，修理店也可以给你检修，到时候按修理程度收维修费。这样，他不仅从客户手中有了提成，还有了差价收入。吃了客户吃老板。

车险骗保不仅增加了保险公司的风险，最重要的是对投保人的保险权益也造成了极大的损害。一方面修理厂使用劣质的产品进行维修，会使车辆的安全性能受到影响；另一方面，如果一辆车经常高额地向保险公司索赔，这将会在保险公司留下该车主的不良保险记录，到第二年投保人续保车险时，保险公司有权提高所投车险的保险费率，上升幅度最高可达30%，如果连续多年有不良记录，保险公司还有可能拒保。因此，被保险人有可能在不知情的情况下被多次记载不良记录，致使枉交高额保费。

案例思考：

在本案例中，哪些当事人对保险公司造成道德风险问题？保险公司应该怎样避免这样的问题？被保险人如何避免受到修车行败德行为的损害？

三、委托—代理问题

在不对称信息条件下，拥有更多私人信息的一方称为代理人，而另一方则可称为委托人。当代理人为委托人工作时，因为代理人的行为具有隐藏性，委托人无法监督代理人的行为，所以，代理人为了追求自己利益而忽视或牺牲委托人利益，这就是委托人代理问题。委托—代理人问题也称代理人的"道德风险"，委托—代理理论实际上是"隐藏行动道德风险模型"的别称。

经济中委托—代理关系和委托—代理问题是广泛存在的。例如，一位住房业主雇佣装修公装修房屋，从而形成了委托—代理关系。但业主很难判断装修质量高低，因为装修所引起的不良问题往往要在业主居住较长时间后才会发现。类似地，企业所有者聘请经理管理企业，也形成了委托—代理关系，但企业经理关心的目标很可能与所有者目标不一致。但是经理的行为具有隐藏性，经理知道并隐藏自己的行为，经理很可能为了追求自己的目标牺牲所有者的利益，这就产生企业所有者与经理之间的委托—代理问题。

委托—代理问题的出现，容易导致低效率或市场失灵。因为代理者的隐藏性行为使得原有的委托代理合约无法有效的履行或者不能完全履行，破坏了市场的有效性。

那么，如何解决委托—代理问题呢？从委托者的角度看，解决委托—代理问题实际上就是解决如何让代理人替自己做好某项事情的问题。委托人可以设计一些机制来约束或激励代理人努力工作。因此，激励机制要解决的问题是：应该设计一种什么样的机制（如给予报酬、奖金或提升的方法）让代理人努力工作，就像为他自己工作一样？

当努力成本越高、经理人的风险承受越小或努力的边际生产率越小时，企业所有者支付给经理的必要激励费将越高。当预期收益的增长高于提供管理激励的成本时，委托人会继续给予代理人激励。如果不管预期收益为多少，都付给代理人一笔相同的报酬，那么代理人就没有动力努力工作，因此，"平均主义"是一种会产生负面影响的方法。适当的激励机制必须让报酬在一定程度上与预期收益正相关。

有效激励机制的设计应同时满足"参与约束"和"激励相容约束"两个条件。

所谓"参与约束"（Participation constraint），又称为个人理性约束（Individual rationality constraint），指如果要一个理性的代理人有任何兴趣接受委托人设计的机制从而参与博弈的话，代理人在该机制下得到的期望效用必须不小于他不接受这个机制时得到的最大期望效用。这就是说，每一代理人有一个"保留收益"，如果他不参与此项工作，他也可能获得一个基本的收益，比如失业救济金等。代理人如果参与此项工作，他要付出劳动或努力的成本，而且边际成本递增。代理人获得的报酬减去他的劳动成本后的剩余，应不小于他的保留收益。否则，代理人将根本不愿意参加此项工作。

所谓激励相容约束（Incentive compatibility constraint），是指给定委托人在不完全了解代理人的情况下，代理人在所设计的机制下必须有积极性选择委托人希望他选择的行为。在劳动力市场中，参与工作的代理人还不一定愿意付出委托人所期望的努力水平，他可能会偷懒。而委托人又无法直接观察到他付出的真实劳动，因为产量部不仅仅取决于真是劳动，还取决于其他因素，比如天气等。这样，委托人必须使激励机制——激励相容约束的设计能诱使代理人不偷懒，即让代理人努力工作的净收益大于偷懒得到的净收益。

在经济学分析中，资源配置的最优是在经济主体追求利润最大化的假定下得出的，所谓厂商利润最大化是指企业所有者、经理和工人都以利润最大化为目标。由于经济不断发展引起所有权和经营权的分离，使厂商内部各经济行为主体之间产生目标差异，不把追求利润最大化作为目标，于是产生委托代理问题（Principal-agent problem）。由于信息非对称，使经营者拥有所有者不掌握的私人信息，并用以损害所有者利益、追求经营者利益；由于某种原因信息不确定，所有者无法全面通过企业绩效考核经营者行为；由于信息不对称，所有者委托代理者的契约往往也是不全面的，会产生一些纠纷，于是产生所有者和经营者的委托代理问题；同样由于信息不对称，企业经营者无法选择合适劳动者和解决合理激励问题。

上述由于信息不对称引起的委托代理问题，不仅使企业所有者利益受损，不能实现利润最大化，而且也使社会资源受损失，不能实现帕累托最优。显然，解决委托代理问题不能通过政府干预，因为政府和企业所有者一样无法对经营者和工人进行观察和监督。可从企业外部规范竞争和内部增强约束角度采取一些措施，加以解决。如经理市场的建立、企业间的收购和并购以及董事会的监督、股东抛出股票的威胁等，这些可以给经理增加一些压力，使其自觉为企业取得实现利润最大化而奋斗。但不能从根本上调动经理的积极性，使其自觉为企业取得实现利润最大化而奋斗。因此，从根本上解决委托代理问题应该设计对代理人的科学激励机制。如企业所有者对经理可采取根据企业盈利情况发奖金或者让经理参加固定的利润分成，都能有效地调动经理为实现企业利润最大化的积极性。如企业经理对工人可实行效率工资解决委托代理问题。效率工资高于市场均衡工资，由于工资总额一定，实行效率工资必然产生失业。实行效率工资，多发些工资作用有：一是调动劳动者的积极性，使其为企业利润最大化而工作；二是形成一定的失业，对在业劳动者构成一种威胁，如果谁偷懒谁就会被解雇。

四、效率工资理论

对于企业所有者与经理之间的信息不对称问题，企业所有者对经理可根据企业盈利情况采取激励措施，比如发奖金或者让经理参加固定的利润分成等，都能有效地调动经理为实现企业利润最大化的积极性。类似地，雇主与求职者或工人之间关于求职者或工人的信息业是不对称的，在使用劳动力之前，企业不知道雇员的能力；在使用劳动力的过程中，企业无法准确观察出工人是否偷懒。那么，企业如何调动工人的积极性呢？若其他情况不变，企业给工人发放的工资越高，企业的利润就会越低；而如果企业给工人发放的工资越低，工人就越没有积极性努力工作，从而影响企业的利润。同样，政府干预是没有办法解决这个问题的。因此，设计一个有效的机制，如企业经理对工人可实行效率工资解决经理与工人之间的委托—代理问题，就显得非常必要了。

1. 效率工资

效率工资（Efficiency-wage），指的是企业支付给员工比市场保留工资高得多的工资，促使员工努力工作的一种激励与薪酬制度。从定量的角度来看，企业在利润最大化水平上确定工人的工资，当工资对效率的弹性为1时，我们称它为效率工资。此时工资增加1%，劳动效率也提高1%，在这个水平上，产品的劳动成本是最低的。因此，效率工资是单位效率上总劳动成本最小处的工资水平，它保证了总劳动成本最低。历史和现实中劳动力市场上的一些经济事实证明，效率工资已经成为企业调动工人劳动积极性、吸引人才的利器，它可以相对提高工人努力工作的积极性、对企业的忠诚度，提高员工偷懒的机会成本，具有激励和约束双重功效。效率工资制度的实施，可以有效地解决企业对工人的监控困难的难题。首创"流水线"制度的福特汽车公司奠基人亨利·福特，早在1914年就引进一项对工人的管理创新：当市场的平均工资水平是每个工作日2~3美元的时候，福特却支付给工人每个工作日5美元的工资。以纯粹的成本收益理论对此行为进行理解分析，福特的行为似乎有点违背利润最大化的原则：高工资必然要增加成本，如果收入不变，则企业的利润会下降，这显然不利于企业利润最大化。但最终结果却是，福特公司的利润没有下降反而上升了。根本原因就在于，工资提高后，工人更加忠于公司、珍惜自己的工作，流动率和缺勤率以及偷懒的概率都下降了，生产效率反而提高了。近些年每逢春节前后，从珠江三角洲到长江三角这一带都会出现"民工荒"的现象，即一些企业招不到足够的工人满足正常的生产，而另一方面是大量的待岗工人滞留火车站等地方寻求工作。这种现象的根本原因在于工人的工资太低，工人宁愿暂时放弃工作也不以低工资就业。这充分表明，效率工资可以激励工人努力工作，改善了工人纪律，对企业、对工人乃至社会都是十分有利的。

2. 效率工资理论的主要内容

效率工资理论的中心假定是：厂商支付更高的工资既会有成本，也会有收益，工资和效率之间存在双向作用机制，即能力高（生产率高）的工人理应得到高工资，工资依赖于工人的能力（生产率），而另一方面工人的生产率也依赖于工资，工人的行为常受到工资的影响，例如工资的高低可以影响工人的偷懒程度、辞职率、工作士气和对企业的忠诚度等。因此，追求利润的企业存在很强的激励去按生产率来选择工人，但在工人进入企业之前，其生产率是难以观测到的，企业只能把工人的年龄、性别、学历以及工作经验等作为是否雇用某个工人的依据。一般而言，在劳动力市场上，能力高的劳动者愿意接受的工资水平高，而能力低的工人愿意以低工资接受一项工作，雇主有时凭借劳动者所要的报酬来判断其能力的高低。但这又会存在反向选择问题，即企业把工人愿意接受的工资作为选择的依据时，工人愿意接受的工资水平从一个侧面表明他不能在其他地方得到更高的工资，否则他就会讨价还价或受雇于其他厂商。在这种情况下，工资不仅仅是一种报酬，而且还作为一个信号向企业传递劳动力的相关信息，生产效率和工资水平之间存在着正相关的运动关系。

(1) 效率工资与失业。效率工资论认为，企业采用效率工资是因为它有激励工人生产积极性、提高劳动生产率的作用。劳动生产率极大地（虽然并不是惟一地）依赖于企业支付给工人的工资。如果降低工资或维持现有的工资水平损害了生产率，引起产品劳动成本的提高，那么，为了保持或提高效率，企业宁愿支付给工人较高的工资。虽然企业采取效率工资能够使自己的利润最大化，但是在工人的工资高于或等于效率工资的情况下，劳动力市场是不能出清的，会产生非自愿失业。因为一些工人即使愿意降低工资也不能被聘用，从而不得不进入非自愿失业的队伍。

(2) 效率工资和经济周期。在垄断竞争市场中，厂商有调整工资和价格的能力。选择效率工资的厂商与选择利润最大化工资的厂商的误差，只是厂商利润的二阶小量，这意味着实行效率工资的厂商的利润与最优化厂商的利润差别不大。实行效率工资时，工资有黏性，工资水平不会随着需求的变化而迅速作出调整。工资黏性导致价格也出现黏性。价格调整后，利润的增量也是利润的二阶小量，与最优地调整价格的厂商的利润之差很小。当货币供给减少引起总需求下降时，支付效率工资的厂商会保持名义工资和价格不变，在工资和价格近似不变时，厂商必须通过调整产出来适应需求的变化，因此，总产出和就业水平都会随之改变，经济出现周期性。

(3) 偷懒模型——效率工资理论的微观解释

偷懒模型（Shirking model）（夏皮罗和斯蒂格利茨，1984）是流传最广的解释效率工资微观基础的模型，这个模型几乎成为效率工资模型的代名词。

几乎所有的劳动合同都是不完善的，不可能将工人责任的每一细节都明确、具体的规定出来。劳动合同的不完善或信息不对称问题使得工人可以自行决定其努力程度或产生委托人—代理人问题。对工人而言，努力是要付出辛苦的，努力产生负效用，因此工人有偷懒的激励。如果工人偷懒被抓住，企业将其解雇作为惩罚，则工资损失是偷懒的成本。

在不存在失业即劳动力市场出清的情况下，所有厂商都支付相同的市场出清工资，这对偷懒者是有利的，因为解雇作为偷懒的成本太低，被解雇的威胁将不会使工人减少偷懒，因为他们知道一旦偷懒行为被发现，他们还可以花费很小的成本找到另一份工作。

在效率工资高于市场出清水平的情况下，一方面偷懒的成本即工资损失高，另一方面，由于存在大量非自愿失业，工人重新找到工作的难度加大了，等待寻找的成本是很大的。偷懒导致的工资损失及失业后备军的压力成为偷懒的负激励。因此，高于市场出清工资的效率工资的支付，可能提供一种防止工人偷懒的激励。

在一些大型企业中，效率工资是更为重要的，因为现代大型企业一般都采取流水线式的一条龙生产，在某个流水线上，工人之间的工作是高度相互依赖的，只要其中一个工人偷懒，就会降低生产效率、损害产品质量从而给企业带来灾难性的影响。

效率工资理论的微观解释的另一解释是人事变更模型。这个模型认为，在聘用工人之前或个人上岗之初企业通常都会先培训他们，而培训是需要花费成本的，如果工人在接受培训时不支付培训成本，工人辞职的可能性就大。辞职率越高，厂商的培训成本就越大。为降低辞职率，企业支付给员工的工资相对于其他厂商往往较高以减少工人的辞职率。现实经济生活中一些企业为防止培训后企业辞职，会选择不对工人进行培训或减少培训内容，如一些规模较小的家政公司不对工人进行专业培训。这实际上不是一种明智的做法。

3. 对效率工资机制的评价

效率工资高于市场均衡工资，调动在岗工人的积极性，使其为企业利润最大化而工作；另外，效率工资形成一定的失业，对在岗劳动者构成一种威胁，如果谁偷懒谁就会被解雇，那么工人也会更加努力地工作。效率工资还可以塑造企业文化，培养企业精神。

然而，效率工资并非总是能够起到激励工人努力工作的作用的，它能否真正降低单位效率上总劳动成本，成为真正意义上的效率工资，受到一系列因素的制约。现实经济生活中存在一些"高工资并没有产生高效率"的现象。

效率工资理论认为，效率工资是企业用来交换个人加倍工作的礼物，而员工的加倍工作也是为了换取企业的高工资。乔治·阿克劳夫在《礼物互换般的劳动合同》（1982）和《礼物互换和效率工资理论》（1984）中指出，企业与工人之间隐含的存在没有写进合同的"礼物互换"的关系，工人们更努力、更有效率低工作，被视为工人赠与企业的礼物，他们这样做是期望从企业得到对工作有保障或更高的工资来作为回报。反过来，当企业支付高工资时，工人也将其视作来礼物并以努力工作作为回报。这表明，效率工资是否能够真的激励个人努力依赖于工人主观上是否认为所得到的工资是否是足以付出更多的努力，如果即使工资高于市场出清的工资水平，而工人仍觉得不足以付出更多的努力，那么效率工资就不是真正意义上的效率工资。这在一定程度上可以解释现实经济生活中一些"高工资并没有产生高效率"的现象。

在效率工资理论中，效率工资要起激励、约束作用，还必须按照游戏规则严惩偷懒者。这是保证效率工资起作用的重要前提。如果对偷懒的惩罚制度形同虚设，偷懒没有成本或成本很低，那么工人很可能依然会选择偷懒。

另外，效率工资虽然高于市场出清的工资水平，但具体数额的确定具有很强的主观性。效率工资不是一个固定的值，它到底要高出市场出清工资多少才能起到激励作用，取决于多种因素。员工从一个企业获得的满足感不仅仅取决于所得到的工资，员工对企业的认同感如何、员工对非工资待遇的期望、员工关系的亲密程度以及对外部失业情况和经济景气状况的判断都影响效率工资水平以及效率工资的实际效用。如果其他企业支付的工资更低，该企业并不需要支付很高的工资就可以诱使工人努力工作。失业率对效率工资的影响也很大：失业率高时，厂商不必支付很高的工资，因为工人一旦被解雇将很难找到相同的工作，对工人来说，高失业率意味着被解雇的成本增加。

本章小结

市场并不总是能够有效地配置资源，在经济生活中的很多方面，边际社会收益和边际社会成本不相等，对于整个社会而言，资源配置并没有达到最有效的状态，此时我们说市场是失灵的。市场失灵的情况主要有：垄断、外部性、公共物品和不完全信息。

垄断企业为获得垄断超额利润，会人为地抬高产品价格、减少资源在该行业的配置；为了追求和维护垄断地位，垄断企业必须花费一定代价，这种代价是社会的净损失。这种非生产的寻利活动被称为"寻租"。解决垄断所造成的市场失灵的主要办法政府限制垄断价格以及颁布《反垄断法》等。

外部性是造成市场失灵的主要原因之一。根据其影响是有益的还是有害的来划分，外部性分为正的外部性和负的外部性。解决外部性所引起的市场失灵的对策通常有：明确产权；税收或补贴；企业合并。

在私人产品领域中，市场机制可以发挥有效的作用。但在公共物品领域，物品的非排他性和非竞争性往往使市场失灵。政府组织集体行动提供公共物品是非常重要的。

现实经济生活中，信息不完全和不对称是经常存在的问题。信息不对称容易引起"逆向选择"和"道德风险"问题，从而使市场失灵。为克服逆向选择问题，信号的传递就显得尤为重要,以便方当事人可以得到充分和准确的信息;为克服道德风险问题,委托人最好设计同时满足"参与约束"和"激励相容约束"两个条件的有效激励机制。

关键术语

市场失灵　垄断　寻租　X非效率　公地悲剧　搭便车　社会边际效益　外部性　社会边际成本　外部效应　公共物品　非竞争性　非排他性　公共选择　不对称信息　逆向选择　道德风险　委托—代理　效率工资　科斯定理　庇古税

练习题

(1) 垄断的帕累托改进为什么难于实施?

(2) 政府对价格和产量的控制确定在什么标准上合理,应从哪两个角度考虑?

(3) 为什么在公共物品领域市场是失灵的?

(4) 如何区分"逆向选择"与"道德风险"?并举例说明。

(5) "委托—代理问题"的产生根源是什么?

复习题

(1) 画出垄断者的需求、边际收益和边际成本曲线,并画出利润最大化时所对应的产量和价格。

(2) 与管制政策相比,为什么经济学家对庇古税作为一种控制污染的手段更为偏爱?

(3) 如何用收益—成本分析方法确定公共物品的最优数量?

(4) 信号传递和收集有利于做出正确的决策,但是为什么中小企业不大重视信息收集呢?

(5) 以中国国有企业改革为例,说明怎样解决"委托—代理问题"?

附　　录

第三章数学证明：

一、边际技术替代率和边际效用之间的关系

假设效用函数为 $U = U(X_1, X_2)$，则 $U = U(X_1, X_2) = C$（常数）代表一条无差异曲线的方程。在等式两边求全微分得：

$$\frac{\partial U}{\partial X_1}\mathrm{d}X_1 + \frac{\partial U}{\partial X_2}\mathrm{d}X_2 = 0$$

所以，$-\dfrac{\mathrm{d}X_2}{\mathrm{d}X_1} = \dfrac{\dfrac{\partial U}{\partial X_1}}{\dfrac{\partial U}{\partial X_2}} = \dfrac{MU_1}{MU_2}$，即有 $MRS_{XY} = -\dfrac{\mathrm{d}X_1}{\mathrm{d}X_2} = \dfrac{MU_1}{MU_2}$。

二、序数效用论消费者均衡条件的推导

设消费者的效用函数为 $U = U(X_1, X_2)$，预算约束条件为 $I = P_1X_1 + P_2X_2$，则消费者预算约束下效用最大化问题可以用拉格朗日乘数法来求解。

建立拉格朗日函数为：

$$L = L(X_1, X_2, \lambda) = U(X_1, X_2) + \lambda(I - P_1X_1 - P_2X_2)$$

式中，λ 为拉格朗日乘数。效用最大化的一阶条件是：

$$\frac{\partial L}{\partial X_1} = \frac{\partial U}{\partial X_1} - \lambda P_1 = 0$$

$$\frac{\partial L}{\partial X_2} = \frac{\partial U}{\partial X_2} - \lambda P_2 = 0$$

$$\frac{\partial L}{\partial \lambda} = I - P_1X_1 - P_2X_2 = 0$$

由一阶条件中的前两个式子可得：$\dfrac{\partial U}{\partial X_1} \Big/ \dfrac{\partial U}{\partial X_2} = \dfrac{P_1}{P_2}$。

式中 $\dfrac{\partial U}{\partial X_1} \Big/ \dfrac{\partial U}{\partial X_2} = MRS_{12}$，所以效用最大化的必要条件是：两种商品的边际替代率等于两个商品的价格比。

由一阶条件的前两个式子可以得到：$\dfrac{MU_1}{P_1} = \dfrac{MU_2}{P_2} = \lambda$。

式中 λ 表示货币的边际效用。所以效用最大化的必要条件也可以表述为：消费者花费在各种商品上的最后 1 元钱所带来的边际效用相等，等于货币的边际效用。

第四章数学证明：

一、边际产量和平均产量关系的数学证明

因 $AP_L = \dfrac{Q}{L}$，故 AP_L 是 L 的函数，AP_L 曲线的斜率可以表示为：

$$\frac{d}{dL}AP_L = \frac{d}{dL}\left(\frac{Q}{L}\right) = \frac{\dfrac{dQ}{dL}L - Q}{L^2} = \frac{1}{L}\left(\frac{dQ}{dL} - \frac{Q}{L}\right) = \frac{1}{L}(MP_L - AP_L)$$

因为 L > 0，因此当

（1）$MP_L > \dfrac{Q}{L}$，则 $\dfrac{d}{dL}AP_L > 0$，这意味着当边际产量大于平均产量时，平均产量曲线处于递增阶段。

（2）$MP_L < \dfrac{Q}{L}$，则 $\dfrac{d}{dL}AP_L < 0$，这意味着当边际产量小于平均产量时，平均产量曲线处于递减阶段。

（3）$MP_L = \dfrac{Q}{L}$，则 $\dfrac{d}{dL}AP_L = 0$，这意味着边际产量等于平均产量时，平均产量处于不增不减的点，平均产量曲线达到极大值。

二、边际技术替代率与要素边际产量之间的数学关系

设生产函数 $Q = f(L, K)$

对生产函数求全微分可得：

$$dQ = \frac{\partial Q}{\partial L}dL + \frac{\partial Q}{\partial K}dK$$

上式中 $\dfrac{\partial Q}{\partial L}$ 代表 MP_L，$\dfrac{\partial Q}{\partial K}$ 代表 MP_K。由于同一条等产量线上的产量相同，故 $dQ = 0$。

故 $\dfrac{\partial Q}{\partial L}dL + \dfrac{\partial Q}{\partial K}dK = 0$

即 $\dfrac{dK}{dL} = -\dfrac{\dfrac{\partial Q}{\partial L}}{\dfrac{\partial Q}{\partial K}} = -\dfrac{MP_L}{MP_K}$

或 $MRST_{LK} = -\dfrac{dK}{dL} = \dfrac{MP_L}{MP_K}$

即等产量线上任一点的切线的斜率的绝对值等于劳动的边际产量与资本的边际产量的比率。

三、既定产量条件下最小成本的要素组合的数学证明

即：在 $Q = f(L, K) = Q^0$ 的限制条件下，求得使 $P_K K + P_L L$ 具有最小值的最优生产要素组合解。相应的拉格朗日方程为：

$M(L, K, \mu) = P_L L + P_K K + \mu [Q^0 - f(L, K)]$（式中 μ 为拉格朗日乘子）

成本最小化的一阶条件为：

$$\frac{\partial M}{\partial L} = P_L - \mu \frac{\partial f}{\partial L} \qquad (1)$$

$$\frac{\partial M}{\partial K} = P_K - \mu \frac{\partial f}{\partial K} \qquad (2)$$

$$\frac{\partial M}{\partial \mu} = Q^0 - f(L, K) = 0 \qquad (3)$$

由（1）、（2）式得：

$$MRTS_{LK} = \frac{\partial f}{\partial L} \Big/ \frac{\partial f}{\partial K} = \frac{MP_L}{MP_K} = \frac{P_L}{P_K} \qquad (4)$$

（4）式是既定条件下实现最小成本的最优要素组合的原则。该证明略去最小值的二阶条件。

四、既定成本条件下最大产量的要素组合的数学证明

即在 $P_L L + P_K K = C^0$ 的限制条件下，求得 $Q = f(L, K)$ 具有最大值的最优要素组合解。为解决这一问题，建立拉格朗日方程：

$N(L, K, t) = f(L, K) + t(C^0 - P_L L - P_K K)$（式中 t 为拉格朗日乘子）

$$\frac{\partial N}{\partial L} = \frac{\partial f}{\partial L} - t P_L = 0 \qquad (1)$$

$$\frac{\partial N}{\partial K} = \frac{\partial f}{\partial K} - t P_K = 0 \qquad (2)$$

$$\frac{\partial N}{\partial t} = C^0 - P_L L - P_K K = 0 \qquad (3)$$

由（1）、（2）式得：

$$MRTS_{LK} = \frac{\partial f}{\partial L} \Big/ \frac{\partial f}{\partial L} = \frac{MP_L}{MP_K} = \frac{P_L}{P_K} \qquad (4)$$

（4）式是既定成本条件下实现最大产量的最优要素组合原则。该证明略去最小值的二阶条件。

五、短期边际产量与边际成本的关系

$$TC(Q) = TVC(Q) + TFC = P_L L(Q) + TFC$$

式中 TFC 为常数。

由上式可得：$MC = \dfrac{\mathrm{d}TC}{\mathrm{d}Q} = P_L \dfrac{\mathrm{d}L}{\mathrm{d}Q} + 0 = P_L \dfrac{1}{\dfrac{\mathrm{d}Q}{\mathrm{d}L}}$

即：$MC = P_L \dfrac{1}{MP_L}$

六、边际成本曲线和平均可变成本曲线关系的证明

$$\dfrac{\mathrm{d}AVC}{\mathrm{d}Q} = \dfrac{\mathrm{d}}{\mathrm{d}Q}\left(\dfrac{TVC}{Q}\right) = \dfrac{TVC' \cdot Q - TC}{Q^2} = \dfrac{1}{Q}[(TC - TFC)' - AC] = \dfrac{1}{Q}(MC - AC)$$

由于 $Q > 0$，所以当 $MC < AC$ 时，AVC 曲线的斜率 $\dfrac{\mathrm{d}AVC}{\mathrm{d}Q}$ 为负，AVC 曲线是下降的；

当 $MC > AC$ 时，AVC 曲线的斜率 $\dfrac{\mathrm{d}AVC}{\mathrm{d}Q}$ 为正，AVC 曲线是上升的；

当 $MC = AC$ 时，AVC 曲线的斜率 $\dfrac{\mathrm{d}AVC}{\mathrm{d}Q}$ 为 0，AVC 曲线达到最低点。

七、边际成本曲线和平均成本曲线关系的证明

AC 成本曲线的斜率为：

$$\dfrac{\mathrm{d}AC}{\mathrm{d}Q} = \dfrac{\mathrm{d}}{\mathrm{d}Q}\left(\dfrac{TC}{Q}\right) = \dfrac{TC' \cdot Q - TC}{Q^2} = \dfrac{1}{Q}\left(TC' - \dfrac{TC}{Q}\right) = \dfrac{1}{Q}(MC - AC)$$

由于 $Q > 0$，所以当 $MC < AC$ 时，AC 曲线的斜率 $\dfrac{\mathrm{d}AC}{\mathrm{d}Q}$ 为负，AC 曲线是下降的；

当 $MC > AC$ 时，AC 曲线的斜率 $\dfrac{\mathrm{d}AC}{\mathrm{d}Q}$ 为正，AC 曲线是上升的；

当 $MC = AC$ 时，AC 曲线的斜率 $\dfrac{\mathrm{d}AC}{\mathrm{d}Q}$ 为 0，AC 曲线达到最低点。

参考文献

[1] 刘东，梁东黎．微观经济学教程．北京：科学出版社，2005.

[2] 谭崇台等．微观经济学．北京：中国社会科学出版社，2002.

[3] 高鸿业．西方经济学：第二版．北京：中国人民大学出版社，2000.

[4] 厉以宁．西方经济学．北京：高等教育出版社，2000.

[5] 尹伯成．现代西方经济学习题指南．上海：复旦大学出版社，2000.

[6] 梁小民．微观经济学．北京：中国社会科学出版社，2000.

[7] 彼得·蒙德尔．经济学解说：第三版．北京：经济科学出版社，2000.

[8] 哈伯德，奥布赖恩．经济学．北京：机械工业出版社，2007.

[9] 迈克尔·帕金．经济学．北京：人民邮电出版社，2003.

[10] 平狄克，鲁宾费尔德．微观经济学：第三版．北京：中国人民大学出版社，1997.

[11] 斯蒂格利茨．经济学上册．北京：中国人民大学出版社，1997.

[12] 范里安．微观经济学：现代观点．上海：上海三联书店，1994.

[13] 曼昆．经济学原理．北京：生活、读书、新知三联书店，北京大学出版社，1999.

[14] 张维迎．博弈论与信息经济学．上海：上海人民出版社．1996.

[15] Spence A M. Job Market Signaling. Quarterly Journal of Economics，1973：355.

[16] Spence A M. Market Signaling. Cambridge Mass：Harvard University Press，1974.

[17] Terpstra David E. The Search for Effective Methods. HRFocus，1996：16~17.